受 浙江大学文科高水平学术著作出版基金 / 中央高校基本科研业务费专项基金 资助

神经科学与社会丛书

丛书主编：唐孝威　罗卫东

执行主编：李恒威

神经经济学分析基础

[美] 保罗·W.格莱姆齐（Paul W.Glimcher）◎著

贾拥民◎译

FOUNDATIONS OF NEUROECONOMIC ANALYSIS

ZHEJIANG UNIVERSITY PRESS

浙江大学出版社

谨以此书献给巴巴拉(Barbara)

总　序

每门科学在开始时都曾是一粒隐微的种子，很多时代里它是在社会公众甚至当时主流的学术主题的视野之外缓慢地孕育和成长的；但有一天，当它变得枝繁叶茂、显赫于世时，无论是知识界还是社会公众，都会因其强劲的学科辐射力、观念影响力和社会渗透力而兴奋不已，会引起他们对这股巨大力量的深入思考，甚至会有疑虑和隐忧。现在，这门科学就是神经科学。神经科学正在加速进入现实和未来；有人说，“神经科学正在把我们推向一个新世界”；也有人说，“神经科学是第四次科技革命”。对个新世界的革命，在思想和情感上，我们需要高度关注和未雨绸缪！

脑损伤造成的巨大病痛，以及它引起的令人瞩目或离奇的身心变化是神经科学发展的起源。但这个起源一开始也将神经科学与对人性的理解紧紧地联系在一起。早期人类将灵魂视为神圣，但在古希腊著名医师希波克拉底(Hippocrates)超越时代的见解中，这个神圣性是因为脑在其中行使了至高无上的权力：“人类应该知道，因为有了脑，我们才有了乐趣、欢笑和运动，才有了悲痛、哀伤、绝望和无尽的忧思。因为有了脑，我们才以一种独特的方式拥有了智慧、获得了知识；我们才看得见、听得到；我们才懂得美与丑、善与恶；我们才感受到甜美与无味……同样，因为有了脑，我们才会发狂和神志昏迷，才会被畏惧和恐怖所侵扰……我们之所以会经受这些折磨，是因为脑有了病恙……”即使在今天，希波克拉底的见解也是惊人的。这个惊人见解开启了两千年来关于灵与肉、心与身以及心与脑无尽的哲学思辨。历史留下了一连串的哲学理论：交互作用论、平行论、物质主义、观念主义、中立一元论、行为主义、同一性理论、功能主义、副现象论、涌现论、属性二元论、泛心论……对于后来者,它们会不会变成一处处曾经辉煌、供人凭吊的思想废墟呢?

现在心智研究走到了科学的前台,走到了舞台的中央,它试图通过理解心智在所有层次——从分子,到神经元,到神经回路,到神经系统,到有机体,到社会秩序,到道德体系,到宗教情感……的机制来解析人类心智的形式和内容。

20世纪末,心智科学界目睹了"脑的十年"(The Decade of the Brain),随后又有学者倡议"心智的十年"(The Decade of the Mind)。现在一些主要发达经济体已相继推出了第二轮的"脑计划"。科学界以及国家科技发展战略和政策的制定者非常清楚地认识到,脑与心智科学(认知科学、脑科学或神经科学)将在医学、健康、教育、伦理、法律、科技竞争、新业态、国家安全、社会文化和社会福祉方面产生革命性的影响。例如,在医学和健康方面,随着老龄化社会的迫近,脑的衰老及疾病(像阿尔茨海默综合征、帕金森综合征、亨廷顿综合征以及植物状态等)已成为影响人类健康、生活质量和社会发展的巨大负担。人类迫切需要理解这些复杂的神经疾病的机理,为社会福祉铺平道路。从人类自我理解的角度看,破解心智的生物演化之谜所产生的革命性影响,有可能使人类有能力介入自身的演化,并塑造自身演化的方向;基于神经技术和人工智能技术的人造智能与自然生物智能集成后会在人类生活中产生一些我们现在还无法清楚预知的巨大改变,这种改变很可能会将我们的星球带入一个充满想象的"后人类"社会。

作为理解心智的生物性科学,神经科学对传统的人文社会科学的辐射和"侵入"已经是实实在在的了:它衍生出一系列"神经X学",诸如神经哲学、神经现象学、神经教育学或教育神经科学、神经创新学、神经伦理学、神经经济学、神经管理学、神经法学、神经政治学、神经美学、神经宗教学等。这些衍生的交叉学科有其建立的必然性和必要性,因为神经科学的研究发现所蕴含的意义已远远超出这个学科本身,它极大地深化了人类对自身多元存在层面——哲学、教育、法律、伦理、经济、政治、美、宗教和文化等——的神经生物基础的理解。没有对这个神经生物基础的理解,人类对自身的认识就不可能完整。以教育神经科学为例,有了对脑的发育和发展阶段及运作机理的恰当认识,教育者就能"因地制宜"地建立更佳的教育实践和制定更适宜的教育政策,从而使各种学习方式——感知运动学习与抽象运算学习、正式学习与非正式学习、传授式学习与自然式学习——既能各得其所,又能自然地相互衔接和相得益彰。

"神经X学"对人文社会科学的"侵入"和挑战既有观念和方法的一面,也有情感的一面。这个情感的方面包括乐观的展望,但同时也是一种忧虑,即如果人被单纯地理解为复杂神经生物系统的过程、行为和模式,那么与生命相关的种种意义和价值——自由、公正、仁爱、慈悲、憧憬、欣悦、悲慨、痛楚、绝望——似乎就被科学完全蚕食掉了,人文文化似乎被此新一波神经科学文化的大潮淹没,结果人似乎成了一种生物机器,一具哲学僵尸(zombie)。但事实上,这个忧虑不可能成为现实,因为生物性从来只是人性的一个层面。相反,正像神经科学家斯蒂文·罗斯(Steven Rose)告诫的那样,神经科学需要自我警惕,它需要与人性中意义性的层面"和平共处",因为"在'我'(别管这个'我'是什么意思)体验到痛时,即使我认识到参与这种体验的内分泌和神经过程,但这并不会使我体验到的痛或者愤怒变得不'真实'。一位陷入抑郁的精神病医生,即使他在日常实践中相信情感障碍缘于5-羟色胺代谢紊乱,但他仍然会超出'单纯的化学层面'而感受到存在的绝望。一个神经生理学家,即使能够无比精细地描绘出神经冲动从运动皮层到肌肉的传导通路,但当他'选择'把胳膊举过头顶时,仍然会感觉到他在行使'自由意志'"。在神经科学中,"两种文化"必须协调!

从社会的角度看,神经科学和技术在为人类的健康和福祉铺平道路的同时,还带来另一方面的问题,即它可能带来广泛而深刻的人类伦理问题。事实上,某些问题现在已经初露端倪。例如,我们该如何有限制地使用基因增强技术和神经增强技术?读心术和思维控制必须完全禁止吗?基因和神经决定论能作为刑事犯罪者免除法律责任的理据吗?纵观历史,人类发明的所有技术都可能被滥用,神经技术可以幸免吗?人类在多大程度上可承受神经技术滥用所带来的后果?技术可以应用到人类希望它能进入的任何可能的领域,对于神经技术,我们能先验地设定它进入的规则吗?至少目前,这些问题都还是开放的。

2013年年初，浙江大学社会科学研究院与浙江大学出版社联合设立了浙江大学文科高水平学术著作出版基金，以提升人文社会科学学术研究品质，鼓励学者潜心研究、勇于创新，通过策划出版一批国内一流、国际上有学术影响的精品力作，促进人文社会科学事业的进一步繁荣发展。

经过前期多次调研和讨论，基金管理委员会决定将神经科学与人文社会科学的互动研究列入首批资助方向。为此，浙江大学语言与认知研究中心、浙江大学物理系交叉学科实验室、浙江大学神经管理学实验室、浙江大学跨学科社会科学研究中心等机构积极合作，并广泛联合国内其他相关研究机构，推出“神经科学与社会”丛书。我们希望通过这套丛书的出版，能更好地在神经科学与人文社会科学之间架起一座相互学习、相互理解、相互镜鉴、相互交融的桥梁，从而在一个更完整的视野中理解人的本性和人类的前景。

唐孝威　罗卫东

2016年6月7日

前　言

我通过本书呈现给读者的几乎所有思想都可以追溯到纽约大学神经经济学研究中心(New York University's Center for Neuroeconomics)。过去十年来,纽约大学为我们这些研究人类选择行为的学者创造了一个独一无二的跨学科环境,在那里,心理学家、经济学家和神经科学家定期聚会,相互交流、相互学习,现在被称为神经经济学的这门交叉学科就是这样形成的。当然,公平地说,同一时期,许多其他大学的学者也在探讨这三个学科之间的联系,但是,至少在 2005 年和 2006 年这两年,纽约大学神经经济学研究中心确实是最突出的,无论是跨学科探索的深度和广度,还是跨学科互动的连续性和统一性,都是无与伦比的。这一切得归功于纽约大学神经经济学研究中心始终坚持的"第一规则",那就是,对于任何一个由另一个学科的学者提出的结论,在你真正理解了这个结论的"学科依据"之前,你都不能等闲视之。例如,纽约大学神经经济学研究中心的资深教授们一直强调,无论是谁,在讨论神经科学对经济学的意义之前,必须先对神经科学有非常好的整体把握。乍一看来,这个"第一原则"似乎平平无奇,但是我们发现,它其实对跨学科研究者提出了非常高的要求,而且整个学术界能把这个"原则"真正坚持到底的人确实不多。也正因为如此,我在这里必须首先感谢纽约大学神经经济学研究中心的同仁们,在前后 5 年多的时间里,我与他们朝夕相处。他们严格地遵循了这个原则,贡献了很多非常有价值的原始资料,提出了很多非常有意义的想法。这是我这本《神经经济学分析基础》得以成书的基础。 vii

我在纽约大学神经经济学研究中心共事过的同事很多,其中有两位特别重要的核心人物，他们不仅参与形塑了纽约大学神经经济学研究中心的研究进路，而且在很大程度上影响了我个人的学术生涯。在这里，我要衷心地对他们表示感谢。第一个要感谢的人是安德鲁·卡普林(Andrew
viii Caplin)。安德鲁是全世界最顶尖的理论微观经济学家之一，是他不惜花费大量时间，帮助我领悟到了新古典主义经济学思想的美妙、诗意和强大力量(尽管许多人不愿意承认这些)。我要感谢的第二个人是伊丽莎白·菲尔普斯(Elizabeth Phelps)。伊丽莎白是全世界最顶尖的心理学家之一，是她好整以暇地引领我再一次迈进了本科时期曾经涉足过的心理学殿堂，是她让我确信，如果不与心理学结盟，神经经济学将无法存在。本书所包含的大量经典的心理学洞见，都可以说是她送给我的礼物。

我还要感谢我的许多学生，他们也为本书做出了很多贡献。首先，我必须感谢丹·伯格哈特(Dan Burghart)，他是一个才华横溢的年轻人，也是一位受过出色的训练的新古典主义经济学家。自从在几年前来到我的实验室之后，他几乎每天都在一起讨论，试图搞清楚如何把经济学与神经科学融合在一起，因此我对他的谢意几乎无法言表。丹、迪诺·利维(Dino Levy)和肯威·路易(Kenway Louie)三个人组成了“三驾马车”，我在写作这本书时对他们倚重甚多。迪诺从心理学家的角度挑剔它，肯威从神经生物学家的角度批判它，丹则从经济学家的角度锤炼它。我们四个人经常长时间地聚在一起，讨论心理学、神经科学和经济学这几门学科之间的关系。能够拥有这段美好的经历，我只有感激。我还要感谢我的其他许多学生，他们阅读了本书的部分章节并提出了宝贵的意见。这些人是：埃里克·德威特(Eric DeWitt)、伊法特·利维(Ifat Levy)、乔·凯布尔(Joe Kable)、马克·迪恩(Mark Dean)、汉娜·拜耳(Hannah Bayer)、罗伯·特里奇(Robb Rutledge)、山田博(Hiroshi Yamada)和劳伦·格拉顿(Lauren Grattan)。

我最亲密的几个同事花了许多时间阅读了本书的初稿(只有上帝才知道，他们在穿越那座迷宫时究竟花费了多少精力!)，我在这里必须向他们致以最真切的谢意。首先是我的朋友兼同事安东尼奥·兰热尔(Antonio Rangel)。对我来说，安东尼奥是一个拥有神奇的大自然般的力量的人，我确实非常幸运，几乎每一次我迷失了方向的时候，他都能够为我指点迷津。

另一个朋友和同事埃尔克·韦伯(Elke Webb)也为我提供了很大的帮助。另外,我还要感谢纳撒尼尔·道(Nathaniel Daw)、李大宇(Daeyeol Lee)和迈克·兰迪(Mike Landy),他们分别给出了深刻的评论意见。

另外,感谢莎曼塔·肖(Samanta Shaw),本书得以与读者见面,与她的努力分不开。玛吉·格兰特纳(Maggie Grantner),在我利用假期写作这本书的过程中,是她在一直照看着我的实验室(以及我本人)。最后,我必须感谢佐伊·格莱姆齐(Zoë Glimcher),本书中许多比较复杂的插图都是在她帮助下完成的,她确实是一个非常有创造力的人。

目　录

导　论　为什么是神经经济学？

唉！ xi
我绞尽脑汁把哲学，
法学和医学，
天哪，还有神学！
都研究透了。
这时的我，这个蠢货！
尽管满腹经纶，也并不比以前聪明；
称什么学士，道什么博士！
十年来，我牵着我的学生们的鼻子，
天南地北，海阔天空，处处驰骋……
这才知道我们什么也不懂！

——歌德，《浮士德》[贝亚德·泰勒(Bayard Taylor)译，1881 年]

问题的提出

在社会科学与自然科学之间的边界地带，诞生了一门全新的学科，它就是人们所称的“神经经济学”。尽管在大学里，跨学科研究以及跨学科辩论并不鲜见，但是，神经经济学的横空出世——它试图将神经科学、心理学、决策理论和经济学融合在一起——却已经被事实证明是绝对不同寻常的。神经经济学一心一意要跨越的那个边界，在学术世界里几乎是一个神圣不可侵犯的边界。20 世纪 50 年代,生物化学的出现,标志着生物学和化学的成功融合,但是生物学和化学都属于自然科学;而神经经济学则不同,它试图利用自然科学的工具在社会科学的传统疆域内大展宏图,因此无可避免地
xii 在过去的十年里引发了大量的争论和混乱。

跨越自然科学—社会科学的边界的跨学科融合是不是面临着不可克服的困难,因而必定无法成功?或者,神经经济学是不是意味着,只要将脑成像仪和其他神经科学工具"集成"到现有的经济学体系内,这种跨学科努力就大功告成了?如果神经经济学真的成了一门稳稳屹立于自然科学—社会科学边境地带的交叉学科,那么它又能告诉我们一些什么?将来自神经科学、心理学和经济学的洞见融合起来,真的能让我们对人类决策行为有更新的、更全面的认识吗?

关于上面这些问题的答案,在神经经济学这个新兴领域里一直存在着激烈的争论。一些学者认为,神经经济学的核心贡献就是为原先已经存在的这几门学科增添一些新的方法和工具;另一些学者则断言,只有通过对神经经济学的"母学科"进行彻底的理论重建,才能使神经经济学成为一门真正有自身价值的新学科,即,一门能够超越现有各学科的理论局限性,给出全新的预测的学科。

在神经经济学领域之外,争论甚至更加激烈。尽管毫无疑问,神经经济学已经迅速引起了普通公众的广泛关注(其速度与它取得的科学进展完全不成比例),但是,在更广泛的学术共同体内部,甚至直到今天还仍然没有就以下最基本的问题达成广泛的共识:神经经济学是否已经真的做出过了某种贡献?一些非常有天分的学者坚持认为,神经经济学的贡献,即使从好里说,也是微不足道的。其他一些学者则认为,精心打造的这门交叉学科已经揭示了人类决策的基本机制,他们还说,如果不能理解这些机制,就会限制未来的经济学思想的发展。还有一些学者则担心,自然科学家的还原主义倾向,很可能会侵蚀社会科学的内在价值。在神经经济学的各个"母学科"——神经科学、心理学和经济学,主宰了相关跨学科争论的仍然是这样一个问题:神经经济学是否真的给了我们一些教益?

这些争论大体上可以归结为神经经济学必须回答的两个相互独立的问

题。第一个问题在很大程度上是一个哲学问题:是不是真的存在一个被称为"神经经济学"的独特的哲学意义上的实体?第二个问题则更实际一些:标准的神经经济学理论是不是已经存在?如果已经存在,那么关于人类行为,这个理论能告诉我们一些新的东西(即,它的各门"母学科"都不能告诉我们的东西)吗? xiii

在这里,我愿意清楚地表明自己的立场:我认为,在严格的哲学意义上,被称为"神经经济学"的这个独特的实体是可以存在的,不过,只有当神经经济学这门学科在经济学、心理学和神经科学的"大统一"的基础上,以"大综合"的形式出现在世人面前的时候,它才存在。在本书下面的内容中,我将详尽地证成这个论点。而且,我认为,仅仅实现对脑扫描仪的方法论意义上的利用——即,让社会科学家们掌握自然科学的研究工具和测度手段——还远远称不上真正意义上的跨学科综合。作为一个哲学实体,神经经济学必须以物理化学、生物化学和神经科学在 20 世纪出现时的同样方式出现。这就是说,神经经济学也必然是一种稳定的、有强烈哲学动机的努力过程的产物,这种努力的目标是,在"知识理论"(theory of knowledge)内部建立起某种跨学科联系。毫无疑问,创立神经经济学要比创立生物化学等学科难得多,因为后者的"母学科"之间本来就是密切相关的。但是我相信,神经经济学成为一个哲学实体所需的这些深层概念及其联系全部都是可能的,不但如此,事实上它们中的大部分已经基本准备就绪了。本书的第一篇将致力于,在经济学、心理学和神经科学的框架内,把这些联系清晰地揭示出来。这是本书的第一个目标。

本书的第二个目标是,通过阐明现有的联系的深度和广度,证明神经经济学确实取得了相当可观的成就。关于人类决策的基本机制,通过神经经济学的各个"母学科",我们已经掌握了不少事实。在这些原已存在的洞见之间建立起稳定的连接,形成一个有正式结构的跨学科的理论体系,我们就可以描绘出人类(以及动物)决策行为的超乎人们想象的完整图景。这也就是本书第二篇和第三篇的主要内容。本书倒数第二章(即全书第十六章),则给出了有关的数学模型。

哲学基础

在过去的几年里，一些著名经济学家宣称，神经经济学——神经科学、心理学和经济学的融合——在原则上是不可能的。例如，任教于普林斯顿大学的经济学家法鲁克·居尔(Faruk Gul)和沃尔夫冈·佩森多费尔(Wolfgang Pesendorfer)就大力敦促社会科学家继续追求他们口中所称的“无需脑子的经济学(Mindless Economics)”(Gul and Pesendorfer，2008)。诺贝尔奖得主鲍勃·卢卡斯(Bob Lucas)也质问“为什么需要神经经济学
xiv 呢?”(Lucas，2008)。

这些学者之所以会得出这样一些负面结论，原因可以追溯到一部分经济学家和心理学家在他们的论文中阐述的一种哲学观点(他们发表这些论文的目标旨在界定什么是神经经济学并解释实际的神经经济学研究应该怎样进行)。在这些论文中，拥有的读者人数最多的一篇可能是科林·凯默勒(Colin Camerer)、乔治·罗文斯坦(George Loewenstein)和德雷真·普雷莱茨(Drazen Prelec)在2005年发表的论文。在这篇论文中，作者们认为，现有的经济学理论无法提供足够强大的预测能力，因此他们建议，将利用神经科学技术——主要方法就是，在经济学实验中大量使用脑扫描设备——得到的观察结果加入到原有的经济理论当中去，以此来改进和发展经济学。作者们宣称，只要直截了当地将自然科学证据与社会科学理论焊接起来，社会科学理论就能够变得更加强大。

然而，在居尔和佩森多费尔这样的理论经济学家看来，经济学本身的定义就决定了，它是一门只关注人类的决策行为的学科，因此如何理解人们在做出各种选择时的神经机制这样的问题根本与经济学理论无关。他们强调，经济学的研究对象，从来就未曾包括像“基底神经节”或“大脑皮层”这样的东西，尽管它们是最自然不过的神经科学的研究对象。这些经济学家指出，经济学的根基是像“选择”这样的概念性对象，而自然科学研究则通常不会涉及这类对象。

他们认为，经济学是一个丝丝入扣的、高度结构化的理论体系，各种自

然科学对象向来与经济学无关。在这一点上，他们确实是对的，这是一个无法逃避的事实。[①] 居尔和佩森多费尔没有说错，如果神经经济学真的就是凯莫勒等人的论文中所说的那个东西，那么它确实最多只能为经济学家们提供一些微不足道的琐屑的证据。经济学绝不是一门关于人的神经生理指标的测度的科学，恰恰相反，它所关注的是如何预测人类行为。如果认为神经经济学就是通过实证测量方法把神经科学与经济学理论拉拢到一起，那么它的未来肯定会像它的批评者所说的那样一片暗淡。但是，居尔和佩森多费尔又继续说道，经济学必须保持它与心理学和神经科学之间的距离。这个结论显然过于绝对了，而且很可能是想当然的结果。

只要粗略地回顾一下科学史，并反思一下知识论的哲学基础，我们就可以清楚地看到，居尔和佩森多费尔走得太远了。置身于历史的这个特殊时 xv
刻，许多学者"只缘身在此山中"，听任困惑主导了围绕着如何融合社会科学与自然科学而展开的争论。他们似乎不明白，在科学哲学的层面上，社会科学与自然科学确实是相关的。科学发展的历史以及科学哲学已经提供了明确的"路标"，告诉我们神经经济学应该沿着什么道路走下去，最终成功地在它的"母学科"之间建立起稳固的内在联系。另一方面，这些"路标"同时还表明，当社会科学家在哲学的层面上反对自然科学与社会科学的融合时，他们其实犯了一个本体论上的错误。

经济学理论、心理学理论与神经科学理论之间是完全有可能锻造出密切的连接的，但是只能通过先将经济学部分还原为心理学，进而再部分还原为神经科学的方式实现（在这里，"部分"一词是在严格意义上说的）。这就需要在神经经济学的各"母学科"之间建立起跨学科联系，就像 20 世纪在物理学与化学、化学与生物学、生物学与心理学之间曾经发生过的那样。

要理解历史上已经形成的跨学科联系，要刻画当前正在涌现的社会科学与自然科学之间的跨学科联系，关键在于，必须对构成特定的某门学科的概念对象给出清晰的定义。经济学理论体系是建立在一系列"逻辑基元"(logical primitive)的基础上的，它们包括效用、供给、需求和选择，等等。而

① 至少就实证经济学的情况而言确实如此，而本书所关注的恰恰正是这个经济学领域。

神经科学则处于另一个极端，它是建立在像大脑激活、神经元、神经突触和神经递质这样的“实体基元”的基础上的。我们真的有可能在这些看似完全无关的理论及其实证工具之间建立起联系吗？因为它们似乎毫无共通之处。对于这个问题，对于居尔和佩森多费尔等人的质疑，我们的答案是，我们确实能够有意识地在这两种不同类型的理论之间构建起联系：我们可以直接将社会科学的概念对象向下合并到自然科学的理论结构中去。例如，我们可以直接把像“选择”这样的对象（它们来自“更高级”的理论体系——经济学）嵌入到（“更低级”的）神经生物学理论当中。一旦“选择”等关键概念变成了这两个理论体系的共同元素，一旦这两个理论体系都拥有了一些共同的源于“更高级”的理论体系的逻辑对象，我们就可以把一组来自“更低级”的理论体系（神经科学）的概念与一组来自“更高级”的理论体系（经济学）的概念联系起来。例如，当“选择”这个逻辑对象变成了神经科学和经济学的共同元素之后，就可以通过它把大脑内侧前额叶皮层的平均激活程度
xvi 与期望效用等概念联系起来。这种联系当然不可能是完美的，但是跨学科方法的最强大的威力也就蕴藏在这里。当我们调整各学科的概念对象的定义和内涵，以最大化各学科领域的理论分析之间的相关性的时候，我们不仅实现了（部分）理论还原，而且还扩大了这些理论的预测范围和预测能力。通过采取这种方法，我们不仅能够消除利用神经科学理论来做出经济预测的逻辑障碍，而且还能够消除利用关于人类选择行为的观察结果来推断神经功能的障碍。

如果经济学和神经科学拥有了一些共同的研究对象，那么这两个领域之间的联系就能够建立起来，这个过程体现为，从经济学中找到一些概念，并将它们来自神经科学的一些概念或概念组联系起来。（即使这样的概念只有一个，例如上面这个例子中的“选择”概念。而且，正如我们在本书下文中将会看到的，至关重要的一点是，这个概念必须是完全相同的一个概念，并且必须是以“更高级”的理论体系，即，经济学为锚的。）回顾各门学科的发展历史，我们不难发现，这是一个非常可靠的策略。化学与物理之间的密切联系是利用这个策略构建起来的，生物学与化学的融合（生物化学的出现），也是如此。但是，要理解经济学、心理学和神经科学为什么是相互联系的以

及是怎样联系起来的，我们必须先彻底搞清楚引导这些联系的建立的哲学原则。可以想见，许多支持社会科学与自然科学的融合的年轻科学家可能会辩称，能不能理解这些形而上学的问题，对跨学科研究的展开并无影响；他们声称，这是一个实践问题，只要直接在日常研究中这样去做就行了。在这些学者看来，知识的最终整合是不可避免的，在一地鸡毛的争论中为跨学科研究追寻知识论根据纯粹是浪费时间。我在这里要强调的是，这些学者应该承认，过去十年以来发生的事实已经证明他们的观念是何等的错误。辩论已经发生过数百次，论文已经发表了数十篇，而得出了错误的结论的学者更是有数千人，所有这一切的根源，就在于人们对作为神经经济学的根基的基本哲学问题的混乱认识。

应用神经经济学

即使在那些支持跨学科综合的学者当中，也有许多人经常慨叹，我们对于大脑的认识还非常不足，因此不可能对关于人类行为的经济理论有太大的帮助。这些学者认为，即使我们能够在哲学上将经济学、心理学和神经科 xvii
学在概念层面上联系起来，这种联系也无法对扩展经济理论的预测范围和预测能力发挥多大的实际作用。类似地，许多学者则认为，经济学是一门“沉闷的科学”，它所包含的那些深奥难懂的数学模型永远也不可能帮助我们改进关于人类行为的神经生物学模型。下面，我将阐明，这两个结论都离真相甚远。

许多经济学家都没有认识到，在过去的十年里，认知神经科学领域发生了一场革命。现在，我们已经积累起了大量非常翔实的数据，对于人类意识的基本机制，我们已经拥有了许多深刻的洞见。更重要的是，它们完全不同于以往关于大脑的“民间智慧”——那是简单地看一眼流行的报章杂志上刊登的五颜六色的脑图就可以得到的“见解”，而是非常投入、非常严肃的学者运用复杂的数学工具精炼出来的结论。我们现在知道，人类的大脑能够做什么，不能做什么。如果关于人们如何做出决策的经济学理论应该受人类的大脑实际上能做什么的约束，那么毫无疑问，相当多的当代神经科学结论对于经济学理论的构建肯定是非常有助益的。对于一位应用经济学家来说,这个结论似乎有些言过其实,但是,它确实是我在下面将要着重阐述的核心论点。

另一方面,许多神经学家和心理学家也同样没有意识到,经济学所拥有的精巧而美丽的数学工具也是非常有用的——有了这种工具,只要某个关于人类大脑的命题在逻辑上出现了不一致,马上就会无所遁形。例如,当一个神经学家和心理学家试图将衡量一个行为上一致的决策者的风险规避倾向与效用的指标分离出来时,他(或她)其实正在试图完成一个不可能完成的任务,因为从原则上说,这类行为人的风险规避与效用是不可分解的。这是经济学家们早在半个世纪以前就已经掌握的事实

大量类似的事实告诉我们,只要学者们对神经科学、心理学和经济学的了解足够多(但是必须同时这三门学科都有深刻的理解),就能够得出关于人类——以及动物——的选择行为的非常深刻的新见解。把这些学科的实证结果和理论结论融会贯通,可以带来非常可观、非常重要的附加价值。神经经济学真的可以实现整体大于部分之和(事实上它已经开始做到了这一
xviii 点)。这也是本书第二篇和第三篇的核心结论。

本书结构

本书共分四篇。第一篇致力于为神经经济学奠定哲学基础。在这一篇中,我将阐明神经经济学的各“母学科”——经济学、心理学和神经科学是密切相关的;我会指出,经济学的最基本的核心价值观需要一场变革。在本篇的最后,我还将分别从哲学的角度和实证的角度,对经济学家米尔顿·弗里德曼(Milton Friedman,1953)著名的“as if”范式提出挑战。本篇也将证明,为什么必须将一些关键概念放置在未来的神经经济学的核心位置。

在本书的第二篇和第三篇中,我将在第一篇的基础上,构建一个有很强的约束条件的关于人类(以及动物)的决策行为的神经经济学理论。第二篇先概述大脑是如何构造、存储和表征选择对象的价值的,然后再阐述现有经济理论可以怎样约束和规范这些神经科学概念,并赋予它们强大的预测能

力。从根本上说,第二篇给出了一个神经经济学选择理论(neuroeconomic theory of choice)。本书的第三篇概述了估价的神经生物学机制(事实证明,这个机制至少部分地独立于选择的神经微生物机制),从而给出了一个神经经济学价值理论(neuroeconomic theory of value)。第二篇和第三篇给出了来自神经经济学的三门"母学科"的全部核心证据,从而构成了一个相当完整的决策理论。

本书的最后一篇由两章组成。其中的第一章(全书第十六章或倒数第二章)用数学符号相当紧凑地重述了本书第二篇和第三篇的主要内容。在这个意义上,或许可以说是本书后半部分唯一真正重要的一章。如果某位读者相信我所说的一切,那么他(或她)或许只需要读这一章就足够了,它在神经经济学层面上总结了我们现在所知道的关于人类决策行为的绝大多数观察结果。前面的第二篇和第三篇的全部内容,实际上都是用来证明倒数第二章的结论的有效性的。本书最后一章是对全书的总结。在这一章中,我还在列出了神经经济学迄今四个最重要的成就之后,提出了六个最紧迫的悬而未决的问题。

不过,需要在这里指出的是,由于许多读者都没有养成阅读自己所属的学科之外的技术材料的习惯,因为要为所有读者确定阅读本书各章节的先
后顺序并非易事。为了引导读者更好地掌握本书提供的材料,在每一章的 xix
开头,我都会先给出"本章内容提要"(precis),以帮助读者理解。"本章内容提要"除了描述那一章的主要目标之外,还会揭示该章的"目标读者"——它主要是为谁写的。例如,经济学家可以跳过论述新古典主义经济学的对象的那一章,因为它主要是为心理学家和神经科学家写的;而有些心理学家则可能会认为阐释心理学理论的那一章是必要的;至于神经生物学家,则完全可以跳过讨论神经科学的基本概念的那一章。不过,总体而言,我建议一般读者按现在的章节顺序通读全书(当然,对于自己比较熟悉的内容,则可以略读)。正如我在上面已经指出过的,本书倒数第二章以数学形式总结了整本书的内容。因此,我在这里提出一个小小的"警告",那些没有任何数学背景的读者,可能会觉得这一章有点"吓人"。我认为,这些读者或许可以跳过这一章或粗略地浏览一下。

我建议采取不同的阅读顺序的唯一一个读者群是新古典主义经济学家,他们或许可以直接去阅读本书的倒数第二章,以把握本书给出的神经经济学标准理论体系的基本要素。这些读者可以把这一章当作本书第二篇和第三篇的技术附录来看。我希望,这一章能够使那些对神经经济学持怀疑态度的经济学家放下心来:在历经了心理学和神经科学之旅后,最后还是会让他们踏上经济学的"迦南地"的。

如上所述,这本书主要是为那些致力于(或者,有兴趣)研究人类(以及动物)的决策的学者而写的,不管他们来自什么学科、秉持何种哲学立场。我已经尽我所能,使本书尽可能全面,目的是希望能够保证,任何一个严肃的学者,无论是心理学研究生,还是神经科学博士后,抑或是经济学教授,都会认为它基本是完整的。本书给出了我心目中的关于人类选择的神经经济学标准模型。当然,有些学者公开怀疑构建这样一个模型是否可能(以及,是否可欲);对于这些学者,我只有一个请求:请先读一读这本书吧。

第一篇

来自神经经济学的挑战

第一章　站在新时代的门槛上

指导人类进行选择的准则究竟是什么？我们可以预测个人或团体做出 3
的行为决策吗？我们的偏好的起源是什么？它们怎样发生变化，为什么会发生变化？为什么人们以这种方式行事，而不以那种方式行事？这些都是自从启蒙运动以来，学者们和一般民众反复追问的核心问题。经济学家、心理学家和生物学家们，以及其他学科的专家们，为这些问题提供了部分答案；但是非常引人注目的一点是，从总体上看，我们对这些问题的所有回答都是局部性的、支离破碎的，而且基本上是互不相关的。考虑到如下事实，我们对这些问题的回答的不完全性就更加令人震惊了，因为在过去一个多世纪以来，许多其他重大问题的答案都已经变得非常全面、非常一致了。例如，“我们人类究竟是从哪里来的”这个问题就是上面所说的“其他重大问题”之一。在20世纪初，对于这个问题，我们也拥有了一些“局部答案”，不过仍然没有出现一个能够说明这些局部答案之间的相互联系的完整图景。当时的化学家们认为，我们是井然有序的化学反应的产物——我们就是由一些各地都司空见惯的分子构成的。生物学家则指出，我们是遗传的产物：父母的特性传递给我们，我们再传递给子女，如此代代相传；这些遗传特性不仅决定了我们是谁，也决定了我们在未来能够变成谁。

20世纪早期的化学家们和生物学家们试图回答的是同一个问题，但是，他们回答这个问题的方式是互不相关的。关于我们的起源，化学和生物学分别给出了一个相当完整的理论，但是，这两种解释相互之间几乎没有任何重叠的地方；甚至，连它们试图解释的对象都完全不重合（尽管最终指向的显然是一个共同的问题）。化学家们讨论的是分子，而生物学家们讨论的却

4 是可遗传的性状(特征)。化学家们和生物学家们都很清楚,他们分别给出的答案之间必定存在着某种实质性的联系,但是,他们的答案是如此不同,各自理论中甚至连共同的词汇都找不到一个。在 20 世纪初,如果有一位化学家提出了一个非常细致的理论猜想,说总量多大的分子会进行自我复制,当时的生物学家很可能会坚持认为,这种理论是没有任何价值的,因此根本不会感兴趣。

然而,詹姆斯 · 沃森(James Watson)和弗朗西斯 · 克里克(Francis Crick)改变了这一切(Watson and Crick,1953),因为他们发现,脱氧核糖核酸这种化合物正是性状(特征)得以遗传的物理载体。今天,当生物学家说到性状(特征)、基因和 DNA 时,他们实际上是把这些术语当成同义词来用的。关于我们人类自身的起源,现在已经有了一个相当全面、相当完整的理论。我们可以从古生物学、化学、生物学,甚至神经科学的角度来观照、探讨这个理论。尽管现在的古生物学家、化学家和生物学家仍然会提出各种各样的紧迫的问题,但是从根本上看,这些相关学科实际上已经围绕着对我们人类的起源的共同理解而"团结"起来了。

但是,对于人类是如何做出选择的、人类会决定做些什么,我们的理解却一直缺乏上述统一性。像 20 世纪初的生物学家和化学家一样,21 世纪初的经济学家、心理学家和生物学家都在试图回答一个共同的问题,但是他们回答这个问题的方式却互不相关。社会科学家和自然科学家对我们人类行为的根基的定义是如此不同,以至于许多人坚信,另一个学科的理论和观点都是与自己这个学科无关的。为了更清楚地说明这一点(它非常重要),请读者考虑下面这个简单的例子。先假设两个人做出了某个真实的选择,然后我们再依次利用经济学、心理学和生物学提供的分析工具,来探究一下他们所做出的这个选择的意义。我们想知道的是,面对同一个行为,21 世纪初来自三个学科的学者会分别给出什么样的解释。当然,要做到这一点,我们需要先找到这样一个行为,即,所有这三组学者各自都拥有可以用来分析这个行为的成熟的概念框架。由于要把生物学家也包括进来,所以我们将要考察的这个行为必定涉及与生殖相关的决策,即,这将是一个涉及性的行为。

理解行为

两个成年人走进了他们下榻的宾馆的酒吧，这是一个男人和一个女人，他们分别来自不同的城市，到这里来的目的是参加一个专业会议。我们观
察到，这是他们的第一次相遇。几句寒暄后，他们很快就变得热络起来。根 5
据以前的调查，我们知道，这两个成年人在自己所在的城市都建立了稳定的性关系，而且他们都非常珍视自己的伴侣(他们还都明确支持一夫一妻制)。但是，随着交流的深入，这一男一女发现，对方的肉体对自己吸引力越来越大。如果我们在这个时点上去问一下这个女人，她可能会这样告诉我们："如果我和他睡到一起的话，我明天肯定会后悔的。"如果我们去问一下这个男人，他也可能会这样报告："如果我和那个女人一起过夜，那么我将永远无法面对我在家里的爱人。"但是，8 小时之后，我们发现，这一男一女事实上是在一起过夜的。而在 72 小时之后，我们发现，这两个人都回到了家里，并见到了自己的伴侣，而且都很痛苦、内疚，明显非常不开心。再过了两个星期，当接受访谈时，他们都认为那个晚上睡在一起是一个巨大的错误。那个行为显然没有最大化他们的幸福感，而且，这个结果是当初他们自己都准确地预料到的。既然如此，他们为什么还要这样做呢？说这种行为是一个错误，是在什么意义上说的？我们又该如何理解这种行为呢？

生物学、心理学和经济学的共同目标就是回答这种类型的问题。这三个学科都把人类的选择作为研究的逻辑对象。这就是说，这三个学科都试图回答这样一个问题："为什么这两个人会选择睡到一起？"

经济学家的答案

对于一个传统的新古典主义经济学家来说，经济学理论的目标是解释观察到的选择。只有那些属于外面的世界的、可以测量的并且会对他人的行为产生影响的事物，才是传统的经济学家试图解释的"选择"。现代经济理论之美的关键全系于这种渴望：以最小数量的理论构想和中间变量去给

出解释。传统的经济学家在试图搞清楚这个男人和这个女人为什么决定共度良宵的时候,唯一的目标就是要提出一个最简洁的理论,用最少的假设去解释观察到的这两个人的选择。

为了实现这一目标,传统的(新古典主义)经济学家首先会对每个人面
6 临的选择进行严格的分类。[1] 假设这个男人和这个女人都了解双方的性经历,而且对他们共度良宵后下个星期在家里可能需要面对的客观的外部风险都有清晰的认识,那么我们就可以认为,他们当时需要做的就是,在如下的可选项之间做出选择:(1)享受短暂的性快乐,同时承担自己的稳定的长期关系可能受损的风险;或者(2)放弃这个短期的性经历,同时也无须面对稳定的长期关系可能受损的风险。[2] 我们观察到的事实是,他们在一起度过了一个晚上,所以我们(经济学家)认为,他们更喜欢短期的性体验,而不是安全的长期关系。早在 20 世纪 30 年代,保罗 · 萨缪尔森就曾经这样“教导”经济学家:对于一个经济学来说,选择的关键特性在于,它“揭示”了行为主体的隐藏的偏好。在萨缪尔森看来,偏好就是选择的影子:我们之所以知道这个男人和这个女人的偏好是什么,是因为我们知道他们的选择是什么。这基本上是一种循环论证,但是却有着无与伦比的清晰性和简洁性。

然而,我们也知道,男人和女人后来又通过口头报告表明,他们的选择是一个“错误”。新古典主义经济学家会同意这个男人和这个女人做出的这个结论吗?很可能不会。事实上,无论这两个人怎么说——说自己痛苦不

---

① 为了让非经济学专业的读者更好地理解这个例子,我假设这两个被观察的人的行为符合严格的经济学意义上的“一致性”。对于经济学家读者,我还要说明一点:我之所以会有点不同寻常地(如果正统)关注偏好而非一致性,这是下面要讨论的理论的要求。

② 需要指出的是,我在这里采用的是非常传统的新古典主义经济学方法。我不允许“内疚”或“遗憾”等感情因素进入经济解释。这是因为 20 世纪上半叶那些开拓性的经济学家,例如像米尔顿 · 弗里德曼和保罗 · 萨缪尔森(Paul Samulson),都强调经济学理论只能用来解释可以观察到的外部世界的事物。如果我们把这些“感情”加入到经济解释中去,那么弗里德曼和萨缪尔森或许会追问:到底应该怎样来衡量它们呢?他们可能还会指出,如果我们把这些“看不见的”的事物也包括进经济学理论应该解释的事物中去,就会导致经济预测变得不必要的复杂。然而,到了更晚近的时期,当代经济学家借鉴了心理学家的做法,开始在保证复杂程度最小化的前提下用“感情”这个概念来解释某些选择行为。在有些情况下,可能确实需要把某些“感情”假定为某些选择行为的结果。对于这一点,我在下面几页中马上就会讨论到。

堪也好,说自己希望当时做出的是另一个选择也好,新古典主义经济学家都不会认为这种说法是需要考虑的一个因素,除非它真的对他们所做的事情产生了影响。试想象一下,如果这两个人在第二年的专业会议上又见面了,而且决定不睡到一起(在所有其他条件都相同的情况下),那么经济学家才有可能愿意接受他们的第一个决定是一个错误的说法。如果他们又决定一 7
起共度良宵,那么不管以后他们有什么感觉,任何一个新古典主义经济学家都无法提出一个模型,既能预测他们的选择,同时又把这些选择描述为“一个错误”。事实上,添加“错误”这个词根本不能使选择行为模型增加什么。经济学家只关心选择。这个男人和这个女人尽管不停地声称,自己犯了“一个错误”,但是一切都口说无凭。

这里的关键在于,经济学家总是试图用尽可能简单的理论去解释人们的选择,他们强调,行为主体的偏好是通过他们的行为揭示出来的,因此,他们通过观察人们做出的选择来推断其偏好。如果能够观察到足够多的选择,那么只要针对行为主体的性质做出一些简单的假设,我们就可以相当完整地推断出他们的偏好的结构,甚至还可以利用这些“显示偏好”来准确预测他们在未来的行为。作为经济学家,我们并不会过分执着于这些偏好究竟是物理事件还是精神状态这样的问题。偏好就是一些紧凑的变量,只与观察到的选择行为有关,而且对我们预测行为主体未来的选择有用。这种意义上的偏好确实是属于经济学的,它们是解释人类选择行为的最简单的工具。因此,经济学理论(或者,至少在其“原始形式”上)必定会忽视任何我们无法直接观察的东西,而且必须对我们要研究的行为主体的目标、希望、欲望等因素保持沉默。作为经济学家,我们必须满足于行为主体所拥有的只有偏好——而且是极简意义上的偏好——这个事实。

心理学家的答案

然而,在大多数心理学家看来,这个男人和这个女人的故事显然要比经济学家所看到的复杂得多:这两个人面临的选择与其说是性爱能够带来的快乐与被发现的风险之间的一个权衡,还不如说是一个关于不同的精神状

态的选择和一个关于幸福的选择。一个典型的心理学家会认为,这两个人
其实是针对他们在性爱过程的感受与他们回家后将会(或可能会)面临的痛
苦来做出选择的。心理学家以精神状态为中介来表征行为主体在选择过程
8 中的经历和选择给他们带来的后果。通常,心理学家首先会就这两个人试
图通过自己的选择实现的目标做出某种假设,例如,他们希望使自己的"幸
福"最大化。心理学家知道,这两个人正试图做什么,而且还知道他们做出
这种选择的目标是什么。这正是心理学与经济学之间的关键区别。事实
上,心理学甚至允许我们以一种新的方式来定义"错误"。假设在这两个人
一起过了一个晚上这件事发生一年之后,我们去找他们访谈,作为心理学
家,我们可以直接问他们这个问题:从总体上看,是睡在一起之后更加快乐
一些呢,还是(假如)没有睡在一起之后更加快乐一些?是的,我们可以直接
要求他们告诉我们:睡在一起是一个错误吗?

假设作为心理学家,我们真的进行了这样的访谈,而这两个人则告诉我们,正如他们当初所料的,这 12 个月以来,他们的日子过得非常痛苦。他们对我们强调,付出这样的代价实在不值得!面对这种情况,当代心理学家对他们的行为的解释很可能会采取这样一个路径:首先,我们得解释这两个人怎么会犯下这个错误。很明显,这是一个错误(这两个人口口声声地这么说),心理学测评结果也证实,那场"美丽"的邂逅给他们带来的快乐没有维持几天,却反而使他们在整整一年的时间里都更加不快乐。据此,我们可能会假设,他们面临的选择其实体现了他们内心深处两个内在自我之间的一种冲突。一个是冲动的内在自我,它眼中除了坐在吧台边的那个极具魅力的异性之外,再也容不下任何其他东西;另一个是更有耐心的理性的内在自我,它可以衡量那个事件的长期心理成本。如果我们接受这个理论框架,那么就会得到结论:这两个人之所以决定共度良宵,就是冲动的内在自我战胜了理性的内在自我的结果。他们两人春风一度之后的不幸和痛苦本身就是很好的证据。它表明,本来就不该让冲动的内在自我获胜;同时也表明,他们当初的决定是一个错误。

在这里需要指出的是,在提出这种类型的解释时,作为心理学家,我们严重依赖于我们自己的个人(内省的)精神生活的经历。我们把快乐、悲伤、

后悔都看成了行为主体的选择的结果(我认为,这是正确的)。我们还把这种选择看成两个或两个以上的内在“自我”之间的冲突——它们要争夺对行为的控制权。在这一点上,我们不妨引用大多数人都熟悉的弗洛伊德的理论来说明。我们的解释性理论所假设的、存在于行为主体的内心世界里的那种冲突,非常类似弗洛伊德式的本我(id)与自我(ego)之间的竞争(Freud, 1923)。 9

由此可见,心理学解释的特征是,它包含了如下两个关键概念:(1)精神状态的概念。人们在进行选择时,要权衡的并不是经济学家所说的可以观察的东西,例如性、金钱、婚姻等等,而是各种不同的感情或感觉,它们决定了我们每天的内心生活,并且构成了外部变量影响我们的行为的中介。(2)目标的概念。人们之所以要选择,是为了追求幸福最大化,或者说,是为了追求满足感……总之,是为了实现某种我们试图用幸福这个术语刻画的精神状态。经济学中则没有这样的目标或对象。在经济学中,我们只推断偏好,这种方法排除了任何关于对目标的陈述,也排除了任何关于对错的判断。这种方法使经济学理论非常紧凑、高度聚焦,但是代价不菲,因为这样做很可能会错过某些在心理学家看来很重要的东西——尽管心理学家也承认,心理学对这些东西的定义未必确当。

说得更正式一些,心理学与经济学之间的这个区别就意味着,在回答为什么行为主体会这样做这个问题时,经济学给出的传统答案引用的是他们的偏好。这两个人之所以决定共度良宵,是因为他们偏好直接的性爱甚于未来的稳定。换了另外的两个人,他们很可能会做出完全不同的选择,从而也就可以揭示出他们不同的偏好。在经济学中,行为主体的偏好在理论中发挥着类似于“近端原因”(proximal cause)或“最可能的原因”的作用。① 但是,在心理传统中,我们所采取的进路则不同。作为心理学家,我们会在更深的层次上问“为什么”。如果我们假定,这两个成年人的目标是最大化自己的长期幸福,我们是不是真的可以认为他们的决定是错误的呢?在心理学中,我们可以把长期幸福的最大化,或者其他相关的心理过程,界定为人

① 尽管萨缪尔森本人或许会争辩道,我们最好把偏好看成是选择引申出来的,而不是相反。

们的行为的“更大的目标”,即,他们的行为的“终极原因”(ultimate cause)。当然,这种方法既有优点又有缺点。我们虽然可以用这种方法定义行为的终极原因,但是我们能够观察到的行为却往往不是与这个终极原因密切相关的。因此,我们不得不把我们想象中行为的终极原因与我们实际观察到的行为之间的不一致称为“错误”。就我们这里所描述的这个男人和这个女人的情况而言,心理学分析似乎确实能够捕捉到经济学解释忽略掉的某些东西,但是这样做并不是没有风险的:很可能会在分析中引入新的理论主
10 观性。

生物学家的答案

对于大多数生物学家来说,理解这个男人和这个女人的行为的起点也就是许多自然科学解释的起点,即,达尔文的进化论。从这一点来看,自然科学家明显不同于社会科学家。生物学家认为,所有的行为都是进化的产物,因此在观察到这个男人和这个女人的行为之后,一位生物学家会很自然地提出这样一个根本不可能出现在经济学或心理学传统中的问题:这种行为与这两个人的繁衍后代的活动有什么关系?或者,说得更具体一些:这种行为会对他们两人的“广义适合度”①(inclusive fitness)产生什么影响?

我的一个朋友是一位灵长类动物学家,有一次他给我讲了这样一则灵长类动物“轶事”。一对合趾猴(这是长臂猿的一种,通常过着“一夫一妻制”的生活)住在一起,共同捍卫着一块“领地”。有一天,雄合趾猴(以下简称“丈夫”)外出觅食,雌合趾猴(以下简称“妻子”)则留在“家”中。丈夫前脚刚刚离开,它们的领地就被一只独身的雄合趾猴入侵了。这个入侵者乘机向那个“妻子”大献殷勤,而那个“妻子”也似乎是水性杨花之辈,入侵者经过了

① 在严格的生物学意义上,“适合度”是指决策者本人的遗传特征被未来的后代复制出来的相对概率。“广义适合度”是指决策者的遗传特征被未来的后代复制出来的相对概率——无论这些遗传特征是来自决策者本人的,还是来自其他与这个决策者共享这些遗传特征的其他个体的。读者若想了解这些概念的更加正式的定义,请参阅富秋马(Futuyma,1998)的著作《演化生物学》(*Evolutionary Biology*)。

短暂的求爱后，就赢得了那个"妻子"的欢心，然后这两个"畜生"就开始"偷情"了。苟合甫毕，那个"丈夫"回来了，看到这种情况，它立即大声嚎叫，并向入侵者和它的"妻子"做出一副咄咄逼人的姿态。几分钟的武力对峙之后，入侵者退却了，那个"丈夫"却爬上了旁边的一棵树，蜷缩在一根高高的树枝上，再也不看它的"妻子"一眼。又过了好几分钟，它的"妻子"也爬上了同一棵树，并开始为它的"丈夫"梳理毛发，但是它的"丈夫"却时不时地推开它。这里到底发生了什么事情？

对于生物学家来说，这是很容易解释的。所有的动物都会尽其所能地使未来的后代包含更多的自己的基因；或者，更准确地说，最终生存下来的动物，只能是那些通过自己的行为，实现了后代所包含的自己基因的数量最大化的动物。这就是说，动物的行为的目标是最大化自己的适合度。[1] 从这 11
一点出发，我们就可以理解，在生物学上的"终极原因"的意义上，这只雌性合趾猴为什么会决定与那只入侵它的家园的雄性合趾猴交配。我们知道，雌性灵长类动物与雄性动物结成永久伴侣后，在收获一定利益的同时，也要承担一定成本。它们可以成功地捍卫更大的拥有更多资源的"领地"，这是它们的一大收益。它们一起保卫后代，使之免遭食肉动物荼毒，从而有效地降低"婴儿"死亡率，这是它们的另一大收益。但是，在另一方面，它们在一

① 我不得不承认，我在这里是在最简化的意义上运用达尔文的理论的。首先，我们知道，达尔文认为，在不考虑人类的育种程序的情况下，自然选择和性选择这两种机制塑造了动物的行为。在本章的讨论中，我的叙述方式也许会让一部分读者觉得似乎只有自然选择才是重要的，事实绝非如此。其次，从现在起，我将假设，演化的压力要求动物最大化它们自己的"广义遗传适合度"。尽管大多数生物学家都认可这个结论（根据针对动物行为的实证研究的结果），但是仍然有一些生物学家对此不以为然。而且，虽然所有生物学家都同意，演化推动着动物做出符合最大化适合度这个目标的行为，但是还是有一些生物学家认为，实际的动物行为往往无法达到或接近这个目标。我自己也算得上是一个生物学家，从我阅读过的文献来看，现实世界中的动物行为（除了那些生活在变动非常剧烈的环境中，很难追赶环境变化的速度的动物的行为之外），几乎总是接近于最大化自身的适合度的行为。因此，以下这个结论从来没有在真正意义上受到过质疑：几乎所有针对动物行为的效率的研究都表明，如果一个物种在一个稳定的环境中生活了许多代，那么它一定已经在很大程度上实现了上面这个明确的目标。对于这个问题，我在以前出版的一本专著《决策、不确定性和大脑》（*Decisions, Uncertainty and the Brain*）中已经进行过深入的讨论了。考虑到本书的目标，我们直接把以下假设作为出发点：在稳定的自然环境中，动物行为基本上最大化了它们的遗传适合度。

起，只有生出一些基因相似度极高的后代，这是一个明显的缺陷；因为它意味着，当雌性动物的某一个后代面临环境中的某种风险时，它的所有后代通常也将面临同样的风险。例如，如果它的伴侣的皮毛是浅色的，那么它的所有后代的皮毛也可能都是浅色的，这样一来，当树叶落尽或颜色发生了变化之后，所有后代都将面临很大的风险。换句话说，如果它只有一个伴侣的话，就相当于把“所有的鸡蛋都放在一个篮子里”。

因此，从演化的角度来看，对于雌性灵长类动物来说，拥有一个永久的伴侣有利也有弊。在这个意义上，我们在前面讨论的这只雌性合趾猴的行为就是完全可以理解的。雌性合趾猴的所有行为的终极目标都是最大化它自己的后代的遗传适合度。这只雌性合趾猴只不过是在试图通过与一只外来的雄性合趾猴偷偷地交配来完成任务而已。事后，它有什么感觉？它会
12 不会后悔它自己的决定？说实话，一个演化生物学家会认为这些问题完全无关紧要(在这一点上，演化生物学家与经济学家非常相似)。这只雌性合趾猴只是在努力增加它的后代的遗传多样性而已。演化生物学的解释所指向的是这只合趾猴的行为在客观的生物学意义上的终极原因。它的行为最大化了适合度。这是生物学中的一个核心概念；当我们试图把社会科学与自然科学联系起来时，这一点将是至关重要的。[①]

不过，生物学家们也可以探究这种行为究竟是怎样完成的。与拷问终极原因的问题相比，这无疑是“贴近”得多的问题。例如，当雌性合趾猴发现陌生雄性合趾猴侵入了自己的“领地”时，它的哪一个神经回路会变得活跃起来？它的大脑皮层和基底神经节的突触活动是怎么激活它的下丘脑，并进而激活运动控制神经回路，导致它做出了与异性交配的行为的？它的雌激素水平与这些神经回路的兴奋程度有关吗？

因此，对于生物学家来说，就像心理学家一样，他们可以在两个层面上给出解释，一个是近端的，另一个终极的。近端解释涉及神经回路和计算算

① 我必须承认，为了便于阐释，我在这里又进行了简化处理。在与其他雄性合趾猴“苟合”时，雌性合趾猴当然也要承担它自己的伴侣同样可能背叛它的风险。用规范的术语来说，这就意味着，它参加了一个“演化博弈”。生物学家都深知这个事实。这个领域的经典著作是约翰·梅纳德·史密斯的《演化与博弈论》(*Evolution and the Theory of Games*，1982)。

法,而终极解释则关注稳定环境中的演化和适合度。

那么,对于前面的例子中的那两个参加专业学术会议的男人和女人的行为,生物学家到底会怎样解释呢?事实上,基本上与对合趾猴的行为的解释完全一样。终极原因要从演化中去找。从演化的角度来看,做爱是一个理性的决定,能够最大化个人的广义适合度。[1] 而近端解释则是,这对男女的行为是他们的神经系统的活动决定的。

如果我问我的研究生,为什么人们会做爱,他们的回答往往是:“这是因为人们喜欢做爱啊。”他们的答案完全符合近端原因的定义。这就是说,这 13
种答案涉及的只是精神状态(或者偏好)。但是,生物学家还要追问,人们为什么会喜欢做爱呢?即便是心不甘情不愿的读者也不得不承认,是演化使人们喜欢做爱;原因就在于,因为做爱会导致人们繁育后代。这便是生物学意义上的终极原因的定义。

如果我们像生物学家那样,敢于大胆地承认,这两个男人和女人的外表的吸引力,在导致他们发生性关系的过程中发挥了重要作用,那么我们就能像生物学家,在近端原因和终极原因两个层面上理解他们的行为。在近端原因层面,我们可以尝试着去将人类大脑中识别异性吸引力的神经回路识别出来;事实上,科学家确实已经找到了这类神经回路(例如,请参阅:Aharon et al.,2001;Winston et al.,2007)。这些神经回路的激活是人类以及许多动物所“喜闻乐见”的(例如,请参阅:Deaner,Khera and Platt,2005;Klein,Deaner and Platt,2008)。人类和动物实际采取的行为明确无误地向我们显示,他们(它们)喜欢这些“吸引力神经回路”处于活跃状态。在终极原因层面,我们可以假设吸引力是特定的遗传特征的一个标记,它表明某个异性个体是适合成为自己的伴侣的。事实上,一系列研究已经表明,一个人的吸引力越大,他(或她)的特征就越接近理想的遗传性状(Etcoff,1999;

[1] 这里还应该指出一点,人类完全可能选择使用避孕药或采取其他避孕措施,而这将使性爱活动无法产生后代。既然如此,从终极原因出发的解释会不会归于无效呢?答案当然是不。这个答案非常重要,我们在下文中将会多次返回到这一点上来。某种有效的行为模式是在稳定的环境经过长期演化才形成的,避孕却是一个非常晚近的环境变化。现在,很多人都在利用避孕措施,但是这很可能也就意味着,演化将选中那些讨厌避孕的人。

Penton-Voak et al.,1999;Perrett et al.,1998)。

有人也许认为,生物学家也可能会觉得以下事实令人迷惑不解:两个月后这对男女告诉他们的心理医生说,他们因曾经发生了性关系而觉得不开心;而且他们都觉得这是一个错误,他们都很后悔。如果他们真的是在最大化他们的遗传适合度,如果他们的行为真的是某种统一的行为策略的产物,那么他们为什么还会不高兴呢?

但是事实是,生物学家根本不认为这是一个难解之谜。大脑是极其复杂的、高度模块化的——关于这一点,我们在下文中还将多次提到。在我们每天所做的行为中,有很大一部分是在我们没有明确意识到的情况下完成的。这些行为对我们的生存和繁殖是大有助益的,尽管我们的大脑中负责有意识地组织语言叙述事件经过,以便与他人分享的那些脑区可能完全未曾意识到它们。或者,用技术性色彩更强的话来说,我们的口头叙事行为反映的是大脑布罗卡区(以及其他一些脑区)的激活状态,这个脑区也被称为布罗德曼第44区和第45区。这些脑区是与一些导致我们做出特定行为的脑区(但不是全部负责行为的脑区)相互联系起来的。当我们问这对男女,为什么他们会做出这种行为时,我们其实是要求他们大脑的布罗德曼第44
14 区和第45区运用它们拥有的资源来回答这个问题。然而,我们目前掌握的证据表明,这些脑区几乎没有任何调用关于下丘脑活动模式的信息的通道。因为支配着人们的行为的是下丘脑的活动状态,所以要求布罗德曼第44区和第45区告诉我们为什么会做出这种行为,很可能是完全问错了对象。如果这对男女(实际上是他们大脑的布罗德曼第44区和第45区)告诉我们,他们睡到了一起是一个错误,那么他们其实只给我们提供了非常有限的信息,或者说,那只是大脑的“神经轴”(neuraxis)当中的极小一部分关于这种行为的“评估结果”。至于由各种神经机制构成的大脑共同体对这对男女的行为做出的“整体结论”,我们根本无法得到更多信息。

换句话说,行为的终极原因并不是最大化行为主体的幸福或快乐,那只是他们以语言形式报告的原因。说到底,幸福和快乐只是神经系统用来实现适合度最大化这个目标的许多“近端”机制中的其中两个。显然,我们人类并不是为了成为快乐的人而演化成今天这个样子的;如果真是那样,那么人们现在应该非常擅长使自己保持快乐了，就像他们总能无师自通地成为性爱高手一样。这一点非常重要，只要我们试图尝试融合社会科学与自然科学，就一定得承认。

我们已经站在突破的门槛上了吗？

对于我们在本章中作为例子的这对男女的行为，经济学家、心理学家和生物学家都可以提出他们自己的解释。真正令我们惊异的是，他们的解释竟然会如此互不相关。甚至来自其他学科的科学家、社会学家或生物化学家，他们提供的解释完全可能互不相关。

经济学家、心理学家和生物学家的解释的另一个显著特征是，所有这些解释都是极其“局部”的。每一种解释框架都允许我们对这对男女在未来的行为做出一些预测，但只是在非常有限的范围内，而且只在非常不同的特定条件下有效。经济学家的解释可以让我们预测这两位“被试”在未来再次相遇时会发生什么行为；心理学家的描述则可以用来对他们未来的“内心冲动”进行预测；生物学家的解释则可以让我们预测他们未来的选择会对基因频率产生什么影响。很显然，我们缺乏的是一个全局性理论，一个可以统一所有这几门学科和它们对人类行为和动物行为的解释的理论。 15

但是，这种理论真的存在吗？如果存在，它又是什么样子的？我们怎么才能把这三个解释传统联系起来？如果我们完成了这项任务，我们又可以有什么收获呢？

第二章　各学科融合的认识论限制

17 物理学以及其他自然科学所提供的许多基本概念工具(例如达尔文的进化论和薛定谔的波动方程),都有一个共同特点,那就是,他们成功地(或者至少是部分成功地)将不同学科针对一些悬而未决的物理现象和生物现象的解释联系到了一起。这种联系无疑加深了我们对相关物理现象和生物现象的理解,并改进和扩展了我们的预测能力。那么,在关于人类行为的经济学、心理学和神经科学解释之间,能不能建立起类似的联系呢?如果确实能够建立起这种联系,那么我们又能够在多大程度上确信,用来"锚定"这三个学科的解释系统真的是有效的呢?

在这一章中,我们将探索这样一个问题:当我们在尝试将任意两个或两个以上独立的解释系统联系起来的时候,"理论知识"会对我们这种努力构成哪些"形而上学"的限制。为此,我们首先要"复习"一下:对于两个学科的还原主义综合,逻辑实证主义哲学家通常是怎样描述的?然后再从哲学的角度剖析这种综合方法面临哪些明显的限制。在建构关于人类决策的神经经济学方法体系之前,这种讨论是一个必不可少的"前奏",因为它可以告诉我们,从这种努力中,我们应该预期可能会得到(或不可能得到)哪些成果。熟悉还原主义综合方法和逻辑实证主义哲学(无论是它的优点还是缺点)的读者,可以略过本章,直接"快进"到第三章。而对于那些不熟悉这些哲学内容的读者,以及那些怀疑学科之间的还原性联系能不能成功地建立起来的
18 读者(尽管我认为这种怀疑是错误的和不必要的)来说,本章将构成一个重要的中间步骤,不然就无从理解为什么一个单一的综合性理论可以把各学科关于人类行为的现代解释联系起来并加以扩展。

未来的神经经济学面临的“形而上学”的限制

为了更好地理解相互独立的不同学科之间的联系,我们不妨先来考虑一下物理科学。现代物理学为我们提供了一个典范性的“物质理论”。这个理论描述了各种基本粒子(譬如,电子、质子、中子等等)是如何相互作用的。例如,根据物理“规律”,电子以自旋对的形式出现,并充满了围绕着原子核的轨道。这些是在最低(或接近于最低)的物理实在的水平上的抽象。

当代化学则为我们提供了基于另一组“逻辑基元”的另一种描述。[①] 化学中的“逻辑基元”就是元素周期表中的各个元素。根据化学“规律”,各个元素的原子是聚集成“团”或“组”(分子),然后相互作用的(见图 2.1)。

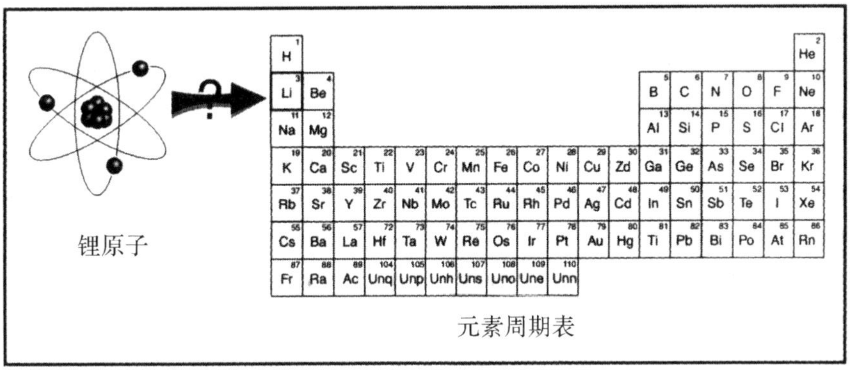

图 2.1　锂原子和元素周期表

那么,物理学和化学这两组抽象规律是怎么联系起来的?例如,我们是 19
不是可以把“更高级”的化学规律完全还原为“更低级”的物理规律呢?或者说,我们可以把任何一个关于一组原子的相互作用的陈述同样准确地转述为一个关于电子、质子、中子的相互作用的陈述吗?有意思的是,这个问题的答案似乎是肯定的。例如,根据基本的物理规律,我们可以预测元素周期

---

① 逻辑基元(logical primitive)是指建构一个特定的理论的不可进一步还原的基础构件。例如,对于神经科学理论来说,逻辑基元是像神经元这样的对象;而对于经济学理论来说,逻辑基元则是指选择或效用这样的概念。

表的结构并确定它所包含的元素。这是20世纪最伟大的科学成就之一。但是与此同时,它也引出了一个更大的问题:对物质现象的不同层面的描述之间的这种解释性关系,或者说,将化学还原为物理学这种做法,是不是可以推广到整个科学领域?几十年来,这个问题就像幽灵一样,一直笼罩着科学哲学的讨论。

现代还原主义的起源

20世纪20年代,情势已经变得越来越清楚了:物理学正在形塑化学的面貌,同时化学也正在形塑物理学的面貌;也正是在同一时期,维也纳哲学家鲁道夫·卡尔纳普(Rudolph Carnap)和莫里茨·石里克(Moritz Schlick)也在努力探索,试图搞清楚关于宇宙万物的各种不同的知识之间的关系。事实上,在那个时代,科学的各个不同的分支很可能拥有一个共同基础,这个观念已经基本上成了一些聚集在心理学家和生理学家恩斯特·马赫(Ernst Mach)周围的欧洲哲学家和科学家的共识(Mach,1886)。这些学者以维也纳和柏林为主要基地,形成了一个学派。继马赫之后,卡尔纳普和石里克等哲学家兼科学家(Schlick,1918;Carnap,Hahn and Neurath,1928)得出结论,一切类别的知识全都是相互关联着的,因为我们关于这个世界的所有看法全都源于感觉经验(sensory experience)。这个观点最初是由马赫提出的。他们这些逻辑实证主义者的核心观念是,因为我们所拥有的关于我们这个世界的全部知识,无论是关于物质的运动的,还是关于人们的决定的,都来自一个共同感觉来源,所以一切类型的知识都必定可以还原为一种共同的"语言"或起点。

关于这些逻辑实证主义者的论证方式,美国哲学家欧内斯特·内格尔揭示得最为彻底(Nagel,1961)。他们的根本思路就是,把各门科学想象为一系列的"解释层次"(见图2.2)。在最低的那个解释层次上,我们看到的是探讨亚原子粒子的物理学。在物理学上面的是化学,它用规律和方程式描述构成物理实在的元素和分子的运动。在化学之上,我们可以想象一下生物学。生物学描述分子的大型聚合体,即,我们通常所称的生物体。在生物

20

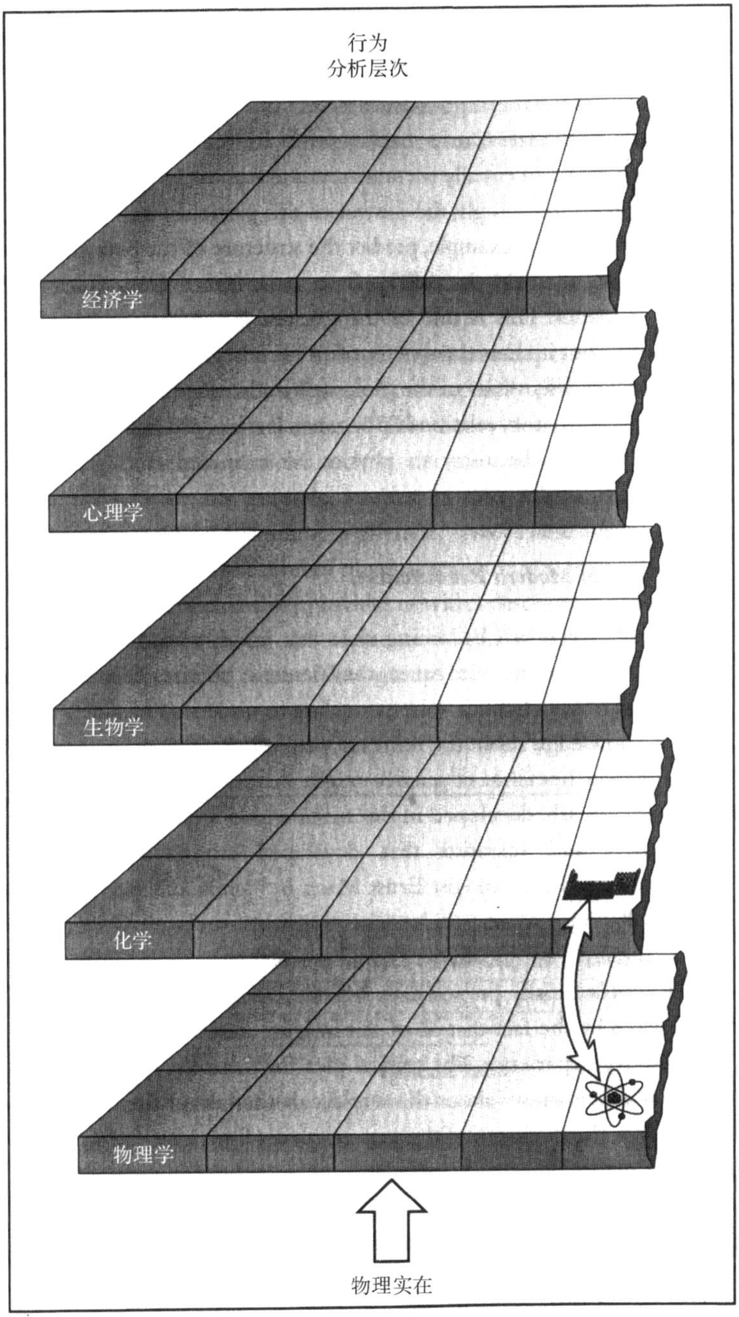

图 2.2　解释层次

21 学上面的是心理学，它把精神生活和心理结构与人类和动物的行为联系起来。再往上，则是我们所称的经济学，我们可以把经济学描述为把环境特征与个人以及人类群体的行动联系起来的一系列规律和原则。在这个解释层次上，才会出现类似于马歇尔的"供求规律"这样的经济学定律。逻辑实证主义者所潜心思考的就是，所有这些不同层次的描述(或解释)是如何联系在一起的。

从纯粹逻辑的角度来看，当且仅当它们拥有共同的逻辑对象时，它们才是彼此相关的。如果两套理论之间不存在任何公共的元素，那么不可能指望两个抽象的解释层次是相关的。这一点似乎是显而易见的。事实上，这正是法鲁克·居尔(Faruk Gul)和沃尔夫冈·佩森多费尔(Wolfgang Pesendorfer)在他们那篇广为流传的论文《无需脑子的经济学的理由》(*The Case for Mindless Economics*)中提出的一系列得到了不少人赞赏的论点当中最关键的一个。他们认为，经济学的目标是预测人们的选择，而不是大脑状态；据此，他们强调，只要经济学理论不包含任何类型的生物对象，经济学层面的分析和神经科学层面的分析就不但肯定是相互独立的，而且是必须保持相互独立的。

这种批评并不陌生。早在20世纪20年代，C. D. 布罗德(C. D. Broad)就提出过类似的批评(Broad，1925)。他认为，化学和物理学属于完全不同的分析层次，因此两者是互不相关的。布罗德说，在氢原子和氧原子(他用这两个概念对象来指代物理学)那里，没有任何东西能够让人们预测出水的性质(他用水这个对象来指代化学)。例如，从物理(氢原子和氧原子)出发，人们不可能预测水是透明的这个事实，因为物理学原本就缺乏"透明"这个概念。布罗德没有说错，但是他这种正确只在非常局部的范围内有意义。20世纪初期的物理学确实没有能力预测水的属性，因此像光学透明度这样的化学概念不是当时的物理学理论的研究对象。但是，更加重要的是，布罗德的观点并不意味着，这种联系之所以是不可能的，原因就在于它们原本就根本不存在。事实上，我们现在已经完全可以从原子的物理性质出发预测水的透明性了。这是因为,现代物理学理论已经包括了光子等类似对象,我们完全可以把透明性等化学对象与光子的运动联系起来。化学和物理学现 22
在之所以是相互联系在一起的,是因为这两种理论现在至少共同拥有了一些相关的对象,从而使我们至少能够把其中一些观念和见解从一种理论映射到另一种理论。

我们能够还原到什么程度?

那么,从神经科学到经济学这些解释层次也可以像物理学和化学那样,至少在形而上学的或概念的层面上,相互联系起来吗?有人可能会想,完全可以用化学描述生物过程,然后再用生物过程去描述心理过程……依此类推,直到完成所有的社会—逻辑分析。是的,你确实可以想象这样一种还原,但是,如此强大的"理论内联系"(inter-theoretic linkage)真的是可能的吗?

所有知识(至少在原则上)都是建立在一个共同的基础上的,因此所有知识(再一次,至少在原则上)都可以还原为物理学的语言,这种观念被哲学家们称为本体论的还原主义(ontological reductionism)。搞清楚我们是否愿意接受本体论的还原主义,可能是搞清楚我们是不是应该(像居尔和佩森多费尔那样)在原则上否定神经科学与经济学之间的相互联系的非常重要的一步。因此,当我们试图把社会科学与自然科学统一起来时,首先要解决的一个问题就变成了:所有知识都可以还原为一种共同的物理学语言吗?

在 20 世纪中期,物理学以及其他自然科学的发展状况似乎表明,这个问题的答案很可能是肯定的。20 世纪 20 年代出现的波动方程是导致我们在上文中提到过化学与物理学之间的强有力的相互作用的一个关键性洞见。它与其他一些洞见一起,促成了一门现在被称为物理化学的新学科的诞生(或者,更准确地说,应该把它称为理论化学,它其实是物理化学的一个重要的子学科)。

到了 20 世纪 40 年代和 50 年代,科学家们开始使用化学方法去研究生物分子学。1953 年,沃森和克里克成功运用这种方法描述了 DNA 的结构。在学科还原的道路上,这是一个重要的里程碑。自那之后,化学技术就被大

规模地用于描述生物遗传定律了(当然,还需要进行一些必要的调整)。又
23 一门新的交叉学科诞生了,那就是现在的生物化学。

就在同一时期,生物学家和数学家也开始瞄准心理学进行了“还原”工作。在这个领域,第一个(很可能也可以说是最著名的)例子是,20 世纪 40 年代,数学生物学家麦卡洛(McCullough)和皮茨(Pitts)发表了著名论文《内在于神经组织的观念的逻辑微积分》(*A Logical Calculus of Ideas Immanent in Nervous Tissue*),试图利用理想化的神经元模型去解释人类思想和行为的基本性质(McCullough and Pitts,1943)。我们现在所称的神经科学,就源于这篇论文以及一系列类似的论著。

在许多人看来,这些成功经验似乎已经足以证明,逻辑实证主义者的还原主义纲领即将大获全胜。他们认为,总有一天,所有的科学知识都将实现完全的统一;而且这种统一的前景的吸引力非常大,许多原本心存疑虑的学者也不再担忧了。(特别是,那些学科领域属于较低的解释层次的科学家似乎

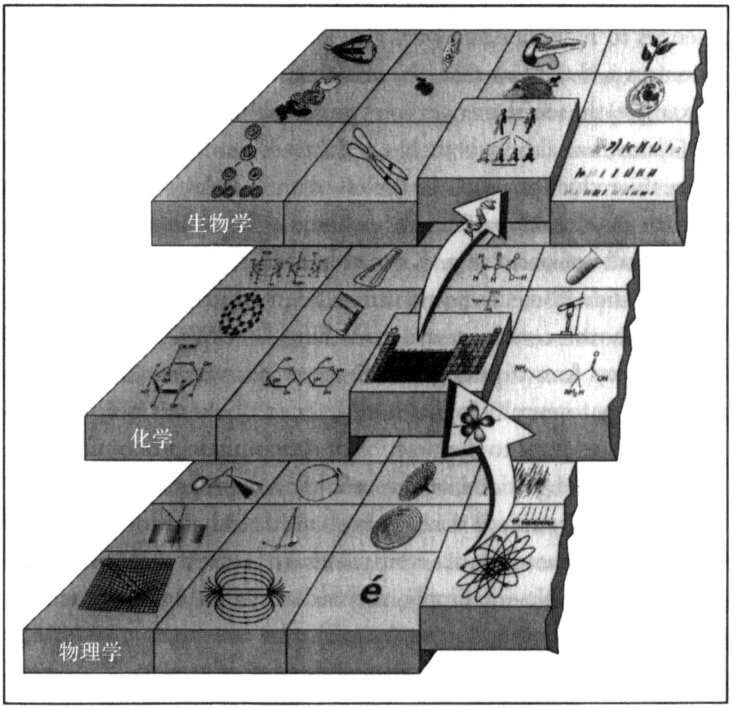

图 2.3

因此大受鼓舞，他们中的许多人甚至开始了征服更高级的学科的“帝国主义 24
扩张”。)但是，内格尔以及一些与他志同道合的哲学家却认识到，生物化学等领域的存在并不能证明，所有的科学知识很快就能被完全纳入描述亚原子粒子运动的物理定律和薛定谔的波动方程之内。内格尔和其他一些人要求我们想象一下，当我们试图用关于基本粒子的物理定律描述整个生物有机体时，会发生什么事情。即使类似这样的还原主义描述在原则上是可行的，我们人类也很难从中获益。是的，我们得追问：人类能够从这种描述中获得多少有意义的见解吗？莫非我们可以说，人类行为服从亚原子水平上的物理定律吗？无论这个还原主义纲领能够带领我们走得多远，上面这个问题的答案都几乎肯定是“不”。即使我们在原则上承认本体论的还原主义纲领是有可能取得成功的，也肯定会有许多实际的限制，使我们无法走得太远。

上述分析也表明，我们能够而且应该将两种针对还原主义的批评意见区分开来，一种是本体论的，另一种是经验的。本体论的反还原主义(anti-reductionism)是这样一种主张：至少从原则上看，还原主义的方法(例如，在社会科学上)是不可能的。而经验的反还原主义则是这样一种主张，即使这种还原在原则上是可行的，但是从实践上看，考虑到人类思想的局限性和人们收集到的真实数据的有限性，这种还原也是没有什么用处的，或者是几乎不可能付诸实施的，甚至是根本不可能真的发生的(例如，请参阅：Kitchener，1986)。

而且，除了上面这一点之外，指出下面这一点也是非常有意思的。当一位著名的经济学家说“就算神经生物学家终有一天可以掌握足够多的知识去影响经济学，但是到目前为止，神经生物学家们所掌握的东西仍然太有限，而且与经济学根本无关”这样一些话的时候，他其实只是对还原主义纲领提出了一个非常有限的批评。这是因为，这种说法似乎明确地接受了将经济学还原为神经科学的本体论的还原的可能性；它甚至似乎还接受了经验的还原的可能性；它其实只是简单地断言，到目前为止，这种还原仍然是不可能的。无论如何，这种说法出于知名学者之口这个事实，无疑是令人沮丧的。因为它表明，在对现代神经科学经过了一番“仔细而深入”的探究之后，许多学者的结论过去是，现在仍然是无法在大脑与经济行为之间建立起联系。我们之所以会觉得这个事实令人沮丧，还有另一个原因。许多学者都人云亦云地说一些类似的话，但是他们对现代神经科学的了解甚至还不
25 如三年级本科生。因此，我们必须指出，上述这个批评实在算不上一个非常有力的批评。当然，好的、有力的批评还是有的，我们需要认真加以考虑的就是这样的批评。

然而，在继续讨论这些批评之前，且让我先停一下，把我自己对于还原主义的极限的信念告诉读者。我相信，一些读者可能会发现我的信念令他们惊讶。基于下文中将会阐述的一些原因，我将把我自己的立场描述为本体论的反完全还原主义。与上面所引的经济学家不同，我并不认为所有的经济学都可以还原为神经科学。这一点非常重要，也是我为什么在自己的学术生涯中一直同时致力于研究经济学、心理学和神经科学的原因。要解释清楚我为什么会采取这样一个本体论立场，我们得先回顾一下 20 世纪 70 年代还原主义受到的一系列根本性的挑战。

涌现属性与反还原主义

既然如此，是不是还有其他什么方法可以替代还原主义方法呢？最明显的一种替代也许是，强调我们人类在社会科学这个层面上观察到的世界的属性（例如，有些人偏好巧克力味更甚于偏好香草味）根本不受物理定律支配，或者说，根本不是物理定律的产物。从根本上说，这是一种反实在论（或非唯物主义）的立场；学术界之外的很多人都持这种立场。概括起来，这些人对还原主义的批评可以用如下这个陈述来表示：“人们在进行选择的时候，是受完全不属于物质世界的东西所指引的，因此，任何试图用物理定律来描述人的行为的努力必定会遭到失败（人的行为是社会科学的核心领域）。”

尽管我非常不希望自己显得无礼，但是我还是不得不说，这种“奇妙的想法”应该毫不客气地予以驳斥。原因有两个。首先，它实质上相当于要求我们在真正开始之前就彻底放弃探索关于人类行为的知识。其次，没有任何证据可以证明，只要采取唯物主义立场就无法描述人类行为。

如果我们承认，科学(无论是自然科学也好，社会科学也罢)的目的是描述我们周围这个作为物质现象的产物的世界，那么是否存在某种东西可以替代本体论的还原主义？答案无疑是肯定的。为了说明这一点，在此不妨 26 引用托马斯·内格尔的一个问题：

以下两个命题怎么才可能都是真的？

> (1)对于每一个发生在物理世界中的**事件**，都有一个基础描述(fundamental description)和一个基本的物理解释(fundamental physical explanation)。
>
> (2)某些关于世界的**事实**是没有基本的物理解释的，但是却可以有更高层次的解释。(Nagel，1998)

这个问题的答案是，上述两个命题是否都为真，取决于我们如何对事实进行定义；或者，更准确地说，取决于我们如何对各种观念进行分类，然后正确地归入哲学家经常说的“自然类”(natural kinds)。

为了更好地理解前述还原主义纲领面临的批评，我们得回过头去，再观察一下由各门科学组成的“堆叠层”。在这里，且让我们把目光聚焦到化学与生物学之间的关系上来。在图 2.3 中，有一层被我标记为“生物学”，我们可以认为，这一层那张“网”当中的每一个“方块”都对应着生物学中的一个核心思想。例如，在第一排，我们可以看到遗传“思想”；这种思想的核心是早在 19 世纪就由一位名叫格里戈尔·孟德尔(Gregor Mendel)的修道士提出的关于可继承的“基因”的概念。构成生物学的核心的，正是遗传、基因，以及其他一些解释性思想。在哲学家看来，一组这样的思想和概念就构成了他们所称的一个“自然类”。因此，非常重要的一点是，生物学，作为一系列彼此相关的、能够用来解释我们在生活世界中观察到的现象的解释性概念的集合，就是由许许多多这样的“自然类”构成的。胰腺的定义(位于图 2.3中“生物学”层的第二行)则是生物学“自然类”的另一个例子。图 2.4 给出了这类关系的一个扩展视图。

我们必须进一步追问的问题是，如何将生物学层中的这些“自然类”与

27

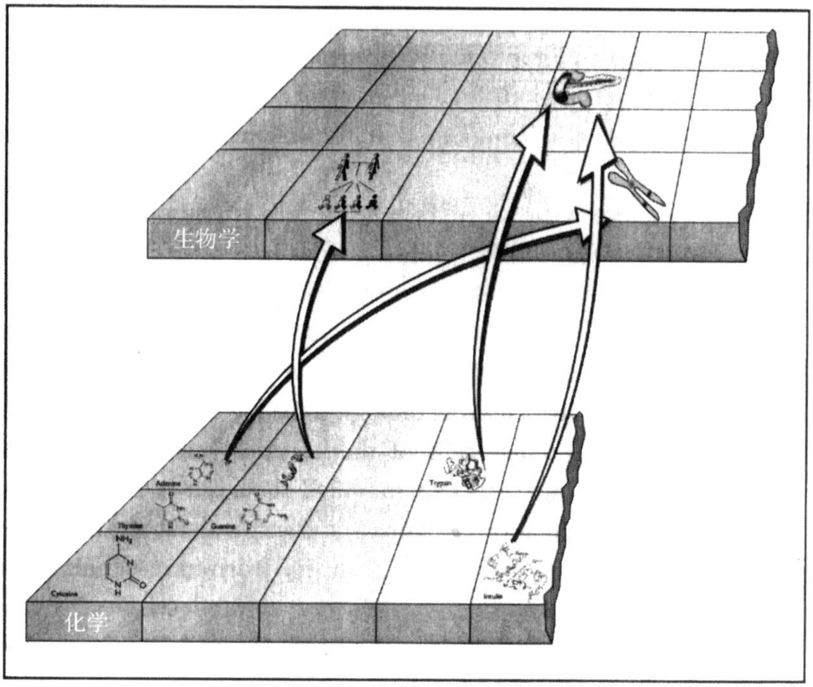

图 2.4

化学层中的“自然类”联系起来(见图 2.5)。事实已经证明,就我在上面选择的第一个例子(遗传和基因)而言,这种关系是非常清晰的。在化学层中,我们可以找到另一组被称为核酸的“自然类”。今天,几乎所有懂得一些科学知识的人都知道,核酸当中有一个子类,它们被称为脱氧核糖核酸,即DNA。沃森和克里克在他们著名的论文中告诉我们,DNA 这种在细胞中发现的化学“自然类”,几乎精确对应着生物学中的基因“自然类”。至少在通常的日常交流的意义上,我们可以直接认为基因就是 DNA。事实上,事实已经证明,描述基因如何从“父母”身上复制出来(最多只会出现些微的修改)并传递给“后代”的生物学理论,完全可以还原为化学中关于 DNA 的如何复制的陈述。至少在这个方面看来,生物学与化学之间的还原性关系似乎是近乎完美的(或者,至少可以向“完美”这个方向进行修正);事实上,导致“还原主义革命”的正是类似这样的一些事实。

然而,胰腺的概念却提供了一个完全不同的例子。自古以来,胰腺就是一个专属于生物学的概念对象。它是一个红中带黄的器官，通过一根小管附着在消化道上；如果这根管子遭到了损毁，那么就会产生消化不良问题。在生物学中，胰腺的经典概念一直是一个单一的逻辑对象。然而，进入20世纪以后，对这个生理对象的化学和电镜微观研究却表明，在化学层面上，不能把胰腺看作一个单一的逻辑对象。在化学层面，胰腺涉及了两个独立的、互不相关的逻辑对象，即，胰岛素生产系统(insulin-producing system)和消化酶生产系统(digestive-enzyme-producing)，它们都属于原先就已经存在的逻辑类别。只有当生物化学对胰腺这个生物学上的实体进行重新归类 28
时，这些原先就存在的逻辑类别之间才产生了联系：一方面，一组细胞分泌出胰岛素，进入血液(这是对血液中的葡萄糖水平的反应)；另一方面，另一组独立的细胞分泌出消化酶，进入胃部的十二指肠(这是对肠胃负担水平的反应)。

换句话说，我们在这里可以看到，在历史上，对于胰腺的生物学层面的描述与化学层面的描述之间是不匹配的，这是还原失败的表现。在化学家们看来，胰岛素和消化酶是两个完全不相关的逻辑概念。而在生物学家看来，胰腺却是一个统一的对象。那么，生物化学是如何把这两组“自然类”联系起来的呢？方法是改变胰腺的生物层面上的概念。在现代生物学中，“胰腺”这个概念被如下两个逻辑对象取代了：“胰腺中的腺泡细胞”和“胰腺中的胰岛”。需要指出的是，修改后的理论在生物学层面上的预测能力明显得到了提高(例如，关于疾病的预测)。这个结果的重要含义是，通过对生物学“自然类”进行还原性的重新界定，生物学这门“更高层次”的科学变得更加强大了。而且，这个例子更加有意思(因此也更加有启发性)的一点还在于，在一开始，它似乎是作为一个还原主义遭到了失败的一个典型案例而出现的，但是到了最后，当生物学理论得到了修正后，它却显得离化学更加贴近了。最终的结果是皆大欢喜：两门学科的预测能力都得到了加强。

然而，我们还得再问一句：类似这样的“还原主义”联系必然会发生吗？或者说，是否可能存在一些由生物学家发现的重要的“自然类”，每一个都无法映射到(或重新定义并映射到)化学层的某个单一的“自然类”？不妨考虑“生态系统”这个生物概念。在化学层中，有哪个“自然类”与这个概念有关呢？我们不能否认，化学中的许多不同的知识片断或思想线索都可能与生态系统概念有一定关系，但是可能永远找不到一个简单的方法来实现直接的还原性映射。很有可能，“生态系统”这个概念只能存在于生物学的层面上。很有可能，与针对胰腺的理论修正不同(随着对胸腔各脏器的生物化学研究的深入，这种理论修正是可以预见的)，从根本上说，生态系统这个概念是无法根据化学和物理学研究进展来预测的。[①]

29

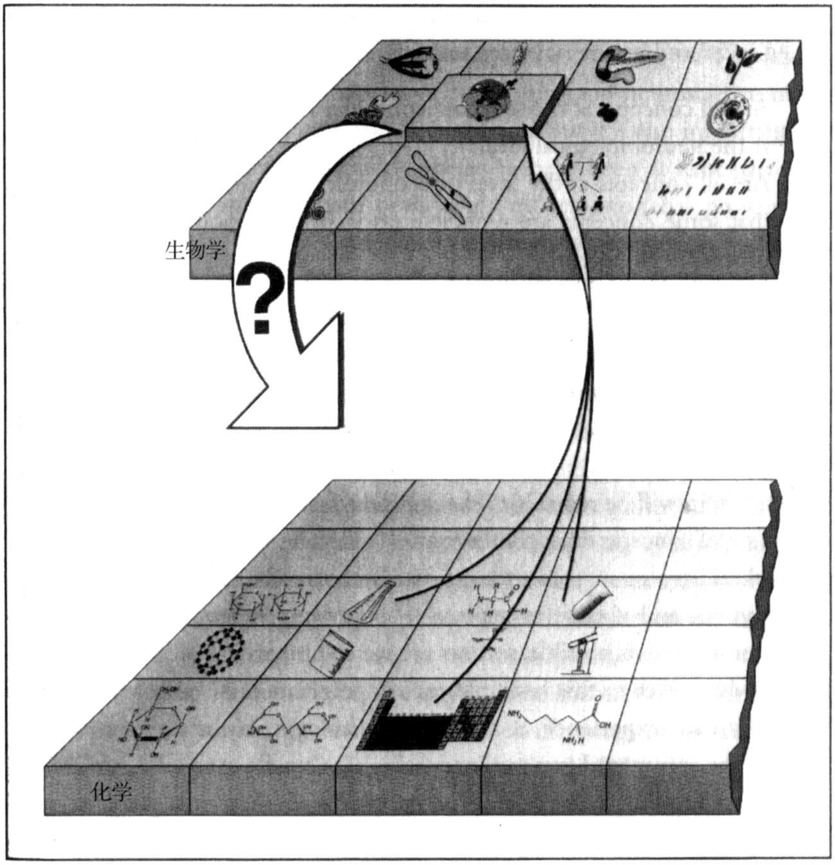

图 2.5

从上述分析可见，这里存在着两个基本的可能性。首先，科学之间很可

① 在这里，不可预测性(Non-predictability)非常关键。请读者回忆一下，布罗德曾经强调，水是透明的这个属性(在原则上)是无法根据氢原子和氧原子的性质预测出来的。

能存在着明显的还原性联系。在形式上，我们把这种现象称为“同态”(homomorphism)。从数学的角度来看，同态是从一个集合到另一个集合的这样一种映射：对第一个集合进行的任何一种运算，都对应于某种特定的、可以作用于第二个集合并导致相同结果的运算。因此，一种可能性是，生物学中所有概念(或者，经适当修正后)都是化学中的概念的同态。其次，还有第二个可能性，即，生物学中的某些概念是无法有效地映射到化学中的。在这种情况下，这些概念就被称为“涌现出来的”。从哲学上说，它们是一些只出现在生物学家所属的分析层次上的“自然类”。 30

因此，任何一个试图将社会科学与自然科学联系起来的还原主义纲领，都必须回答如下这些至关紧要的问题：

> (1)经济学层面上的所有概念都与神经生物学层面上的概念同态吗？
>
> (2)经济学层面上的所有概念都是“涌现的”吗？或者说，会不会有些经济学概念是“涌现的”，而另外一些经济学概念则是可以还原的(或者在适当的修正后可以还原的)？

当然，我在这里首先必须强调，在形而上学的层面上，我们根本不知道这个问题的终极答案。我们甚至不能绝对确定地说，生物学中的一部分，在某个遥远的将来可以还原为化学。说不定，未来的科学发展会证明，直接把基因还原为 DNA 是一个错误。另一方面，也有可能一切都是可以还原的。虽然直到今天，科学家仍然不能把“生态系统”这个生物学概念还原为一组化学概念，但这很可能只反映了一个事实，即，我们所拥有的化学是不完全的。而且，也许在未来的某一天，我们甚至可能会彻底放弃生态系统这个概念，转而采用某个(某些)更好的概念来代替它呢！这确实是完全有可能的。那么，我们应该怎样继续下去呢？

我的答案非常简单，同时也非常实在，而且很可能受到了我自己在 20 世纪 80 年代作为一名年轻的心理学家的经历的影响。当时，美国心理学界之所以能够熟悉我在上文中提到的那些论证(现在看来，它们确实有些“古老”了)，主要应该归功于美国哲学家和心理学家杰里·福多(Jerry Fodor)的贡献(Fodor，1974)。福多对古典心理学，尤其是其中的语法、情感和注意(力)等概念，非常感兴趣。在那个时代，还原主义正处于全盛时期，许多年轻的心理学家都认为，整个心理学已经走到了彻底还原为生物学和神经科学的边缘。但是，福多却指出，还原心理学的努力未必一定能够取得成功，因为心理学的“自然类”与神经科学的“自然类”之间可能不存在同态性。事实上，福多走得还要更远得多，他认为，心理学的全部核心思想很可能都是无法还原的，或者说，心理学从根本上来看是一门“涌现”的科学。他的预测是，将心理学还原为神经生物学的努力将在很大程度上归于失败，因为语法、情感、注意等关键心理学概念无法映射到生物学层面的“自然类”上去。当然，我们今天已经很清楚，至少从心理学家的实践这个角度来看，福多的
31 极端观点无疑是错误的。放眼全球，当今世界上已经几乎找不到一个不拥有(或者完全不利用)脑扫描仪的心理学系了。不但“注意”这个逻辑对象可以很好地映射到大脑，而且许多其他逻辑对象都是当代心理学和神经科学共同拥有的，这两门学科之间的还原性链接非常丰富。但是，同样重要的是，至少到目前为止，福多的预测似乎也已经被证明是部分正确的。确定不同脑区与各种情感之间的映射的难度远远高于当初的想象(尽管在这个方面确实已经取得了巨大进展)。[1] 而且，我认为，就语法研究所涉及的关键概念而言，以下判断是公正的：虽然科学家们正在神经生物学层面积极地进行探索，但是至少从目前的进展来看，距离完全还原的目标还非常遥远。

这段历史非常清晰地告诉我们，当我们试图将神经生物学、心理学和经济学联系起来时，应该注意些什么。在经验层面，几乎可以肯定，经济学中的一些“自然类”是可以同态映射到神经生物学“自然类”上的。(事实上，本书的很大一部分就是用来精确地描述这类映射关系的——包括已经发现的和假设中的。)另一方面，经济学中似乎也存在不少“拒斥”还原的概念。因此，这里我要强调的是，尽管神经生物学与经济学之间的还原性关系(主要通过心理学)仍然是不完整的，但是，今天肯定只有那些真正意义上的极端

---

① 关于这种还原方法的优点和缺点，请参阅菲尔普斯(Phelps)的论述(Phelps，2002，2006)。

主义者才会说，这种映射完全不存在。事实证明，到目前为止，每一个曾经面临过“还原主义挑战”的学科（无论是化学、生物学、心理学，抑或其他学科），都至少部分地存在着与更低层次的学科之间的还原性联系。虽然只是部分还原，但是影响依然是非常显著的；它们重塑了更高层次的学科的逻辑概念类型。在这个方面，我们没有任何理由认为经济学将会完全不同。事实上，正如我在下文中将会给出的证据所表明的，经济学无疑也是如此。

综合的障碍和益处

简要地概括一下，实现跨学科综合（例如，神经经济学的创立）面临着两个关键的挑战。第一个挑战是，对经济学、心理学和神经科学进行综合是否 32
真的可能？因为它们之间的差异实在太过巨大了。第二个挑战是，即便有可能实现综合，但是这样一种综合对它的各门母学科真的有价值吗？在本章中，我们将通过回顾学科发展史和探讨有关哲学问题来回答上面两个问题。关于第一个问题，我希望向读者传达的答案是，这三门母学科之间是完全有可能建立起链接的（至少部分地）。关于第二个问题，我希望向读者传达的答案是，这样的链接几乎肯定会增强所有这三门母学科的预测能力和解释能力。

为什么我们要相信这几门学科之间的联系至少在原则上是可能建立起来的？先来考虑一下这种可能性的反面，即，从原则上看，在经济学、心理学与神经科学这几个解释层次之间，任何还原性的链接都是不可能建立起来的。这个陈述实际上完全等同于说，关于行为的心理学解释的所有特性全都是在心理学分析的层面上涌现出来的；以及，关于行为的经济学解释的所有特性全都是在经济学分析的层面上涌现出来的。这样一来，因为这几门学科之间的还原性链接是不可能存在的，所以经济学的一切、心理学的一切在原则上都必定是不可能根据更低层次的理论进行预测的。虽然我们无法完全排除这种可能性，但是我们确实可以搞清楚，要保证这个命题为真，需要的是何等极端的一组假设。这一点是非常重要的，也是理解以下这个事实的关键所在：在科学探索的历史上，如此极端的不可预测性实际上从来没有出现过。这几门学科之间必定存在着一些有意义的还原主义综合，这几乎是不可避免的。本书的目的就是要将这样一种综合呈现给广大读者。不过,在那之前,我们必须首先接受如下的本体论立场:这样一种综合,或者,至少是部分综合,在原则上是可能的。

然而,即使假定这样一种综合真的是可能的,问题仍然存在:这种综合能不能给它的母学科带来实实在在的好处呢?因为这些母学科当然仍然会继续存在下去。这个问题已经困扰经济学家很多年了,特别是在过去的十年里,尤其如此。如果有人创建了一门神经经济学,提供了一个统一的框架,经济学本身会因此而获益吗?要搞清楚这个问题的答案,我们首先必须理解,神经经济学将不会仅仅充当这三门现有的学科之间的连接体的角色;相反,神经经济学将会使这三门科学的现有理论得到修正,并形成一个更加
33 强大的可链接的整体。这一点可能是非常微妙的,同时也是非常重要的。如果我们假设,在现实物质世界中,神经生物学上可以观察的现象、心理学上可以观察的现象和经济学上可以观察的现象,这三种现象之间确实存在着还原性链接,那么我们就可以认为,理想的经济学理论,就是能够最大限度地与心理学链接起来的经济学理论。换句话说,如果我们相信这种联系本身就是现实世界的一个特征,那么完全符合这种现实(即,拥有完美的预测能力)的各种理论将必定是无须修正即可相互链接的。在这样的一个世界里,经济学、心理学和神经科学之间的联系将不会影响任何一门学科。但是,我们并没有生活在这样一个世界里。在这三门学科范围内,我们现有的理论框架都是不完美的。这个事实意味着,如果能够找到可以改变每个理论框架以容纳更多链接的方法,我们就能够改进每一套理论。如果我们承认,在本体论意义上,部分还原是可能的,那么也意味着我们可以使用在一个领域中获得的知识去约束其他领域中的知识的结构。换句话说,这也就意味着,了解清楚大脑的"工作原理",将会极大地有助于我们适当地"约束"经济学理论。

我们不仅能够在哲学的层面上得出上面这个结论;我们还完全有理由相信,我们可以在经验的层面上(即,基于其他学科的发展过程中的历史经验)得出这个结论。毫无疑问,物理学化学的发展,改变了物理学理论的面貌;生物化学的发展,也改变了生物学理论的面貌。简而言之,我们有充分

的理由相信，经济学、心理学、神经科学的理论的面貌，也将因为神经经济学的发展而发生重要变化。

跨学科理论修正和还原的一个范例

在现实世界的科学实践的过程中，如上所述的这种跨学科还原其实一直都在发生，甚至在经济学和心理学领域内也不例外。在本章前面的内容里，我已经阐述了这个过程的哲学基础，从而也将我的本体论的目标清晰地展现在了读者的面前。在这里，我将举一个例子来说明跨学科还原的过程。在涉及经济学和心理学之间的还原性链接方面，最著名的一个例子如下所述。

在 20 世纪 80 年代，经济学家和心理学家乔治·罗文斯坦(George Loewenstein)认识到(就像在他之前的许多学者一样)，在许多情况下，经济学理论都只能给出非常蹩脚的预测。当时，他最感兴趣的是一个问题与人 34
类如何做出假想决策(hypothetical choice)有关——这个问题也是他的博士论文的核心。在一项非常著名的研究中，罗文斯坦详细地描述了这个问题(Loewenstein，1987)。他设计的假想问题是这样的：如果有机会在未来的1、2、3、4 或 5 天后吻一个名人，你会分别给这些机会赋予多高的货币价值？罗文斯坦在研究中发现，耶鲁大学的本科生赋予“3 天之后的那个吻”的价值最高。这个完全违背了当时用来解释人们的跨期选择行为的标准经济学模型的预测(跨期选择是指人们对发生在不同的时间点上的收益进行的选择)。在那篇论文中，罗文斯坦提出了一个假设，即，在心理层面上，那些被试之所以选中了“3 天之后的那个吻”，是因为他们想要享受因期待即将到来的美妙的吻而带来的愉快心情。然而，有趣的是，罗文斯坦对这种行为的解释，却是在经济学的层面上通过扩展已有的跨期选择模型来完成的。我认为，这个事实表明，在他作为一位经济学家可以利用的解释性对象“自然类”与他作为一位心理学家可以利用的解释性对象“自然类”之间，存在着一个具有根本性意义的不匹配。从现在的角度来看，这种从“预期的快乐”到“正贴现函数曲率”的映射，很显然最多只能带来部分的同态性。

大约十年后，上面这个令许多经济学家和心理学家寝食不安的因根本性的不匹配而导致的张力才得到了解决。2001 年，安德鲁·卡普林(Andrew Caplin)和约翰·莱希(John Leahy)发表了他们的具有里程碑意义的著名论文《心理期望效用理论与预期的感觉》(Psychological expected utility theory and anticipatory feelings)(Caplin and Leahy, 2001)，提出了"预期的感觉"这个概念；它的特点是，可以显式地将它视为一个属于传统的经济学理论框架的逻辑对象来考虑。在本质上说，卡普林和莱希的工作的意义在于，他们看到心理学理论与经济学理论之间的不匹配，并建议同时修正这两个领域中的相应的"自然类"，以便使两套解释更好地相互吻合。最终，他们给出的是一个"经过改进"的新古典主义经济学模型，它拥有更强的解释力，尽管不可否认，从形式上看，它的复杂程度比原来的模型更高。

跨越门槛

在过去的几年里，许多意志坚定、视野开阔的学者在卡普林和莱希的基础上继续深入探索，试图把社会科学和自然科学紧密地联系起来。他们的
35 努力已经引发了大量的争论。

其中最突出的一组学者被称为神经经济学家，他们致力于将经济学、心理学和神经科学综合起来。有意思的是，虽然这种努力——描述人类决策的神经生物学基础——在大众媒体上一直广受欢迎，但是神经经济学本身却受到了来自它的各个母学科的学者的猛烈批评。

这些批评有不少都源于误解。无论是神经经济学的支持者，抑或是它的反对者，对它的"知识论"都了解不深。如果我们试图在这些学科领域之间建立稳固、能够对理论发展起到推动作用的学科联系，我们就必须认真对待这个问题。在这里，最关键的一个思想是，我们的目标是而且必须是，修正每个母学科的理论，使它们协调一致地趋向于一个共同的终点，同时还要尽可能多地共享可还原的逻辑上的"自然类"。为了实现这个目标，我们必须借鉴其他学科的成功经验，像将基因概念与 DNA 联系起来，或者像将胰岛素和消化酶分别与胰腺的两个部分联系起来那样，构建经济学、心理学和

神经科学之间的链接。毫无疑问，这项任务需要一大群能够自由进出于各门母学科的所有相关领域的学者的共同努力。有些经济学家对神经生物学理论知之甚少，有些神经科学家对经济学理论知之甚少；他们都从经验的角度提出了一些反对意见，但是这其实并不重要。重要的是要让他们了解对方学科的情况。

正是因为考虑到了这一点，下面几章将致力于叙述当前的经济学、心理学和神经科学的理论。我的目标是，尽力保证读者能够恰到好处地掌握这几门学科的工具(同时领略它们各自的“美学特征”)，从而帮助他们理解，这几门学科之间的还原性链接确实是可以构建起来的，而且是值得构建起来的。

第三章　经济学中的“自然类”：理解经济学思想的抽象和美感

37 第二章的核心思想之一是，为了将关于人类选择行为的经济学、心理学和神经生物学模型联系起来，我们必须理解并欣赏这些学科的理论框架。在过去的十多年中，出现了许多以神经经济学家身份从事研究、发表论著的神经科学家，但是他们提出的关于人类选择行为的模型，往好里说是与经济学没有什么关系的，从坏里说则是完全与经济学理论不相容的。如果神经生物学家和心理学家想要认真地参与到经济学家的事业中去，那么他们就不仅要学会经济学的语言，而且还必须懂得欣赏经济学家的成果。他们必须理解经济学之美，尤其是当经济学当中的“美学原则”被应用于那些经济学家所称的“偏好”这类逻辑对象的时候。

本章的目的是，将经济学的核心思想——在很大程度上构成了微观经济学的那些“逻辑基元”——呈现给这样一些读者，他们所接受的主要是神经科学训练或心理学训练。要在篇幅有限的一章内完成这项任务，必然意味着我的叙述是带有高度选择性的。大多数经济学家将会发现，我对有关材料的处理可能流于表面化，因而对他们的价值有限。事实上，我建议他们跳过本章，直接阅读第四章。

对于那些决定通读本章的读者，我想提供以下指导。像在任何一个学
38 科领域中一样，经济学内部存在着各种各样的观点和流派。如前所述，我不可能在本章中完整而全面地介绍经济学思想，我必须做出选择；显然，并非所有的经济学家都会同意我的选择是最恰当的。例如，有些经济学家可能

会认为，我对偏好强调过多，而对同样关键的一致性概念却关注不够。对此，我必须申明，我从来没有产生过这样的企图——为非经济学家读者提供一个单一的真实的经济学家的世界观；相反，我只是试图呈现这样一个世界观，所有的经济学家都会承认它是关于经济学的。我希望做到的是，告诉非经济学家读者，经济学家是怎么思考的、经济学家看重的是什么。而要做到这一点，我们当然要涉及所有最重要的关于选择理论的逻辑基元。我将把本章大部分篇幅都用于讨论那些我认为对神经经济学家最有用的逻辑基元。

古典经济学的决策模型

所有关于决策的经济理论的根源都可以追溯到启蒙运动时期的大数学家布莱兹·帕斯卡尔(Blaise Pascal)的洞见。他的洞见促成了古典经济学的诞生，定义了古典经济学传统，确立了古典经济学的美学原则；而现代新古典主义经济学则意味着对这一切的反叛。如果一个人试图在真正意义上掌握新古典主义经济学，就必须对古典经济学的对与错、长与短有深刻的了解。

帕斯卡尔也是第一个在规范意义上问人们应该如何在不确定的可选项之间进行选择的西方思想家。例如，他问道，一个人是应该决定以 45 金弗罗林的价格买入一张有 50%的机会赢得 100 金弗罗林的彩票，还是应该决定放弃这个机会，留那 45 金弗罗林在身边呢？(见图 3.1)对于帕斯卡尔来说，回答这个问题所需要的基本技术非常简单：只需要拿获胜的概率去乘获胜时可以赢得的数量，就可以求出一个行为的平均价值或期望价值；然后在两个可选项当中选择期望价值较大的那个就可以了。

而且，更加重要的是，帕斯卡尔并不认为这种方法只局限于对有货币价值的可选项的选择。他认为，类似的方法还可以用于非常复杂的其他情况，甚至包括决定是否要相信上帝。

从后来的经济学家(尤其是保险公司)的角度来看，帕斯卡尔的方法有三个非常重要的特点。

39

	概率 ×	价值 =	期望价值
#1	0.5	100	50
#2	1.0	45	45

图 3.1 期望价值

首先,帕斯卡尔确定了两个重要的指导选择行为的变量:与一个可选项联系在一起的收益(或损失)的大小,以及,这个收益(或损失)得以实现的概率。收益(或损失)的大小和概率这两个关键概念,作为核心逻辑基元贯穿了经济学整个发展历史,是帕斯卡尔首先将它们界定为至关重要的概念的。

其次,帕斯卡尔还给出了进行规范选择的一个简单而明确的算法:只需用数量乘以概率,求出确定的价值(即,期望价值),然后选择期望价值最大的那个可选项即可。由此,帕斯卡尔提出了一个关于人类行为的模型,一个将为无数生物学家和心理学家所熟悉的模型。他从一组关于做出选择的行为主体应该关心什么东西的假设开始,因而也就等于假设人类可以从外部世界中将有关的属性抽象出来并加以编码;帕斯卡尔认为,当一个人进行选择时,他的大脑应该在执行特定的数学运算;最后,他还认为,选择主体会对这些数学运算的结果进行比较,并期望价值最高的可选项。因此,关于选择是如何完成的,帕斯卡尔实际上提出了一个完整而详细的模型。

再次,或许最重要的是,帕斯卡尔的理论告诉我们,说一个选择是正确的还是错误的,到底意味着什么。如果一个人没有选择他的所有可选项中期望价值最高的那个可选项,那么他就犯了一个错误。帕斯卡尔甚至告诉我们,应该怎样去纠正这样的一个选择主体的错误。这里仅举他自己以及他的同事安托万·阿尔诺(Antoine Arnauld)和皮埃尔·妮可(Pierre Nicole)都非常感兴趣的一个著名的例子为例(Arnauld and Nicole,1662)。有一个女人,她非常害怕被闪电击中而死,却不怎么害怕因患病而死。我们都知道,被闪电击中而死的概率大大低于因患病而死的概率,因此这个女人的这种恐惧其实是一个错误。我们能帮助她,只要我们能让她相信,恐惧被闪电击中而死去,而不是担心因患病而死去,是不合逻辑的。如果用现代经济学的语言来说，帕斯卡尔这样做，无非是在告诉我们，应该怎样通过指导人们更好地做出选择去最大化他们的福利。40

帕斯卡尔最著名的著作应该是《思想录》(*Pensées*)(1670)，而在这本著作中，最著名的一段也许是名为"赌注"(*the Wager*)的那一段。在那里，帕斯卡尔论述了为什么要信仰上帝的问题。他认为，任何一个人都必须在信仰上帝与不相信上帝之间进行选择，而要进行选择，就必须从收益、损失和概率说起。

如果上帝存在，同时我们也选择信仰上帝，那么我们将在天堂获得永恒的幸福。如果上帝存在，同时我们选择不相信上帝，我们将堕入地狱，承受永世的痛苦。这是无限的幸福与无限的痛苦(或者，说得更正式一些，是无限的负幸福)之间的比较，应该选择什么不言而喻。只要我们认为上帝存在的概率是某个大于零的数字(无论它是多么小)，那么帕斯卡尔的算法要求我们用这个小概率乘以得到救赎的价值(在这种情况下，价值是无限的幸福)。这个乘式的结果当然也是无限的幸福，这就是帕斯卡尔所定义的信仰上帝的期望价值。而要计算出不相信上帝的期望价值，我们要用负无穷大乘以某个非零的概率，结果当然也只能得到负无穷大，这就是帕斯卡尔定义的不相信上帝的期望价值。因此，帕斯卡尔的结论是，我们必须选择相信上帝(见图 3.2)。任何一个人，只要不相信上帝，就在规范意义上犯下了一个错误。最重要的是(同时也许也是非常有害的是)，从这个逻辑出发，帕斯卡尔认定，只要我们能够迫使这个人相信上帝(无论使用什么手段)，我们就帮助了这个人。关键在于，这是真的。无论能不能证明上帝是否存在，只要上帝的存在是不确定的，只要我们正确地定义了信仰上帝的成本和收益，事实就肯定是这样的。

帕斯卡尔的赌注

	如果上帝存在		如果上帝不存在		
	(概率×价值)	+	(概率×价值)	=	期望价值
信仰上帝	$>0\times\infty$	+	$\geqslant 0\times 0$	=	∞
不相信上帝	$>0\times-\infty$	+	$\geqslant 0\times 0$	=	$-\infty$

图 3.2　帕斯卡尔的赌注

41 上述三点构成了帕斯卡尔的突出贡献。他告诉我们,影响选择的变量是什么;他为我们提供了一个清晰的模型,说明了进行选择时应该采用的数学算法;他还指出,任何一个人,只要偏离了这个算法,他(或她)的行为就是不正确的,而我们可以帮助这个人,纠正他(或她)的错误选择。

伯努利的贡献

然而,不久之后,人们就发现,许多人的选择都明显违背了帕斯卡尔的模型。以上面讨论过的彩票/金弗罗林选择的例子为例,帕斯卡尔告诉我们,人们必定会选择有50%的概率得到100金弗罗林,而不会选择肯定可以得到45金弗罗林。然而,在现实生活中,大多数人都选择了确定事件(获得45金弗罗林),而没有选择有风险的彩票(有50%的概率得到100金弗罗林)。与此同时,还出现了第二个问题,那就是,许多哲学家和经济学家都开始挑战帕斯卡尔的如下观念:选择了肯定可以得到45金弗罗林那个可选项的人的行为是错误的,必须予以纠正。

将这些针对帕斯卡尔的理论的挑战以最清晰、最明确的形式表达出来的人是瑞士数学家丹尼尔·伯努利(Daniel Bernoulli)。1738年,伯努利在圣彼得堡发表了一篇著名的论文。在这篇论文中,他要求我们考虑大街上一个口袋里只剩下一个便士的乞丐所面临的如下选择问题。当他走在大街上的时候,发现地上有一张彩票,有了这张彩票,他就有50%的概率获得20000金弗罗林;这就是说,他现在拥有了一件期望价值为10000金弗罗林的东西。这时候,一个富人走到了这个乞丐跟前,说愿意拿7000金弗罗林来交换这张彩票。那么,这个乞丐应该拿彩票换钱吗?(见图3.3)帕斯卡尔的回答无疑是否定的:他不应该。但是,我们真的可以肯定这个乞丐如果接受了那个富人的建议就是犯了一个大错吗?他需要在以下两个可选项之间做出选择:接受富人的建议,于是可以百分之百地确定在接下来的几年内自己都将丰衣足食;或者,有一半的机会继续生活在极端贫困当中,有一半的机会获得差不多相当于前一个可选项三倍的钱。在这种情况下,接受7000金弗罗林实在没有什么不合逻辑的地方。伯努利试图让我们质疑这样一种

观念：作为决策科学家（或者政治家，请不要忘记，经济学与社会政策问题密
切相关），我们知道对乞丐最好的是什么东西。 42

那么，伯努利是怎么利用帕斯卡尔期望价值理论来解决他自己提出的这个问题的呢？他所采取的方法与今天的自然科学家如出一辙，那就是，他使帕斯卡尔的模型变得更加复杂了一些。伯努利的思想的实质是，在帕斯卡尔的模型的基础上再增加两个参数。他的第一个想法是，把选择主体的总体财富这个变量也纳入模型中（这个变量至少在原则上是可以测度的）。他的第二个想法是，进行数学变换，将“价值”这个可测度的外部世界的变量替换为选择主体的内在的隐含价值变量，它可以解释观察到的厌恶风险倾向。这个隐藏的变量就是后来所称的“效用”。

伯努利提出的选择“算法”如下。在评估一个可选项的可欲性或满意程度的时候，不要直接拿概率去与价值相乘，而是先用行为人的财富值对价值进行调整，然后取其对数，从而得到那个隐藏的变量（“效用”）的值，再乘以概率，这样才能得到我们的决策变量。为了说得更清楚一些，我们还是以上面提到过的那个乞丐面临的决策问题为例。他所拥有的初始财富为一个便士；我们通常把类似的情况称为初始财富为零。[①]

对于这个乞丐来说，那张有 50％的概率获得 20000 金弗罗林的彩票的效用是 20000 的对数的一半，或者说，4.3“尤特尔”（效用单位）的一半。算式是 4.3 乘以 0.50（50％），积为 2.15，这就是我们计算出来的这张彩票对于这个乞丐的期望效用（或平均效用）。现在，再考虑那个富人提议的保证让他得到 7000 金弗罗林的那个可选项。算式是 3.8 个“尤特尔”乘以 1（因为 7000 金弗罗林的收益是确定事件），这样可以算出这个可选项的期望效用是 3.8。两相比较，乞丐显然应该选择 7000 金弗罗林。换一种略微不同的说法，取对数值这种“压缩方法”意味着，尽管彩票提供了几乎三倍于 7000 金弗罗林的客观价值的回报，但是它能够提供的主观价值却远远低于两倍。既然这个较高的回报实现的概率只相当于较低的回报的一半，因此较低的回报也就拥有更高的期望效用了。这里的关键思想是，对于这个乞丐来说，

① 之所以假设这个乞丐的口袋里还有一个便士，是为了避免在数学上出现对 0 取对数的麻烦。

获得 20000 金弗罗林回报的概率的下降速度，高于 20000 金弗罗林能够提供的主观价值的增加速度，从而导致这个可选项变得不可欲了。这就是为什么伯努利这个例子中的这个乞丐回避风险，不选择彩票可选项的原因。

43

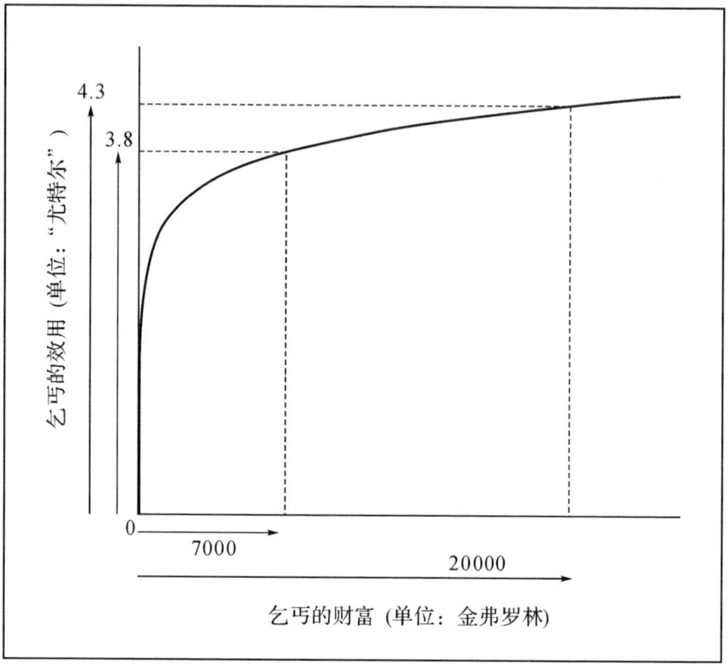

图 3.3　乞丐难题

然而，我们又应该怎么解释这个富人的选择呢？他为什么更偏好有风险的彩票而不是确定的 7000 金弗罗林呢？这就是伯努利之所以要把财富包括进模型中来的原因所在了。如图 3.4 所示，像那个乞丐一样，这个富人必须解决的也是这样一个问题：这两个可选项所带来的回报能够使他一生的总效用增加多少？对于乞丐来说，这是很容易计算出来的，因为他的初始财富为零，原来的效用也为零。① 但是，这个富人的初始财富不可能为零，所以计算的过程也稍微有所不同。

① 在这里，我假设金钱是他的效用的唯一的来源。这种假设只是为了使数学计算更加简单。在下文中，我们将会阐明，这个思路很容易扩展，甚至可以包括最抽象的或最个人化的非货币性的财富。

44

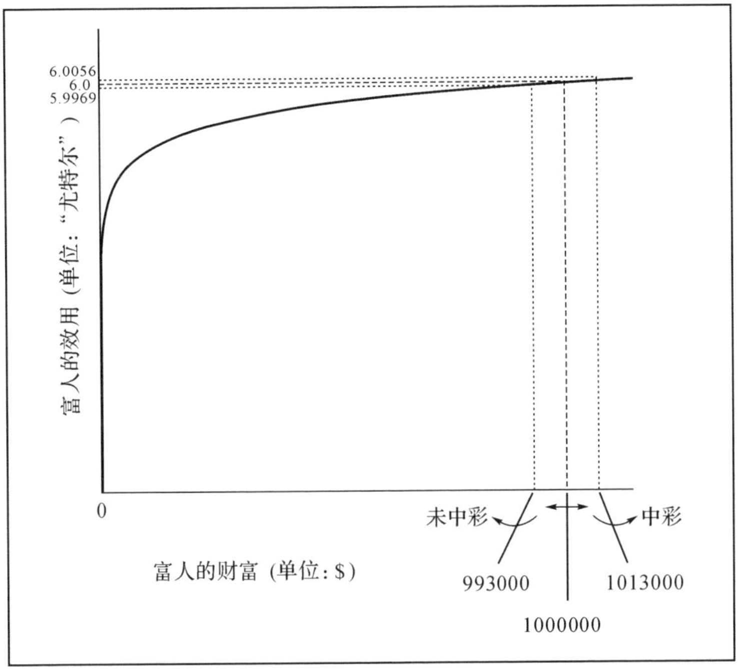

图 3.4　富人的选择

现在，暂且让我们假设，这个富人的初始财富为 1000000 金弗罗林（即，6“尤特尔”）。如果他付出了 7000 金弗罗林并中了彩，那么他的总财富将增加 13000 金弗罗林（20000 金弗罗林减去付出去的 7000 金弗罗林）。如果他未能中彩，那么他的总财富将减去 7000 金弗罗林。因此，对于这个富人来说，这张彩票提供的收益前景是：有 50％的机会使他拥有 1013000 金弗罗林的总财富（6.0056“尤特尔”），或，50％的机会使他拥有 993000 金弗罗林总财富（5.9969“尤特尔”）。因此这张彩票的期望效用就是这两个可能的加权：

$$期望效用=(0.5\times 6.0056)+(0.5\times 5.9969)=6.00125$$

因此对于这个富人来说，向这个乞丐买下这张彩票的主观价值是 6.00125“尤特尔”，而不买彩票的主观价值就是与原来的财富水平对应的 6.00000“尤特尔”。显然，这个富人应该向这个乞丐买下这张彩票。

伯努利模型无疑是非常有意思的。这主要体现在以下两个方面。首先，它能够在帕斯卡尔模型无法给出准确预测的情况下做出准确的预测。

45 其次，它引入了金钱或货物的主观价值的概念。主观价值是一个隐藏的、内在于选择主体的主观属性，而且受选择主体所拥有的财富的影响，它几乎是一个纯粹的心理概念。（尽管正如我们将会看到的，这种需要，即，假设一个无法观察的，或者说原则上无法测度的变量，从现代经济学家的角度来看，似乎有理由觉得不安的。）当然，为了实现他的目标，伯努利往选择模型中增加了不少复杂的因素。这样一来，在我们现在看到的模型中，出现了四个假设：(1)概率是客观地呈现出来的，人们对概率的计算也是客观的；(2)人们计算每个可选项对应的数量型效用（尽管这是一个无法观察或无法直接测度的东西），这种计算要考虑他们的总财富并涉及一种对数变换；(3)人们接受这些计算的结果；以及(4)人们根据这些计算结果从他们可以选择的各可选项中选择价值最高的一个。

那么，有什么证据可以证明伯努利模型是一个比帕斯卡尔模型更好的模型？答案是，伯努利模型与数据的拟合度更高；它对人类的选择行为的预测也比帕斯卡尔模型更加准确。总之，事实是，它对人类选择行为的解释比帕斯卡尔模型好很多。

不过，非常有意思的是，伯努利的模型依然允许我们判断什么选择是正确的、什么选择是错误的。如果我们接受效用是价值的对数的假设，那么在这一点上，伯努利模型就与帕斯卡尔模型一样了。这就是说，根据伯努利模型，只要知道每一个公民的总财富，我们就可以确定他（或她）的每一个行动是不是最大化了他（或她）的个人效用，从而判断他（或她）有没有做错；更进一步，当他们将要犯错时，我们可以帮助他们，即，为他们做出更好的选择。[①]

参数的问题

伯努利这篇著名论文发表之后，在接下来的两个多世纪里，经济思想一直在稳步演进，有关人类选择行为的模型也逐渐变得越来越复杂，它们包括

---

① 在这里，我还需要补充一点。伯努利（以及在他之后运用他这个模型的其他学者）从来没有坚持认为，对数函数是把以金弗罗林表示的客观价值转化为以效用表示的主观价值的唯一途径。事实上，18 世纪和 19 世纪的经济学家探索过许多类型的效用函数。

了越来越多的隐藏变量，同时对人们的选择的预测也越来越准确了。大多 46
数模型都是探讨如何从客观、真实的价值（例如美元和美分）计算出效用的数学方法，即效用函数的形式的。经济学家们检验了各种各样的效用函数，包括符合幂律的函数、自然对数函数、符合比例尺度的函数等等。而且，这些模型全都与幸福、满足度等概念有关；而这些概念都有一个引人注目的共同特点，即它们都是抽象的，无法直接测度的。

事实上，过去几个世纪，自然科学领域内建模的发展也走过了一条几乎完全相同的道路。一个先行者捕捉到了一个直觉，可能可以解释某种行为或过程，然后根据这个直觉构建出一个正式的数学模型，当然，这个模型最好没有太多的参数，最好不包括太多的不可观察的属性。这样一个基本模型问世之后，包含在模型当中的自由参数要不断进行调整（或者，用经验科学的语言来说，它们必须拟合数据），以保证可以观察到的行为或神经活动能够被模型中的一个或多个元素“预测”到。许多模型都要相互竞争，如果某个模型在严格的统计意义上胜过了其他模型，那么它就会被宣布“拟合得非常好”。如果拟合度太低，那么学者们就会去探索其他相关模型，以便更好地拟合被研究的对象（无论是行为还是神经活动）。

然而，在经济学的发展历史上，这种标准的方法所引发的两个问题，使要求极其严格的洛桑学派经济学家产生了不满。那是在19世纪末，这批经济学家担心，关于人类选择行为的经济学模型已经变得过分随意、过分非结构化了；而且这些随意的关于选择行为的经济学模型充斥着不可测度的变量，又怎么能用来确定到底什么东西才是对人们最好的呢？！作为例子，不妨考虑如下这个修正版的伯努利模型（见图3.5）。在这个模型中，我们先验地假设人们总是试图实现期望效用最大化，然后再假设期望效用是如下这样一个表达式的结果：准确地体现了概率，准确地体现了以美元表示的价值，通过幂函数来把美元数转换为隐藏的效用单位数（以区别于传统的对数转换），其中指数和乘式都是可以调整的。

根据这样一个模型，对于每一位被试（选择主体），我们的目标是，通过调整模型中的幂函数的指数，来最大限度地拟合他（或她）的行为。为了做到这一点，我们先观察我们的被试完成的20次选择，然后确定“最准确”地

47 预测了这 20 次选择的幂函数中的指数。

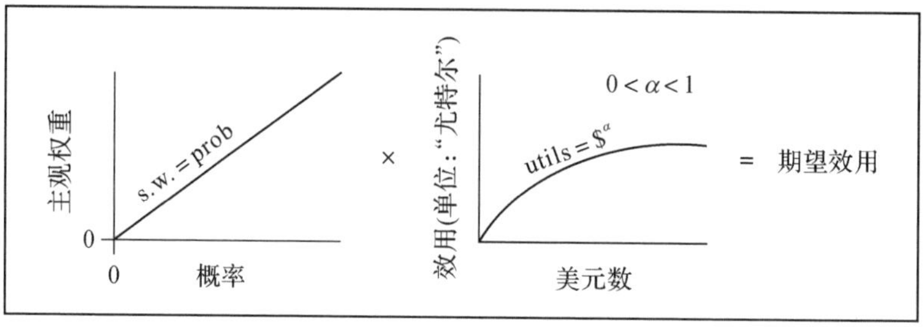

图 3.5　一个古典选择模型

根据如上所述的那四个假设，当我们从数据中拟合出了指数之后，我们就可以推断这个被试的“效用形式”是什么样子了；这种推断甚至适用于我们从未直接观察过的情形。然后，我们就可以利用这个隐藏变量（根据我们的假设），开始对这个被试的“样本外”的行为进行预测了。我们甚至可以把那些“错误的选择”，即把模型未能预测到的选择，识别出来。

据此，我们还可以进一步去比较政府政策所引致的公民的“效用”。而且，只要再增加一个假设，我们甚至可以去进行效用的人际比较。读者不妨想象一下，假设作为决策者，我们需要“立法禁止”参加专业会议的与会者发生性行为（假设我们早就一致认为，我们的社会目标是使我们社会的总效用最大化）。[①] 如果有一个拟合度非常高的模型，能够告诉我们效用增减的准确数值，那么我们就可以确定这样一项法律能够给每个与会者的伴侣增加多少效用。然后，我们可以对比，与会者因为被禁止发生性行为而损失的效用是否超过了与会者的伴侣因此而增加的效用。换句话说，有了这些数值模型在手，我们就可以着手实施一项“伟大的社会工程”了：对人们的选择逐
48 个逐个地进行优化，以实现全人类总体福利的最大化。

这种结果看上去不是很好吗？这种方法为什么会令洛桑学派的经济学家们——其中包括著名经济学家里昂·瓦尔拉（Leon Walras）和维尔弗雷

---

① 我在这里假设，我们所有人都已经同意总效用最大化是社会政策的目标。当然，后面的讨论也适用于其他类型的社会福利函数。我选择这一类社会福利函数，只是为了便于说明问题。

多·帕累托(Vilfredo Pareto)——觉得不安呢？答案是显而易见的。第一点，所有这些模型都是建立在效用概念的基础上的，或者说，它们全都是只与效用有关的，但是，并没有独立的证据可以证明，效用确实是存在的，而且也没有衡度效用的方法。我们能够观察和测量的只是人们的选择；只有从选择出发，我们才可能推断出效用或许是什么东西。第二点，这些模型在本质上全都是极其特别的(ad hoc)，只适用于一时一地。我们怎么能肯定，明天不会出现另一个伯努利式的效用函数，它能够给出某种全新的、更好的计算效用的方法，并导致完全不同的结论呢？我们不能。理论的发展可能会走上人们意想不到的道路，这个问题在许多学科领域都出现过，但是在经济学领域，这个问题似乎特别有害，因为我们想根据这些模型的结果去告诉人们，什么行为才是最好的，因为我们想要利用这些模型去指导政府的政策。第三点，也是理解这些洛桑学派经济学家以及几乎所有现代经济学家的哲学立场的关键一点，我们甚至可以证明，即使是那个最基本的假设，即，效用是可以进行人际比较的、每个人特有的数值型数量，也是古典经济学家们犯下的一个数学错误。

新古典主义革命：现代经济思想的工具和美学特征的确定

在19世纪和20世纪初，作为一位精通数学的经济学家，维尔弗雷多·帕累托对前两个世纪经济学家们提出的关于人类选择行为的经济学模型的随意性(arbitrary)和特设性(ad hoc)有非常清醒的认识。他担心的是，这些模型包含了太多的假设，而且这些假设构成了真正意义上的哲学的挑战。他特别关注的一个问题是效用的人际比较问题，这个问题源于古典经济学家的基数效用概念。这是一个非常关键的概念，任何一个想理解现代经济理论的逻辑基元的人，都无法绕过它。因此，我们必须细致地探讨一下这个概念。

到了19世纪末，许多经济学家都已经开始利用人们的选择行为去拟合各种各样的效用模型，并由此估计出了各种商品和政策特有的数值型的效用值。当时甚至出现了一个趋势，即，经济学家们开始使用这些数值型估计值去比较不同商品和不同个人的“效用”。如果政府采取的某项政策在增加 49

了一个人的总体效用的同时,减少了另一个人的总体效用,但是第一个人增加的数量大于第二个人减少的数量,那么那些希望实现社会总效用最大化的古典经济学家就会得出这样的结论:这是一项合理的政策。帕累托对这种思路非常不满,因为上述结论完全是建立在效用可以用一个确实的数值来表示这个假设的基础上的;而他却认为这种假设是根本错误的。

为了说明帕累托的观点,我们不妨考虑这样一个简化的世界。如图 3.6 所示,假设这个世界中有两个人,米尔顿(Milton)和奥斯卡(Oskar)。我们观察到,米尔顿偏好苹果甚于橙子,偏好橙子甚于葡萄。再假设我们接受前面所说的那类模型,为米尔顿赋予这样的效用尺度:一个苹果的效用为 3,一个橙子的效用为 2,一串葡萄的效用为 1。显然,这些效用能够很好地预测米尔顿对这三种水果的偏好。接下来,我们又观察到,奥斯卡偏好苹果甚于葡萄,偏好葡萄甚于橙子,于是我们为奥斯卡赋予这样的效用尺度:一个苹果=3,一串葡萄=2,一个橙子=1。

	苹果		橙子		葡萄		总效用(单位:“尤特尔”)
米尔顿	$2\ ^{3}\ 6$	>	$2\ ^{2}\ 4$	>	$2\ ^{1}\ 2$	⇩?	12
奥斯卡	$1\ ^{3}\ 3$	>	$1\ ^{1}\ 1$	<	$1\ ^{2}\ 2$		6

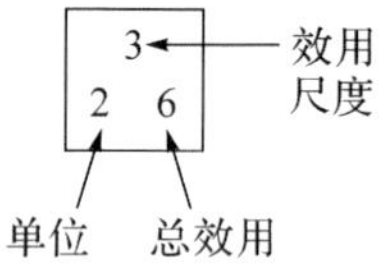

	苹果		橙子		葡萄		梨子		杏子	总效用(单位:“尤特尔”)
米尔顿	$2\ ^{3}\ 6$	>	$2\ ^{2}\ 4$	>	$2\ ^{1}\ 2$					12
奥斯卡	$1\ ^{3}\ 3$	>	$1\ ^{1}\ 1$	<	$1\ ^{4}\ 4$	>	$0\ ^{2}\ 0$	>	$0\ ^{1}\ 0$	12

图 3.6 米尔顿和奥斯卡的偏好和资产表

50 现在考虑如下这个情况。我们观察到,米尔顿每种水果都有两个单位,而奥斯卡每种水果都只有一个单位;这时,不难得出这样的结论:米尔顿的总效用为 12,奥斯卡的总效用为 6。假设我们是“仁慈”的独裁者,我们应该做些什么来最大化他们这两个人的社会总效用呢?如果我们把米尔顿的两串葡萄都拿起,转移给奥斯卡,那么米尔顿的效用将减少 2,同时奥斯卡的效用将增加 4。很明显,这两个人组成的社会的总效用将会增加,这可以算是净收益,因此这似乎是一个完全合理的行动(对于那些致力于最大化社会总效用的人来说)。但是这个结论是建立在我们理解效用概念时发生的一个数学错误的基础上的,在帕累托那个时代,只有极少数经济学家认识到了这个事实(Pareto,1906)。这个错误的根源在于我们这样一种信念:根据我们现在观察到的他们的选择,我们能够确定发生在米尔顿和奥斯卡“内心深处”的、他们每个人特有的实际数值型效用增减的方式。为了让这个错误更清晰地暴露在读者面前,不妨再考虑这样一个情况。现在,我们往奥斯卡(在一开始,他是总效用较少的那个人)的“资产表”中加入梨子和杏子,然后再请他告诉我们他现在的偏好排序。这一次,我们发现他的偏好排序为:苹果＞葡萄＞橙子＞梨子＞杏子。既然现在已经增加了两种新水果,那么赋予奥斯卡的效用尺度也应该随之发生变化,现在各种水果对奥斯卡的效用为:苹果＝5,葡萄＝4,橙子＝3,梨子＝2,以及,杏子＝1。对各种水果的效用进行了这种分配之后(这种排序是与第一次分配一致的),我们得出的结论就变了。我们发现,最初的分配,原来看上去似乎是不公平的,现在看上去却似乎是公平的,因为我们现在得出的结论是,奥斯卡的总效用也有 12 了。关键在于,我们之所以能够得到这个新的结论(他们两人的总效用分配是公平的),完全只是因为我们在第一种情况的基础上增加了梨子和杏子。当然,按照改变后的效用赋值来测度奥斯卡的效用,还会使我们得到这样的结论:如果把米尔顿的所有的水果都拿走,转给奥斯卡,那么我们就能实现社会总效用最大化。

这个例子其实仅仅触及帕累托所发现的问题的表面。他指出,人们在做出选择时的有关数据只能告诉我们,他们是怎样根据被选择的对象(在经济学中,通常被称为“商品”)的可欲性对它们进行排序的。我们可以用“效用”这个术语来描述这种排序,但是我们必须永远记住,可以用来对事物进行排序,这也就是效用的唯一的长处了。把效用当成某种数值型的变量,说它可以在不同行为主体之间进行交换(甚至可以用于针对某个特定的行为主体进行基数形式的计算),那无疑超出了我们的数据能够告诉我们的东西十万八千里。

51 帕累托决定与他那个时代流行的这类模型彻底决裂。它们全都取决于复杂、无法证实的，而且经常是错误的关于效用的假设。相反，他强调，经济学家应该尽力保证自己的模型只包括最小数量的假设和最小数量的参数。帕累托指出，一个好的政治经济学家提出的“好”模型，必须是一个几乎不需要假设任何东西的模型，而且，它仅有的假设也必须是真的(在可以检验的或可以证伪的意义上)。当然，由于追求简洁之美，也会带来一个缺点，即，符合帕累托的要求的经济模型的“力量”可能会比较有限。帕累托自己也认识到了这一点，因此他试图找到适合经济学家表达的那种“最低限度的复杂陈述”。他总结道，例如，人们在某些情况下或许可以说，商品在不同的个人之间的这种分配方式比另一种分配方式好。举例来说，假设：

在第一个世界中，奥斯卡:两个苹果和两个橙子;米尔顿:零个苹果和零个橙子。

在第二种世界中，奥斯卡:两个苹果和两个橙子;米尔顿:一个苹果和零个橙子。

很显然，第二个世界要比第一个世界好，而且这个结论基本上与人们做出的任何假设无关。[1] 帕累托着重强调的是，效用函数只涉及排序，而不可能落实为离散的数值。数学家有时也使用数值尺度，但那其实只是用来提供关于排序的信息的顺序尺度;帕累托指出，任何与效用有关的数字都必须被视为只代表一种顺序关系。如果一种商品的效用为 4，而另一种商品的效用为 2(相对于某个给定的选择主体而言)，那么我们可以根据这个信息推断，这个选择主体选择前者要比选择后者更好;但是我们无法知道，到底好多少。这与通常的数值系统完全不同。在通常的数值系统中，4 是 2 的两倍;或者，更一般地说，在通常的数值系统中，任何一个数字都代表一个独一无二的数学量，而不是仅仅代表一种顺序，因此是“基数的”。帕累托证明，

---

① 更精确地说，只有当我们假设了“(递增的)弱单调效用函数”时，第二种情况才是更好的。帕累托详细地讨论过这个问题，因为认为自己可以接受单调递增性的简化假设[即，当一个行为主体所拥有的水果的数量不断增加时，他(或她)的效用曲线不会下行]。如果奥斯卡和米尔顿在第二个世界中的境况都变好了，那么帕累托也会认为第二个世界比第一个世界更好。更正式地说，所谓帕累托最优状态就是指资源分配的这样一种状态:在不使任何人境况变坏的情况下，不可能再使任何一个人的境况变好。

他那个时代的效用理论实质上都是“序数的”，尽管它们经常被错误地运用于基数计算。 52

保罗·萨缪尔森

帕累托的工作导致的一个结果是，越来越多的精通数学的经济学家都开始变得不再信任大多数现有的经济模型了。他们怀疑这些模型是否真的可能给出具体的预测，并转而探索可以用于构建新的经济模型的数学方法。特别是，这个经济学家群体对那些含有隐藏变量和不可测度的参数的模型非常警惕，这类模型声称可以对参数进行调整，以实现“拟合优度”的最大化。这些经济学家认为，在这类模型当中，尽管可以说某个模型比另一个模型更好一些或更差一些，但是，从总体上看，它们却都是无法客观地证伪的。在科学发展的历史上，可证伪性是一个经常被提起的问题，直到今天，许多现代生物学模型和现代心理学模型仍然面临着这个问题。

这一群新生代经济学家想创立一种新的建模方法。按照这种建模方法构建出来的模型，不仅符合严格的可证伪性标准（即，建立在对观察到的现象的经验检验的基础上），而且只包含最小数量的可检验的假设，并且完全尊重效用的本质特征，即序数性。最后，这些经济学家在美国经济学家保罗·萨缪尔森（Paul Samuelson）的研究中发现了这种建模方法；当时，萨缪尔森刚刚发表了他的著名论文《纯粹消费者行为理论的一个注记》（*A note on the pure theory of consumer's behaviour*）（Samuelson，1938）。

要很好地了解萨缪尔森的方法以及它所蕴含的现代经济学的审美特征，我们首先必须回忆一下伯努利式的选择模型最令帕累托烦恼的特点：它们假设效用是特定的数值，是一个基数型的对象。在萨缪尔森这里，这些模型更加糟糕的一点是，效用是无法直接测度的。不难想象，在讨论人类的选择行为的时候，我们通常都是从一组关于效用的假设，以及一个描述效用如何影响选择的模型开始的。或者，更正式地说，我们需要把一个规则描述清楚，这个规则使我们能够根据效用做出选择。如果我们假设效用是一个特定形式的幂函数，那么在任何情况下我们都可以就我们将会观察到的选择做出预测;但是反过来却不一定如此,令萨缪尔森困扰的就是这一点。如果我们观察到了一个特定的选择,我们并不能根据它来做出任何一个关于效
53 用的特别有意义的预测。各种各样的效用理论都可以做出独特的关于选择的预测,但是这种关系却是不可逆的。关键在于,在现实世界中,真实的事件并不是效用,而是选择。我们可以在现实世界中观察到某个经济行为主体做出了一个特定的选择,但是无数个可能的效用函数都能够符合这个观察结果;前面所述的米尔顿和奥斯卡以及他们的水果的例子就是如此。从根本上说,这就是帕累托的观点,但是萨缪尔森的视角有所不同,他关注的是我们唯一可以测度的东西,那就是:选择。在传统的效用理论中,选择和效用原本就是联系在一起的,但是萨缪尔森指出,传统的效用理论只揭示了选择与效用之间的联系的其中一个维度(从效用到选择),而且是一个错误的方向。萨缪尔森认为,我们现在所需要的,是这样一种理论方法:它或者完全回避了“效用”这个术语,或者只揭示效用与选择在另一个方向上的联系。这就是说,萨缪尔森想要的是一个直接利用选择来讨论选择的理论,在这个过程中,或者也会涉及效用,但是它绝不是一个利用效用来讨论选择的理论。

在他发表于1938年的那篇论文中,萨缪尔森提出了这样一个问题(在自然科学家看来,这个问题或许有点奇怪):能够针对消费者决策行为做出积极的预测的、最简单的人类选择行为模型是什么样子的,这样一个模型将会怎样约束效用的性质?为了回答这个问题,萨缪尔森提出了他的人类行为“模型”,该模型假设,如果我们观察到一个人始终一贯地选择(例如)[四个苹果和两个橙子],而不选择[两个苹果和四个橙子],就意味着我们可以假定这个人不会同样始终一贯地偏好[两个苹果和四个橙子]甚于[四个苹果和两个橙子]。

换句话说,萨缪尔森这个“模型”意味着,如果我们观察到一个行为主体偏好A甚于B,那么我们就可以认为他不能同时也偏好B甚于A。当然,对于一个生活在帕累托的年代以前的古典经济学家来说,萨缪尔森这个假设几乎是一种“神志不清的胡话”;他们会质疑,如此微不足道的小事也值得一本正经地进行假设吗?而且他们不相信可以在这个假设的基础上构建出一

个模型来。当他们读到萨缪尔森这篇论文时,他们可能会觉得萨缪尔森只是在闹着玩。事实上,人们的直觉确实是,这样一个模型几乎不可能做出任何形式的关于效用的预测。确实如此。然而,萨缪尔森这项研究真正不同凡响之处恰恰在于,他证明,只要从这个简单的陈述(或者“勉为其难”地称之为模型)出发,我们就不仅能够对选择做出令人惊奇的有用的预测,而且能够对效用提出有效的限制。

为了理解这一点,不妨考虑这个例子:有一个行为主体,我们确信他强烈地偏好苹果甚于橙子、偏好橙子甚于梨子。如果你真的相信这一点,那么所有关于序数效用的理论都必须保证这个行为主体偏好苹果甚于梨子,即使我们不拥有任何关于他的偏好的先验信息,也是如此。不过,我们还可以 54
追求进一步简化之美吗?答案是肯定的,我们可以进一步简化,即把橙子从这个故事中剔除出去。如果我们这样做,我们甚至可以将我们的观察和理论推得更远。如果我们确信一个行为主体强烈地偏好苹果甚于梨子,那么我们就不能相信他同时也强烈偏好梨子甚于苹果,而且继续保持任何序数效用的概念。萨缪尔森可以止步于此了,因为他已经做出了显著的贡献。或者,他可以提出一个有关选择的命题,对效用加以约束,那么他这样做了吗?

事实上,萨缪尔森认为,这样一个命题已经走得太远了。(如果我们很好地理解了这一点,那么我们也就可以领略现代经济学的美学特征了。)他强调,我们观察的是选择,不是强偏好,也不是弱偏好,仅仅是选择。上面这个“理论”,说我们观察到一个行为主体强烈地偏好苹果甚于梨子,但是事实上,我们永远不可能观察到“强烈”这种东西。我们观察到的是他选择了一个苹果,而没有选择一个梨。这是否意味着他真的偏好苹果甚于梨子?不一定。这也可能意味着他发现苹果和梨子的可欲性完全相等。我们根本没有办法知道究竟。这是一个很重要的事实,但是萨缪尔森的天才就在于,他认识到这个问题不是致命的。如果我们观察到这个行为主体选择了一个苹果,而没有选择一个梨,虽然我们不知道他偏好苹果甚于梨子,但是我们确实知道他不可能偏好梨子甚于苹果。(他最多也只能认为,对他来说,它们同样是可欲的。)

这就是萨缪尔森构建他的理论时所依据的基本逻辑。如果观察到一个行为主体选择A而没有选择B,那么我们就可以认为他不可能偏好B甚于A。这到底意味着什么?或者说,关于效用和选择,这到底能告诉我们什么?首先,萨缪尔森利用数学工具,无可辩驳地证明,任何一个在选择时遵循了这个弱规则的人,都可以被视为一个拥有一致的效用表达的人。这就是说,如果我们观察到一个行为主体选择了A而没有选择B,同时从未显示出偏好B甚于A的迹象,那么我们就可以这样描述这个行为主体:他(或她)似乎拥有一
55 个指导他(或她)进行选择的类效用表达(utility-like representation)。[①] 其次,萨缪尔森还证明,对于我们对这个行为主体未来的选择行为的预测来说,这个结论有非常重大的意义。萨缪尔森揭示的这种关系,就是现在人们通常所称的显示偏好弱公理(Weak Axiom of Revealed Preference,简称"WARP")。经济学界普遍认为,这是现代新古典主义经济学的起点。

从上面的论述可以看出,显示偏好弱公理有两点是至关重要的。首先,萨缪尔森创造了一个理论(这是有史以来第一次),它指向了一个正确的方向,即运用有关选择的一些陈述去约束效用,而不是相反。其次,有人认为这个理论美妙优雅,也有人认为它过于简单甚至"弱"得令人恼火,这一切都取决于不同人的角度和观点。但是,在那些训练有素的经济学家的眼中,它无疑是一个美妙优雅且简洁的理论。

这是为什么?显示偏好弱公理意味着什么?它能做什么?为了回答这些问题,在考虑人类的选择行为时,不妨把一个运用显示偏好弱公理的人当作我们的起点。显示偏好弱公理的最简单的表述是:"如果我们观察到一个行为主体选择A而没有选择B,那么我们就可以预测(在任何模型都在进行预测这个意义上),他(或她)永远不可能显示出偏好B甚于A。"如果在这个基础上,再加上"多比少好"这样一个简单的思想[②],那么,关于这个人通过自

① 重要的是,反过来不一定是真的。如果我们发现,萨缪尔森的规则被违背了,并不意味着效用表达是不可能的。

② 把这个思想融入显示偏好弱公理的方法有很多种。或许最简单的且最古老的方法就是所谓的"瓦尔拉规则"。这个规则假设,我们只研究行为主体会把他们所拥有的钱全部都花光的情形,而这种行为就意味着行为主体偏好"多"甚于"少"。

己选择所显示出来的效用,我们就可以给出一些相当具体的陈述了;而且,关于这个人在未来的选择行为,我们也可以给出相当具体的预测。我们甚至可以提出一些意想不到的方式来检验显示偏好弱公理的假设(或者说,它这个关于人类行为的模型)的正确性。

为了更好地理解这一点,试考虑以下这个例子。假设一个行为主体可以花 6 美元去买水果(苹果或橙子),每个水果的价格是 1 美元。如图 3.7 所示,这个人面临的问题实际上就是在图中包括边界线在内的阴影部分里选定一个点(因为图 3.7 的阴影部分代表了所有他能够买得起的苹果和橙子的组合)。图中的黑色实线是他的预算约束线,代表他能够买得起的最多的水果的组合(水果束)。[①]

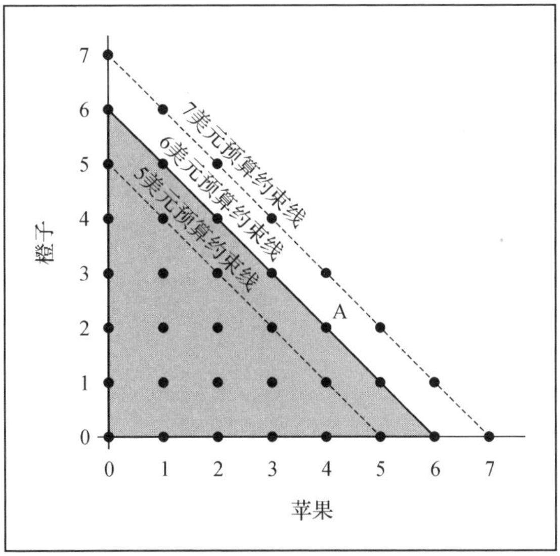

56

图 3.7 显示偏好公理

如果我们观察到,这个行为主体选择了图中的点 A(代表四个苹果和两个橙子的水果束),那么显示偏好弱公理就告诉我们,我们可以得出结论,对

① 当然,在实际分析中,我们肯定还需要把这个行为主体可以购买的所有其他东西也包括进来。要做到这一点,有两个方法。一个方法是,在图中增加一些维度;第二个方法是,将其中一个坐标轴标为“所有其他可以购买的东西”。萨缪尔森已经证明,这两种方法不但都是可行的,而且在逻辑/数学上也是等价的。不过,我们可以假定不存在这种微妙的情况,而假设在我们的行为主体的世界里,只有苹果和橙子,这样或许更容易理解一些。

于我们研究的这个行为主体来说，在黑线上的任何其他点都不可能比 A 点好(当然，黑线上的所有点都可能与 A 点同样好)。我们甚至还可以更进一步，只要我们假设在这个有限的世界里，更多的水果要比更少的水果好(我们的选择主体花光了他拥有的所有钱这个事实，就隐含了这一点)。回想一下，根据显示偏好弱公理，我们认为(1)对于我们这个行为主体来说，黑线上的所有其余的点(标为 Bs)都至少与 A 点一样好；根据他(或她)花光了所有的钱这个事实，我们还可以得出结论(2)三角形内每一个点都严格劣于黑线上的至少一个点，因为与黑线上的点相比，三角形内的点意味着较少的水果，而且三角形内没有一个点比 A 点好。从这两个事实，我们可以得出的结论是，我们的行为主体偏好 A 点甚于三角形内部的任意一个点，而且 A 点至少与黑线上的任何一个点同样好。

仅仅需要观察到行为主体选择 A 而没有选择 B(在我们所举的这个例子中，行为主体选择了点 A 而没有选择所有可能的点 B)，同时把显示偏好弱公理当作我们解释这个行为主体的行为的核心模型，关于这个行为主体的偏好，我们就可以推断出一些非常具体的东西来。事实上，我们可以得出结论说，这个行为主体的行为似乎说明，点 A 的效用大于位于三角形内部的
57 任意一个点的效用。

如果我们继续观察，看这个行为主体在拥有 5 美元、7 美元等等时，喜欢购买什么商品组合，只需根据他在预算约束下的选择以及显示偏好弱公理模型，我们就可以构建出一个相当完整的关于这个行为主体的效用的序数排列。这就是说，我们可以从一个非常简洁的、仅仅建立在如下两个基本思想基础上的模型出发，构建出这个序数排列：

1. 如果你选择 A 而没有选择 B，那么你就不能同时又偏好 B 甚于 A；

2. 对于好东西来说，多比少好。

自它诞生那天起，显示偏好弱公理就为经济学树立了一个简约之美的典范，一直到今天仍然影响深远。在你的模型中，你假设的东西能少到什么程度？你的模型能证明的东西又有多少？经济学家们每一天都在这样“拷问”着自己的模型。

显示偏好的一般化公理

萨缪尔森关于显示偏好弱公理的经典论文发表后,许多重量级经济学家迅速跟进,进一步扩展了他的方法。接下来,我们就来讨论其中一个重要的修正,以便更好地理解现代经济学思想的发展演化过程,并深刻领会现代经济学理论的审美特征。尽管就神经经济学所需要的逻辑基础而言,显示偏好弱公理很可能已经足够了,但是在这里,我们还是有必要将经济学家们探索类似于显示偏好弱公理的各种模型的过程和方法展现出来。

在20世纪40年代末50年代初,亨德里克·霍撒克(Hendrik Houthakker)提出了一个“显示偏好弱公理型”的模型(Houthakker,1950),它可以给出更强的关于选择的预测,这就是我们今天所称显示偏好的一般化公理(generalized axiom of revealed preference,简称“GARP”)。显示偏好的一般化公理明确假设,选择主体是永远无法满足的(非餍足性假设)。试想象如下情形:我们观察到一个行为主体在A与B之间选择A,在B与C之间选择B,在C与D之间选择C。在图3.7中,我们可以把这些选择想象为对不同的预算条件下的可选项组之间的选择。不过,为了看清楚显示偏好的一般化公理模型是如何处理这种情形的,请看一看图3.8,同时考虑我们之前的预算问题。

在这个例子中,我们假设每个苹果和每个橙子的价格都是1美元。在原有条件下,我们观察到一个行为主体选择水果束A。现在,我们将橙子的价格翻倍,同时将苹果的价格减半。出现了这种情况后,这个行为主体的行为发生了改变,他(或她)现在能够购买的水果束也发生了改变,如图中的虚线所示。那么,我们可以基于之前观察到的有关预算的信息对这些变化进 58
行预测吗?在他的模型中,霍撒克认为可以。如果我们知道,对于这个行为主体来说,点A至少与黑色实线上的任何其他点一样好,而且比阴影三角形内的任何一个点都要更好,那么,当我们给予这个行为主体选择位于虚线上任何一个点的机会时,他也不可能选择点A左边的点,因为我们可以认定,他之前所做出的选择已经显示,他不可能偏好这些点甚于点A。

因此,显示偏好的一般化公理告诉我们的是,我们在观察到行为主体

“选择了 A 而没有选择同样可选的 B 的某个子集中的点”等选择行为之后，就可以利用这样的观察结果来推断行为主体在面临一些新的可选项时的选择。这仍然是一个选择层面的模型。当然，最有趣的一个问题是，关于效用，这样一个模型能告诉我们什么吗？对于选择，萨缪尔森的显示偏好弱公理的假设非常简易，而且他还证明，如果我们接受这种假设，那么我们就可以利用选择来构建效用的序数排列。相比之下，显示偏好的一般化公理能够告诉我们的东西还要更多一些。霍撒克证明，说我们观察到的一个行为主体的行为符合显示偏好的一般化公理的假设，就等于说这个人拥有一个单调的效用函数——帕累托一直在努力寻找的，就是这样一个效用函数。

或者，用更加严格一些的术语来说，显示偏好的一般化公理表明，任何一个行为主体，只要他(或她)的选择不出现循环(即，面临图 3.8 中的第二条预期约束线时，不会选择阴影区域内部的点)，那么从这个行为主体的行为来看，他(或她)似乎就是在试图使一个弱单调效用函数最大化。[①] 尽管，关于效用函数的具体形状，这个行为主体的行为并不能告诉我们太多的东西，但是它确实告诉我们，真的可以存在一个可以充分地解释他(或她)的行为的效用函数(或者更准确地说，存在一个由许多同样有效的效用函数组成的函数族)。

59 这无疑是一个了不起的成就，因为它在某种意义上使效用函数重新活了过来，而且是在更加严格的意义上复活的：有史以来第一次，效用完全建立在了可检验的基础上，即，完全根据可以观察的选择，而不是相反。现在我们终于可以问这样的问题了：这个行为主体的行为在原则上可以用某个特定类型的效用函数来描述吗？如果他(或她)的行为服从显示偏好的一般

① 在这个意义上，单调效用函数就是效用随着商品的数量的增加而增加的函数。这种效用函数刻画的是“越多越好”的现象。或者，更准确地说，单调效用函数有两种形式，一种是弱单调效用函数，另一种是严格单调效用函数。弱单调效用函数表现为上升或持平，即，“更多不会更糟”。强单调效用函数则总是表现为上升。但是现代经济学理论则认为事实并非总是如此。例如，在某种意义上，当苹果数量实在太多后，更多的苹果真的会使你更糟糕。描述这种现象的效用函数被称为餍足型效用函数。显示偏好的一般化公理假设不存在这类效用函数。通常而言，或者说，在大多数情形下，某种好的东西，一般总是多比少好(或者至少一样好)；我们在介绍新古典主义经济学理论时，只关注这种最普遍适用的情况。

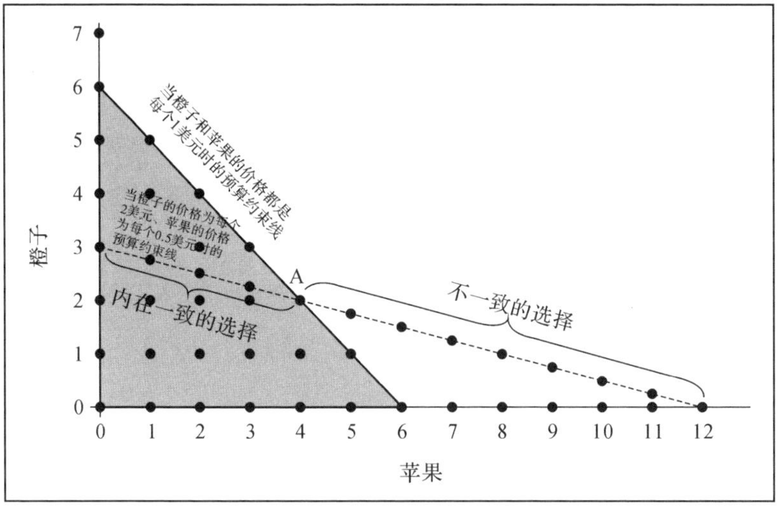

图 3.8　显示偏好的一般化公理

化公理模型描述的规则，而且我们从来没有观察到她选择图 3.8 的阴影区域内部的点，那么答案就是肯定的。另一方面，如果他（或她）真的做出了这样的选择，那么显示偏好的一般化公理就被证伪了。毫无疑问，显示偏好的一般化公理是完全符合萨缪尔森引入的极简主义原则的；这种还原型的序数效用概念显然也是帕累托很愿意接受的。总之，从本质上看，显示偏好弱公理和显示偏好的一般化公理所做的无非是引入了一种全新的典范式的选择主体，即，理性行为人。

理解经济“理性”

理解新古典主义经济学的一个关键是，必须把显示偏好弱公理模型和显示偏好的一般化公理模型都视为对内在一致的选择行为的一种简洁紧凑的描述。事实上，本章行文至此，有些读者，特别是经济学家读者可能已经 60
发现，我所关注的焦点有些不同寻常。我在本章中主要描述关于选择和偏好的数理逻辑，但是专业经济学家可能会认为，我并没有抓住重点。确实，我在上面提到过的所有模型都是用来描述把某个行为主体的行为称为“内在一致的行为”所必须满足的最低条件的。

为了更好地理解这一点，请读者想象这样一个行为主体，他拥有“严格”的偏好(请读者回忆一下，“严格”的偏好要求排除两个可选项之间无差异这种状况)，而且认为1美元钱是“无穷小”的财富。他的偏好排序如下：

苹果＞橙子

橙子＞梨子

但是同时又很奇怪地，还有：梨子＞苹果

在现实世界中，这样一个行为主体将会如何行事呢？试想象一下这样的情形：假设这个行为主体拥有一个梨子和6美元钱，我用一个橙子跟他(或她)交换那个梨子，同时他(或她)还得多给我1美分钱，这个行为主体将会接受，因为他(或她)严格偏好橙子甚于梨子；然后，我再用 ·个苹果跟他(或她)交换我刚刚卖给他(或她)的那个橙子，同时他(或她)还得再多给我1美分钱；他(或她)显然也会接受，因为他(或她)严格偏好苹果甚于橙子；最后，我再把他(或她)原来拥有的那只梨子“卖”回给他(或她)，价格是1只苹果再加一分钱，她也会接受，因为他(或她)严格偏好梨子甚于苹果。请注意，当这些交易全都结束时，梨子还是原来那个梨子，但是这个行为主体已经白白损失了3美分，而且他(或她)还真诚地认为每次交易都是非常合算的。

如果这样的交易不断持续下去，那么不久之后，这个行为主体将会只剩下那个梨子，而我将赚到6美元。然而，他(或她)仍然会认为自己并没有受到不公平的对待。这个行为主体的行为不符合内在一致的要求，因此违背了显示偏好的一般化公理。这也就意味着，在这个行为主体这里，显示偏好的一般化公理被证伪了。但是，因为遵循显示偏好的一般化公理还意味着你的行为似乎是在最大化你的效用函数，所以我们也知道，这个行为主体的行为不能被描述为最大化某个单调的效用函数。

在经济学家看来，这样一个行为主体的行为是不理性的。当然，需要注意的是，“不理性”这个术语在这里有一个非常精确的理论含义。说一个行为主体不理性，只意味着这个行为主体的偏好不一致，即，他(或她)违背了显示偏好的一般化公理或显示偏好弱公理。① 这一点非常重要。不理解这一点，在与经济学家讨论问题的时候就会产生无穷无尽的混淆。如果我们 61
这个行为主体告诉你，他（或她）偏好苹果甚于所有其他的水果，在经济学的意义上，这根本没有什么“不理性”的地方。甚至，即使某个行为主体的行为显示，他（或她）更偏好一个水果甚于100万美元，也同样不能说这个行为主体在经济学的意义上是“不理性”的。说一个人在经济学的意义上是理性的，仅仅意味着其他人无法像上面那个例子中那样，从他（或她）身上汲取金钱（或，水果）。换句话说，这只是意味着他（或她）的偏好是内在一致的，因此，也就意味着他（或她）的行为可以用效用函数来描述。这个行为主体到底喜欢什么、他（或她）对自己所喜欢的或不喜欢的东西有什么感觉、其他人会不会认为他（或她）喜欢那些东西是“蠢人所为”，全都与经济学意义上的理性概念不相关。理性就是指一致性，除此无他。在本书下面的章节中，我们将一而再、再而三地回到这一点上来。

公理体系：根据显示偏好的一般化公理建构的“世界”

对于某些试图构建一个关于自然界的现象的模型的人来说，显示偏好的一般化公理模型可能既是有趣的，又是令人沮丧的。顾名思义，显示偏好的一般化公理是一个关于“表象”的理论，或者说，它是一个“表征理论”（theory of representation）。其实，更准确地说，显示偏好的一般化公理是一个关于各种“表征理论”的理论。显示偏好的一般化公理告诉我们，如果一组观察到的选择行为服从一些“极简的”限制条件，那么做出这些选择的那个行为主体看来就似乎是按照某些内在于他（或她）的单调效用函数行事的。对于一位自然科学家来说，令人沮丧的一点是，显示偏好的一般化公理并没有向我们揭示太多关于这些效用函数的形式的信息。作为一个理论，显示偏好的一般化公理无法告诉我们，这个行为主体有一个如下形式的效用函数：

---

①　理论上要求特别严谨的经济学家可能会指出，“不理性”这个术语意味着行为主体的偏好或者是不一致的，或者是不完整的。是的，我承认这一点。

$$效用=苹果的数量^{0.5}$$

或

$$效用=\frac{1-\exp(-\alpha(苹果的数量)^{1-r})}{\alpha}$$

然而，有意思的是显示偏好的一般化公理能够告诉我们的，既有一些比效用函数的形式更“弱”的东西，又有一些比效用函数更“强”的东西。说它弱，是因为作为一个“表征理论”，它虽然是关于价值的表征的，但是价值本身对表征的限制却极其有限。然而在另一个意义上，即，从科学研究的逻辑标准的角度来看，或者说，从波普尔所强调的“科学发现的逻辑”来看(Popper，1959)，显示偏好的一般化公理却比人们通常所想象的更加强大，
62 因为我们的目标不是为了证明理论而是证伪理论。如果我们观察到一个行为主体实际做出的选择违背了显示偏好的一般化公理，那么我们就可以得出这样的结论：任何一个建立在某个单调效用函数的基础上的模型，都无法描述这种行为。正是在这个意义上，我们说经济学的方法是最强大的；也正是在这个意义上，显示偏好的一般化公理所体现的公理化方法是与所有其他科学研究方法都截然不同的。

为了进一步阐明这个区别，不妨考虑如下两位研究同一种选择行为的科学家。第一位科学家试图用一个幂函数形式的效用函数来拟合数据，然后以此来解释观察到的行为主体的行为。经过一番努力之后，他得到的拟合优度最高的效用函数的形式如下：

$$(苹果的)效用=苹果的数量^{0.43256}$$

但是他同时又观察到，这个模型能够解释的方差只占数据集的总方差的20%，因此，这看起来似乎是一个相当糟糕的模型。于是，接下来他决定尝试另一个效用函数……这样的过程可能会重复很多次，甚至是无限次。现在，我们再考虑另一个科学家，他先仔细地看了看原始的选择数据，然后问自己是否可以从中找到直接违背显示偏好的一般化公理的证据。假设这第二位科学家发现，在我们想要研究的这个行为主体的选择数据中，大约有一半违背了显示偏好的一般化公理所提供的理解效用函数的公理化基础。有意思的是，即便止步于此，这第二位科学家也已经掌握了第一位科学家所没有掌握的东西，而且他的“洞见”完全不会再受到未来的重新解释的“考

验”。这第二个科学家知道，没有任何人能够成功地找到一个单调效用函数来描述这个行为主体的行为，因为显示偏好的一般化公理早就证明，这样的函数根本不存在。[①] 因此，显示偏好的一般化公理允许我们在一个非常宽泛的意义上提出并回答一个“一阶问题”：在所有可能的单调效用函数当中，是否至少存在某一个可以解释观察到的数据的效用函数？

显示偏好弱公理和显示偏好的一般化公理这类工具的局限性

当然，像显示偏好的一般化公理这样的工具的局限性也是相当明显的。还有许多效用函数都可以兼容显示偏好的一般化公理。显示偏好的一般化公理告诉我们，如果我们知道一个行为主体遵循显示偏好的一般化公理，并知道一些关于他（或她）在预算约束下的选择的情况，那么我们就知道存在
一个可以解释他（或她）的行为的效用函数。事实上，我们还知道，存在着一 63
个由相关的效用函数组成的函数族，它们中的每一个都可以解释他（或她）的行为。不过，我们必须记住，显示偏好的一般化公理最重要的局限性，不仅仅在于我们无从得知“正确”的效用函数的形式是怎样的，而且也在于原则上根本不存在独一无二的“正确”的效用函数，相反，存在的只是一个“正确”的效用函数族，所有这个“族”中的效用函数都是同样有效的。在帕累托提出序数效用的概念的时候，他就看到了这一点；它适用于所有类似于显示偏好弱公理模型和显示偏好的一般化公理的模型，事实上，它是这类模型的一个关键特征。

我之所以要强调这一点，不仅是因为明白这一点对于理解现代经济学理论非常重要，而且是因为这一点是通常的心理学家和神经生物学家很难接受的。试想象一下，假设我已经证明某个行为主体在不同的水果之间进行选择时服从显示偏好的一般化公理，然后再假设我已经找到了这个行为主体的效用函数的表达式（也许是通过用特定的函数拟合这个行为主体的

① 请阅读到这里的经济学家读者少安毋躁。我向你保证，我将在下一章继续讨论随机效用模型。

选择数据的方法)，这个效用函数能够预测她在所有我已经检验过的水果或水果束之间进行选择时的行为；又或者，我也可以利用如图 3.8 所示的图解法得出类似的结论。在这个效用函数中，各种水果的效用如下：苹果＝3，橙子＝2，梨＝1。这确实很不错，因为我已经知道了一些东西。但是重要的是千万不要忘记，即便是在显示偏好的一般化公理模型中，我所使用的这些效用数字也只是人为给定的。各种水果的效用的排序已经隐含在有关的选择数据当中并受其限制，但是它们的实际大小却不然。这也是帕累托的观点。根据观察到的选择行为，我知道对于这个行为主体来说，一个苹果胜过一个梨子，但是我绝对无法确切地知道，一个苹果有一个梨子的 3 倍好。这种结论已经远远超出了有关的数据所能告诉我们的东西。有了显示偏好的一般化公理模型之后，这个事实就变得更加明显了，因为这正是这种方法的局限性所在。如果对效用表中的各项分别求平方，那就会变为：苹果＝9，橙子＝4，以及，梨子＝1，但是这个新的效用“函数”的预测能力与原来的效用“函数”没有什么不同。任何一个变换，只要能够保持这些数字的单调性，原来的选择排序就能够维持不变，因而也就不会违背显示偏好的一般化公理。(当然，我不能取每个数字的倒数；取倒数是一个非单调性的变换，显示偏好
64 的一般化公理告诉我，这些数据不能这样处理。①)

总而言之，新古典主义经济学为我们提供了一些非常简洁的模型。这些模型都是建立在一些被称为“公理”的逻辑陈述的基础上的。根据这种进路，一个好的模型有三个重要的特性(它们与我们在这里的目的密切相关)。首先，所有逻辑陈述都是非常简洁、非常容易理解的，而且似乎也都是正确的。第二，每个模型都有一个(潜在的)数学证明，它能够将符合这些“公理”的选择行为与一个清晰的关于价值或效用的理论联系起来(而不是相反)。第三，这些公理在描述价值理论或效用理论的同时，也就准确地界定了一大类重要的子模型(例如，显示偏好的一般化公理定义了一大类效用函数)，这

---

① 而且，求倒数也无法保持这些特定对象的序数结构。有些效用函数的形式更加复杂，对于这些效用函数，某种变换即使能够保持局部的单调性，也未必能够保证全局的单调性。这类似于效用的函数不符合显示偏好的一般化公理的方式，就是我在这里描述的这种方式。但是，我不能详细介绍这些效用函数，那可能会显得有些喧宾夺主。

也就意味着，只要证伪一个公理化模型，即，只需发现一个违背了公理化陈述的行为，就能够明确无误地同时证伪整类模型。这就是该方法的核心。

加入一些公理：迈向一个更丰富的期望效用理论

在上一节中，我们已经说明，我们可以利用选择数据去理解效用、描述效用，甚至可以根据选择数据去判断用来表征主观价值的某个单调效用函数族是否适用于描述某个行为主体的选择行为（在经济学中，这类效用函数通常被称为“伯努利型的”）。然而，很显然，显示偏好的一般化公理还缺少一些我们希望了解的东西。例如，显示偏好的一般化公理不能告诉我们，一堆苹果的效用是如何随着苹果数量的增加而增加的。一千个苹果比一个苹果好 1000 倍吗？抑或只好 50 倍？显示偏好的一般化公理只能告诉我们，一千个苹果比一个苹果好。那么，运用同样的基本方法，我们是否能扩展这些原始模型，提出一些更强的约束，以确定效用函数的形状，从而对行为主体的选择给出更明确的限制？这个问题的标准答案是“是的”；而且，我们据以生成这个答案的那一组公理恰恰构成了期望效用理论的核心。

期望效用理论（Expected Utility Theory）是由约翰·冯·诺依曼（John von Neumann）和奥斯卡·摩根斯特（Oskar Morgenstern）提出的（von Neumann and Morgenstern，1944）。他们专门用它来描述一个更明确的价 65
值理论（有点像伯努利所提出的那个价值理论），但是使用了更严格的新古典主义经济学的方法。从研究对象来看，古典经济学与新古典主义经济学的一个重要的差异体现在不确定事件或概率事件上。帕斯卡尔发明了最初的“估价理论”，即，期望价值理论，用来描述行为主体在不确定事件之间的选择。而在萨缪尔森所研究的那些情形中，行为主体要在不同对象（例如苹果和橙子）之间进行选择。从原则上说，萨缪尔森的方法可以扩展到其他情形中，例如，怎样在不同的彩票之间进行选择：一个行为主体更偏好的是什么？是有 50%的机会获得一个苹果，还是有 28%的机会获得一个梨子？但是，重要的是，我们一定要注意，显示偏好弱公理模型和显示偏好的一般化公理模型都从来不会认为有 28%的机会赢得一个梨子和有 29%的机会赢得一个梨子是相似的。换句话说，这些“极简”的模型没有给我们提供一种能够让我们有理由认为类似的概率结果拥有接近的效用的理论工具。

行文至此，本书的读者应该都可以看出，使用新古典主义的方法来描述不确定性下的选择已经自然而然地成了新古典主义运动的下一个目标。为了实现这一目标，冯·诺依曼和摩根斯坦从一个本质上与其他一些理论(例如，显示偏好的一般化公理)完全相同的公理出发，然后又在此基础上增加了三个公理，从而构建了他们的期望效用理论(von Neumann and Morgenstern, 1944)。他们的步骤如下。

1.定义选择的对象：概率结果

冯·诺依曼和摩根斯坦的第一步是定义人们要选择的对象；他们的原则是，这种定义必须能够处理不确定事件。为此，他们描述了一个被他们称为“彩票”的“选择的对象”。这个“选择的对象”要用两个因素来界定，一个是概率，另一个是价值。例如，一个人可能需要在有50%的机会获得一个梨子与有25%的机会获得一个苹果之间进行选择。在形式上，这两个“选择的对象”被称为“彩票”。彩票由人们可能得到的东西构成(通常被称为“奖金”)和得到这个东西的概率构成。

人们可能很自然地认为，这些选择对象就像赌场或报亭出售的彩票一样(而且事实上，确实有不少研究者在使用这种类比)，但是非常重要的一点是，我们必须强调，冯·诺依曼和摩根斯坦的原意是，这是一个通用的方法，
66 可以用来讨论你可以想象到的任何东西。例如，假设你是一位经济学家，那么对于邀请一位参加专业学术会议的同行与你共度良宵这件事的价值，你是怎么估计的？你会赋予这件事一定价值，然后再考虑他(或她)答应的概率。因此，彩票是一个通用的工具，是对任何一个确定的或不确定的“奖金”的数学描述。

2.第一个公理：连续性

在确定了如上这种讨论作为概率事件的选择对象的方法之后，接下来我们需要做的是，提出一个公理，说明有10%的机会获得一个苹果与有11%的机会获得一个苹果这两个概率事件是相互接近的，而有10%的机会获得一个苹果与有11%的机会获得一个橙子这两个概率事件则不然。作为

经济学家，我们的目标是，要把这个公理作为一个可以检验的“极简主义”规则提出来，它将有助于提高我们的整体理论的价值。为了实现这一目标，冯·诺依曼和摩根斯坦决定采用“连续性公理”。试想象一下，假设我们已经证明你偏好苹果甚于橙子、偏好橙子甚于梨子，那么连续性公理将告诉我们，只要你喜欢100%的机会获得一个苹果甚于100%的机会获得一个橙子，那么即使你在有100%的机会获得一个橙子之外，还有很小很小很小的概率获得一个梨子，你也仍然会偏好100%的机会获得一个苹果。或者，更正式地说，连续性公理意味着，假设你有一定的概率赢得一个梨子(这个概率通常用 ε 表示)，但是这个概率实在太小，将它添加到其他的奖金上也不会影响行为主体的选择。本质上，这相当于一个极简主义的断言，即，概率是特殊的，它描述的是奖金空间上的一个连续的维度，而像苹果和橙子这样的东西则不一定如此。

乍一看，这似乎只是一个非常弱的逻辑陈述。有人或许认为，冯·诺依曼和摩根斯坦还应该继续提出类似这样的一个“公理”：“概率增加到原来的两倍，你的选择对象的主观价值也会增加到原来的两倍。”但是，这类“公理”的问题在于，它们实际上是循环论证，因为我们没有办法直接测度我们的行为主体赋予奖金的主观价值。相反，我们试图实现的目标是，创建这样一些关于选择的规则(公理)：有了它们，我们稍后就能得出一些有关主观价值或效用的结论。正如我们将会看到的，事实表明，这个“极简主义”的逻辑陈述是足够“强”的，有了它，再加上其他公理，关于隐藏的效用函数的形式，我们已经能够得出一些非常接近于“概率上升两倍，你的选择的主观价值也上升两倍”的结论了。 67

3. 第二个公理：独立性

显示偏好弱公理模型和显示偏好的一般化公理模型另一个令人失望的特点是，对于“奖金”实际上往往由“一束”独立的东西组成，而且对这些“束”进行比较的方式也很重要这个事实，它们只能“尴尬地保持沉默”。从本质上说，独立公理可以表述为，如果你偏好一个苹果甚于一个橙子，那么你也必定偏好一个苹果再加一小点一小点苹果甚于一个橙子再加同样的一小点一小点苹果。或者，更一般地说，独立性公理意味着，如果你在某个选择关系的两边同时加上相同的奖金，那么同一行为主体的偏好不会发生改变。例如，假设一个行为主体偏好 50%的机会赢得 100 美元甚于 25%的机会赢得 200 美元，那么他也应该偏好 50%的机会赢得 100 美元再加 5%的机会赢得 10 美元，甚于 25%的机会赢得 200 美元再加 5%的机会赢得 10 美元。这就是独立性公理的实质。[1]

期望效用定理

那么，对于一个价值理论，这一切又意味着什么呢？我们在前面的章节中已经指出，说一个行为主体的选择遵循显示偏好的一般化公理，就相当于说，这个行为主体似乎是根据一个单调效用函数来做出选择的。在此基础上，冯·诺依曼和摩根斯坦证明，说一个选择主体的行为遵循显示偏好的一般化公理以及连续性公理和独立性公理，就相当于说，这个行为主体拥有单调的效用函数（这与显示偏好的一般化公理告诉我们的一样），而且他（或她）用来计算任何一个彩票的可欲程度时所用的方法就是，用收益或损失的
68 概率去乘收益或损失的效用。

或者换种说法，一个遵循期望效用定理的行为主体在做出选择时，似乎就是用概率去乘效用的。有心的读者一眼就能一清二楚，冯·诺依曼和摩根斯坦几乎把我们带回到了伯努利当初结束的地方，不过是以一种更强大的方式。伯努利给我们留下了一大堆关于人们的效用函数的形式的假设，涉及了各种各样的问题：被编码的是什么变量，被表征的是什么变量，所有这些变量又是如何相互作用的。从这些假设出发，他告诉我们，人类将如何进行选择。但是他从来没有为我们提供一些简单的、使我们能够以一种有意义的方式去检验行为主体的选择行为的规则。冯·诺依曼和摩根斯坦所

---

① 更专业的经济学家读者可能已经注意到了，从数学的精确性要求这个角度来看，我在正文中作为例子的这些彩票实际上并不完全符合这个公理。为了举出一个在数学上非常精确的例子，最好构造一张有三个奖金的彩票，就像阿莱所做的那样（Allais，1953）。在本书的第五章中，我将举一个这样的例子。不过在这里，为了让非经济学专业的读者更好地理解这个公理到底意味着什么，我没有这样做。

做的则是，给我们一些简单的规则，它们描述了选择行为。如果你能证明一个行为主体的选择行为遵循那些公理，那么你就可以掌握相当多的关于他（或她）如何构造和表征主观价值的信息——至少在理论意义上，确实如此。另一方面，如果你能证明行为主体并没有遵循这些选择规则，那么你也就证伪了这种理论——至少对于这个行为主体、这个选择对象集，确实如此。

期望效用理论的第二个特点是，它在相当大的程度上加强了基数效用的概念（当然，不可能完全恢复基数效用概念的原来的地位）。如果我们观察到一个行为主体选择服从期望效用理论的各个公理，同时还观察到他（或她）认为50%的机会获得一个苹果与100%的机会获得一个橙子恰恰一样好，那么我们就可以准确无误地说，他（或她）认为一个苹果的价值是一个橙子的两倍。这是一个巨大的进步，它对我们的价值理论的意义怎么强调都不会过头。从根本上说，冯·诺依曼和摩根斯坦实际上告诉我们，当某个行为主体的行为服从他们的各个公理时，如何以概率为标尺，去衡量不同的奖金对于这个行为主体的主观价值。因此，只要使用冯·诺依曼和摩根斯坦的方法，我们就可以一定程度上摆脱自帕累托以来的“序数瓶颈”。当然，我在这里也必须强调指出，尽管取得了这个进步，我们也无法将某个独一无二的数值确定为某个对象的效用。某个对象的效用依然只能相对于其他对象来衡量（这意味着，如果我们说一个苹果的效用为4、一个梨子的效用为2，那么我们就同样可以说，一个苹果的效用为40、一个梨子的效用为20；这两种说法的准确程度是完全一样的）。但是无论如何，我们现在这个效用概念当然要比显示偏好的一般化公理下的效用概念有力得多了，而且通过检验行为理论，我们还知道，如何去确定这些新增的力量在哪些时候是有保证的。 69

结　论

不可否认，对于非经济学专业的读者来说，这一章无疑是有一些难度的。我希望这一章能够实现两个目标。首先，我的第一个目标是，我希望非经济学家读者能够通过阅读本章熟悉出现在经济学理论中的那些对象。如果我们真的打算着手把经济学研究的对象与心理学和神经科学研究的对象联系起来,我们就必须非常清楚经济学中的对象到底"是什么样子"的。经济学在很大程度上是由关于选择的公理和这些公理所描述的关于价值的理论构成的。经济学中的各种价值理论,是与像期望效用这样的对象结合在一起的,它们都是概念对象。对经济学家来说,它们只是预测人们的选择行为的数学工具,除此之外,别无其他。它们不是真正的物理事件或可以直接测试的东西。但是,从下一章开始,我们将致力于回答这样一个问题,像效用这样的理论概念,或者各种各样的公理本身,到底能不能直接与神经科学和心理学中常用的哲学对象联系起来。

其次,我希望通过本章,能够让非经济学家读者领悟经济学的部分美学特征。我希望这些读者能够明白,为什么冯·诺依曼和摩根斯坦的期望效用理论与伯努利的效用概念是根本不同的,而且前者比后者更加容易检验。对于经济学家来说,这种差异是至关重要的;但是我发现,非经济学家却经常错误地认为这种差异微不足道。事实上,这两者无论在方法上、在可证伪性上,甚至在哲学观念上,都是不同的。任何一个想要从事神经经济学研究的人都必须认识到这种差异。

为了奠定神经经济学的基础,到目前为止,我在本章中介绍的所有对象当中,最需要小心留意的是那些与期望效用理论有关的对象。期望效用理论的核心是,对于那些符合期望效用理论各公理的行为主体,我们可以认为他们似乎:

(1)针对像苹果和橙子这样的事物构建单调效用函数;

(2)通过将每个对象的效用与获得该对象的概率相乘,来计算他们的选择集中的每个可选项的期望效用;

(3)选择期望效用最高的那个可选项。

但是,在结束本章之前,我们还需要进一步澄清与新古典主义经济学方
70 法有关,特别是与期望效用理论有关的几个问题。这些简洁而紧凑的理论的强大力量恰恰体现在它们的可证伪性上。这也就带出了它们的最大的弱点,那就是,我们肯定可以证明这些理论至少在某些条件下是错误的。例如,我们知道,当一个结果的概率很小很小的时候,绝大多数人都会违背独立性公理(Allais,1953;Wu and Gonzalez,1953)。我们还知道,当孩子们还

未长大的时候(小于8岁)，他们违背显示偏好的一般化公理的情况比成人更加严重(例如，Harbaugh et al.，2001)。这些都是非常现实的问题，而且已经在经济学界内部造成了相当大的张力。在接下来的内容中，我们将会看到，近些年来，新古典主义方法的这些问题已经导致心理学家和新古典主义经济学家采用了两种截然不同的研究人类的选择行为的理论进路。一部分心理学家和经济学家通过修正原有的公理(以便使它们更好地符合观察到的行为)来回应这一挑战。另一部分经济学家和心理学家则认为，这些证据表明，经济学的逻辑基元和经济学中的公理化方法，全都应该完全予以抛弃；他们强调，经济学应该改弦易辙，转而采取自然科学领域常见的拟合数据的研究方法。

在这本书中，我将论证，我们应该走一条中间道路。首先，我认为，事实将会证明，当经济学中的各种选择公理得到了修正之后，它们将会非常紧密地对应于心理学和神经生物学中现有的“自然类”。其次，我认为，这些逻辑“类”所表现出来的一致性方面的缺陷，恰恰提供了难得的机会，例如，我们可以利用源于神经科学和心理学的数据，巧妙地改变现有的经济学理论的结构，在保留其紧凑结构和聚焦于选择问题的性质的同时，使之更有预测力。在下一章，当我们探索感觉编码的神经生物学机制、感官知觉的心理学原因(通常称为心理物理学)和一类基于效用的模型(通常称为随机效用模型)之间的关系时，将会给出这种正式的联系和“结盟”的第一个例子。我们将会看到，负责对各种属性(例如，含糖饮料的甜味)进行编码的神经机制、描述我们如何区分我们的感觉(例如，我们尝到的食物的甜味)的心理学机制、刻画我们如何在各种对象之间进行选择的经济学理论，全都共享着一个几乎完全相同的逻辑结构。这是一个预先就存在着的结构，保证了我在上一章中倡导的那种哲学上的还原得以进行。

第四章　通过心理学，在经济学中理解大脑

71 在这一章中，我将阐述存在于经济学、心理学和神经科学之间的其中一个联系。在前面各章中，我已经从概念上阐明了这种联系的基础，在本章中，我将给出这种联系的第一个实例，使读者明白，当我说一个经济学的概念被映射为一个心理学概念，进而映射为一个神经科学概念时，到底意味着什么。

要完成这一目标，需要分几步走。首先，我必须帮助非心理学专业读者了解经典心理物理学的概貌。心理物理学(psychophysics)是知觉心理学的一个“严重”数理化的分支学科，主要讨论外部世界的物理刺激是如何引发一种被称为感知(percept)的隐藏的主观经验的。在刻画这个过程的时候，心理物理学使用了一系列数学模型，这些模型通常总称为信号检测论(signal detection theory)。

第二，我还必须阐明，以数学形式描述的刺激与感知之间的关系可以相当直接地映射到关于感觉传导的神经生物学模型上。在关于感知的心理学模型与关于刺激传导和编码的神经生物学模型之间，如本书第一章所述的还原性链接已经很好地建立起来了，本章给出了这个方面的一些例子，以便读者更好地理解早就存在于心理学与神经科学之间的概念还原关系。

最后，我还必须证明，在这些神经生物学—心理学概念群当中，至少有
72 一些是能够与经济学建立联系的。根据我们在前一章中阐述的内容，这个结论应该不足为奇。在本章中，我将证明，在一个关键的神经生物学—心理学概念群与经济学中的效用概念之间，明显可以直接建立起链接。这种链

接是以一个被称为随机效用模型的经济学模型为中介的。随机效用模型是丹尼尔·麦克法登(Daniel McFadden)创建的，他是一位著名的经济学家，一直致力于将心理物理学用来研究随机性的工具融合到经济学理论中去(McFadden，1974，2000)。

在本章的结论部分，我将明确地提出这样一个结论：经济学中现在这些关于直接可消费的报酬的随机效用模型，是可以还原为关于感知的心理学模型并进一步还原为关于生化传导的神经生物学模型的。在这里，我要先强调一下，这个用来说明神经经济学各门母学科之间存在着还原性联系的例子，能够提供的新见解其实非常有限，不过这是我有意为之的。虽然有的读者可能会觉得，偏好的神经机制(用来编码某类可消费的报酬)的发现，也是令人惊喜的，但是这个见解并不能改变整个经济学的面貌——事实上，它也不应该被寄予如此大的希望。我举这个例子的目的，只是拿它当作一个有说服力的存在性证据，即，证明这三门学科之间清晰地存在着还原性联系，这一点是毋庸置疑的。

在本章接下来的内容中，我将细致地描述心理物理学中各种感知模型的演化过程。从韦伯(Weber)的工作开始，我跟踪了中间经由费希纳(Fechner)、史蒂文斯(Stevens)，到格林(Green)和斯韦茨(Swets)，以及其他一些心理学家的整段心理学发展史。在那些训练有素的心理学家看来，这些内容不过是一个综述；对于这些读者，我的建议是，他们可以快速地浏览一下这些部分，但是本章还是有一些内容值得他们花一定时间细细阅读。尤其是本章的最后一节所提供的信息对于后面各章讨论的内容极为关键。

在这个简单的“本章内容提要”之后，我们先来讨论一个心理物理学寓言，它可以告诉我们不少关于心理学的逻辑类型的东西。

在黑暗中摸索：一个寓言

现在请读者想象一个在夜总会玩乐的男子面临的如下情形。夜总会灯光幽暗，他必须依序穿过三个相连的包间去做一件事情：第一个包间只有蓝色的灯，第二个包间只有绿色的灯，第三个房间只有红色的灯。假设夜总会的老板非常能干,能够使所有包间里的光子数完全相等,因此也能够保证所有包间的照明强度完全相同。这个男子要做的事情是找到一个女人(也许就是他曾经
73 在那次专业学术会议上见过面的那个动人女子哟!)。她认出他的概率取决于她到底待在哪个包间里,而且我们肯定地知道,如果她坐在有绿灯的包间里,认出他的可能性就会比她坐在其他两个包间里的时候大很多。

这看上去也许有些奇怪,因为在所有三个包间里,这个男子身上反射出来的光子的数量都是完全相等的,[①]尽管各个包间里被反射的光子的波长都不相同。而且,我们假设这三个包间的所有其他物理性质都是完全相同的。那么,这个女人的行为又为什么会不同呢?作为心理学家,我们如何理解这一点?

为了解释这种行为,古典感觉心理学家假设,在这个女子的脑子里存在着一个隐藏变量,这个变量被称为感知,或知觉经验(perceptual experience),它是联系外部世界的感官刺激与观察者的行动的桥梁。所谓"行动"(action),在我们这个例子里,就是指这个女子认出这个男子的概率。

作为心理学家,我们可以通过许多种不同的方法间接地"访问"知觉经验这个变量。其中,最简单的一种方法是,直接问这个女子,她有没有看到什么自己原本就认识的人。当然也可以使用更复杂的技术。不管各种方法的精确度如何,我们的目标是一致的:给出一个数学函数,它能够把外部世界的刺激的性质(在这个例子中,指波长),与这个女人所拥有的某个深层的知觉经验联系起来(这个女人用这个知觉经验来指导自己的行为)。

这个例子值得认真对待:暗视觉的心理物理学

至少从19世纪50年代中期开始,知觉心理学家就已经在寻找可以把刺激与知觉(在数学上)严格地联系起来的函数了。在这个方面,最清晰的一个例子就是我们在上一节中描述的那个例子了:人们对光线强度的知觉是光线波长的一个函数。

① 公平地说,这将使他显得不同寻常的"单色化"。

为了更好地理解心理学家在知觉研究的这个领域的工作，我们必须从对哺乳动物的两种不同的视觉模式的早期研究开始讨论。这两种视觉模式就是暗视觉和亮视觉。暗视觉是哺乳动物(包括我们人类)在光线非常暗淡的条件下使用的视觉模式，它最显著的特点恰恰在于，人类在启动暗视觉模式时，就不能辨别颜色了。当然，使暗视觉模式与亮视觉模式区别开来的， 74
还有其他一些特征(关于这些问题，请参阅：Wandell，1995)。只有在非常昏暗的照明条件下，暗视觉模式才会被激活，这时人们就只能判断灯光的相对强度，而无法判断灯光的颜色了。相比之下，在光线比较充足的条件下，人类的行为就好像他们在使用三色知觉系统一样，能够区分光的颜色这种属性，比如说，红色、绿色、蓝色等等。

20 世纪初期，在这个初步的定性观察结果的基础上，许多研究者都提出了一些假设，试图用严格的数理化模型来解释，为什么当这个女人待在有蓝色灯光的包间和有红色灯光的包间里的时候很难看到那个正在寻找她的男人。在尝试刻画这种特性的过程中，心理学家们发展了一系列技术，它们现在被统称为心理物理学。为了让读者更好地理解心理物理学的优点和缺点，我们先来回顾一下心理学家对暗知觉亮度(scotopic perceptual brightness)的研究。

“暗感知”

前述红色包间和绿色包间里的外界刺激(物理事件)可以用光子的数量和每个光子的波长来衡量。当存在着波长为 650 纳米左右的光子时，我们人类将会“报告”说我们看到了红光灯，虽然这是事实，但是重要的是千万不要忘记，世界上根本不存在本质上就是“红色”的光子。事实上，很多种波长不同的光子的一系列组合，都会使我们人类产生彼此很难区分开来的“红光”的感知(例如，请参阅：Wandell，1995)。光辐射度(光子的数量)和光谱(小光子的波长)的分布是外部世界的属性；我们人类精神上经历的则是一个内部感知。心理物理学试图刻画的正是这种从外界刺激到内部感知的映射。在我们现在所讨论的这个与光强度有关的问题中，涉及的是一个从光辐射度(radiance)到亮度(brightness)的映射,而亮度就是心理物理学赋予这种与光辐射度的变化相关的感知经验的名称。

在我们周围的现实世界里,大多数光源(例如,一盏电灯)发出的光子的波长的分布范围都非常宽。图 4.1 给出了一个例子,它显示的是一个普通的白炽灯泡发出的光线的光谱分布。

75

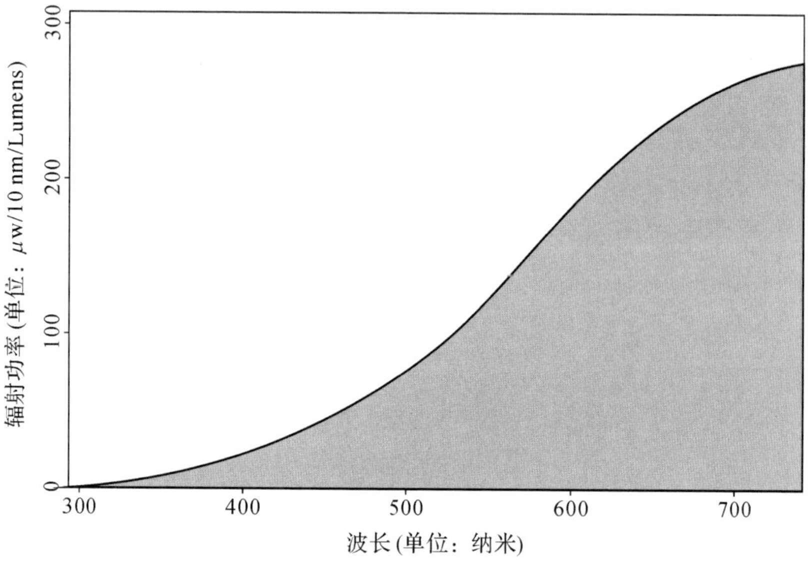

图 4.1 白炽灯泡发出的光线的光谱

我们怎样才能把暗知觉经验这样一个内部主观变量,与特定的白炽灯泡发出的光线联系起来解释呢？为了实现这个目标,我们采取如下标准心理学实验方法(Wandell,1995)。首先,我们让这个女人(把她作为被试)坐在一个光线幽暗的房间内(以便让她的视力适应暗模式),然后让她观看一个循环呈现的显示屏(见图 4.2)。在显示屏的左半部分,显示的是白炽灯的灯光,它的强度(客观的光辐射率)可以由实验者控制。在显示屏的右半部分,则是严格意义上的单色光,即从一个特殊光源发出的波长固定的光子。实验者给被试的指示很简单:利用一个旋钮调整单色光的强度,直到它的强度看上去似乎与从我们试图描述的白炽灯泡发出的光完全相等为止。这就是说,被试需要不断地调整单色光的强度,直到她觉得两者的亮度已经没有任何差异了,或者主观上觉得两者的亮度已经相同为止。

一旦被试报告，她觉得两个光源发出的光线的知觉强度完全相等了，实验者就把单色光源每秒发射的光子的数量记录下来，这样就得到了一个主观相等点(point of subjective equality)。

76

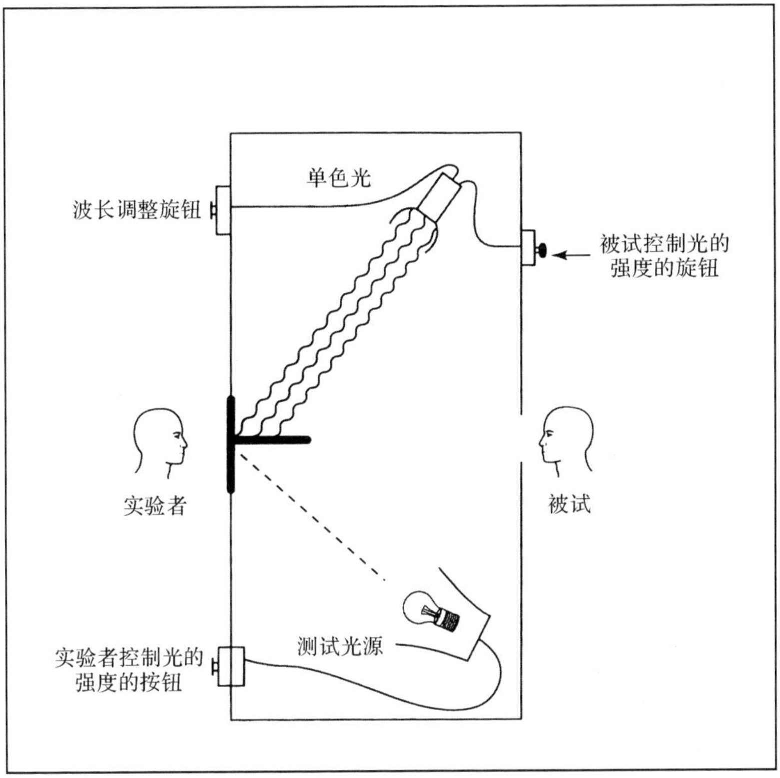

改编自万德尔的论文（Wandell，1995）

图 4.2　波长敏感性实验

接着，实验者把白炽光源的光强度调高，然后重复上述过程，于是又可以得到一个新的主观相等点。这个实验重复做上许多轮，我们就可以得到一张强度对照图(从图 4.3 可知，每一次，两个光源发出的光线的强度虽然不同，但是却导致被试出现了同样的关于亮度的感知)。至少从表面上看，这个实验的结果也许是相当令人惊讶的，因为我们总是可以观察到，当保持单色光的波长固定不变时，两个光源的强度所对应的点全都落在了一条通过图的原点的直线上。

接下来，整个实验将继续重复下去，不过，这一次要先改变单色测试光的波长。当我们把光线强度对描在图上时，我们又一次发现，所有点仍然全都落在了一条通过原点的直线上，只不过直线的斜率有所不同而已。从表面上看，这种情况似乎有点复杂，但是它有一个简单的逻辑。我们要求被试做的似乎是一个替代实验：当来自白炽光源的光线增加了一定数量的光子后，来自特定波长的单色光源的光线必须增加多少数量的光子，两者才能匹配？

77

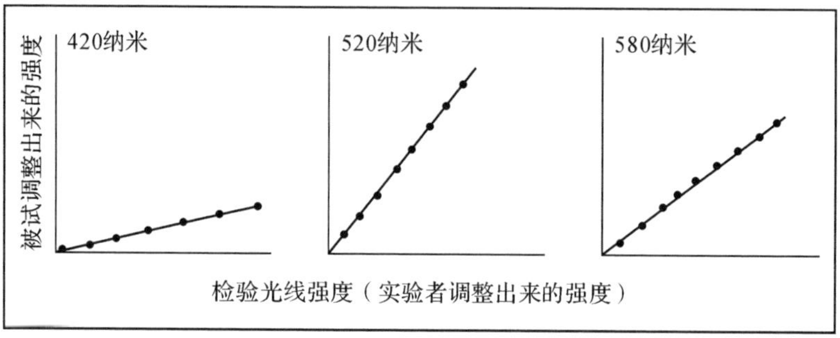

改编自万德尔的论文（Wandell，1995）

图 4.3　主观强度配对

这个心理物理学实验的最后一步是，对不同波长的光子（来自单色光源）能够在多大的程度上有效地替代测试刺激（来自白炽灯）进行定量分析，方法是把我们在实验中获得的作为波长的函数的那一系列斜率画在一张图上。由此而得到的曲线通常被称为光谱敏感度曲线，它描述的是，对于这个特定的被试，对亮度的感知与导致这种感知的光子的波长之间的关系。图 4.4 给出了一个典型的人类被试的光谱敏感度曲线（Wald and Brown，1956；Wandell，1995）。从这张图中，我们可以看得非常清楚，对于这个典型的人类被试来说，波长为 550 纳米的光子所导致的亮度感知（这就是隐藏的内在价值）要比波长为 650 纳米和 425 纳米的光子强得多。科学家的进一步研究表明，这个发现适用于所有拥有正常的视力的人。

这个发现也可以解释，我们在本章一开头所举的那个例子中，为什么当那个女子坐在有红色灯光或蓝色灯光的包间里的时候，就会认不出那个男子。红色灯光和蓝色灯光的光子的波长分别为 650 纳米和 425 纳米，而如上所述的心理物理学研究已经表明，这些光子产生强度感知要比绿色灯光的光子（其波长为 550 纳米）弱很多，因此，当那个女子坐在有绿色灯光的包间里的时候，她的知觉经验就会强得多。

78

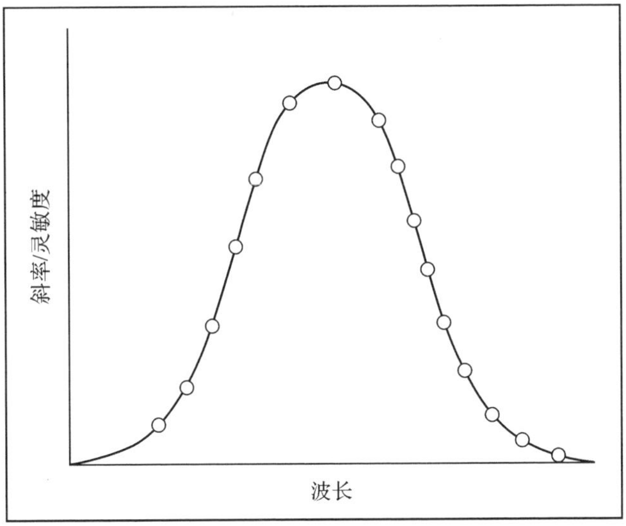

改编自万德尔的论文（Wandell，1995）

图 4.4　暗视敏感度曲线

对我们来说，这种心理物理学研究最有意思的一点是，它在很多方面都表现出了与古典经济学研究之间的极大的相似性。尽管被试需要做出的判断非常简单（而且从经济学的角度来看，也许是没有意义的），但是关键在于，我们可以通过确定某个特定的函数，将作为内在心理过程的决策与外部世界的可以观察的变量联系起来。而且，虽然在心理物理学实验中，当被试进行决策时，实验者往往不会提供金钱方面的激励（而在经济学实验中，通常都会这么做），但是结果仍然可以是非常有说服力的。在上面这个心理物理学实验中，在不同被试身上诱导出来的函数全部都是线性的，这种可重复性清楚地表明某个重要规律的存在。

不过，这个例子真正至关重要之处并不在于这种相似性，而在于它与神经科学的关系。

还原：从感知到视紫红质

在上面这类心理物理学研究出现在科学文献中差不多十年之后，许多生物化学家从另一个角度取得了重要进展（万德尔，1995），他们发现一个可

以解释光子被视网膜中的分子捕捉并被用于引发神经动作电位的机制，那
79 就是现在人们所称的光传导机制(phototransduction)。这些生物化学家的研究表明，在暗条件下，视网膜中一种名叫视紫红质的化合物的每个分子在与光线中的一个光子发生作用后，其结构都会发生转变。当许多光子进入视网膜的时候，许多视紫红质分子都会转变；而当只有少数几个光子进入视网膜的时候，则只有少数视紫红质分子转变。这一发现自然而然地导致这些生物化学家们进一步追问这样一个问题：光子被视紫红质吸收的效率，或者说，光子使视紫红质分子发生转变的速度，会不会是波长的函数？换句话说，视紫红质分子是不是“更加擅长”捕获某种特定波长的光子？

为了回答这个问题，瓦尔德和布朗巧妙地设计了一个可以测量视紫红质捕获光子的能力的简单装置(Wald and Brown，1956，1958)。他们在一块玻璃上涂上了视紫红质，制成了一块视紫红质屏幕，然后用不同波长的光子去“轰击”这块屏幕，研究不同波长的光子被视紫红质吸收的不同比率。在实验中，他们发现，视紫红质吸收某些特定波长的光子的能力相当糟糕(波长为425纳米和650纳米的光子就是如此)，但是却能够很好地吸收另一些特定波长的光子(例如，波长为550纳米的光子)。多次重复上述过程，他们还定量地绘出了视紫红质的“吸收光谱”，就像通过上面描述的那个实验我们可以绘出用来从“行为上”衡量对光线强度的感知的波长敏感度光谱一样。

对比这两个实验的结果，最惊人的一个发现是，分别从这两个实验中得到的“感知曲线”和“生化曲线”之间的匹配程度非常高。事实上，如果我们对“生化曲线”稍作调整，即，将行为实验中介于光源与视网膜之间的眼球的不同部分吸收光子时的波长特异性因素考虑进去，那么就可以看到，刻画生化吸收状况的曲线与刻画被试口头报告的心理体验的曲线几乎是完全相同的。这一点在图4.5中表现得非常清晰：黑点给出的是被试的亮度感知的光谱敏感性曲线，白点给出的是视紫红质的吸收光谱，两者位于同一条曲线上。

那么，这个结果到底意味着什么呢？很明显，它几乎肯定意味着，视紫红质以及眼球的其他“光学组件”的吸收光谱完全解释了我们人类将波长与

感觉联系起来的那种心理功能。不过，对于这样一种完美的“精神”还原为“物质”的诊断，我的许多经济学家朋友和同事可能会付之一笑。他们也许会说，不错，两条曲线确实匹配得非常完美，但是这或许只是偶然的巧合。

80

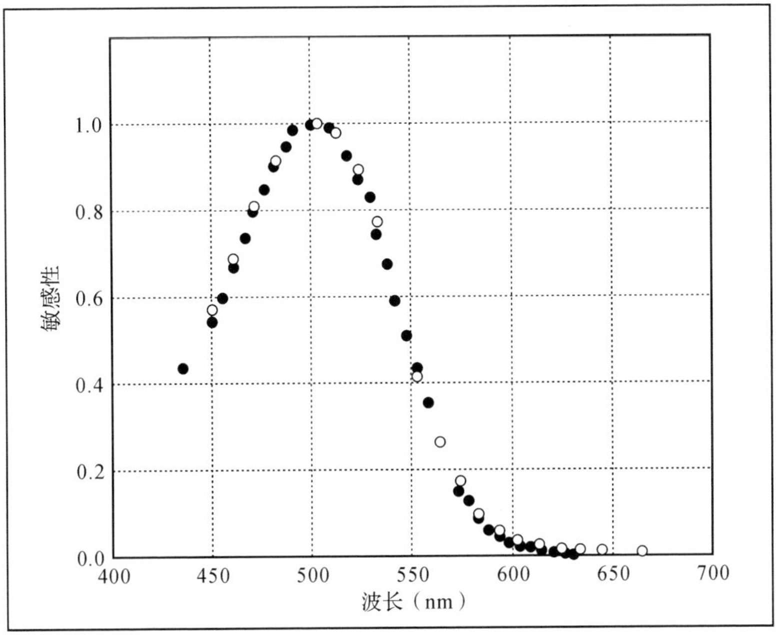

改编自瓦尔德和布朗的论文（Wald and Brown，1956）

图 4.5　行为上的敏感性曲线与生化上的敏感性曲线

〗但是，我要强调的是，进一步的研究已经否定了这种“巧合假说”：那些视网膜中没有视紫红质的人类被试(基因缺陷可能会导致一个人的视网膜缺少视紫红质；另外，在实验中，也可以利用一种被称为光漂白的方法来实现这一点)也没有暗视觉。所以结论是，要想解释暗视觉，就必须考虑视紫红质的作用，而且，视紫红质的吸收光谱确实解释了暗视觉的知觉曲线(Baylor et al.,1987)。

当然，这一点也意味着两个更神奇的事实：首先，知觉经验是视紫红质吸收光子这种性质的一个相当直接的后果；第二，人类被试口头报告的亮度相等点实际上构成了深层的知觉经验的完美指标。

对于我来说，这确实是一个惊人的结果，而且显然与我们在这里的主题(即，神经生物学与经济学是否可以在还原的意义上相互联系起来)密切相

关。但是，为了更细致地探讨这个问题，并阐述它对诸如效用、选择等经济
81 学概念的意义，我们还要先简要地回顾一下心理物理学的历史。

恩斯特·韦伯与现代心理物理学的诞生

认为知觉经验作为一种不同于外部物理现象的精神现象进行研究的现代观念，最早源于19世纪德国生理学家恩斯特·韦伯(Ernst Weber)的工作。韦伯感兴趣的是理解人类感觉判断的限制和性质(Weber，1834)。他在这个领域做出了一系列重要的发现，其中最广为人知的是他首创的一组用来研究人类与“触摸”有关的知觉判断的准确性的实验。

在这里，试想象一下，我们先让一个被试掂量一下一袋重1千克的沙子，并把它当成“基准刺激”，即做出判断的“参照”点。然后，我们再递给他(或她)另一袋沙子(这第二袋沙子就是我们“测试”用的刺激)，要他(或她)判断这第二袋沙子比参照沙袋是轻一些了还是重一些了。当我们不断改变测试沙袋的重量的时候，我们很可能会发现他(或她)会声称，这个沙袋的重量在缓慢增加(随着其实际重量的增加而增加，但要慢得多)。这个发现如图4.6所示。

这个发现告诉我们的第一件事情是，我们人类的知觉判断是不完美的；当两个沙袋的重量变得差不多的时候，人类观察者就很难将它们区分开来了。事实上，当两个沙袋的重量完全相同的时候，人们的判断就基本上是“概率化”的了。这个发现告诉我们的第二件事是，人类的知觉判断，虽然是概率化的，但是同时又是很有规律的。随着测试沙袋的重量的不断增加，被试正确地说它的重量在增加的可能性也在缓慢而稳定地增加。然而，比上述两件事情更加重要的是，韦伯的研究还揭示出了，随着作为基准刺激的参照沙袋的重量的改变，人们的知觉判断也随之而改变的方式。韦伯发现，如果将参照沙袋的重量改为10千克，那么被试犯错的重量范围将会显著扩大，但是从比例上看，则仍然保持着与基准沙袋的重量的固定比例。因此，如果某个被试在区分一个重0.95千克的沙袋与一个重1.0千克的沙袋的时候出现了困难，那么，他(或她)也会很难区分重9.5千克的沙袋和重10千克的沙袋。事实上，韦伯发现，在人类被试可以承受的几乎所有重量水平

上，知觉判断都一致地呈现出了这个特点。换句话说，在这里，韦伯发现的是这样一种规律：在一个相当宽泛的动态范围内，我们人类关于重量的最小可觉差(just noticeable difference)是刺激物的重量（或者，用心理物理学中更常用的术语来说，刺激的强度）的一个固定的比例。例如，假设当基准重量为10千克时，某个被试能够相当准确地觉察到——比如说，以75%的准确率——的最小的增量是0.5千克，这位被试关于重量的最小可觉差就是5%，它适用于几乎所有重量。①

82

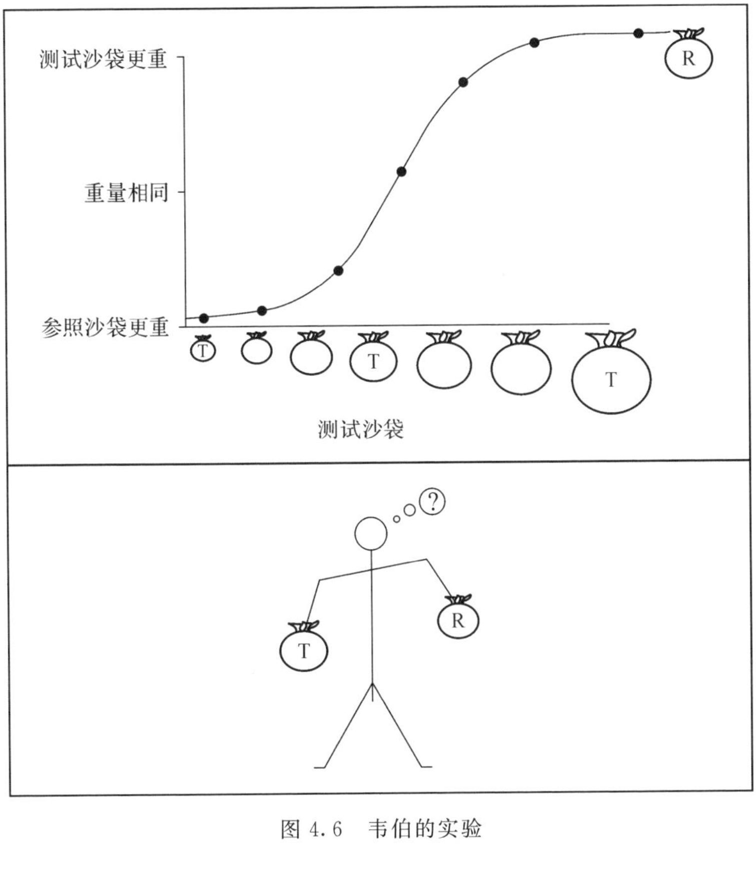

图4.6　韦伯的实验

① 当然，我们不得不承认，当刺激（在这个实验中是重量）达到并超过了被试的阈值之后，这种规律性就不复存在了。在上面这个例子中，这也就意味着，当参照沙袋的重量接近了某个被试可以觉察的最小重量时（这可能不到1克），最小可觉差就不再是参照重量的固定比例了。

在随后的实验中，韦伯还研究了人类的其他各种感官系统，然后总结出了这样一个心理物理学规律：知觉判断的精度——或者，更准确地说，知觉判断的可混淆性(confusability)——是刺激强度的固定比例(见图 4.7)。

83

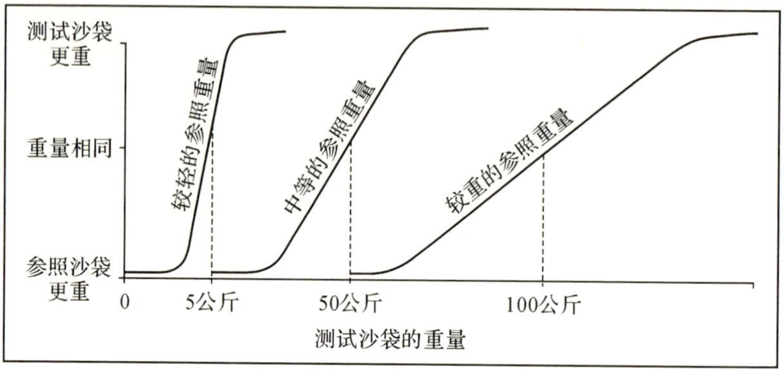

图 4.7

古斯塔夫·费希纳的贡献

在韦伯的上述发现的基础上，德国物理学家古斯塔夫·费希纳(Gustav Fechner)开始着手推广韦伯的工作，并进行数理建模(Fechner，1860)。他从定量的角度来重新观照韦伯的结果，着重分析那个恒定的比例，他相信这个比例必定意味着很多东西。事实上，如果我们把韦伯的数据反映在一个对数坐标系中立即就能看出那些鉴别曲线(discrimination curve)的斜率，即，作为刺激强度的函数的最小可觉差是常数(见图 4.8)。那么，这种性质从何而来？

如果我们把知觉经验视为人们对外部世界的不完美的反映，那么韦伯的数据就非常容易理解了。读者应该很容易就能想象得到，每次往被试的手中加 5 千克的重量，那么肯定会使被试产生一系列感知，由于感觉的呈现的不完美性，每次的感知都会稍有不同。为了简单起见，我们不妨假设如图 4.9 所示的知觉经验的分布是因 5 千克的重量而导致的。这是一个高斯分布，不失一般性，我们可以认为该分布的中心点为1“爱博”（exper）。[①]（作者用“exper”一词来指“感知经验的共同单位”，即，“1单位经验”。在本书中，译者考虑音义两方面因素后，将它译为“爱博”。这是译者自己造的一个词。——译者注）

84

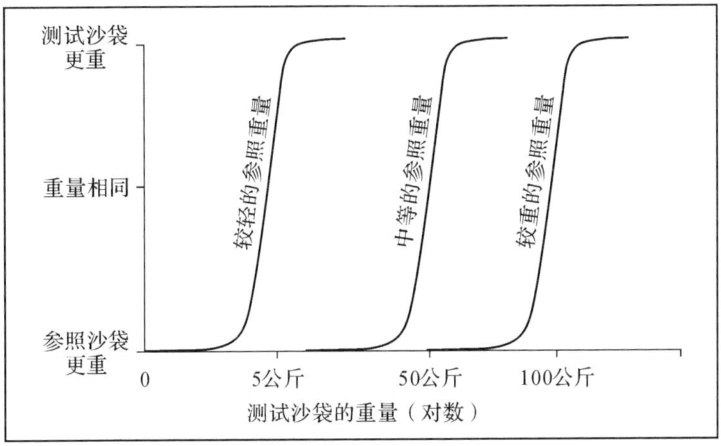

图 4.8

思考这个问题的时候，我们可以采取这样一种思路：每一次，当这个被试拿起一个5千克的沙袋时，他（或她）都会从一个关于知觉经验的高斯分布中随机地“抽取”出一个可能的知觉经验。因此，如图4.9所示的分布曲线就可以告诉我们，当这位被试每次拿起沙袋时，他（或她）从中抽取某个知觉经验的概率。当测试沙袋的重量逐渐接近参照沙袋时，如果我们假设这个被试掂量这两个沙袋时的感知可以转化为一种服从高斯分布的精神体验，那么我们就可以理解，为什么我们被试的判断会以那种特定的方式发生变化。如果我们要求这个被试区分两个重量非常相似的沙袋，他们的知觉经验就可能出现重叠（见图4.10）。与此相反，如果两个沙袋的重量彼此相去甚远，那么相对应的知觉经验的分布就会大不相同。

① 我必须赶快补充一句，从有关文献来看，感知的单位是随感觉系统而异的。亮度（brightness）是用来判断光强度的，重感（heaviness）是用来判断重量的，诸如此类。不过，假设所有这些单位都可以统一到一个共同的单位，那么可以采用“单位经验”（exper）这个约定俗成的概念。在本书中，我将把“exper”当成一个通用的主观强度单位来使用。

85

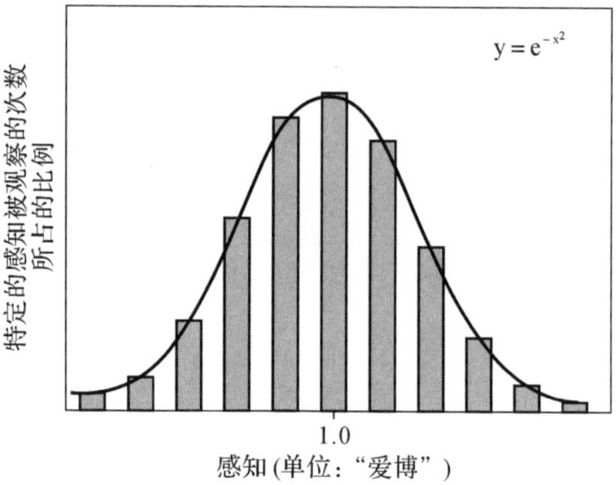

图 4.9　由一种刺激强度引发的知觉经验的分布

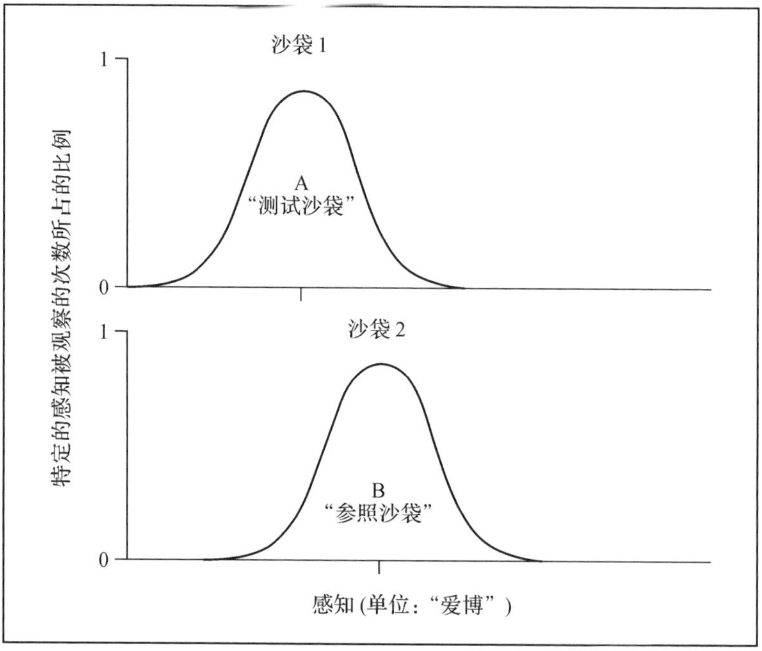

图 4.10　韦伯的实验中感知分布的比较

86　韦伯的结论——可混淆性是刺激强度的一个固定比例——告诉我们，在对数坐标系中，这些知觉经验的分布的宽度是一个常数。根据这个思路，费希纳推导出了现在人们所称的韦伯定律(Weber's Law)：

$$\frac{\Delta I}{I} = k$$

或者，改为文字表述的话，那就是：最小可觉差（ΔI）除以实际重量（I）总是等于一个常数。

在此基础上，费希纳又向前迈出了一大步，而且是以一种非常重要的方式。韦伯的研究全都是关于可混淆性的，即，讨论被试如何将两个刺激区分开来；但是，他实际上想知道的是感知本身的强度。至于费希纳，他着迷的其实是心灵与身体之间的关系，因此他试图发现把这两者联系起来的函数。为此，费希纳提出了一个假说：无论是刺激与感知之间的关系，抑或是刺激与变化之间的关系，全都可以用韦伯定律来刻画。这就是说，费希纳推测，感知随着强度的对数值的增加而增强，就像韦伯所表明的，感知差异随着强度的对数值的增加而增大一样。用"爱博"这个统一的单位来表示，如图 4.11 所示。

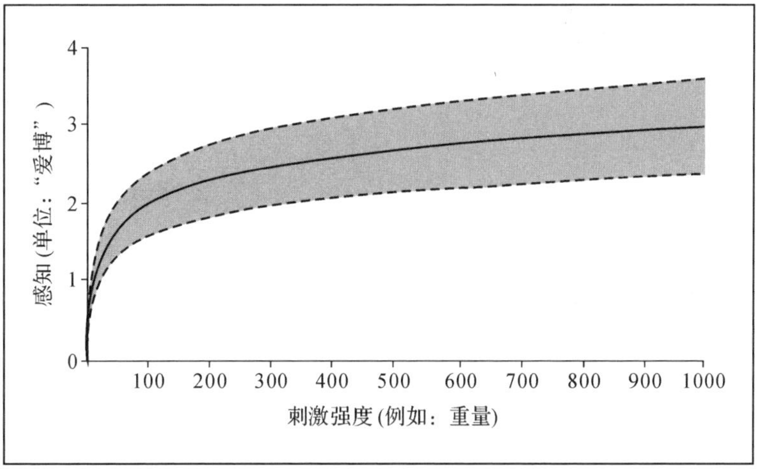

图 4.11

如果在你的手上放上一个重 1 千克的东西，那么你可能感受到一系列知觉印象中的任何一个；但是这些印象是围绕着 1"爱博"（1 是 10 的对数值）而分布的，而且，作为"爱博"主观曲线的位置的函数，这些印象的方差是一个常数。 87

行文至此，我希望读者能够看出这条曲线与伯努利提出的那条旨在帮助理解人类选择行为的曲线之间的相似性。这种相似性是非常明显的。费希纳认为，刺激的主观经验是随着刺激强度的对数的增加而增强的。这个想法与伯努利在一个世纪之前提出的用来解释人类选择行为的模型很类似。当然，这两个模型之间也存在着一个重要的区别，那就是方差概念。在古典经济学中，伯努利并没有考虑过事件与事件之间的可变性的概念，而费希纳的曲线却是从韦伯对事件与事件之间的可变性的度量总结出来的。

费希纳的曲线还有许多其他意义也值得认真考虑，因为在理解后来的关于选择行为的神经生物学和心理学研究的时候，它们扮演着一个关键的角色。第一，我们应该立即就能够注意到的是，费希纳的曲线导致了一个大体上属于基数型的知觉经验概念，尽管其基数性不如伯努利的概念那么明显。导致这个结果的原因很简单。伯努利认为，只要我们要求一个行为主体在任意两个对象之间进行选择，就能够对它们的效用进行比较。例如，在伯努利看来，如果我们想知道黄金和白银的效用函数的性质，那么就可以要求一个行为主体在固定数量的白银与一系列数量可变的黄金之间(或者相反)进行选择；这样一来，我们就能够在黄金与白银之间界定一个等价点，使我们可以对这两者的效用函数进行对比。然而，就感知而言，绝大多数(尽管不是全部)学者都认为，这种度量是不可能的，因为我们不能要求被试告诉我们，“与某个固定的光源相比”，重量可变的沙袋什么时候变得更重了。

第二，可能更加重要的是，费希纳的曲线的性质体现在，方差与强度的相关性表现为一个常数。随着强度的增大，方差也增大，而且速度完全一样。对于一位经验科学家来说，这是一个极端重要的特性，它充分体现了“爱博”的基数性，因为如果那样的话，要想完全量化知觉经验，我们只需要测量感知的主观强度或感知的变化幅度就可以了。只要知道了其中的任一个，也就知道了另一个(两者之间存在一个固定的比例因子)。这一点也许是微不足道的，但是许多神经生物学选择理论都是建立在这个假设的基础
88 上的(尽管我认为这种做法是一个错误)。

总而言之，心理物理学从一开始，就致力于严格地量化知觉经验的其中一个方面。恩斯特·韦伯对人类在面对特定刺激时的知觉判断的可混淆性进行了度量(他主要专注于触觉)。韦伯的主要发现是，可混淆性(或者，一个被称为最小可觉差的性质)是刺激的强度的恒定比例。从韦伯的这个结

果出发，根据刺激强度与感知的强度彼此之间可以进行线性转换的公理化假设，费希纳提出了一个能够完整地描述被我们称为“知觉经验”的隐藏的心理过程与可观察的刺激强度之间的关系的理论。

S. S. 史蒂文斯

在费希纳的模型广泛流传开来之后的差不多整整一个世纪的时间里，韦伯—费希纳定律一直是我们理解刺激与感知以及感知差异之间的关系的最核心的理论观点之一。这确实是事实，尽管韦伯—费希纳定律在很大程度上是建立在如下这个未经验证的假设的基础上的：知觉强度是与知觉可变性成比例的。费希纳坚信，只要测量出了知觉可变性，就可以揭示知觉强度相应地发生变化的方式，但是并没有直接的证据来支持这个结论。从这个角度来看，与伯努利及其效用研究相比，费希纳无疑明显处于劣势。伯努利可以利用概率型彩票估计效用函数的形状；他的想法是，如果一个人赢得彩票的概率减半，那么彩票的效用也就会减半(这个假设与冯·诺依曼和摩根斯坦的独立性公理和连续性公理有一定关系)。但是，费希纳却没有类似的将“爱博”的数量减半的技术。

在20世纪40年代和50年代，哈佛大学心理学家斯坦利·史密斯(“史密梯”)·史蒂文斯(Stanley Smith “Smitty” Stevens)开始尝试直接测度感知的方法。事实上，史蒂文斯的基本思想可以说非常简单。他会向一个被试呈现两个刺激，并要求被试对第三个刺激进行调整，直到它的强度“恰好处于那两个测试刺激”的中间。史蒂文斯把这种技术称为“对分法”(bisection method)。

例如，在一个试图研究刺激强度与被试对亮度的感知之间的关系的实验中，史蒂文斯就运用了这种方法。他发现，在这种情况下，能够对这类二 89
分判断给出最完美的预测的函数，确实就是费希纳曾经设想过的那种对数转换。然而，当他完成针对另一种感知刺激进行的同样的实验时，却得到了一个完全不同的结果。史蒂文斯的新发现是，刺激与感知之间的比例关系，其实是明显依赖于刺激本身的特性的，即，随刺激的性质而异的。例如，当刺激是一条直线时，被试感知到的线的长度，是它的客观的长度的线性函数；与此不同，被试所报告的电击的主观强度的增大速度，却要比客观的强度快得多(Stevens，1961)。

史蒂文斯进行了一系列这类实验，测度了几十种刺激物的相关数据，试图把从“糖的甜蜜感”到“重物的重量感”等几乎所有的(对分)感知与刺激强度联系起来。最后，在大量数据的基础上，他得出了这样一个结论：知觉强度是以一个幂函数的形式随着客观刺激强度的增大而增大的；不过，与每一种感觉系统相对应的幂函数的指数的大小，却是各不相同的。例如，史蒂文斯发现，用以下方程式描述，可以相当完美地描述一个人类被试对温暖的感知：

感知到的一大块皮肤的暖度＝(皮肤的温度)$^{0.7}$

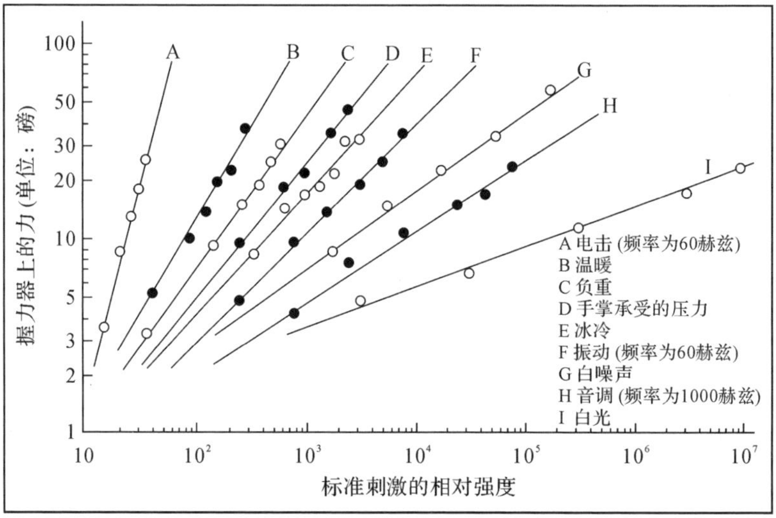

根据史蒂文斯的论著改编(Stevens，1961)

图 4.12

90 与此相反，他又发现，可以用来描述人类被试对电击的感知的是如下方程式：

感知到的一次电击的强度＝(电流强度)$^{3.5}$

史蒂文斯的发现很快就被心理学界广泛地接受了；他的幂律也在很大程度上取代了韦伯—费希纳定律，成了描述刺激与知觉之间的映射的标准模型。这个进展意味着，感知的差异与刺激的强度这两者又重新变得可以被认为是相互独立了。稍后，我们将会看到，在我们讨论到相关的神经科学研究——例如，纽瑟姆(Newsome)及其同事的研究——对于与知觉决策(perceptual decision-making)有关的研究的意义的时候，这一点将极大地有助于我们的理解。[①]

信号检测理论

然而，尽管史蒂文斯的幂律得到了心理学家们的普遍认可，但是对于他用来引导出这些函数的对分法，一些专家还是觉得有些难以接受。是的，一位严谨的科学家可能会问，当一个被试报告说，某个刺激介于另两个刺激之间时，究竟意味着什么？这似乎是一个合理的担忧。史蒂文斯的幂律确实描述了一些可以重复的东西，但是那些东西到底会是什么呢？史蒂文斯把它们描述的东西称为"感知"，但是，我们怎样才能把这种隐藏变量与行为主体所做的、完全不同于"调节一个强度旋钮"的其他事情联系起来呢？这无疑是一个非常困难的问题。这个难题所导致的一个结果是，在史蒂文斯以后，心理物理学研究的主旨似乎又倾向于回到韦伯首创的可混淆性上面去了。

由此可见，自韦伯的开创性工作以来，围绕着人类关于可混淆性的判断的(数学化)研究已经走了一段非常漫长的路。今天，我们理解可混淆性判断的核心技术是学界通常所称的"信号检测理论"(signal-detection theory)，而且这种理论的形式是神经科学家、心理学家和经济学家都很熟悉并愿意接受的。大体上，我们可以说信号检测理论是由戴维·格林(David Green) 91
和约翰·斯韦茨(John Swets)这两位学者创立的(Green and Swets, 1966)。信号检测理论的一个重要特点是，它是从一组假设出发的，而且这些假设就是用来将刺激的性质与关于可混淆性的判断直接联系起来的。信号检测理

① 理解纽瑟姆的实验之所以非常重要，是因为那项研究是专门关注两个刺激的可混淆性的；而且还因为在他们的实验中，可混淆性主要是由知觉差异所决定的，而关于被试的知觉经验，他们的实验并没有告诉我们多少东西。在这一点上，科学文献中的认识一直很混乱，尽管纽瑟姆和他的同事们已经尽了最大的努力来加以澄清了。

论的关键假设是(这里仅概述最基本的形式):真实刺激是通过一个类似于上面描述的高斯过程那样的随机过程引发感知的。或者,更具体地说,格林和斯韦茨假设,当我们试图比较两个对象时,我们对这两个对象的感知将会是这样的,一个对象所导致的是平均强度再加上一个差异项,另一个对象所导致的则是平均强度减去一个对称的差异项;两个感知的差异项的大小是完全相同的(通常是指在对数域中)。①

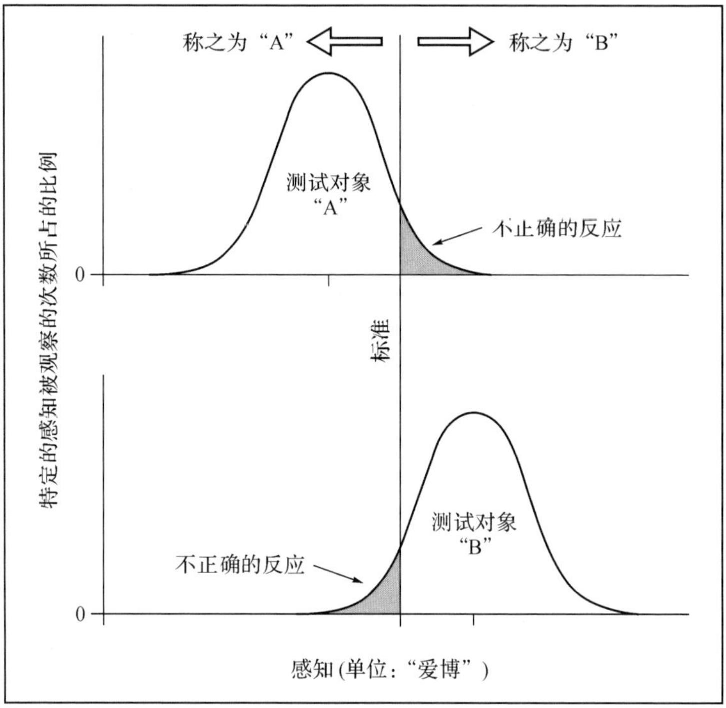

图 4.13　在对称分布的感知之间的选择

92　为了阐明这个假设的含义,试考虑这样一个实验:实验者要求被试掂量两个重量稍微有些不同的沙袋,然后要求被试报告哪一个沙袋更重一些。

① 在这里,我得赶快补充一句:到了现代,无论是理论还是工具都已经得到了很大的发展,我们已经可以放松这些假设了。不过,为了便于理解,我将主要介绍经典信号检测理论。对此有兴趣的读者请参阅麦克米伦和克里尔曼的论文(MacMillan and Creelman,2005),以及让-克洛德·法尔马格尼(Jean-Claude Falmagne)的著作《心理物理学理论基础》(*Elements of Psychophysical Theory*,1985)。

如图 4.13 所示,这个假设意味着,被比较的两个感知是从两个等方差的高斯分布中抽取出来的。因为这两个分布有重叠的部分,所以偶尔会出现这样的情况:较轻的沙袋会导致"较重的感知"(较重的沙袋会导致"较轻的感知"),因此被试会"犯错"。但是,即使从旁观者的立场来看被试"犯错"了,被试本人其实也没有出错,因为他(或她)基于自己的知觉经验做出了正确的判断,只不过这种知觉经验并不能准确地报告沙袋的重量而已。

这就是信号检测理论用来讨论知觉决策的核心方法,当然,这个理论实际上能够做的当然还要多得多。例如,假设作为实验者,我们要求被试告诉我们,对象 A 和对象 B 哪一个更重一些;再假设,我们同时还告诉他(或她),如果在"A"那些轮次,选择正确的话,那么他(或她)就可以得到 1 美元;而如果在"B"那些轮次选择正确的话,我们则会支付 2 美元,来看一看在这种条件下,这个被试的决策过程会不会有所改变。对于这种情形,信号检测理论

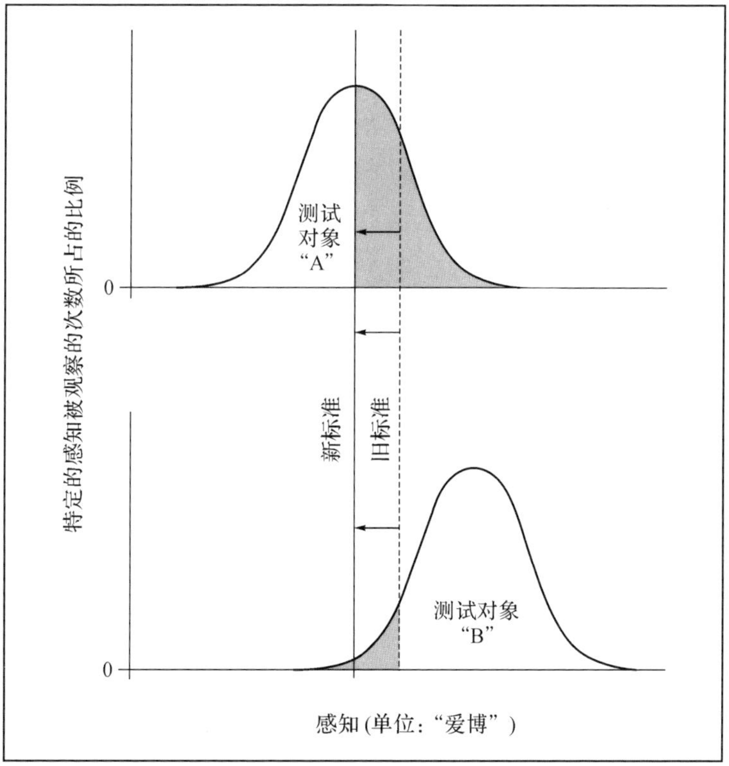

图 4.14　在不对称分布的感知之间的选择

93 的建模方法是,假设被试会积极地改变他们说“B”更重一些的标准(见图 4.14)。这也就是说,他们将转而采取一种只有在拥有了更多的证据时才会说“A”比“B”更重的模式,因为现在说“B”更重变得更加有利可图了。格林、斯韦茨以及他们的同事们已经从数理上严格地证明,对感知的这样一种加权过程是如何完成的。事实上不仅如此,他们还阐明了,一个理想的决策者在各种条件下将会怎么做。

不过,对于我们的目的来说,信号检验理论最重要的地方在于,它是如何处理“错误”的。为了说明这一点,请读者考虑如下情形:实验者要求被试报告两个沙袋哪个更重,每正确地报告一次,就可以得到 10 美元的奖励(第一个沙袋重 9.8 千克,第二个沙袋重 10.0 千克)。根据信号检测理论的假设,这两个沙袋会引发概率分布上不同的感知;然而,在意识到这种不同之后,这个被试并不能改变这个事实,他(或她)所做的只不过是准确地报告自己的感知——哪个沙袋更重一些。尽管这个被试可能赚不到钱,但是在这一框架下,我们绝不能认为他(或她)的判断是错误的。他(或她)正确地报告了自己所感知到的东西。

随机效用模型

对于一个心理学家来说,这种观念——对于同一个刺激,行为主体的内心可能会产生不同的内在体验——无疑是相当直观的,但是,对于像冯·诺依曼和摩根斯坦这样的新古典主义经济学家来说,这种观念却显得有些不自然。在期望效用理论中,效用曲线通常不存在任何随机性。将一个商品的客观价格与它的主观价值联系起来的,是一个非常抽象的概念(见图 4.15)。

这个事实意味着,在标准的效用理论的框架下,如果要求一个行为主体在两个可选项之间进行选择,那么他(或她)只能说其中一个比另一个好或者它们两个的主观价值完全相等。因此,在 20 世纪中叶,新古典主义经济学和知觉心理学的思路是截然不同的。在心理学家看来,当一个行为主体进行知觉判断时,他(或她)要经历一个随机的认知过程,做出一个随机的判断;这是心理学理论和经验研究的核心特征之一。与此相反,在我前面概述

94

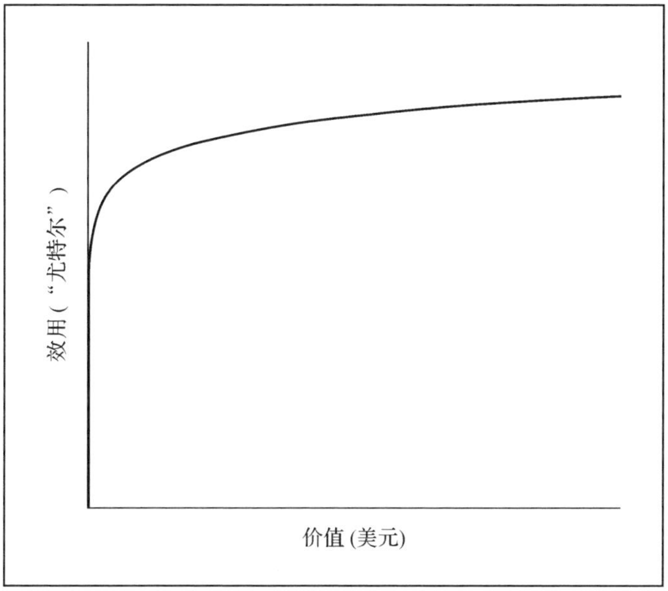

图 4.15

过的所有经济学核心理论当中，都不存在这个特征。

为了强调这一点，请读者想象一下这个情景。假设我们问一个被试，在两个装满了白银的袋子之间，她愿意选择哪一袋。随着这两个袋子中装的白银的数量变得越来越接近，这个被试的选择将变得越“变动不居”。在这种情况下，(以及在几乎所有心理学家曾经研究过的类似情况下)，如图 4.16 所示的选择函数表明，这个被试会非常自然地从更偏好某一袋白银转换为更偏好另一袋白银。关键是，我们应该怎样看待这种转换过程？根据新古典主义经济学中的显示偏好弱公理模型或期望效用模型，我们实际上只有一个可选项：我们必须认为这些曲线代表着这个被试所犯的错误。这是一种值得尊重的哲学立场，但是与心理学家的立场全然不同。在心理学家看来，这个被试只不过是在表达自己对这两个袋子的重量的随机感知而已。

为了进一步说明这个问题，再考虑如下这个情景。假设某个行为主体要在 10 个橙子与数量可变的若干个苹果之间进行选择。

对此，早期的新古典主义经济学模型的预测是，选择曲线将会突然出现转折。但是，如果真的进行这个实验，那么我们将会观察到像上面那个实验

95

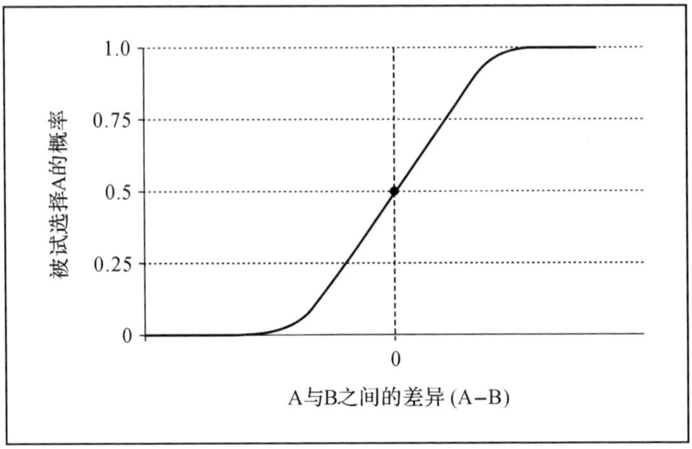

图 4.16　在装了白银的袋子之间的选择

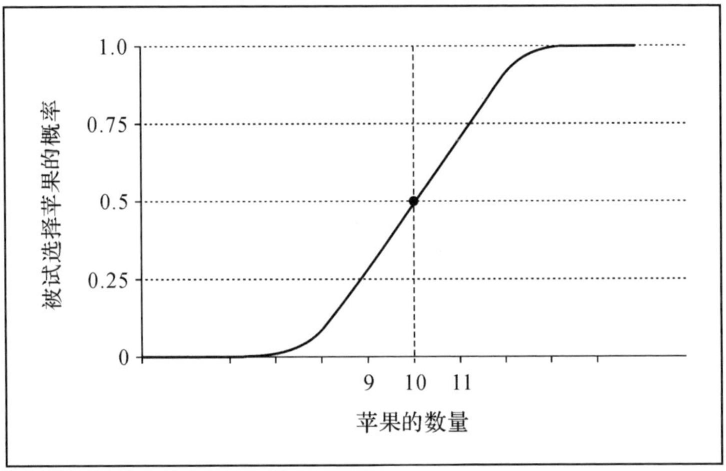

图 4.17　在苹果与橙子之间的选择

(在装满白银的两个袋子之间进行选择)一样的结果,即,在选择橙子与选择苹果之间的过渡将会是平稳的(因而也是随机的)(见图 4.17)。对我们来说,在理解这样一个过程的时候,如果从显示偏好的一般化公理等模型的哲学立场出发,那么我们就不得不得出这样一个结论:根据这个被试的行为表现来看,似乎特定数量的苹果总是有固定的效用,但是他(或她)的决策过程本身却包含着一些"错误"。很显然,这个结论有很重要的政策含义。如果

我们能够确定，被试们在某个给定的决策环境中的“平均反应”会是什么，那 96
么我们就可以告诉某个特定的被试，在特定的决策轮次，应该选择哪个可选项，以此来减少他（或她）的错误——无论这个被试是在不同水果之间进行选择，抑或是在不同的装着白银的袋子之间进行选择。

在20世纪70年代，经济学家丹尼尔·麦克法登发现，自己对上述这种逻辑非常不满，并为它与心理学中的信号检测理论的巨大差异而震惊（Mcfadden，1974）。为此，他提出了一个突破性的建议，在把心理学理论与经济学理论更紧密地结合起来的道路上迈出了重要一步。麦克法登的建议是，就像心理物理学中的感知曲线一样，经济学中的效用曲线也应该考虑“变异性”。

简而言之，麦克法登的主要思想就是，像心理物理学对知觉判断的可混淆性的研究一样，在经济学中研究决策问题时，也应该运用同样的工具，以容纳观察到的“错误”。麦克法登提出的理论就是现在人们所称的“随机效用模型”。图4.18即随机效用函数的一个例子。根据随机效用理论的各个公理性假设，从行为主体的选择推导出来的效用应该被视为一种可变数量，而且可以用与韦伯处理人类关于重量的感知的方法几乎完全相同的方法处理。

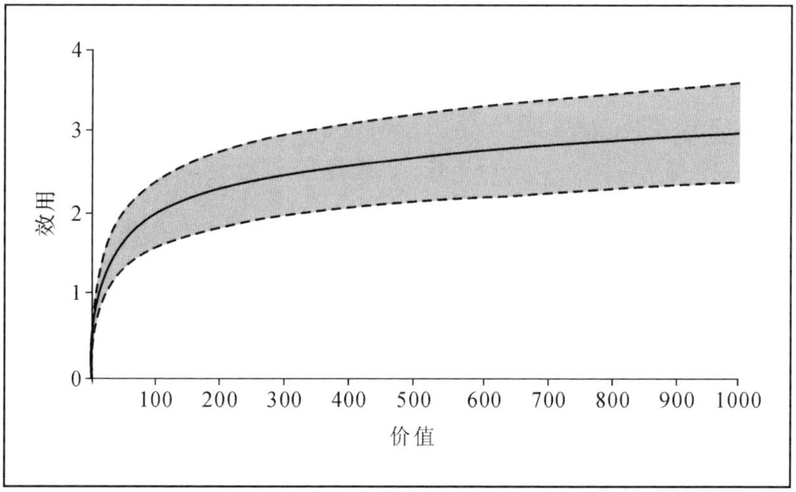

图4.18　随机效用函数的一个例子

麦克法登的理论有一个明显的含义，那就是，在心理学理论与经济学理论之间，存在着自然的还原性联系。“随机效用”概念与“感知”的概念的联
97 系确实非常紧密。如果出于某种原因，我们真的相信，感知和效用（至少在某些情况下）是同一个现象，这个现象是在不同的哲学抽象层次上被研究的，那么我们无疑会产生对这两个概念进行哲学上的还原的冲动。但是在此之前，我们还得解决一个问题：我们怎样才能说服自己，相信这种学科间的还原是真的有意义的？

成功的“甜蜜”

我们接下来要讨论的这项神经科学暨心理学研究完成的年代比较早（20 世纪 60 年代），而且没有多少人认真阅读过有关的论文（Borg et al., 1967）。这项研究涉及的是两个要接受手术的神经疾病患者。这个手术的其中一部分是，这两位患者的舌头将会被切开，舌头的主神经将全部暴露在外，而且手术将在他们完全清醒的状态下进行。考虑到这个原因，他们的外科医生请他们参加一个实验——在手术过程中，外科医生会把不同浓度的糖水（但是所有溶液的平均甜度则保持恒定）淋到他们的舌头上，同时记录舌头的主神经的活动情况。在这个实验中，外科医生观察到，尽管舌头的主神经的激活程度会出现一些变化，但是，作为糖水浓度的函数的平均放电率（firing rate，或译“发放率”——译者注）则稳定地上升——服从指数大约为 0.6 的幂函数。

接下来，外科医生采用史蒂文斯的对分法，要求这两位被试对甜度进行“评级”，以便构建感知强度曲线。结果是，他们发现，知觉曲线也符合幂律，而且指数同样为大约 0.6。因此他们提出了这样一个假说：这两位被试的感知与他们的舌头的主神经的激活程度呈线性关系。[①]

---

① 尽管我在这里描述的是一项孤立的研究，但是弗农·蒙卡斯尔（Vernon Mountcastle）和他的同事们却花了差不多 20 年的时间，韦伯所研究的那类感知几乎总是与周围神经的活跃程度线性相关（Mountcastle, 1998, 2005）。我们在本章的一开头所描述的那个视觉实验中观察到的现象也属于这一类。

尽管我们无法肯定我们身上会不会发生同样的事情，但是这两位患者却是可以肯定的，因为他们在接受手术的前一晚的食物是有严格限制的。我本人也曾经尝试在一定程度上复制这个实验。就在最近，我还要求我的实验室的成员，在上班前的好几个小时内都不要吃任何东西，以便让他们在“食物的价值”这个问题上表现得更加正面一些。我这个实验是这样的：在 98
要求他们饿了好几个小时后，我再让他们制作出一些浓度不同的糖水，并让他们在这些不同浓度的糖水之间进行选择（作为彩票游戏的奖品）。事实上，我所做的其实是一个标准的经济学实验，目的是推导和评估这些人对糖水的效用函数。在实验中，他们先做出选择，然后在完成选择后就可以喝到糖水了。这个实验最重要的一点是，在他们做出选择后的整整一个小时的时间内，这些糖水就是他们唯一可以吃的东西，因此它们对他们的价值不可小视。结果相当令人惊讶。在这个实验中，我发现最终估计出来的效用函数就是一个指数大约为 0.6 的幂函数。

当然，对于这一组“微不足道”的实验结果，我必须谨慎一些，不要做出过分的解读。因此，且让我这么说吧：假设我们现在研究的是一种虚构的名字叫“新人类”的生物，他们每一个个体都拥一个舌头“解码器”，能够用舌头神经的激活程度对糖水的甜度进行编码（舌头的神经放电率服从指数为 0.6 的幂函数）；而且，这种生物能够直接体验舌头神经的激发，那就是他们的感知。根据这些假设，这种生物做出选择的方式将非常简单，即，最大化舌头神经放电率的期望价值。（这就是说，在选择自己可以喝的糖水时，这种生物会最大化舌头神经的动作电位的平均数量。）

面对浓度不同的糖水，这种虚构的生物仍然会显示出风险厌恶倾向，但是，这种风险规避将发生在“舌头的层面”上。对于这种生物来说，进化已经将风险规避倾向固化在了那里，而不是其他更复杂的结构中。当然，并不是所有“新人类”的规避风险行为都发生在“舌头的层面”上。但是，毫无疑问，对于这种生物来说，神经生物学中关于糖分转导（sucrose transduction）的理论、心理学中的信号检测理论、经济学中的随机效用理论，这三者之间的部分可还原的关系必定是完全合乎情理的（或者，至少在某些条件下）。我们感兴趣的东西也就在这里。

第五章　行为经济学:突破传统的新古典主义经济学模型的限制

如何将关于效用的经济学思想与关于感知的心理学概念以及关于感觉编码的神经科学理论联系起来？我们在前面一章中已经给出了一条明确的路径。乍一看来,像我们通常所称的“偏好”这样的经济学逻辑基元似乎可以直接映射到某些在心理学和神经科学中已经得到了很好的描述的逻辑对象上。如果经济学、心理学和神经科学之间真的存在如此明显而直接的映射,那么神经经济学就将成为一门简单的还原性学科了。

但是,正如我们已经知道的,经济学与心理学之间的还原映射都比前一章所暗示的要复杂得多(更不用说经济学与神经科学之间的还原映射了);而且,许多这种映射本身就是很成问题的。从目前的情况来看,大量与决策相关的现象都无法用现在的新古典主义经济学模型很好地给出解释,这个事实表明,要在经济学、心理学和神经科学之间建立起链接,就需要对现有的理论进行一些修正。

在这一章中,我将重点描述几个无法用早期的新古典主义模型描述的与决策相关的重要现象,并对经济学家和心理学家对这些挑战的反应进行评述。我将会指出,直到最近,所有研究决策问题的科学家仍然大体上可以归入以下三种类型之一。我把第一类学者称为“否认存在挑战的人”,这些
100 学者认为,并不存在多少明显违背传统的新古典主义理论的重要的现象。第二类学者则是“唱反调者”,他们宣称,传统的新古典主义模型无法准确预测的大量现象的存在是一个事实,而且这个事实已经给了经济学思想的公理化基础致命一击,因此,他们支持任何将这些模型还原为心理学和神经科

学模型的努力。① 第三类学者则是“中间派”，他们认为，在原来的以公理性假设为基础的模型中加入一些可以调整的参数，不失为一个最有价值的策略。在我看来，尽管这些经过扩展的模型的价值是无可争议的，但是这种方法其实在很大程度上体现了一种“返祖”倾向，即，回到多参数拟合的策略，那正是新古典主义革命发生之前的经济学的特点，也是今天的许多自然科学学科的特点。

因此我认为，到了现在，除了上述三类学者之外，第四类学者“浮出水面”的时机也已经成熟了，我把他们称为“审订者”。这类学者认为，经济学(以及心理学和神经科学)应该承认原先支配着本学科的那些逻辑“自然类”的正确性，但是同时也接受构建跨学科链接所要求的广泛的理论修正。这类学者提出的所有最先进的模型都建立在一组“新古典主义风格”的公理的基础上，这些公理试图刻画相关的源于现有的心理学理论的行为方面的深刻洞见。如果我们真的认为，在本体论层面，对大脑性质进行测度的结果能够有效地联系到行为上去，那么就必定会相信，一组跨越了学科界限的还原性的模型理所当然要比局限在某个单一学科领域内部的模型更加强大。最近那些运用了经济学的工具并结合了心理学的洞见的模型的成功，都证明了跨学科链接在关于人类行为的研究中的巨大价值(例如，请参阅：Caplin and Leahy，2001；Gul and Pesendorfer，2001)。基于这些理由，我的核心论点是，如果我们想尽快地构建尽可能准确的关于人类行为的模型，那么就需要放松各学科之间的界限，同时还要进一步扩展每个学科的目标(当然，这用不着牺牲各学科自身的逻辑基元)。 101

不过，在阐述上述内容之前，我们还需要先搞清楚一个问题：为什么我们在前面讨论过的那些传统的新古典主义模型是不足够的？为此，我们将从 20 世纪中叶新古典主义面临的一个最大的挑战开始讨论，那就是著名的阿莱悖论，最先由莫里斯·阿莱(Maurice Allais)提出。

---

① 之所以说这个事实构成了“致命的一击”，是因为只要我们确信，真实的人类选择行为是不可能用公理化方法准确地建模的，那么我们也就可以确信任何一个准确的全局性理论都不可能包括公理。

阿莱悖论

1952 年,法国经济学家莫里斯·阿莱(后来于 1988 年赢得诺贝尔经济学奖)组织了一个非常简单的以问卷形式进行的实验,旨在检验冯·诺依曼和摩根斯坦的期望效用理论的公理体系(Allais,1953)。他首先要求 100 个被试在以下两个可选项之间进行选择:

(1A)100%的机会获得 100 万美元;或

(1B)89%的机会获得 100 万美元,1%的机会获得 0 美元,10%的机会获得 500 万美元。

根据标准的期望效用理论,一个特定的行为主体可能会优先选择上述两个可选项当中的任何一个;到底选择哪一个可选项,则取决于他或她的风险厌恶程度。[①]可选项 1A 的期望价值当然就是 100 万美元,可选项 1B 的期望价值则是 1390000 美元。不过可选项 1B 有 1%的可能性什么也得不到,因此是有一定风险的,这种可能的结果会促使规避风险的行为主体选择可选项 1A(尽管风险中性的行为主体将会选择 1B)。阿莱发现,当他向那 100 个被试提出这个假设性问题的时候,几乎所有的人都选择了可选项 1A。这个结果意味着,他们表现出了相当明显的风险厌恶倾向,这显然是合理的。

接下来,阿莱要求同一批被试回答第二个假设性问题,即,在以下可选项之间,你更偏好哪个:

(2A)89%的机会获得 0 美元,11%的机会获得 100 万美元;或

(2B)90%的机会获得 0 美元,10%的机会获得 500 万美元。

面对这个问题,几乎所有的被试都报告说,他们更偏好第二个可选项,
102 即,10%的机会获得 500 万美元。

这个实验的结果无疑是非常惊人的。被试们的选择决定性地证明了,期望效用理论的公理是错的。为了阐释清楚如此简单的两个问题为什么会有如此令人震惊的效果,我们得先回顾一下本书第三章所介绍的期望效用

① 或者说,取决于他们的效用函数的曲率。我希望,通过阅读本书第三章,读者们都已经掌握了这些等价的表达方法。

概念。

冯·诺伊曼和摩根斯坦是从四个简单的公理入手构建期望效用理论的。如果人类行为主体在选择时是内在一致的,就必定遵守这些公理。在这些公理中,其中一个是独立性公理。独立性公理认为,如果你偏好一个苹果甚于一个橙子,那你也必定偏好一个苹果加上很少很少的苹果甚于一个橙子加上同等数量的苹果。或者换句话说,如果你偏好 50%的机会赢得 100 美元、5%的机会赢得 10 美元,甚于有 25%的机会赢得 200 美元、5%的机会赢得 10 美元,那么你就应该偏好 50%的机会赢得 100 美元甚于 25%的机会赢得 200 美元。

莫里斯·阿莱对这个假说进行了直接的测试。要理解他是怎样做到这一点的,我们只需将他的第一个问题重新表述为如下形式就可以了:

(1A)有 89%的机会赢得 100 万美元,11%的机会赢得 100 万美元;或

(1B)有 89%的机会赢得 100 万美元,1%的机会赢得 0 美元,10%的机会赢得 500 万美元。

当然,对于可选项 1A,我们无论怎么称呼都是一样的:我们可以说有 100%的机会赢得 100 万美元,也可以说有 89%的机会赢得 100 万美元、11%的机会赢得 100 万美元。当我们问被试,他们更偏好哪个可选项时,他们的决定仍然是可选项 1B。现在,再想象一下,当我们把有 89%的机会赢得 100 万美元这一点从可选项 1A 和可选项 1B 中“清理掉”,那么它们就会分别变成有 11%的机会赢得 100 万美元,以及有 10%的机会赢得 500 万美元。

而这恰恰正是阿莱在前述第二个问题中要求被试回答的问题。毫无疑问,如果被试真的遵循独立性公理,那么更偏好 1A 的人就应该也必定更倾向于选择 2A。同样地,那些更偏好 1B 并服从期望效用理论的人,却必定会更加偏好可选项 2B。然后,阿莱在实验中却发现,大部分行为主体都更偏好测试图 1A 和 2B,很显然,这就直接违背了作为冯·诺伊曼和摩根斯坦的期望效用理论的核心的独立性公理。 103

阿莱之所以要进行这个实验检验,是因为他直觉地认识到,冯·诺伊曼和摩根斯坦的公理是错误的。人类行为主体真的会像期望效用理论所假设

的那样客观地表征概率吗？阿莱一直深感怀疑。相反，他倾向于一种与费希纳的研究联系得更加紧密的效用理论。他主张以心理学为基础重构基数效用论。事实上，阿莱希望，通过这些实验来阐明冯·诺伊曼和摩根斯坦的独立性公理的谬误，重新把新古典主义经济学的效用理论带回到基数效用论，当然，那将是一个以他自己提出的公理为基础的基数效用论。但是，阿莱本人的愿望能不能实现是一回事，他提出这个悖论后实际发生的事情又是另一回事。

对于阿莱悖论被提出后所发生的事情，我们应该从社会学层面进行解读。如前所述，我认为经济学界对阿莱悖论的反应大致可以分为三个类型。第一类反应是完全拒绝，这些经济学家认为，阿莱所观察的东西只是非常特别的特例，根本不足以对像期望效用理论这样的极其一般的选择理论构成挑战。采取这种立场的经济学家当中，就包括期望效用理论的共同发现者、著名经济学家伦纳德·J. 萨维奇(Leonard J. Savage)(Savage，1954)。对于阿莱悖论的第二类反应是，新古典主义所倡导的数学化的、公理化的研究决策行为的方法，将不得不被彻底放弃。这类反应出现的时间相对较晚，而且发展得也比较缓慢。我认为，我们在下文中将要描述的“启发式和偏差”理论进路就属于这类反应。阿莱悖论所引发的第三类反应是，将一些新的参数加入到原来的理论模型中去，以提高其预测能力；从根本上说，这类反应走的是一条“中间道路”。在我看来，前景理论的提出和发展(下文也将论及)，是这类反应的代表。在详细讨论上述三类反应之前，我们还必须牢牢记住如下这个事实：从历史上看，在阿莱悖论被提出之前，经济学界存在着一个普遍的信念，即，期望效用理论的公理成功地描述人类的选择行为。这一点非常重要。在阿莱提出了这个悖论之后，这种共识才开始消解，用来研究人类决策的各种各样的替代方法才陆陆续续地开始出现。为了说明这种发展过程，并让读者理解传统的新古典主义模型所面临的挑战的严重程度，我们接下来将讨论埃尔斯伯格悖论、禀赋效应和面对损失时的追求风险的行为或风险偏好(risk seeking over losses)。

埃尔斯伯格悖论 104

大名鼎鼎的埃尔斯伯格悖论是这样的(Ellsberg,1961):如图 5.1 所示,实验者给你一只瓮,[①]然后告诉你,这只瓮中装着 90 只球,其中有 30 只是蓝色的,另外 60 只则是红色的或黄色的(红球和黄球的数量之比是未知的)。然后,实验者要求你在两种可能的结果之间进行选择。结果 1A 是这样一张彩票:请你伸手入瓮中,随机地取出一只球,如果取出来的是一只蓝色的球(这个事件发生的概率为 1/3),那么就付给你一百美元。结果 1B 则是这样一张彩票:如果你取出了一只红色的球,就付给你一百美元。读者需要注意的是,从瓮中取出一只红球的概率、从瓮中取出一只黄球的概率都是不确定的;或者说,这个选择是模糊的(ambiguous)。虽然你知道,你从瓮中取出一只红球的概率的变动范围为从 0 到 2/3,但是你不知道具体的概率到底是多少。在这种情况下,人们通常会选择第一张彩票(即,当取出来的是一只红球时,

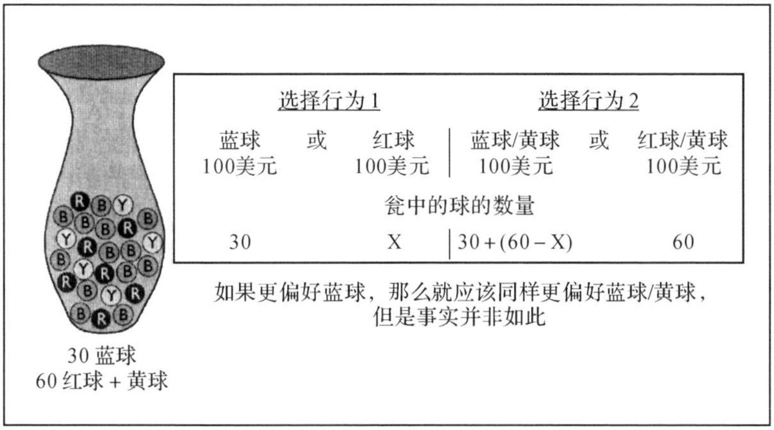

图 5.1　埃尔斯伯格悖论

---

① 数学家和经济学家通常都爱用“瓮”这个比喻来描述概率事件。出现在这个比喻中的“瓮”是一只不透明的窄口容器,里面装着一些已知或未知分布的各种颜色的球,然后要求被试或读者想象从瓮中抽取出一只球或更多球时的情形。这个比喻可能最早源于法国数学家皮埃尔-西蒙·拉普拉斯(Pierre-Simone Laplace)的一本著作,那也是有史以来第一本严肃地讨论概率问题的专著(LaPlace,1814)。

赢得一百美元)。事实上,即使实验者许诺,如果被试取出一只红球,就可以得到 200 美元,他们还是更加喜好选择“如果取出一只蓝球就可以得到一百美元”这个可选项。

105 对于人类在选择过程中表现出来的这种倾向,我们应该怎样在期望效用理论的框架下加以解释呢?期望效用理论认为,人类在做出选择时,似乎是将每个可选项的概率与它的效用相乘,然后选中期望效用最高的那个可选项的。由于以美元计算的收益是确定的,因此根据期望效用理论,被试选择可选项 1A 这个事实意味着,他们认为在瓮中的红球的数量小于 30 只。

接下来,在真的从瓮中取出任何一只球之前,继续让被试(针对同一只瓮)在以下两张彩票之间进行选择:彩票 2A,只要取出来的那只球是蓝色的或黄色的,被试就可以得到一百美元;彩票 2B,只要取出来的那只球是红色的或黄色的,被试就可以得到一百美元。现在,在第二种情况下赢得彩票的概率是确定的(赢得一百美元的概率为 2/3),在第一种情况下明确赢得彩票的概率则是模糊的(赢得一百美元的概率介于 1/3 与 1 之间)。面对这样的选择,人们通常会选择第二张彩票,即,彩票 2B。第一张彩票之所以似乎不太有吸引力,是因为被试觉得黄球的数量可能会太少。那么,这种行为有什么不对的地方吗?是的,如果期望效用理论真的是正确的,那么肯定就有什么地方出了问题。我们这位行为主体怎么可以认为同一个瓮中的黄球“既比较多”,“又比较少”呢?

在这个意义上,埃尔斯伯格悖论揭示了另一种违背理性的现象,那就是,人们似乎认为黄球既太多又太少。显然,即便不是专家,也很容易看出这是不合理的。但是,这种“不合理性”的效应却是非常强大的,并且已得到了充分的证明和广泛的研究。从人们的行为来看,他们似乎确实认为黄球同时比较多又比较少。

虽然并不像阿莱悖论那样直接“推翻”了一个公理,但是埃尔斯伯格悖论也同样可以说明,一般被试(普通人)并不是像期望效用理论描述的那样,是根据期望效用最大化的原则来行事的。萨缪尔森等经济学家所设想过的任何一个效用函数,都无法使这种行为理性化。

禀赋效应

接下来讨论禀赋效应(Kahnemann et al.,1990;Thaler,1980)。为了说明何为禀赋效应,请读者考虑如下这个选择问题:如何从两个市场价值大致相当的物品——例如,一支漂亮的钢笔与一个好看的陶瓷杯——当中选择一个。我们(实验者)要进行的实验是这样的:在前后相继的两天内,分别邀 106
请两组被试来到实验室,当第一组被试到来后,我们免费给他们每个人一个马克杯,强调这是我们送给他们的一份礼物,他们应该把杯子收好(例如,放进自己的背包里)。接下来,我们给被试看一支钢笔,并要求他们告诉我们,他们愿意付出多少真金白银来购买一支钢笔。

值得注意的是,要被试告诉我们,对于他们来说,一支钢笔真正的价值是多少,并不是一件简单的事情。我们不能直接对他们说:"你愿意为这支钢笔付出多少钱呢?告诉我们一个价格,我们将按这个价格卖给你。"如果这样做的话,我们其实是在鼓励他们说出一个远远低于钢笔在他们心目中的真实价值的数字。同样地,我们也不能简单地问他们:"你觉得这支钢笔对你来说值多少钱?"因为这种抽象的答案并不会带来实际的结果。一个觉得这个问题无聊的被试甚至有可能开玩笑似的说出类似于"它值一百万美元"这样的话。确定一支钢笔在每个被试的心目中值多少钱的正确方法,是创设一个"市场",诱导他们把钢笔的真正价值告诉我们。要实现这个目标,有许多途径,例如,我们可以举行一场"钢笔拍卖会"。不过,在实验经济学中,最经典的策略是采用一种人们通常称为贝克尔—马尔沙克—德格鲁特竞标的方法(Becker,DeGroot,and Marschak,1964)。

要想理解贝克尔—马尔沙克—德格鲁特机制是如何发挥作用的,不妨想象一下如下情景。假设我们赋予一支钢笔 10 个可能的价值:1 美元、2 美元、3 美元……10 美元。我们需要搞清楚的是,当我们的被试以哪一个最高价格买下这支钢笔时,他们仍然会认为这是一个好交易。所以,我们要做的就是,在 10 个筹码上分别标明 1 美元、2 美元、3 美元……10 美元,然后把它们放入一个袋子。(或者,你也可以在 10 个球上分别标明 1 美元、2 美元、3 美元……10

美元,然后把它们放入一个瓮中;你可能会认为,这样“更经典”一些。)每个被试都要从袋子(袋子每次都要“装满”)中抽出一个筹码,如果筹码上的数字等于或低于这个被试所声明的他(或她)愿意支付的价格,那么他(或她)就按筹码上的数字付钱,买下这支钢笔。如果筹码上的数字高于被试愿意支付的最高价格,那么这个被试就得留下自己的钱,不能去买这支钢笔。

只要仔细思考一下这个机制,你就会明白,在这些条件下,所有被试都得到了足够的激励把真实信息告诉我们,即告诉我们在他们的心目中,一支钢笔到底值多少钱。他们报告的价格对我们没有任何影响,因此他们没有动机出价太低;而且,如果他们真的出价太低了,那么他们就可能会发现自己无法买下自己想要的钢笔(例如,当他们报价 3 美元时,就可能无法买下他们认为值 5 美元的钢笔)。因此,贝克尔—马尔沙克—德格鲁特机制的意义就在于,它提供了一个非常简单的方法,让被试间接地告诉我们,在他们
107 的心目中,某个物品的真正的价值是多少。

利用贝克尔—马尔沙克—德格鲁特竞标方法,我们能够确定一组被试对一支钢笔的平均估价;如果所有被试都没有什么非常与众不同的特别之处,那么这个数字将介于 3 美元至 4 美元之间。所有被试都抽好筹码之后,其中一些人将会买到一支钢笔(这取决于他们自己的估价和运气)。

接下来,就到了这个实验的比较有趣的部分了。正当这些被试准备离开实验室的时候,我们叫住了他们,要求他们就对他们自己的马克杯来一次贝克尔—马尔沙克—德格鲁特竞标。我们问他们的问题是:“如果有人买你的杯子,你愿意接受的最低价格是什么?”结果我们发现,被试通常会认为马克杯的价格为 6 美元左右。所以,现在我们知道,按美元计,这些被试认为杯子的价值大约为钢笔的两倍。据此我们可以得出这样一个结论:平均而言,这些被试可能更喜欢杯子而不是钢笔。

第二天,我们请另一组被试来重复一个大体上完全相同的实验,不过有一个非常重要的变化:我们改用钢笔而不是用马克杯当礼物送给被试。于是,在这一天,当被试们到达后,我们送他们每个人一支钢笔作为礼物,并敦促他们把这个礼物放进他们自己的背包里,好好地保存。接下来,我们利用贝克尔—马尔沙克—德格鲁特竞标方法,确定马克杯在这组被试心目中的

价值,结果发现,他们对马克杯的平均估价为 3 美元左右。最后,像前一天的实验一样,当他们准备离开实验室时,我们要求对钢笔进行贝克尔—马尔沙克—德格鲁特竞标,结果表明,他们对这个已经归他们所有的物品的估价为大约 6 美元。两天的实验得到了完全相反的结果,这里到底发生了什么?

显然,关键的问题出在了"程序"上:送给被试礼物(或者是马克杯,或者是钢笔)并让他们把礼物放在自己的背包里,这个过程似乎改变了被试对它们的估值。从实验中可以看出,他们对作为礼物"送给"他们的物品的估价通常是市场出售的同一物品价格的两倍。

至少从表面上看来,这些结果似乎暗示,新古典主义的理论框架面临着深刻的挑战。也正是因为考虑到这一点,理查德·泰勒当初才提请经济学界同仁关注这种行为(Thaler,1980)。如果我们相信,贝克尔—马尔沙克—德格鲁特竞标机制确实可以告诉我们这些被试的偏好是怎样的,那么,我们现在这些数据就似乎表明,被试对钢笔和杯子偏好是高度可变的。这是一个关键的问题。为了更好地理解这个问题(以及它为什么是一个关键的问题),我们必须重新审视萨缪尔森的显示偏好弱公理,它是新古典主义革命的最核心的根基之一。① 108

请读者回忆一下,在他论述显示偏好弱公理的开创性论文中(Samuelson,1938),萨缪尔森提出了这样一个问题:"能够就人类行为给出有效的预测的、最简单的决策模型是怎么样的?"为此,萨缪尔森提出了一个模型,假设,如果我们观察到一个人选择了两个苹果和一个橙子,而没有选择一个苹果和两个橙子,那么就意味着我们可以认为,这个人不可以同样偏好一个苹果和两个橙子甚于两个苹果和一个橙子。换言之,萨缪尔森的模型认为,如果我们观察到一个行为主体偏好 A 甚于 B,那么我们就可以假设,他不能同时也偏好 B 甚于 A。但是,泰勒的实验似乎证明,即便是这个"最简假设",也被真实的人在真实世界中做出的选择行为违背了,而且是

① 在这里,我得承认,虽然这种"交换不对称"可能是"反新古典主义"的行为结果中被引用得最广泛的一个例子,但是它也是最有争议的一个。查理·普洛特(Charlie Plott)和凯瑟琳·蔡勒(Kathryn Zeiler)已经证明(Plott and Zeiler,2005,2007),在严格控制的情况下,这种行为中的大多数对称性(如果不是全部的话)用新古典主义的概念工具就可以很好地解释。

系统性地被违背了。禀赋效应导致被试对同一个物品的估值加倍，这个事实表明选择与偏好之间的关系是不稳定的。如果这真的是具有普遍意义的事实，那么新古典主义经济学方法的最基本的核心要素也必须受到质疑。

卡尼曼和特维斯基：面对损失时的追求风险的偏好

以下两个可选项你更偏好哪一个：(1A)确定可以获得 500 美元收益，或(1B)50%的机会获得 1000 美元收益？如本书第三章所述，大多数人类被试都更加偏好 1A，这个结果反映了最早由伯努利描述的那种类型的风险厌恶倾向。在新古典主义经济学中，我们还看到，这种风险偏好与典型的人类行为主体所拥有的凹的单调效用函数也是兼容的，只要他们遵循期望效用理论的公理，或者，至少在一个典型的实验所能呈现的选择的范围之内，肯定是如此。事实上，当丹尼尔・卡尼曼和阿莫斯・特维斯基问 70 个人类被试这个问题时，高达 84%的被试表示偏好 1A(Kahneman and Tversky, 1979)。

接下来，请你回答第二个问题。在下面这两个可选项之间，你会选择哪一个：(2A)确定要损失 500 美元，或(2B)50%的机会损失 1000 美元？当卡尼曼和特维斯基问同样一些被试这个问题时，高达 70%的人表示，他们会优先选择 2B。这就是说，在这些条件下，他们又变成了“风险追求
109 者”。对于传统的新古典主义经济学家来说，这又是一个令人深感不安的悖论；它非常难以解释或化解。要搞清楚为什么，请读者考虑如图 5.2 所示的情形。

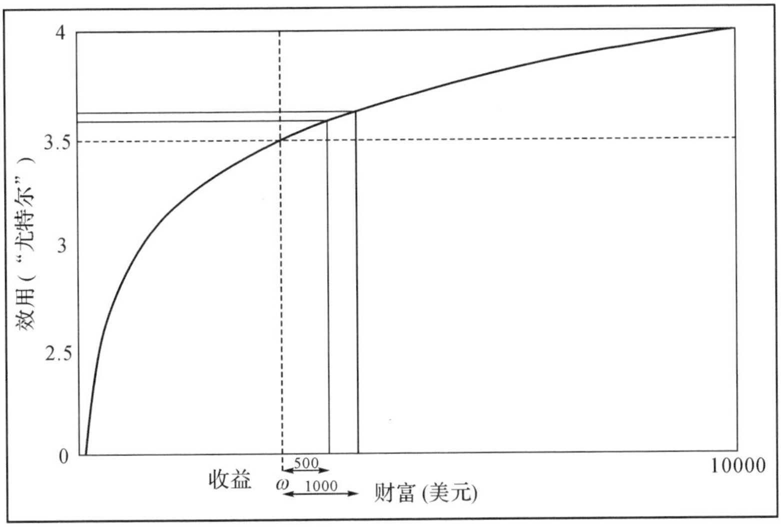

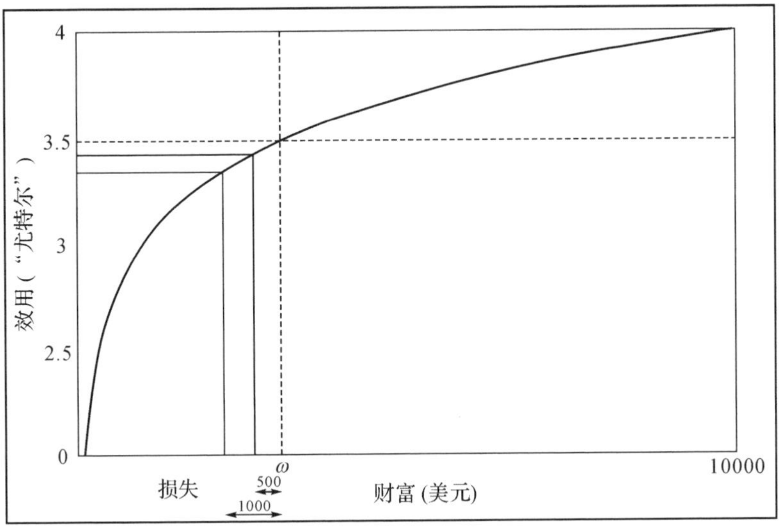

图 5.2　相对于当前财富的收益和损失

在图 5.2 中，我们（以标准的经济学的形式）绘出了一个行为主体的毕生财富能够带来的总效用与他（或她）当前拥有的财富之间的关系。[①] 我们不妨想象，参加卡尼曼和特维斯基的实验的某位被试一生的总财富如图 5.2 110

① 当然，我们不必把讨论局限在与金钱有关的问题上。在图 5.2 中，横坐标轴也可以用来表示爱和幸福。在本书上文的第三章中，已经讨论过这个问题。不过在这里，为了简单起见，我们只关注与金钱有关的问题。

中的横坐标轴所示,用希腊字母欧米加(ω)表示。现在,当我们问这个被试,他(或她)更偏好的是100%确定可以获得500美元还是有50%的可能性获得1000美元的时候,他(或她)的回答是,自己更偏好100%确定可以获得500美元,因为图中的效用函数是凹的(或紧致的)。这也就是说,他之所以选择了"必胜"的这个可选项,是因为增加500美元后的主观价值不可能是最初的500美元的两倍。到目前为止,一切都没有问题。但是,当我们要求一个拥有这样的效用函数的被试回答,在100%确定损失500美元和有50%的可能性损失1000美元这两个可选项当中,更愿意选择哪一个时,他(或她)又会怎样进行选择?

答案可以从图5.2的下半部分看出来。从主观效用的角度来看,"损失500美元"要小于"损失1000美元"的二分之一,而且我们这位被试在面对损失时,应该像面对收益时一样,也是风险厌恶的,因此,他(或她)本应该更偏好肯定损失500美元,而不是50%的机会损失1000美元。但是,事实却不是这样。如果只利用标准的经济学模型,我们是不可能解释这种现象的。(即使我们用一个锚定到终身总财富的效用函数来解释,也是成问题的。)

虽然我只用了短短几页的篇幅举了四个经典的例子,但是事实上,类似的现象非常普遍,它们已经对期望效用理论以及更宽泛的传统的经济学理论构成了严峻的挑战。其中有部分现象已经得到了深入的研究,而且每个具体案例都会引发许多争议,这是我在描述上面的例子时无法详细介绍的。总之,大量观察结果和实验数据告诉我们,我们必须仔细考虑一下怎样才能进一步推进我们对人类选择和行为的研究这个问题了。或者说,我们是否还应该坚持使用这些来自新古典主义经济学的、已经被证明为明显有错的方法呢?正如我在上面已经指出过的,面对这个问题,研究决策行为的学者的反应基本上可以归结为三类。接下来,我们就来逐一分析与这三类反应相对应的三种解决方案。

第一种解决方案:期望效用理论根本不存在任何需要解决的重大问题

虽然我敢肯定,研究决策问题的大多数学者都认为,传统的公理化模型正面临着严峻的挑战,但是,仍然有一大批训练有素的经济学家表示怀疑,他们认为现有的数据还不足以从根本上动摇类似期望效用理论这样的经济学理论。每当一个新的行为数据集证伪了某个重要的模型的时候,这些学 111
者往往只会怀疑数据收集过程的有效性,或者干脆去搜寻某些数学上非常复杂的替代解释(尽管在我看来,这种替代解释存在的可能并不大)。

在这个方面,最有名的回应是由米尔顿·弗里德曼和伦纳德·萨维奇给出的(Friedman and Savage,1948)。他们试图解释,人们在面对损失时追求风险这种现象为什么并不构成对于期望效用理论的正面挑战。弗里德曼和萨维奇指出,只要我们愿意接受关于行为主体的效用函数的局部曲率的如下假设,即,它在位于当前财富水平之下时是凸的,而在位于当前财富水平之上时,则是凹的(就像一个正常的效用函数一样),那么,即使在不放弃或修改现有的理论的任何一条公理的情况下,我们也能很好地解释这种现象。

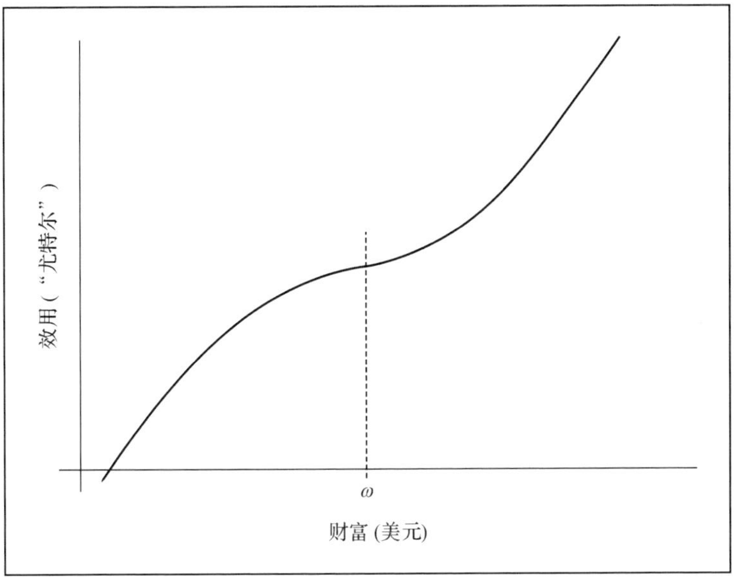

图 5.3　弗里德曼和萨维奇的效用函数

请读者看图 5.3。如果一个行为主体的效用函数采取了图中所示的这 112
种形状,同时他(或她)的当前财富水平为 ω,那么其效用函数就将成为"对收益压缩"且"对损失扩张"的。换句话说,在这些条件下,行为主体在面对收益时是风险厌恶的,而在他的当前财富受到损失时,则是追求风险的。但是非常重要的一点是,这样一个决策者只有在图中标为欧米加 (ω) 的那个财富水平处才会表现出这种忽而厌恶风险，忽而追求风险的倾向，而在其他任何地方，他的风险态度都将表现得更加一致。

当然，弗里德曼和萨维奇也承认，要利用这类效用函数来解释人们在面对损失时追求风险、在面对收益时规避风险这个事实，必须满足一个条件，即，任何一个曾经表现出这种行为模式的人的财富水平必须恰好与他的效用函数的折弯点“对齐”。这无疑是一个弱点。为了化解这个问题，他们试图证明，在一个决策者的整条效用曲线上，这种折弯点很可能只会出现一个或两个；而且这种折弯点往往非常重要，很多人甚至有可能一辈子都被“卡”在某个特定的财富水平上。事实上，他们还更进一步推测道，人类社会的阶级结构的演变也可能是受类似的“拐点”(inflection point)驱动的。

虽然弗里德曼和萨维奇提出的这个方案在数学上无疑是非常高明的，而且一度也很吸引人，但是很显然，今天我们都不再把它视为一个对期望效用理论的有效的防御了。在面对收益时规避风险、在面对损失时追求风险的倾向，是人类决策的一个非常普遍的特点，出现在各种环境中，而且在几乎所有财富水平上都可以观察到。如果要用只适用于特定行为主体的特殊的效用函数来解释这种行为，那么其复杂性将是无法估计的(尽管从数学的角度来看也许是可能的)。总之，以行为主体的一生财富为“锚”的效用函数是无法有效地解释这些观察结果的。对这个事实视而不见，也就等于对现有的大量扎实的数据视而不见，这丝毫无益于改进和加强现有的经济模型。

第二种解决方案：放弃经济学思想的逻辑对象

面对各种不符合传统新古典主义经济学理论模型的观察结果，另一组学者一直认为，我们不应该把人类的决策视为某种单一的全局性的策略的产物，而应该把它视为很多个局部性的策略的产物，这些局部性的策略分别适用于人们在自己一生的不同阶段遇到的不同选择情境。他们指出，为了描述决策过程，我们不应该试图去找到一组普适性的“公理”，而应该去搜寻
113 适用于不同环境的几十组甚至几百组“地方性规则”。

这种方法，通常被称为“启发式和偏差法”(heuristics and biases)，它的出发点是这样一个假设，即，决策的心理机制是高度模块化的。当别人向我

们提出了一个问题时,发生的事情是这样的:首先选择一个模块,或者说启发式,然后让这个被选中的启发式去控制针对这个特定问题的决策过程。

在这方面,最典型的一个例子也许是卡尼曼和特维斯基设计的广为人知的“银行出纳琳达”问题(Kahneman and Tversky,1982,1983)。这是一个非经济决策问题,其内容如下:

琳达今年 31 岁。她是一位活泼开朗、聪慧坦率的单身女子。在学生时代,作为一个主修哲学的学生,琳达非常关注种族歧视和社会正义问题。她还积极参与反核示威。以下两个事件,发生的概率更高的是哪一个:(A)琳达是一位银行出纳,(B)琳达是一位热衷于女权主义运动的银行出纳?

当卡尼曼和特维斯基问那些来到他们的实验室参加实验的被试这个问题时,结果发现,大多数被试都回答 B,尽管 B 显然是 A 的子类,因而 B 发生的概率不可能比 A 更高。为了解释这个错误,他们提出了一个假设:这些被试运用了一种“代表性启发式”。这里所说“代表性启发式”是指,当被问及这种类型的问题时,被试所做并不是仔细地比较不同事件的概率,而是不假思索地直接去确定琳达是更能代表一个属于 A 类的人,还是更能代表一个属于 B 类的人。

以类似的方法,卡尼曼和特维斯基提出了一系列启发式规则,他们认为,这些规则可以解释他们的被试在一些情况下的决策行为。他们还给这些规则取了非常有意思的名称,例如“可用性启发式”(Tversky and Kahneman,1974),“手热启发式”(Gilovich, Vallone, and Tversky, 1985),“锚定启发式”(Tversky and Kaneman,1974),还有“赌徒谬论”(Kahneman and Tversky,1972;Tversky and Kahneman,1974),等等。

继卡尼曼和特维斯基之后,其他一些重要的心理学家也认为,只有通过以启发式为基础的方法,我们才能对人类决策有更好的理解。在这些心理学家当中,特别著名的一位或许是格尔德·吉仁泽(Gerd Gigerenzer)。吉仁泽认为,虽然人类决策行为似乎真的近似于标准的经济学模型所描述的最大化过程,但是实际上,这种近似实际上是通过一系列启发式规则实现的。这是一个微妙而重要的区别。就像卡尼曼和特维斯基所指出的一样, 114
吉仁泽也认为,我们最好把人类的决策过程描述为一系列独立的决策规则的实施过程。但是,吉仁泽的观点与卡尼曼和特维斯基也有一个重要的区别，那就是，他认为在许多情况下，这些规则都近似于最大化方法，而这种最大化方法是一个单一的公理化系统就可以生成的。[①]

不过，行文至此，我需要指出一点，如果一个基于启发式的解释体系所能解释的行为与期望效用理论所能解释的行为是完全不可区分的，那么这样一个体系无疑将成为我们在本书第二章中描述过的理论间还原的理想的“候选人”。确实，假设我们可以识别出一组启发式规则，它们对人类决策行为的描述与期望效用理论一样(好)，那么跨学科的综合就非常简单了：实现这两种理论之间的相互映射即可。

然而在实践中，倡导基于启发式的方法的那些学者通常认为他们的模型与经济学模型完全不同。这些学者关注的核心是，将各种不同的决策情境识别出来，然后看某个以单一的启发式规则为基础的模型是否能够解释这种情境下的决策行为。这种研究方法的最大问题是，这些学者很可能会面临每研究一种决策行为，就提出一个新的启发式规则的风险；而在极端情况下，这种研究方法还可能会导致一个规则适用于所有决策的结论——但是那不过是原始数据的重述而已。因此，即使真的出现了一个由有限多个启发式规则组成的完整的决策模型，那么，这个模型充其量也不过是关于人类决策行为的其中一个模型布局。如果出现了一个启发式规则，它可以解释迄今人们发现的所有违背期望效用理论的“异象”，那么这个启发式规则
115 也只是期望效用理论的“弱点一览表”而已。

第三种解决方案：化“不符点”为“新参数”，实现融合

从20世纪70年代末开始，一直持续到整个20世纪80年代，卡尼曼和

---

① 为了公平起见，对于这个问题，我应该补充说明一下。吉仁泽的观点实际上比这里所描述的更加复杂一些。事实上，吉仁泽花了很多力气去阐明这样一个论点：人们根据这些启发式做出的决策要比一个以完美的效用最大化为目标的新古典主义模型所给出的解更加“优越”。乍一看，这个论点似乎是很难理解的：毕竟，还有什么东西比“完美”更好吗？不过，吉仁泽的意思是，在现实世界中，设计用来完成某种计算(例如，根据贝叶斯规则的计算)的系统经常会导致它自身无法解决的问题。吉仁泽认为，启发式都很简单，都很容易计算，因此永远不会出现这个问题。总之，吉仁泽的观点强调，启发法在现实世界中之所以优于贝叶斯式计算，是因为贝叶斯式计算太困难或过于费时。

特维斯基一直在探寻一个完整的、数学化的关于人类决策行为的理论模型,以便用它来替代传统的期望效用理论[Kahneman and Tversky,1979;Tversky and Kahneman,1992;另外还可以参阅福克斯和波特拉克的综述(Fox and Poldrack,2009)][①]他们的目标是,构建一个整全的数学化的模型,能够描述各种情境中的决策行为,将阿莱悖论、禀赋效应,以及面对损失时追求风险的行为等违背期望效用理论的情形都容纳进来。他们试图让自己这个新理论具备如下四个方面的主要功能。第一,他们试图用这个理论刻画如下事实,即,就像阿莱悖论所揭示的,当“中彩”(或“不中彩”)的概率特别高或特别低的情况下,行为主体往往会“明确地”违背独立性公理。第二,他们希望他们的模型能够刻画如下事实,即,行为主体似乎是根据某个参照点或参考点来做出决策的(或者,像泰勒最先指出的那样,是根据自己的“现状”来进行选择的)。第三,他们希望刻画如下事实,即,行为主体(至少在某些条件下)在考虑相对于“参照点”的损失时,似乎是风险爱好者;而在考虑相对于“参照点”的收益时,却似乎是风险厌恶者(虽然正如我们已经看到的,要确定“参照点”可能是非常困难的)。第四,他们还希望刻画如下事实,即,在损失和收益的绝对值相等的情况下,行为主体似乎(在某些条件下,而不是在所有条件下)更着重损失而不是收益。因此,卡尼曼和特维斯基提出的前景理论的目标,实质上是要对类似于经济学中的效用这样的概念进行重新表述,即,以新的方式表征人类行为主体的选择结果的主观价值,从而更准确地预测他们的决策。

为了解释阿莱悖论以及其他类似的异常现象,前景理论认为,在现实中,人类从来不像冯·诺依曼和摩根斯坦所说的那样,是根据实际概率来进行选择的;相反,人类是根据某种主观形式的概率来进行选择的。如前所 116
述,这种思想的公理化形式最早是由萨维奇首先提出的(Savage,1954)。在卡尼曼和特维斯基的前景理论中,主观概率思想的要旨在于,既然存在着一个能够把价值与一个被称为“效用”的主观对象联系起来的效用函数,那么也就完全可能存在着第二个函数,它能够把概率与一个被他们称为“权重”

① 我应该指出,前景理论只是这种模型的其中一个例子,而不是唯一的例子。

的主观性质联系起来。这种函数就是他们所说的概率加权函数,这起到了类似于效用函数的作用。

在当代形式的前景理论中,概率加权函数通常是一个用两个自由参数描述的曲线方程,第一个自由参数控制概率加权函数的弯曲程度,第二个自由参数则控制着该函数与等概率线的交点。目前最常用的概率加权函数形式是由德雷真·普雷莱茨(Drazen Prelec)最早提出的(Prelec,1998),如图5.4所示。在这种类型的概率加权函数中,两个自由参数伽玛(γ)和delta(δ)分别控制函数的曲率和该函数与等概率线的交点,而且它们与观察到的行为数据是拟合的。这类概率加权函数的形式如下:

$$w(p) = exp[-\delta(-\ln p)^{\gamma}]$$

其中,$\delta,\gamma > 0$。

接着,为了刻画参照点的概念,卡尼曼和特维斯基指出,关于任何一个可选项的效用(或主观价值)的一切计算,都是相对于某个"参照点"进行的。重要的是,他们还强调,参照点不仅仅是当前的总财富,还包括了其他更复杂的东西。事实上,他们的结论是,他们拥有的数据并不能确定,在任何一个给定的时点上,确定的参照点是什么。不过,他们确实给出了一些说明他们的模型中参照点的通常性质的一般性规则。

为了刻画人们在面对损失时追求风险、在面对收益时规避风险的行为倾向,卡尼曼和特维斯基巧妙地利用基准点的概念对效用曲线进行了修正。他们放弃了原来的单一的单调函数,而提出了一种新的效用函数(他们没有使用效用函数这个术语,而称之为"价值函数"),这种函数在参照点以上的部分的形状不同于在参照点以下的部分的形状。更具体来说,他们认为,价值函数的曲率在基准点以上的区域(即,收益区域)是凹的,就像一个标准的伯努利型函数一样,但是在基准点以下的区域(即,损失区域)则是凸的。

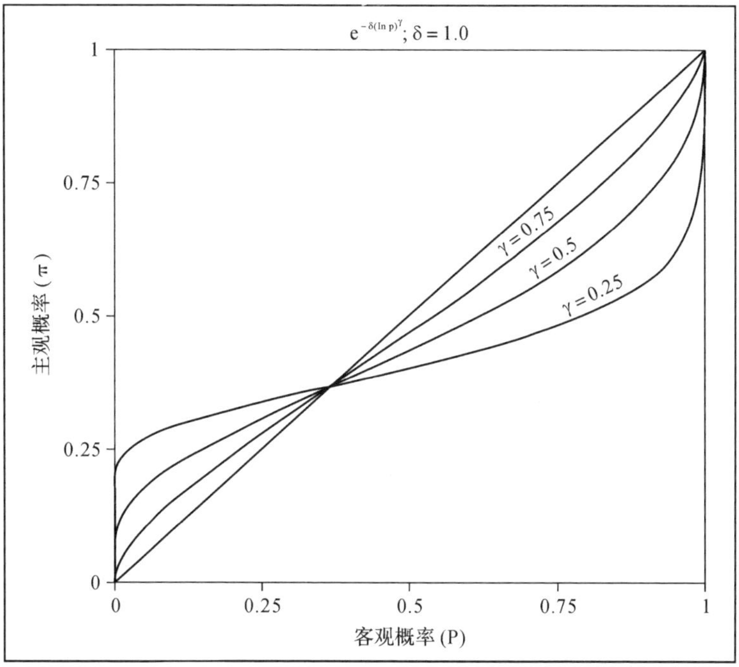

一组概率加权函数(δ相同，γ不同)

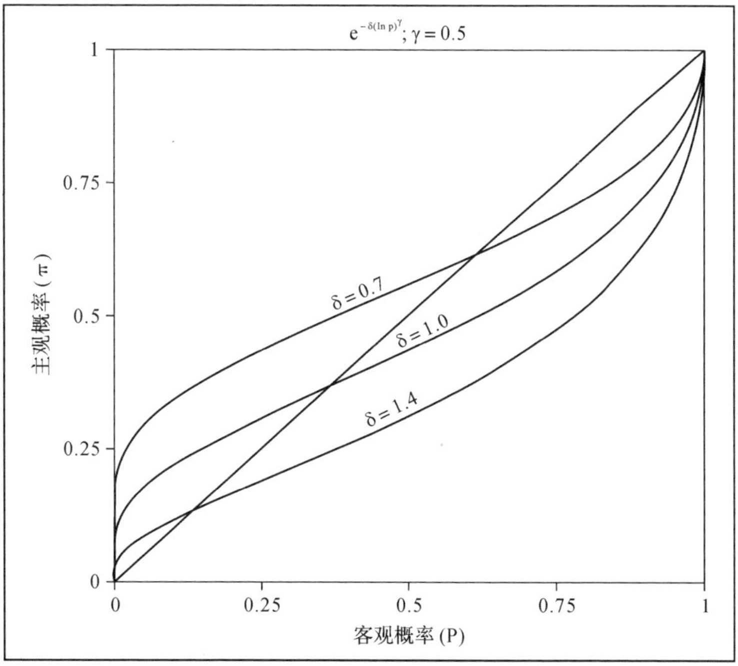

一组概率加权函数(γ相同，δ不同)

图 5.4　概率加权函数

118 在卡尼曼和特维斯基的价值函数的标准形式中，主观价值与收益之间的关系如下式所示：

$$主观价值=收益^{\alpha}$$

其中，收益是指位于参照点以上的结果的收益，α 通常是一个幂函数，它是从对所观察到的选择数据的拟合而来的。而主观价值与损失之间的关系则如下式所示：

$$主观价值=-损失^{\beta}$$

其中，β 仍然是拟合观测到的行为数据的。把关于收益和损失的函数综合到一起，就可以得到如图 5.5 所示的那种效用函数曲线。

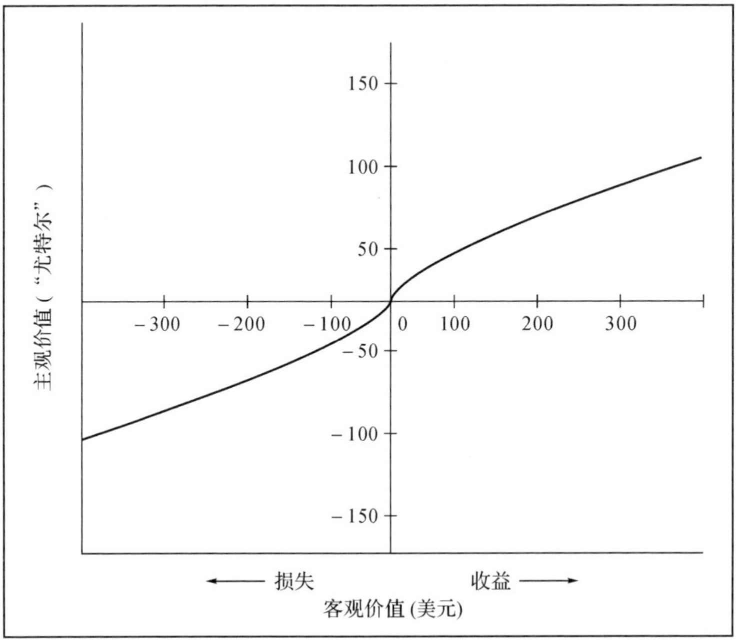

图 5.5　价值函数

最后，为了解释在很多情况下都可以观察到的损失和收益的不对称性，卡
119 尼曼和特维斯基认为，价值函数的"损失区域"的曲线要比"收益区域"更加陡峭。为了刻画这个特征，他们增加了一个自由参数，给"损失一侧"加权：

$$损失的主观价值 = \lambda \times 损失^{\beta}$$

其中，λ 为损失厌恶系数，用来刻画行为主体对损失比对收益更加敏感的倾向。因此，如果一个行为主体将遭受 100 美元的损失看得与获得 200 美元的收益一样重,那么该行为主体的损失厌恶系数 λ 的值就为 2(见图 5.6)。

因此,完整的前景理论共有五个自由参数。这就意味着,在预测一个特定的行为主体的选择的时候,我们必须先确定所有这五个自由参数的取值。

平心而论,我们绝对应该承认,前景理论是一个巨大的成就。前景理论可以预测各种期望效用理论无法预测的行为,包括阿莱悖论、禀赋效应和面对损失时追求风险的寻求损失的倾向。这是一个令人难以置信的强大的理论,它的应用范围极其广泛。但是,同样重要的是,我们还必须明白,前景理论也有它自身的局限性。这种局限性同时体现在理论上和经验上。

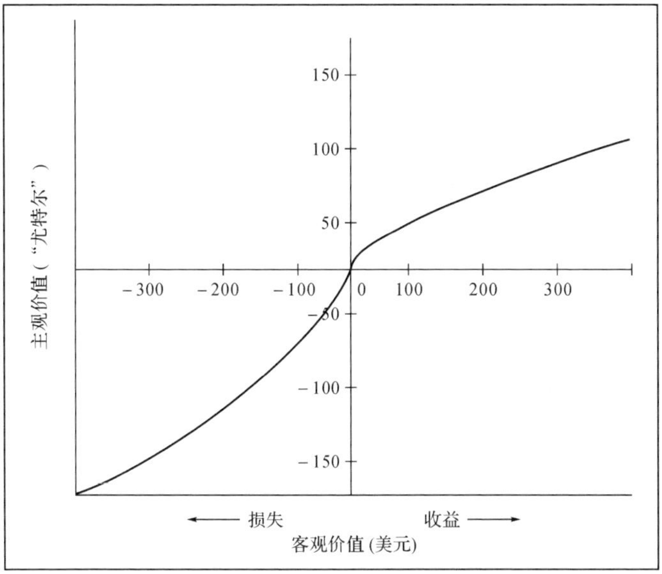

图 5.6　损失厌恶型价值函数

前景理论在经验上的局限性 120

前景理论有两个关键的经验上的局限性。第一个局限性是,该理论包含了太多的相互作用的自由参数,因此无法成为一个真正意义上的可以证伪的理论。为了让读者理解为什么会是这样,不妨考虑一下在一个实验中确定适用于参加实验的一组被试的全部五个自由参数的可能性。为了保证估计稳健性,实验者可能需要针对每一个被试、每一个自由参数精心设计好几百个问题。不但如此,这种估计还可能因为以下事实而变得更加复杂:违背期望效用理论的预测的多种行为都可能与不止一个自由参数有关(或者,可以通过多种多样的自由参数组合来解释)。例如,对于阿莱悖论,既可以通过调节概率加权函数的曲率,也可以通过调整价值函数的曲率和参照点的位置来“化解”。这两种解释策略,都是有效的;而且在实践中,无论采取哪一种,都可能是有问题的。事实上,用“自动选择”的方法(例如,最大似然拟合法)来解决这类问题,之所以经常会导致高度不可预测的结果,也就是因为这个原因。[读者如果想了解更多这方面的信息,请参阅福克斯和波特拉克的综述(Fox and Poldrack,2009)]。

为了解决这个问题,大多数坚持前景理论的学者都在尝试运用只依赖于三个自由参数的简化版的前景理论模型,这样做的好处是能够极大地简化自由参数估计的复杂性,同时在预测能力方面的损失也几乎可以忽略不计。在这种简化版的前景理论模型中,价值函数在损失区域的曲率被设定为收益区域的曲率的相反数,同时概率加权函数也被假设为在价值为 1/E 处穿过图形的主对角线。

前景理论在经验上的第二个重大限制性体现在,它还要依赖于一个不完全的关于参照点的理论。虽然我个人认为,无论是从行为的角度来看,还是从神经的角度来看,现有的大量证据已经压倒性地证明,基准点确实是存在的(关于这一点,我们在本书的第二篇中还将进一步讨论),但是前景理论却几乎完全没有论述应该如何确定上述参照点,也没有提及当人们在进行不同的决策时,参照点将会如何发生变化。在应用前景理论时,这是一个很大的问题,不过却很少得到明确而适当的处理。当然,在许多实验中或环境下,只要直接假定参照点在一系列观察结果当中都是固定不变的就足够了,但是肯定并非总是如此。无法明确地确定参照点,始终是前景理论的一个核心问题,即便在
121 只存在三个自由参数的简化版的前景理论模型中,也是一样。

前景理论在理论上的局限性

不过,要准确而充分地理解前景理论,最重要的一点是,我们一定要明白,在任何意义上,前景理论都根本不是一个传统的经济学理论。当然,这

不一定是坏事,但是对于我们这些考虑理论间还原问题的人来说,却是一件非常重要的事情。

作为对比,不妨再来考虑一下期望效用理论。从最根本的形式上看,期望效用理论就是四个关于一致的人类行为的四个公理化陈述。每个公理都是可以进行检验、进行证伪的;例如,像阿莱所做的那种实验,就是在明确的特定条件下检验和证伪公理的尝试。我们知道,在所有这四个公理都能得到满足的情境下,我们可以非常肯定地说,我们观察到的人类行为主体的行为看起来就像他们在用概率与一个单调的效用函数相乘一样。在期望效用理论模型中,根本不存在自由参数,只有四个可检验的陈述和满足逻辑上的同一性的“身份证明”。这是哲学意义上的经济学“自然类”的核心概念。

与此相反,前景理论给出了一系列函数,还带有许多待拟合的自由参数,只能将函数形式确定下来并拟合出这些参数,才能用于预测行为主体的选择。因此,前景理论是一个描述性的模型。在前景理论中,没有什么深层次的“逻辑同一性”。[1] 例如,人们不能说某个 λ 值为 2,α 值为 0.8 的行为主体,与一个服从某些特定的公理或某些深层的表征形式的行为主体是完全一样的。从这个意义上讲,前景理论更像心理学家和神经科学家通常采用的那种传统的模式,而不那么像一种经济学理论。此外,最令经济学家们觉得沮丧的一点是,前景理论还没有一个确定参照点的明确的方法,而参照点正是前景理论的最有力和最重要的元素之一。正是由于这些原因,传统的新古典主义经济学家往往认为前景理论“没有什么意思”。 122

在这里,我得赶紧补充一点。前景理论确实是“有用”的,而且是以一种期望效用理论无法实现的方式发挥作用的。如果拥有一个大型数据集,并进行认真而适当的统计分析拟合,那么拥有三个自由参数或五个自由参数的前景理论模型是可以非常有效地预测人类的选择行为的。因此,前景理论的有用性是无可置疑的。这种有用性部分源于它的自由参数的可调整

---

① 关于前景理论,为了公平起见,我还必须指出如下事实,卡尼曼和特维斯基发表于1979年的那篇著名论文确实给出了一个关于他们的理论的公理化描述。然而这些公理却几乎没有最重要的参照点,而且人们普遍认为,它们更多只是在表达一种靠拢经济学模型的姿态,而不是关于可检验的公理和逻辑同一性的陈述。

性,部分源于对这些自由参数所嵌入其中的函数的非常明智的选择。在这个意义上,前景理论的有效性和有用性是没有任何可争议的。然而,重要的是,我们永远必须记住,前景理论不是一个经济学理论(不是我们在本书中用“经济学理论”这个术语时所指的意义)。前景理论是一个运用传统的心理学工具和自然科学工具去拟合行为的模型,这一点是非常重要的,我们一定要牢记在心,如果我们试图创建神经经济学这门明确以构造经济学、心理学和神经生物学之间的还原性链接为宗旨的交叉学科的话。

迈向跨学科综合:第四条道路

在上面,我们已经讨论了,自上世纪 50 年代和 60 年代以来,大量违背了新古典主义经济学模型的预测的行为现象的发现,导致研究决策问题的科学家做出了三种不同的回应。第一个“学派”,主要由“较年长”的新古典主义经济学家构成,他们认为这些“不符点”还不够显著,还不足以据此呼吁放弃现有经济学理论。构成第二个“学派”的基本上全部都是心理学家,他们认为这些现象已经系统性地、显著地违背了新古典主义经济学模型,因此呼吁彻底放弃有关的逻辑基元(正是这些逻辑基元界定了经济学思想)。第三个“学派”的思想集中体现在卡尼曼和特维斯基的前景理论上,这部分学者认为,可以将源于自然科学的复杂精微的模型拟合技术,与原先就已经存在的公理化方法结合
123 起来,以便生成一系列经验驱动型模型,从而更好地理解人类行为。

其实,除了上述三种进路之外,还存在着第四种解决方案。也许没有多少人明确地意识到,但是部分学者一直在沿着很传统的(我们在本书第二章已经描述过的)理论间还原的方向探索这种方法。在经济学内部,这条进路的出发点是,首先大胆地承认如下两个事实:第一,确实存在着大量用现有的公理化工具无法很好地进行建模的现象;第二,在像心理学、神经生物学这样的更“低级”的学科中,确实存在着不少刻画这些现象的模型。在此基础上,这种方法将致力于探索,能不能有意识地对经济学的逻辑“自然类”进行调整,以实现理论间还原。

在这个方面,最著名的例子也许是我们在本书第二章已经引述过的那

个关于"预期的效用"的故事了。请读者回忆一下,早在上世纪 80 年代,心理学家乔治·罗文斯坦就已经阐明(Loewenstein,1987),有一类行为是无法与现有的经济学模型相容的。他发现,如果要求通常的人类被试在今天就做一件想做的事情与三天后再来做同样想做的事情之间进行选择,他们通常都会选择等待三天。罗文斯坦认为,这些被试希望享受预期几天后发生一件美妙的事情的乐趣。

后来,经济学家安德鲁·卡普林和约翰·莱希认识到(Caplin and Leahy,2001),传统的新古典主义经济学之所以无法解释这种行为,是因为经济学中缺少一种能够与心理学中的预期概念联系起来的逻辑"自然类"。为了解决这个问题,卡普林和莱希构造了一个公理化的逻辑"自然类",专门用来刻画这种心理层面的概念。我认为,他们这样做,就是在进行理论间还原;而这正是我们想要的那种还原。不过,最令人兴奋的还是如下这个事实,卡普林和莱希并不是唯一在这个方向上努力的人。类似的成就还包括,戴维·克雷普斯(David Kreps)和埃文·波蒂厄斯(Evan Porteus)对"先知先觉的效用"(utility of knowing)的公理化(Kreps and Porteus,1978,1979);格雷厄姆·卢姆斯(Graham Loomes)和罗伯特·萨格登(Robert Sugden)对"后悔"的概念的公理化(Loomes and Sugden,1982;Sugden,1993);博通德·科塞吉(Botond Köszegi)和马修·拉宾(Matthew Rabin)则开始尝试对参照点进行公理化建模(Köszegi and Rabin,2007,2009)。也许颇具讽刺意味的是,法鲁克·居尔和沃尔夫冈·佩森多费尔虽然坚持认为理论间的还原是没有任何价值的,但是同时却对"自我控制的成本"进行了公理化建模(Gul and Pesendorfer,2001)。这些都是对标准的经济学模型进行修正,以便使它们更好地与心理学模型"看齐"的努力的典型例子(而且,在实现这个目标的同时,也无须放弃经济学的核心逻辑基元)。而且令人欣喜的是,大 124
多数经济学家都认为这种做法大大提高了经济学模型的预测能力。我们为什么不努力使这种做法常态化,并进一步扩展到神经科学呢?我们为什么不能名正言顺地在经济学、心理学和神经科学的日常研究中努力进行跨学科还原呢?我认为,只要我们有足够的勇气,我们就完全可以。在接下来的章节中,我就来阐述如何推进这种跨学科研究。

第六章　是因为，而不是“似乎”

125 在前面各章中，我已经阐述了以下观点：

- 我已经指出，如果可以实现，那么以跨学科综合的方法来研究决策问题，就肯定会给神经经济学的各门母学科创造极大的价值。我分别从历史的角度和哲学的角度阐述了这个观点。
- 我已经阐明，如果这样一种跨学科研究表现为创造不同学科之间的还原性链接的反复尝试，那么它的威力将是最强大的。
- 关于这种“链接起来的理论”到底是什么样子的“貌相”，我已经给出了一些例子。

不过，我并没有给出如何着手构建这样一个理论的明确的“范式说明”，而且也没有对以下这种“已经过于成熟”的理论观点正式进行回应。许多学者(其中特别突出的是部分经济学家)认为，这种类型的跨学科理论建构，既不属于它的母学科的范围，也不能引起各学科从业者的兴趣。在本章中，我将致力于，在更高层次上明确我们的理论目标是哪一些；神经经济学(我甚至认为，经济学、心理学和神经生物学)关于选择行为的研究都将受这些理论目标的指引。

通过前面各章，我们已经知道，跨学科综合所需的最关键的能够发挥“组织”作用的思想通常都出现在更高级别的学科中。一个突出的例子是沃森和克里克的工作，他们之所以要去寻找基因的化学表达，就是因为，生物学家们已经在更高的抽象层次上提出了基因概念，而且这个概念已经表现
126 出了极强的预测能力。更现代的一个例子是，那些研究物质的亚原子结构的物理学家，都知道自己试图解释的对象就是原子。现代物理学家的发现

可以扩展或改变我们关于原子的定义，但是一般来说，总是较高级别的抽象引导较低的抽象水平上的研究。这一点非常关键，因为它意味着，为还原程度更高的神经经济学研究提供"组织架构"的必定是源于经济学的理论见解。关于这一点，我在几年前出版的一本专著《决策、不确定性和大脑》(*Decisions*, *Uncertainty*, *and the Brain*)中已经进行过详细的阐述了(Glimcher,2003)。

然而，认识到这个事实后，又会引出另外一个问题。现代经济学理论在很大程度上是明确地建立在如下观念的基础上的，即，各种"机械约束"是与关于决策和行为的研究无关的。年轻一代的经济学家接受的训练是，必须相信他们提出的经济学模型不是用来给出任何在概念上可还原的预测的。这种信念是20世纪中期由米尔顿·弗里德曼引入经济学理论中的。

在本章中，我将阐明，尽管弗里德曼的观点在它刚出现的那个时代可能有其合理性，但是现代经济学理论已经发展到了必须放弃他开创的这个"似是"建模传统的时候了。出于一些对于非经济学家来说可能难以理解的一些原因，在经济学界，经济学理论应该受到人类大脑的内部机制的约束这种观点至今仍是一种不折不扣的异端。因此，本章的第一部分的目标是，捍卫我自己的异端观点(即，认为经济学理论必须是明确地敏感于机制的)。本章的第二部分的目标则是，奠定神经经济学的最基本的结构(读了本章的第一部分之后，这个结构就会完整地浮出水面了)，确定最关键的基础性构件的细节。神经经济学是这样一种理论，它在机制上是先于各种公理的(例如显示偏好的一般化理论和期望效用理论中的那些公理)。

米尔顿·弗里德曼

经济学理论的目标是什么？在20世纪50年代，弗里德曼发表的一篇论文后来成了现代经济学的最核心的文献之一。就是在这篇论文中，弗里德曼在很大程度上确立了经济学理论的标准：人们所说的经济学理论究竟是指什么？我们应该怎样去检验经济学理论(Friedman,1953)。弗里德曼指出，任何一个经济学理论，只要能够准确地预测人类行为和市场行为，就

127 是一个“好理论”。相对应地,任何一个经济学理论,如果不能给出准确的预测,或者依赖于不通过经验观察就可以证伪的假设,就是一个“坏理论”。

弗里德曼提出这个观点,其实是在对上世纪中叶出现的一系列针对新古典主义经济学的批评进行回应。在 20 世纪 40 年代和 50 年代,一些经济学家,例如弗里德曼、萨维奇、冯·诺依曼等,都根据自己的经济学模型,对人类行为和企业行为提出了高度程式化的和数学化的预测。例如,一个典型的参数化的期望效用理论模型,可能会预测人类行为所反映的将结果的概率与结果的价值的某个幂函数相乘而得到的产物。假设,问一个行为主体,是更愿意把 5 美元的赌注押在纽约洋基队上(有可能因此而赢得 6 美元),还是更愿意把 5 美元的赌注押在波士顿红袜队上(有可能因此而赢得 12 美元)。对于这种条件下的选择,期望效用理论的描述是:(1)取各个赌局胜出的彩金的价值的分数幂,再乘以胜出的概率,(2)选择计算结果最高的那个赌局。

期望效用理论的批评家们认为,尽管人类行为主体确实要在类似的赌局之间进行选择,但是说他们居然知道他们所打赌的事件的概率,那是无法令人信服的;更不用说,他们每次都会去计算,并能够计算出 12 美元的 0.6 次幂的值到底是多少了。

为了支持期望效用理论模型(以及其他新古典主义经济学模型)不符合现实的结论,这些学者还给出了一系列证据,例如,他们告诉我们,大多数红袜球迷都没有能力计算 12 美元的 0.6 次幂等于多少美元。这些批评者怀疑,既然他们无法完成这个数学运算,那么又怎么能将他们的行为描述为依赖这种运算的呢?

弗里德曼对于这种批评的天才回应取得了辉煌的成功,这堪称经济学思想史上的一个传奇。(不过,在下文中的适当地方,我将会指出,弗里德曼还走得不够远。)他是这样说的:

> 现在,让我们再考虑另外一个例子。这是一个构造出来的假想例子,它与社会科学中的假说有很多相似的特征。在这个例子中,我们要考虑的是一棵树上的叶子的密度,对此,我提出的假说是,这些叶子的位置是这样确定的:在给定周围的所有的叶子的位

置的条件下，每一片叶子都似乎有意地使自己所能得到的阳光数
量最大化；每一片叶子都似乎掌握了决定着不同位置可以获得的
阳光的数量的自然法则，并且能够迅速地（或者说，即刻地）由任一
位置移到任一其他合意的且尚未被占据的位置。现在很清楚，这 128
个假说的某些更为明确的含义明显与我们的实际经验相一致：例如，一般来说，树南侧的叶子的密度高于树北侧的叶子；而且，正如这个假说所隐含的那样，在山的北坡，或者当树的南侧被其他东西所遮蔽的情况下，树的南北两侧的叶子密度之间的差异就不会这么明显，或者完全不会表现出这种差异。就我们所知，叶子不可能“三思而后行”，或者说，叶子不可能有意识地去“追求”什么，它们没有进过学校学习计算“最佳”位置所必需的相关科学原理和数学法则，更加不可能真的从一个位置转换到另一个位置，难道我们可以据此认定这个假说是不可接受的或无效的吗？……

我构造的这个假说大致说来无疑是正确的，这也就是说，这个假说关于叶子密度的预测达到了“足够的”精确水平，尽管只是在一类特殊的情况下……

与上述“树叶密度假说”的例子相似，还有如下这个与人类行为有关的例子（这个例子我与萨维奇已在别处引用过）。现在，让我们来考虑一下一位台球能手如何对击球情况进行预测的问题。下述说法似乎并不是毫无道理的，即，绝妙的预测通常都是通过这样的假说而取得的：从这位台球能手的击球动作来看，似乎他掌握了一个非常复杂的数学公理，能够用来精准地确定台球最佳运行方向、判断台球位置、决定击球角度……我们之所以对这个假说有信心，并不是因为我们认为台球能手（甚至是台球专家）真的能够这样做，而且确实曾经这样做过；恰恰相反，我们对这个假说的信心缘于这样一种观点，即，除非这些台球专家可以通过这样或那样的某种方法取得与上述过程同样的结果，否则的话，他们事实上就不能算是台球专家（Friedman，1953，第 19—21 页）。

对于我们的目标而言，弗里德曼的论证的最大的力量恰恰源于，他只关注有限的理论的重要性。如果我们的目标只限于预测一个站在台球桌旁边的台球选手，那么我们就完全可以依靠一个关于他的行为的有限的理论：从他的行为来看，他似乎就是在根据牛顿物理的法则来计算台球在台球桌上的运动轨迹的。这样一种观念，即，从一个能够解释一部分行为的理论开始，然后向外扩展、推广和改进理论，使得它适用于更复杂的情况，对于在一个新领域进行探索研究的科学家来说，明显有非常大的吸引力。然而，对于一位生物学家而言，弗里德曼的论证也有一个很大的缺陷，那就是，弗里德曼的结论是，机制是完全不相关的——经济学模型所能预测的无非是，行为
129 主体似乎真的在用模型所描述的某个(或某组)方程式进行计算。弗里德曼所做的一切，在战术的层面上说，无疑是很老练的，也有助于实现他的目标，但是从生物学家的角度来看，却是极其令人失望的。弗里德曼这样说道：

> 在许多情况下，个人或企业“似乎”是在理性地追求他们的收益最大化……当然，商人并不会真的去求解数理经济学家为了便于表述上面这类假说而使用的联立方程组……如果问那位台球能手，他是如何确定击球点的，那么他多半可能会回答说他自己不过是“碰巧发现”了那个合适的击球点而已，或者再摸一下他自己随身携带的幸运符以便最后确认……这两种说法或许都有一定见地，但是它们与相关假说的检验都毫不相关(Friedman，1953，第 21 页)。

从根本上说，弗里德曼在这里所强调的两点(即，提出一个理论的目的仅限于解释有限的一部分行为；理论与它的机制和实现无关)，属于我所称的关于经济行为的“软理论”(Soft theory)。虽然我们现有的经济学理论已经包括了一系列有明确定义的关于选择的公理化假设，而且它们都隐含着相应的计算方法，但是，对于计算是不是真的会发生，我们却仍然一无所知。在这些理论中，只要能确定地说行为主体似乎在进行这些计算，就已经足够了。

但是生物学家一定会追问，为什么要如此轻易就放弃如此显而易见的

一步棋？毫无疑问，大家都会承认，弗里德曼所说的这位台球选手是一个物理系统，是一个物质实在。而且我们都可以同意，他要收集感觉数据，并使用这些数据来计算关节旋转角度和肌肉运动轨迹。如果弗里德曼所说的台球选手在台球桌上的所有动作都反映了基于牛顿运动定律的某种计算，那么每一位现代唯物主义者肯定都会相信这位台球选手的大脑确实也在事实上计算着[利用其神经元和神经突触，弗里德曼在他的理论中所使用的定律(或者，至少是一些近似于这些规律的法则)]。如果牛顿式的模型确实描述了台球选手的行为，那么也只是因为它描述了产生这种行为的机制。当弗里德曼说，这位台球选手在口头报告中是否明确地意识到了这些计算，与他的理论无关，他这样说是正确的；但是说到底，真正与这位台球选手在口头报告中是否明确地意识到了这些计算无关的是，他的理论的机制有效性。 130

弗里德曼和他的同事们面临的这些方法论上的局限性也意味着，他们只能检验他们的模型关于行为的预测，而无法检验他们的模型关于机制的论断。当然，这也是弗里德曼认为与机制有关的各种论断全都无关紧要的原因。他这个结论导致了“似是理性”(as if rationality)经济学的兴起；在20世纪中叶，这个经济学流派的出现似乎确实有其必然性。但是，随着神经科学的茁壮成长，我们现在已经拥有了许多可以直接检验各种模型给出的关于机制的论断的工具。因此，我们勇敢地接受各种可检验的机制模型(mechanistic models)带来的挑战。我们必须将各种“似是”模型(as if models)替换为更严格的因果模型。

一个例子

作为例子，接下来像弗里德曼所构建的那个模型一样，让我们来考虑一个站在一张高度程式化的台球桌前的台球选手面临的决策问题(见图6.1)。

我们观察到，给定这张台球桌的配置，我们这位选手做出的反应是，将他(或她)的母球朝右上角的球袋方向击去，这样就有机会把8号球撞进球袋中。作为弗里德曼的“学生”，我们可能会认为一位台球高手在这张特定的台球桌上的行为似乎就是瞄准右上角那个球袋的中心击打母球。弗里德德曼不知道这位台球选手的大脑中发生了什么事情,他的模型只是一个有限的模型。事实上,弗里德曼认为,在现实世界中,当台球选手完成了一个击

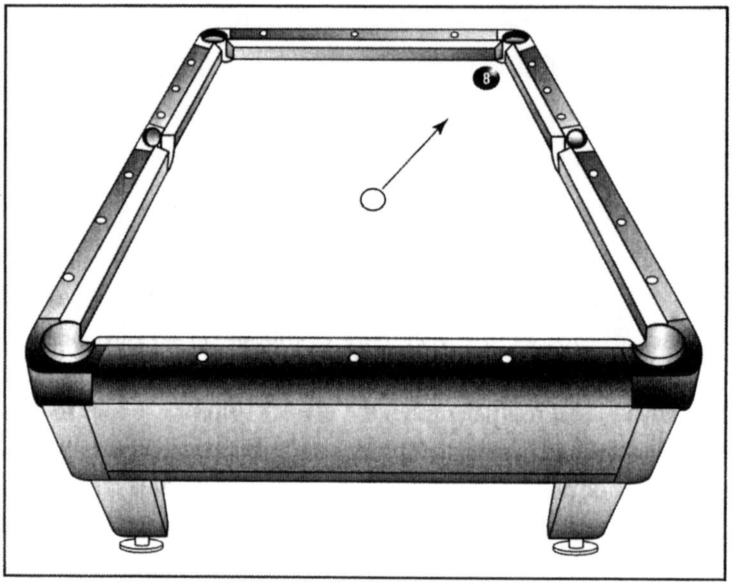

图 6.1

131 球入角袋的动作时,他(或她)的大脑活动的细节是无关紧要的。当我们放松我们的经验观察的条件,允许台球被放置在其他位置上的时候,我们就会发现,我们刚才采用的这个理论模型已经不能预测台球行家的行为了。在这种情况下,我们将采取一个内容更加丰富的理论模型:台球选手们似乎是在最大化击进球袋中的球的数量,方法是根据牛顿物理学规律,计算出台球的运动轨迹。我们是通过观察行为并根据观察结果修正我们的理论这种方法而得到这个结论的。在社会科学中,这是一个屡试不爽的方法。

不过,在这里,且让我们先停下来,想象一下弗里德曼最初的假说的一个更"硬"的版本。这就是说,让我们暂且先想象一下,在关于那位台球选手的行为的理论中,如果去掉那个"似乎",又会怎样。换句话说,我们不妨把弗里德曼的理论想象为既是一个关于行为的理论,又是一个关于机制的理论。这样一种理论的预测将会是,第一个例子中的那位台球选手在将母球击往右上角的球袋时,他(或她)的大脑中只呈现了右上角那个球袋的位置。因此,对于这种类型的理论,可以从两个途径进行检验。当然,我们依然可

以检验行为；不过与此同时，我们还可以检验机制。就这个非常简单的例子而言，一方面，我们可以通过观察新的行为来检验理论；另一方面，我们也可以通过阐明，无论是位于右上角的那个球袋，抑或是台球杆指向右上角球袋的直线轨迹，全都从未独一无二地呈现于控制行为的神经回路中，以此来检验理论。在关于这种情境的现代神经生物学研究中，我们可以将这位台球选手大脑中关于各种可能的轨迹的不同神经表达识别出来，每种表达都是对某种特定的轨迹是否会导致一个球被击入球袋的可能性的编码。我们看到的这种机制分析代表着一个更丰富的理论。事实上，我们将会遇到的神经计算用牛顿物理规律和“最大化”算法来描述，无疑要比用“瞄准右上角球袋击球”理论来描述更加准确。

在这里，最重要的一点是，创立和检验“因为理论”(because theory)，已经不存在任何逻辑上的或经验上的障碍了。有人可能会争辩说，与机制检验相比，行为检验更“便宜”，更“省时”；但是没有人能够争辩说，机制检验与对行为建模这个目标无关。当然，可能还是会有人宣称，“我们只要有一个‘似是’理论就足够了”，并断言机制检验是毫不相干的，但是这其实只是政治性的立场表达，而不是真正意义上的科学论断。只要我们的目标是理解我们周围的世界或构建能够准确地预测人类行为的模型，那么就应该摆脱这种“非生产性”狭隘之见。我在下面的论述将清晰地表明这一点。 132

对弗里德曼的一个回应

作为学者，如果我们大胆地放弃弗里德曼的“似是假设”(as if assumption)，转而直接假设商人、台球选手以及一般的行为主体“似乎执行”的那些计算实际上真的是由他们的大脑执行的(除了大脑之外，我无法想象还有什么地方可以执行这种计算)，那么我们就可以得到一些非常重要的东西，那就是，我们将拥有同时对经济学理论进行神经生物学检验和行为检验的工具。

为了实现这个目标，一个神经经济学家必须提出一个关于经济行为的“硬理论”(Hard Theory)，即，一个“因为理论”。只要他(或她)是认真的，就必须这样做。是的，我们必须提出一种彻底摆脱了“似乎”的理论。我们必须提出一种明确的关于机制的理论，它可以同时在神经科学的层面、心理学的层面和经济学的层面得到检验。任何一个旨在以神经经济学为框架，综合关于行为神经生物学、心理学和经济学的解释的“硬理论”的结构，必定是这样的。

探寻经济学的“硬理论”

那么，我们应该怎样着手去探寻一个作为神经经济学研究的基础的关于经济行为的硬理论呢？这样一个“硬理论”中又将具备什么特征呢？在这些特征中，我们最想要的是什么特征？要构建这样一个理论，我们得从作为现代经济学的核心的一个理论建构（即，所有人都能够承认的一个经济对象）开始。同时，这样一个理论还应该尽可能简单，尽可能简洁；它应该遵循弗里德曼的名言——以尽可能少的复杂性对一部分重要的行为做出准确的
133 预测。然后，我们可以采用这样一个理论，并把它转变成一个“因为理论”，方法是，对它在神经生物学层面上和心理学层面上进行检验。

在这个过程中，我们将有可能证伪最初的理论，因为所有的“初始理论”都是很容易证伪的。但是，关于机制的研究同样可能生成新的关于理论的约束；随着这种约束的不断倍增，它们应该会催生出新的行为预测和更丰富的、约束更明确的理论。

接下来，让我们从很显然早就成了现代经济学的核心逻辑基元的期望效用理论，以及作为它的演变源头的显示偏好弱公理和显示偏好的一般化公理开始讨论。我在这里要再强调一次，我们之所以以这些公理为讨论的出发点，不是因为我们认为任何一种现有形式的效用理论是正确的，而且因为从效用理论开始讨论的话，我们就能够从明显存在于神经生物学、心理学和经济学之间的联系入手进行分析，还因为这使我们从一开始就能够覆盖一些已经得到了充分讨论的论题。

请读者回忆一下，在本书第三章中，我们已经阐明，如果说某个行为主体的选择遵循了显示偏好的一般化公理，那么也就等于说他（或她）似乎是按照一个单调的效用函数来行事的。冯·诺伊曼和摩根斯坦则证明，如果我们说一个行为主体的选择遵循了显示偏好的一般化公理和连续性公理以

及独立性公理,那么也就等于说,他(或她)有一个单调的效用函数(就像在显示偏好的一般化公理中一样),而且他(或她)在计算一张彩票的可欲性的时候,采取的方法是将彩票的收益(或损失)的概率乘以彩票的收益(或损失)的效用。

如果我们要把期望效用变为一个硬理论,那么从根本上说,我们就必须检验如下假说:一个符合期望效用理论的行为主体之所以那样行事,是因为他(或她)的确拥有一个单调的对彩票的价值进行编码的函数;他(或她)在进行选择的时候,需要将彩票的内在价值与自己所估计的这种结果得以实现的概率相乘,计算出乘积。一个“因为理论”所提出的假说只能是,在更抽象的层次上观察到的现象是因为抽象水平较低的层次上的机制发挥作用的结果(见图 6.2)。

134

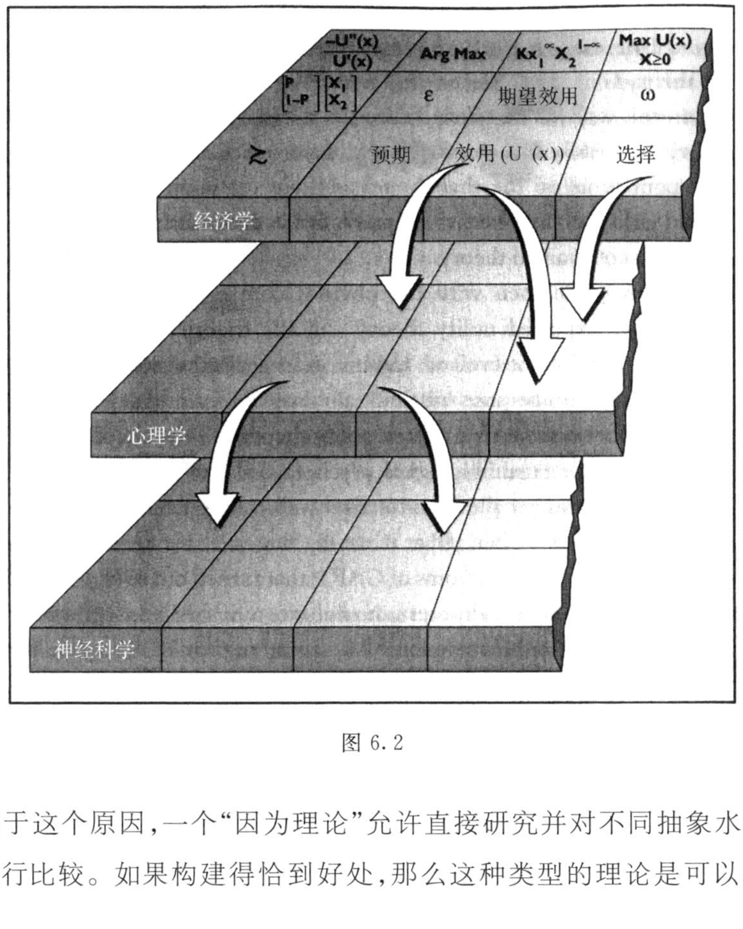

图 6.2

出于这个原因,一个“因为理论”允许直接研究并对不同抽象水平上的对象进行比较。如果构建得恰到好处,那么这种类型的理论是可以在任何一个层面上进行检验的。因此，一个“硬”期望效用理论(或显示偏好的一般化公理模型)必须认为，一个服从该理论关于行为的公理化假设的行为主体之所以如此这般地行事，是因为他们在神经层面上表征着某种具备了效用的属性的东西——某种神经活动，它以一种连续、单调的函数形式，对一个结果的可欲性进行编码。这无疑是一个清晰的、可以检验的假说。

不过，在着手指定期望效用理论的一个特定的“硬理论”形式之前，我们得先停一下，先对一些重要的术语进行必要的梳理和澄清。① 第一点，我们必须时刻牢记在心的最重要的一个事实是，经济学家所说的效用，其实是一个相当复杂、相当专门化的对象。在经济学理论中，效用具有以下性质：

1. 效用是序数的，而不是基数的。对此，在本书的第三章中，我们已经进行过详细的讨论。请读者回想一下，很早以前，帕累托就已经指出过了，效用从来没有“自然”单位。即便是在期望效用理论中，我们分配给不同对
135 象的、作为效用单位数的“尤特尔”的数量也是我们相当任意地指定的。

2. 效用意味着福利。如果一个行为主体真的服从期望效用理论的各条公理，那么他(或她)的行为就表现为似乎最大化了一个被称为“效用”的变量。而且，我们还可以更进一步认为(就像从帕累托到弗里德曼的许多经济学家那样)，在这些给定的条件下，这是他(或她)所有可能的行为中最好的一个，换句话说，这就是他(或她)最大化自己的福利的方法。之所以如此，是因为对一个符合传统的期望效用理论的行为主体而言，福利源于效用。事实上，在传统的期望效用理论中，福利和效用就是一回事。②

3. 在许多情况下，即使行为主体不服从期望效用理论诸公理，仍然可以讨论效用。这一点非常微妙，同时也非常重要。试考虑这样一种情况：我们观察到，一个行为主体违背了期望效用理论诸公理(比如说，该行为主体的行为违背了可传递性公理)；对此，那么一种可能的解释是，他(或她)犯了某种类型的错误。如果真的是这样的话，他(或她)可能仍然有一定效用，只不

① 在接下来的章节中，我们也会讨论显示偏好的一般化公理模型的“硬理论”形式。当我们分析选择问题时，显示偏好的一般化公理模型通常要比期望效用理论简单一些，但是却同样强大。考虑到一般性和我们的论述目的，在这里我将集中讨论期望效用。

② 这是一个传统的观点。事实上，很多行为经济学家正在积极努力，试图放松其条件。

过不能用它来准确引导自己的行为。这里的关键是，对于某些理论家来说，在某些条件下，效用可以独立于选择存在。

在讨论了效用的这些性质以后，再让我们回过头去看一下如图 6.3 所示的简化版的跨层级学科还原图。

在图 6.3 中，神经层面上与效用相联系的未标明的性质有哪些？首先和最重要的，显然是神经(元的)放电率，这既可以指单个神经元细胞的放电率，也可以指一组神经元的放电率的某个加权函数。这一点之所以非常重要，是因为对于这个对象的测量必然将是完全基数性质的。在神经系统中，自然的测度单位就是每秒的动作电位数。对动作电位的测量被限定于一个有限范围内(通常为从 0～100 赫兹，而且永远不会超过 1500 赫兹)，同时其方差度也是固定的。对于这些内容，本书下一章将给出进一步的解释和详细的描述；现在我们只需要记住一点，那就是，在这个方面，它们与效用没有任何相似之处。

136

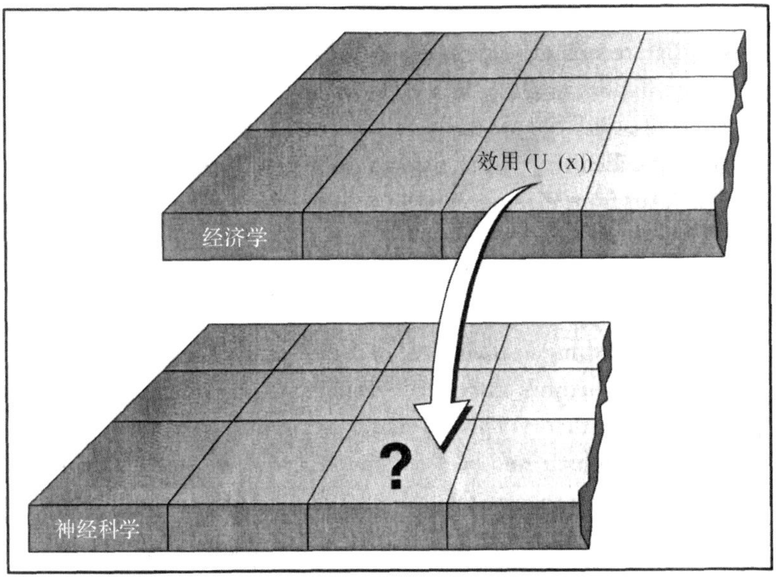

图 6.3

因此，这些观察结果告诉我们，“因为理论”必须在怎样一种严格的意义上被构建。换言之，为了将期望效用理论扩展成为一个“硬理论”，我们必须在神经生物学层面上确证一组新的(而且是可测度的)经验对象的存在。然后，我们的理论的假说是，在这两组对象之间，存在着定义明确的链接。接下来，我就针对“因为”形式的期望效用理论，在神经生物学的抽象层次上提出一些新对象，它们包括：

主观价值。主观价值，至少在目前这个初级阶段的“硬理论”当中，是基数型的神经生物学对象，平均取值范围为从 0～1500，以单个神经元或一组神经元的放电率来衡量。这些放电率的方差是有限的，神经生物学家对此已经进行了很好的描述；同时它们的平均放电率的性质在很大程度上也是固定的。平均主观价值等于一组或一群神经元的平均放电率（至少在目前这个初级阶段的“硬理论”当中是如此）。也正是因为这个原因，平均主观价值是与同一个神经元群的 BOLD 信号成线性比例关系的。（BOLD 信号是用来衡量神经活动水平的，现代通常的大脑扫描仪所量化的就是 BOLD 信号。）主观价值有一个独一无二的锚定点，它被称为基线放电率（baseline firing rate），在神经生物学中，这也是一个已经得到了很好的描述的量。所有的主观价值都是相对于这个基线，用放电率以基数形式进行编码的。

137

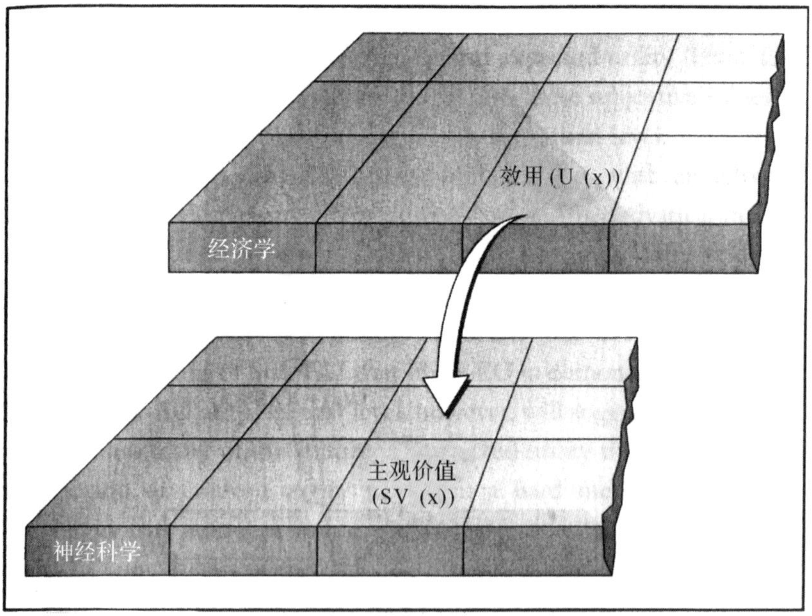

图 6.4

对于这个硬理论来说，至关重要的是我们在指定经济对象与神经对象之间的关系时所采取的方式，它必须体现出一个硬理论的“因为性”(because-ness)，同时还得保留两类对象之间在数量上的差异。因此：

主观价值$\longleftrightarrow$效用。平均主观价值与效用是线性相关的。如图6.4所示，这个关系式以一种可以检验的方式描述了一个将两个抽象层级上的对象联系起来的“链接假说”。①

结　论

在20世纪中叶，新古典主义经济学家认为，如果行为主体的行为遵循了一组简单的“法则”，那么就可以认为他们拥有关于他们要选择的对象的价值的某种抽象表征，而且他们会根据这个尺度选择其中价值最高的那一个对象。 138

而“硬”的期望效用理论则认为，服从期望效用理论诸公理的行为主体之所以会做出这种行为，就是因为估价神经回路中的一组神经元的放电率对他们所选择的每个对象的基数型主观价值(和/或期望主观价值)进行了编码。这些价值与这些对象以行为的尺度来测度的效用(和/或期望效用)成线性比例关系(见图6.5)。这也就意味着，只要行为是符合期望效用“标准”的，那么这些放电率就必定会服从原来的理论的所有公理：②它们必定服从独立性公理和连续性公理；必定服从完整性公理和可传递性公理。这些都是“硬”的期望效用理论(Hard-EU)必定会给出的预测。只要我们能够确定对这些主观价值进行编码的神经元所处的位置，我们就可以在神经的层面对“硬”的期望效用理论进行检验。

---

① 这意味着期望主观价值与期望效用之间存在着联系，而期望效用也依赖于对概率的神经表征。

② 在这里，我必须提请读者注意，一旦我们认真研究神经元的实际放电率，我们就可以看到这些放电率之间存在着差异。这就是第一个不符合“硬”的期望效用理论的地方。如果主观价值真是神经放电率，那么它们就肯定会有差异，而经典期望效用则不会这样。这一事实的含义是，任何标准的神经经济学理论，都必须以一个“因为理论”版的随机效用模型为锚。对此，我们不久之后还要论述到。

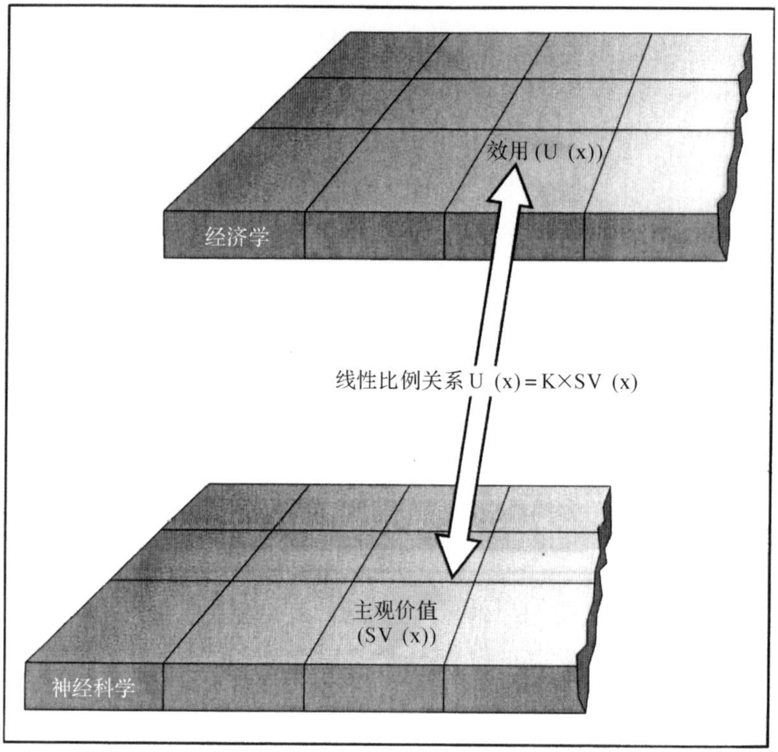

图 6.5

139 因此,要想对“硬”的期望效用理论进行检验,就必须首先努力找到负责价值评估的神经回路。这种检验必定要将这种神经回路的激活状况与选择行为联系起来,而且这种检验的第一步,必定是在这些神经回路中检验期望效用理论的公理。现在,我不妨预言一下对“硬”的期望效用理论的检验可能揭示的结果:正如对“软”的期望效用理论的新古典主义经济学检验一样,对“硬”的期望效用理论的检验也可能证伪它。无论如何,在神经层面对“硬”的期望效用理论的检验,将催生一个全新的理论,它能够刻画现在的期望效用理论、前景理论和随机效用理论的许多特征,而且是以一种“硬”机制的形式。我们之所以从“硬”的期望效用理论入手建构神经经济学,不是因为期望效用理论是正确的,而是因为对于作为综合学科的神经经济学来说,“硬”的期望效用理论不失为一个合适的出发点。

第二篇

选择机制

在本书第一篇中，我们已经阐明了，自然科学与社会科学之间的跨学科 141
综合是可能的；同时还阐明了，这种综合要想产生广泛的影响，就必须采取一种非常特别的形式——我认为，这种综合将不得不采取部分跨学科还原的形式。

当生物化学最初开始出现在化学与生物学交叉的学科边界地带时，它是以对研究对象的生物学定义为出发点的。自从格里戈尔·孟德尔生活的那个时代以来（Mendel，1866），生物学家们就已经知道，被称为基因那个理论研究的对象就是遗传的单位。而到了沃森、克里克、鲍林以及其他学者着手探寻基因的隐性表达形式的时候，关于这些基因的性质的比较完善的数学模型也早就被构建出来了；而且这些模型对随后的生物化学研究发挥了重要的指导作用。例如，在 20 世纪 40 年代，巴巴拉·麦克林托克（Barbara McClintock）发现了染色体水平上的可转移的遗传因素（McClintock，1950）；随后，在 20 世纪 60 年代，DNA 水平上的可转移的遗传因素也被发现了，从而引导出了一系列关于学科间链接和跨学科还原的假说（McClintock，1983）。在这种跨学科融合的潮流中，源于更高层次的学科的理论洞见，通常可以指导较低层次的学科的分析研究。反过来，“较低级”的学科的研究成果，又为“较高级”的学科提供了新的约束，并导致较高层级的理论的修正，从而使它们变得更加强大。

在前面的章节中，我已经指出过，这样一个过程已经开始在经济学与心理学之间展开了，而且相关文献当中也已经出现了进一步部分还原至神经科学的第一批线索。此外，我还阐明了，如果忽视原先就已经存在的较高层级的理论，那么关于人类选择行为的神经生物学研究充其量只能成功地识别出一些模式，但是却无法解释重要的现象。与此同时，我也阐明了，如果

142 忽视了神经生物学约束,忽视了人类大脑的生理限制,那么经济学家也就放弃了一大批可以用来改进和发展经济学理论的强有力的工具。

在上一篇的结尾,我建议采取一种非常特别的、植根于经济学的核心理论工具的方法,将大脑、心灵和选择链接起来。几十年来,经济学家一直非常清楚,宏观层面的现象对于指导人类的选择是非常重要的。他们已经构建了一系列"表征理论",它们能够通过各种已经得到了很好的描述的性质去描述一些隐藏因素,并且似乎至少能够在某些情况下指导人们的选择。这些经济学家强调,这些隐藏因素本身不应该成为经济学研究的对象;他们说这是一个原则问题;他们中的一些人甚至进一步争辩道,即便这些隐藏因素全都被辨识了出来,也不可能引起经济学家的兴趣。我认为,如果我们真的想理解人类的选择行为,就一定要放弃这种自负心态。我们必须根据这些强大的数学模型的表面价值来做出判断,并继续追问它们所提及的隐藏因素是不是真的存在。基于这些理由,在上一篇的结论部分,我对我所称的"因为模型"进行了辩护;"因为模型"是指"硬"的跨学科理论,对于这种理论,可以在多个分析层次上进行检验。

在接下来的两篇中,我将采用这种方法,努力尝试同时在几个分析层次上进行研究。我将从"硬"的期望效用理论入手,并设法确定,在目前已经存在的心理学和神经科学数据当中,哪些能够成功地与"硬"的期望效用理论链接起来,哪些却不能。事实上,最能够引发我们的兴趣的是那些不完整的或失败的链接,因为我们可以利用这些类型的链接,去指导理论的选择和发展。关于这个过程,我们接下来很快就会给出详细的描述。

本书第二篇首先概述了与选择有关的神经生物学理论。接着是对有关数据和理论的反复检视,结果导致了一个令人惊异的关于选择的神经经济学理论。这一篇的结尾部分,总结了这门技艺的当前状态,还根据我们的理解,给出了一个关于人类选择过程的"硬理论"的概要。第三篇将模型扩展到估价领域。总之,我们将会看到,神经经济学最近的发展,已经把经济学理论中隐藏的对象链接到了灵长类动物的大脑中的额叶和基底神经节的神经回路;而这些神经回路,在神经科学中已经得到了深入的研究。

根据这些目标,我们下面就来讨论人类大脑的神经生物学。

第七章　神经生物学的“自然类”：理解神经生物学思想中的抽象

要想很好地将“硬”的期望效用理论映射到神经系统上，必须从充分理 143
解最基本的、不会引起争议的灵长类动物大脑的输入结构和输出结构开始。如果我们希望利用现代神经生物学所提供的大量成熟的约束条件去打造一个真正意义上的跨学科理论，就必须对发生在灵长类动物的神经轴内的数据组织和数据处理过程有一个很好的理解。当然，我们不想，也不需要浪费时间和精力，去试图将“硬”的期望效用理论映射到控制肌肉力量的那些神经结构上去；这方面的知识对我们所关注的问题并无裨益。神经科学告诉我们，许多神经组件的功能都是有限制的，它们不太可能在经济选择过程中发挥显著的作用；任何一个严肃的神经经济学理论都应该把这类洞见考虑进去。在我们构建这个跨学科的方法的时候，第二类神经层面的约束是理解并恰当地运用大脑功能的全局性的组织原则，它型构和组织了所有神经计算。

因此，我们将以对人类大脑的感觉机制的一个简要的介绍来开始这一章。这个“巡游”的目的是，揭示几个反复出现的、体现在整个哺乳动物大脑上的基本计算原则。紧接着，我们将概略地描述大脑内部控制运动的结构（或称：“运动区域”），现有的证据表明，这个脑区是灵长类动物的选择机制的一个重要组成部分。介绍这部分内容的目标是，为读者提供一个理解选择行为的解剖学基础。

在那些身为专业神经科学家的读者看来，本章只是一个综述，我建议这 144
些读者可以考虑跳过本章，直接阅读下面的内容。这一章的前半部分讨论作为整个现代神经生物学的基础的那些核心思想；后半部分则重点讨论大脑内的“神经漏斗”(neural funnel)的结构细节，一切选择都必须通过这个大脑结构表达出来，因此它也被身为神经生物学创始人之一的查尔斯·谢林顿(Charles Sherrington)称为“最终共同路径”(Sherrington,1947)。对于那些完全不熟悉神经科学的读者来说，可以把接下来的几节视为对大脑进行进一步研究的一个起点，也可以简单地将它们视为一种信念。在每一节的结尾，都用明确的词句将该节所阐述的内容总结为几条简明的“组织原则”。对于我们来说，这些“组织原则”无疑是最重要的；不熟悉神经科学的读者可以直接接受它们，作为后续讨论的出发点，而不用先考虑先于它们的数据。

人类大脑的感觉系统

对于大脑内部的几乎所有感觉系统，我们都可以这样来看：它们分如下三个步骤从外界采集数据：(1)转导；(2)编码和初级处理；以及(3)皮层处理。

转导(transduction)是一个将产生于外界的能量传达给膜电压和动作电位的过程(动作电位是一切神经元处理过程的“通用货币”)。电灯泡发射光子，或者扬声器产生的在空气中传播的压力波，这些是发生在外界的物理事件。为了让大脑中的神经元利用这些事件去“引导”行为，这些事件所产生的能量必须首先被转换成可以由神经系统的神经回路进行处理和分析的生物电信号。

在视网膜中(这里只是以视网膜为例，简要地说明大脑感觉系统采集数据的过程)，转导过程发生在被称为视杆细胞和视锥细胞的两类特殊的细胞内部。视杆细胞能够转导许多波长的光子，将它们转换成生物电位，而生物电位是在没有色彩时的夜视能力的基础。视锥细胞有三种类型，它们都是专门化程度更高的转导器，能够以一种依赖于波长的方式实现对光子的转换，这是白天有色彩视觉的第一步。在视杆细胞中，当光线中的单个光子与一个被称为11-顺式-视黄醛(11-cis-retinal)的分子发生碰撞时，这种转导过程就发生了。而11-顺式-视黄醛分子是嵌入在一个较大的被称为视蛋白的

蛋白质分子中间的。而视蛋白，就像其他最重要的神经分子一样，已经在原 145
子结构层面上得到了充分的描述（Nickle and Robinson，2007）。当然，11-顺式-视黄醛分子也像神经系统中的其他许多重要分子一样，已经被测序，被克隆，并被进一步细致地区分为几十个不同的种类。11-顺式-视黄醛分子视锥细胞中发现的视蛋白分子之间的演化关系也已经得到了很好的描述。同样地，视蛋白分子也已经被进一步细致地区分为几十个不同的种类。

当一个光子被 11-顺式-视黄醛分子吸收后，光子携带的能量就被物理转导为视杆细胞的膜电压（membrane voltage）①。这种吸收是一种量子物理事件，驱使该分子瞬时进入一个更高的能量状态，该分子的三维形状的变化反映了这一点。这种不稳定的高能状态（或形状）引发了一个级联放大的生化事件，每一级发生的生化事件都会使本级参与进来的分子的数量进一步增多。直到离子通道（ion channel）②关闭后，这个级联放大反应过程才会结束（离子通道可以让视杆细胞膜中的钠离子渗透通过）。由于通过离子通道的携带着电荷的钠离子会使原来就存在的透过细胞膜的电场的电压增高，所以，关闭这些离子通道的结果是，导致膜电压趋向较低的（更加负）的水平。这就是当初吸收了光子后所造成的生物电事件。因此，“单一”光子探测这项任务是在“单一”视杆细胞的水平上完成的。这是出自演化女神之手的又一个了不起的技术成就，它给人类视觉设置了物理极限，这种物理极限体现在光敏感度上，归根到底是由量子物理定律决定的。

我得承认，上面啰啰嗦嗦地说了一大段，其实只不过描述了整个视觉过程中微不足道的第一步。但是，我这样做是有理由的。那些不熟悉神经系统的学者往往都有一种倾向，即，认为我们所掌握的关于大脑的信息太少，因此怀疑我们关于大脑的知识几乎不可能为我们对认知的分析提供任何具体的约束条件。市面上常见的那种色彩绚丽的描绘大脑皮层分区的脑图，

---

① 膜电压是一种电位（也称电势），当带有正、负电荷的盐粒子被一个细胞的外皮（细胞膜）有效地隔离开来时，就会产生膜电压。这种电化学现象已经得到了很好的描述。

② 离子通道是连接细胞内部和外部的可打开、可闭合的管道。这些原子级的管道是特定的各类盐粒子在细胞内外之间迁移的导管。粒子在现存的电场和浓度梯度的驱动下，从细胞膜的一侧迁移到另一侧。正是带电粒子的这种迁移，才使膜电压发生了变化。

146 反而进一步加深了他们这种印象。他们认为，我们关于神经结构的现有知识无法支持神经层面的建模。但是事实是，这种断言与实际情况差了不止十万八千里。在一本神经科学专业最基础的研究生一年级教材中，作者们花了整整 7 页的篇幅，在原子水平上不厌其烦地描述了我刚才费了很大劲试图说清楚的光子转导过程(Zigmond et al.,1999)。然后，他们又花了数十页的篇幅跟踪描述了当这个生物电信号通过神经系统的各个组成部分时，产生的级联式的影响，直到最后导致了人类认知层面上的知觉经验的形成。没有任何一个年轻的经济学家会认为，一个连瓦尔拉一般均衡的概念都不熟悉的人也可以从事经济学研究；同样地，不了解大脑是如何工作的，就不可能从事神经生物学研究。在本章中，我的目标是，除了其他一些内容之外，为读者提供关于大脑的结构和功能的关键知识。当然，我更大的目标是，将神经科学的各种核心逻辑类描述清楚，上述转导过程只是我们遇到的第一个。

接下来继续以视网膜为例描述大脑感觉系统的数据采集过程。视杆细胞所产生的转导信号是在视网膜中处理的，我们现在已经知道，它所包含的信息内容(在通常的信息论的意义上的)将在相对于外部视觉世界的统计特性的意义上实现最大化(Atick and Redlich,1990,1992;Yan et al.,1996)。

随后，来自视网膜中所有位置的信号(由此，也就是视野范围内的信号)，就被从视网膜拓扑映射到丘脑中一个被称为外侧膝状体核(lateral geniculate nucleus,简称“LGN”)的脑结构中(见图 7.1)。就人类的大脑而言，外侧膝状体核共分六层，每一层都会形成一张关于视网膜表面的“地形图”。

视网膜中央的那些点会投射到这六张“地形图”的中心点上(见图 7.2)。在每张“地形图”上，视觉空间的组织基本上是对数式的；这里存在着一种放大，使得“地形图”上专用于视觉世界的每个平方的空间随着与视野中心点的距离的对数值的增加而下降。正是因为存在着这种对数放大效应，才使我们对视野中央的视敏度远远高于视野周边。

纵观这 6 张“地形图”，我们还可以观察到一个巨大的结构，它揭示了外侧膝状体核强大的存储信息的能力。这 6 张“地形图”分为两组(每 3 张一

组），第一组的3张负责接收来自左眼的信息，第二组的3张则负责接收来自右眼的完全类似的信息。 147

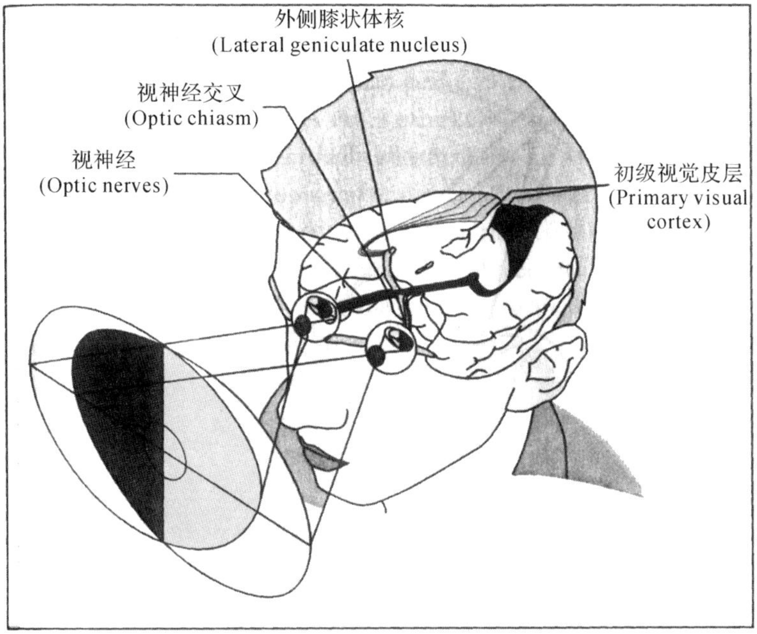

图7.1 人类视觉系统解剖图

在每一组“地形图”中，每一张都只对来自一只眼睛的信息进行编码，其中一张“地形图”专门用于对与运动着的物体有关信息的编码，另两张“地形图”则专门用于对与静止的对象有关信息的编码（见图7.2）。（关于这些编码过程的本科生层次的更加详细的解释，请参阅：Breedlove et al.，2007；研究生层次的，则请参阅：Zigmond et al.，1999。）

虽然关于这些“地形图”的解剖和生理特点，还可以给出许多更专业、更详细的信息（就在我撰写这一章的时候，提供生物医学学术文章索引服务的服务商列出的描述外侧膝状体核的学术论文的总数已经达到了8000多篇），但是适用于全部哺乳类动物的全局性信息建构的最关键的两个要点不外如下：

1. 关于外部世界的信息的“地形组织”（topographic organization）是大脑的基本组织原则。

2. 这些“地形图”都是“专业化”的，从而每张“地形图”都构成了在不同维度上携带或组织信息的一个模块。这是神经组织的第二个关键特征。

148

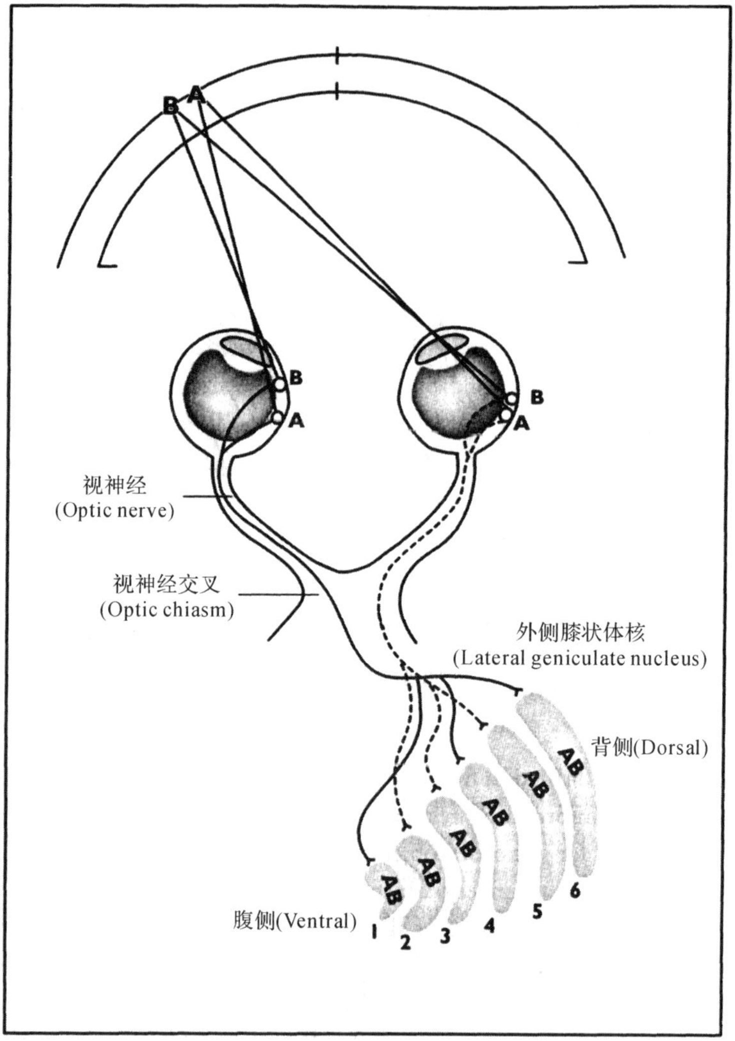

图 7.2　从视网膜到外侧膝状体核的投射示意图

上述两个组织原则是我们将要讨论的许多个大脑组织一般原则中的两个。我们必须将这些原则牢记在心，这对于我们接下来要完成的任务——
149 建立神经生物学与心理学和经济学之间的链接——至关重要。

在哺乳动物大脑中，与视网膜中的输出神经元类似(它们通过自己的轴突将生物电信号发送到外侧膝状体核)，①外侧膝状体核中的输出神经元也通过自己轴突将信号发送到另一个独立的脑区中，这个脑区就是通常所称的第一视觉区(V1)，它是大脑皮质的一个区域(见图7.3)。像外侧膝状体核一样，第一视觉区中也会形成一个关于视觉世界的“地形图”，所有的视觉信息都必须通过这个“地形图”。因为第一视觉区也是按“地形组织”的，所以来自视网膜(以外侧膝状体核为中介)的中心区域的信息仍然会投射在第一视觉区的中心区域上，而且仍然要经过一个作为偏心率的函数的对数放大过程。这样一来，第一视觉区中的神经元就形成了关于视觉世界的又一张生物电“地图”。

如果我们细细剖析这个地图的某个非常小的子区域，比如说，一个面积为1毫米×2毫米的位于“地图”中心部位的区域(它对视觉世界中心0.1度产生的信息进行编码)，我们就能揭示另一个结构度。这是对第一次出现在大脑皮质的输入信息进行组织的一个结构。

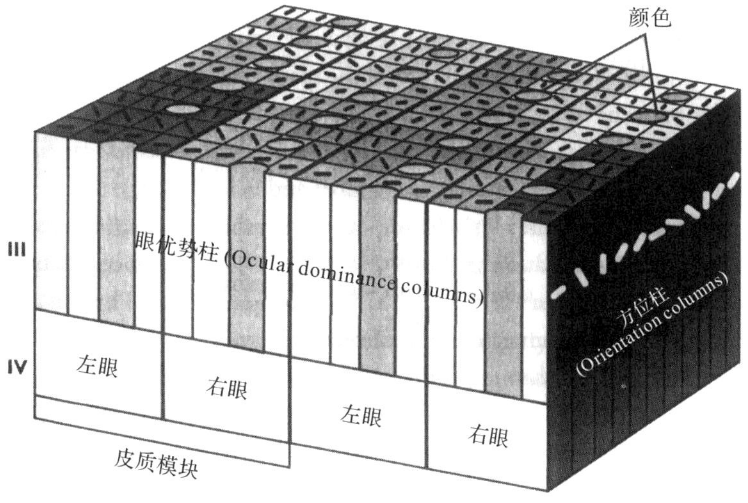

图7.3　第一视觉区的一个切片

我们发现，第一视觉区中的神经元因为从眼睛传入的信息(从而也因为 150

① 轴突是一条长长的导线状的输出管道，通过它，神经元可以将自己对输入信号进行的生物物理积分计算的结果传递到下游目标神经元。

外侧膝状体中的子“地图”输入的信号)而聚集成簇。深入在每一个神经元簇内部的神经元都只从一只眼睛接受输入,而位于不同神经元簇之间的交界处的神经元则同时对来自两只眼睛的信息进行编码。(这是视觉信息处理“流程”中的第一个交汇点,在这里,来自两只眼睛的信息“会师了”。)我们发现,在这个面积为1毫米×2毫米的子区域内,与颜色有关的信息的编码也是高度结构化的。此外,同样被组织进这个区域的还包括其他一些结构化的东西,它们将对光的表征和对暗的表征(或者,更专业一些的说法是,用傅里叶频谱面来衡量时视觉信号的各个相),明暗图案的方位和空间频率,以及视觉刺激运动的速度和方向等分离开来。

这里的核心原则是,在这个关于视觉空间的“地形图”内(它是将视网膜的二维“地形图”移入视觉皮质区域的结果),包含了许多其他维度的数据,而且它们是以一种可重复的、高度结构化的、容易理解的方式排列起来的。这张“地形图”的每一个位置上的动作电位,不仅揭示了光子在视觉世界中的位置,而且还表征了与这些光子的波长分布以及外部世界中明暗模式的时空频率有关的信息。“地形图”包含了关于继发的属性的嵌入式高维编码,这是神经组织的另一个基本特征(Huble and Wiesel,1977)。

第一视觉区的神经元产生的动作电位[1]沿着视觉系统内两条大致平行同时又相互连接的处理线路继续传递(Ungerleider and Mishkin,1982)。首先是由一系列相互连接的专用化的“地形图”连接而成的一条线路,它穿过大脑皮质经背侧(向上)从第一视觉区传出。背侧的有关脑区在很大程度上是专注于分析物体在视觉世界中的位置的。其次是由一系列相互连接的专门化的“地形图”连接而成的一条线路,它向下经腹侧传出,主要用于提取视觉世界中与物体的“身份”有关的信息。当我们的眼光随着这两条线路离开第一
151 视觉区后,我们观察到,专门化的程度越来越高了。在第一视觉区中,关于外部世界的图像组织是全局性的,而离开了第一视觉区后,马上就分解成了我们通常所说的“什么”子线路和“哪里”子线路。而且,在每个子线路内,也

① 动作电位是指一种生物电脉冲,它沿着轴突传播,从而使神经细胞的通信得以进行。因为几乎所有的跨神经元的通信都是通过动作电位为中介完成的,所以有关的信号可以作为神经通信的“通用货币”。

都可以观察到进一步的专门化。例如,在背侧线路中,就有一张只负责编码有关视觉运动的速度和方向的“子地图”。这个事实进一步支持了我们在上面提到过的第二个神经组织原则,即,跨“地形图”的模块化分工的存在。大脑皮质各区域往往执行着高度“专业化”的功能,它们的内在“地形组织”的存在充分证明了这一点。虽然许多“地图”的内在的组织结构尚不清楚,但是至少就每一个已经得到了充分研究的区域而言,这样的结构(以及生成该结构的细胞生物学机制)已经全都显著无遗了。

我在上面所描述的只是视觉系统的最基本的(也是最重要的)组织特点(更深入的介绍,请参阅:Hubel,1988)。尽管如此,关于感觉编码,如下这一组基本组织原则已经很清晰了:

1. 对于来自外部世界的信息的“地形组织”,是大脑的一项基本组织原则。

2. 这些“地形图”都是专门化的,这样,每张“地形图”都可以发挥一个模块的作用,它们携带或组织着不同维度的信息。

3. “地形图”包含了关于继发的属性的嵌入式高维编码,这是神经组织的另一个基本特征。

除了视觉系统之外,对于其他感觉系统内部的信息组织和信息结构,也可以给出类似的描述。每一种描述都能提示出特定感觉系统的神经编码的某些独特的性质,但是很显然,上述三个基本原则是适用于我们所有的感官系统的(而且,正如我们将会看到的,它们也适用于所有的运动系统)。从上面的讨论中,我们要记住的最重要的东西除了上述组织原则之外,还有如下这个简单的事实,那就是,关于人类大脑内部(以及大脑之上)的信息的组织方式,我们现在已经掌握的知识,已经多得可怕了。

灵长类动物大脑的运动系统

尽管灵长类大脑的运动系统也服从上述组织原则,但是在运动系统中,这一组基本机制也面临着一些特殊问题,而且这些问题对决策理论有非常
深远的意义。仅仅是把你的手轻轻移过电脑键盘的表面这个非常简单的动 152

作，就意味着一个极其复杂的计算任务。关节的结构、肌肉的粘度、重力的牵引，全都是需要我们的大脑费大力气去克服的技术问题。一旦我们决定我们做什么动作，数十亿的神经元就要动员起来，从生理上去实现这个动作。这数十亿个神经元，像那数十亿个参与感觉信息处理的神经元一样，分别属于一系列高度组织化的、精确地相互联系起来的运动控制“地图”。这些运动控制“地图”形成了一个“最终共同路径”，通过这个通路，我们做出的所有决策都有了自己的“身体”表达。

如果运动过程——挥舞一支铅笔，说出一个字，或者按下一个键——在计算上都是不复杂的，那么要想理解选择是怎样做出的，我们就只需要观察控制肌肉组织的神经元就可以了。但是，我们知道，灵长类动物大脑的相当大的一部分都是为了实现我们的选择而存在的。我们知道，选择本身必然发生在这个行动的“最终共同路径”的“上游地带”。这一点早在谢林顿创立现代神经科学时，就已经明确指出过了(Sherrington，1947)。当我们构建描述选择的神经生物学理论时，我们必须牢牢记住理解运动控制神经回路的重要性。因此，我们接下来就来讨论大脑的运动控制系统。

关于大脑的运动系统的研究业已表明，用来控制动作的神经机制可以划分成两类独立的机制：一类是作为移动身体的“最终共同路径”的机制，另一类是作为移动眼睛的“最终共同路径”的机制。我们的选择控制的必定是这些神经回路。我们将从眼动系统(eye movement system)开始探究运动控制系统。这也许有点反直觉，但是，神经组织的许多关键原则都是经过关于眼动系统的研究而揭示出来的。由于眼动系统拥有极大的机制简单性，因此它早就成了我们理解运动控制神经回路的一般神经组织原则的最佳窗口。

眼　动

虽然“眼动”的类型多种多样，而且各种类型的眼动都已经得到了很好的研究，但是我们在这里只着重考察一种眼动：快速定向转移目光，即通常
153 所称的“扫视”(saccade)。(关于眼动控制系统的全面的综述，请参阅：Leigh and Zee，2006；关于扫视系统的全面的综述，请参阅：Glimcher，2003b 和

Krauzlis,2005。)也许并不奇怪,不同的神经回路把各种眼球运动分成了不同的功能类,其中大部分都是“不由自主”的。但是,扫视却是一种自愿的眼球运动,因此搞清楚眼睛扫视的控制系统,对于理解我们如何表达我们做出的选择特别有益。

当我们从看一个人的脸改为看另一个人的脸的时候,或者将目光从一个物品转移到另一个物品上的时候,我们都通过快速旋转我们的两只眼球,使视网膜的中心从对准某一个目标移动到对准另一个目标。眼球的高速转动是由眼部肌肉的动态收缩所导致的,而眼部肌肉又是由脑干中的一组神经回路控制的(决定眼球运动时的位置和转动速度)。这些神经回路将眼球的每个运动分解为两个正交维度,然后调节所有六块眼部肌肉产生的收缩力,以确定眼球的瞬时速度和位置。反过来,这些脑干神经回路所接收的主要输入则来自一个被称为上丘(superior colliculus)的脑区;从演化的角度来说,上丘是一个非常古老的中脑结构(见图 7.4)。

依然与外侧膝状体核相似,上丘也是按“地形图”组织的;但是略有不同的是,上丘中的“地形图”(或者,更确切地说,上丘中的所有 7 层结构的各中间层)要编码的是运动的特征,而不是外部世界的特征(例如,请参阅:Robinson,1972)。

这也就意味着,如果假设上丘的“地形图”上某个位置的激活是与一个人的凝视的视线向右移位 10 度联系在一起的,那么该地图上相邻位置的激活就可能是与这个人凝视的视线向右移位 11 度相关联的;而且,在 10 度的位置的另一侧的相邻位置的激活则可能是与这个人凝视的视线向右移位 9 度相关联的。如图 7.5 所示,这个运动结构的激活模式对视线的所有可能的移位方式都进行了“地形编码”。

然而,特别有意思的是,先于眼球向右移动 10 度这个动作而出现的,并不仅仅是位于“地形图”上“向右 10 度”这个位置上的一个单一的神经元的激活。恰恰相反,在眼球向右移动 10 度这个动作实施之前,无论是在时间的角度来看,还是在空间的角度来看,都会出现分布相当广泛的激活状态。有的时候,在眼球向右移动 10 度几秒钟以前,我们就可以观察到,“地形图”上相当一部分区域的动作电位发放率已经开始逐渐上升了;而且,地图上这种“广泛”的激活的最高点恰好出现在与向右移动10度有关的那个位置上。

154

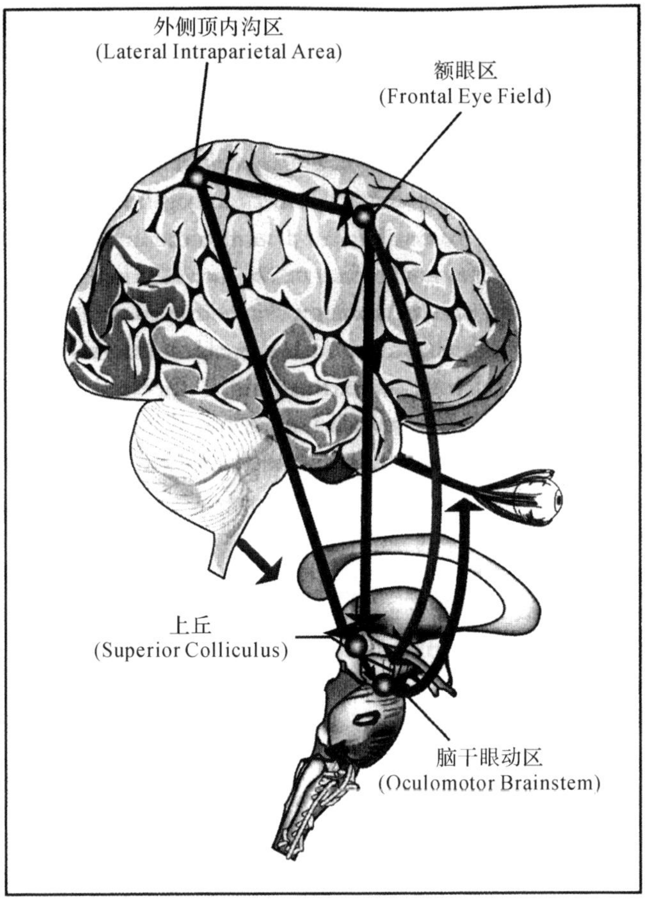

图7.4 眼动系统

当眼睛离开这个位置后，动作电位发放率就会以动作幅度的对数的高斯函数下降(同时，下降速度也是地图上的物理距离的线性函数)。单纯从概念上讲，我们可以认为这是一个出现在地图上的激活程度的“山峰”(见图7.6)。(是的，如果人们从垂直这个维度去想象动作电位发放率的话，那确实像一座山峰。)事实上，这其实是一座绵延相当广阔的小山，在一个眼球动作出现之前，从距离上看，它最多可能横跨整张地图的六分之一(Spark，1978)。

155

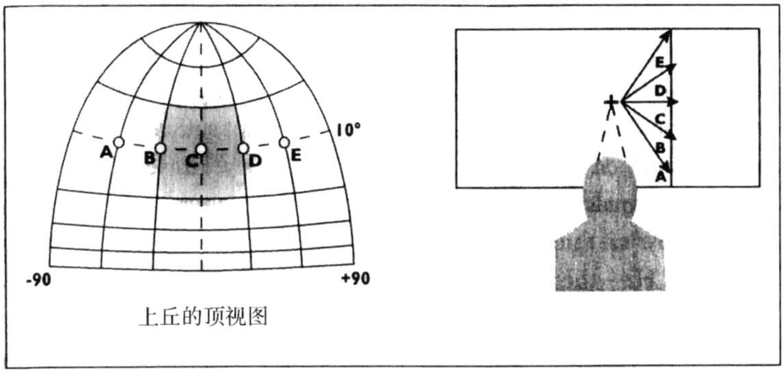

图 7.5　上丘

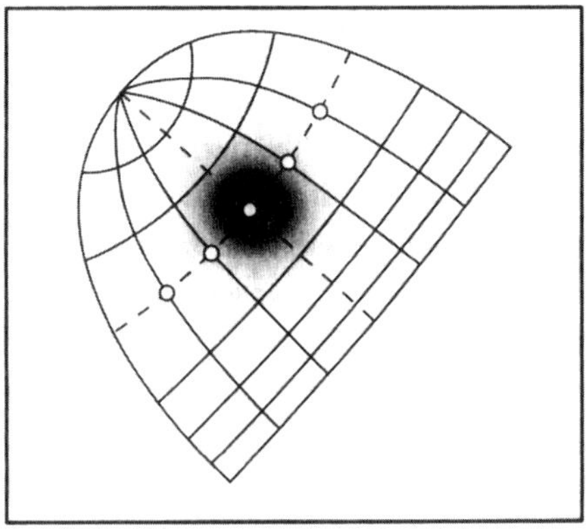

图 7.6　上丘中的一个“激活的山峰”

人们还注意到了,这个激活模式的时间结构也是定型的,而且是高度结构化的。在眼球的某个动作出现之前很久——这个时间间隔的单位可能是秒,也可能是毫秒,取决于具体的动作的性质——以这个即将到来的特定动作的“地形坐标”为中心的激活的“山峰”可能是相当“低平”的:在这座山的中心区,动作电位发放率最低时可能只有 10 赫兹至 20 赫兹。然而,当到了一个动作马上就要出现的时候(通常是动作“启动”前后 30 毫秒),整座“山”的激活水平会突然从低于 100 赫兹急剧上升到 1200 赫兹(中心位置)。上 156
丘的这种“突然爆发”,是这个脑部组织的一个有趣的生物物理特性的反映。在通常状态[或静息状态(tonic)]下,这个脑部组织的最高放电率大约为 100 赫兹,这种活跃程度是不足以激活脑干中实际上移动眼球的相应神经回路的。然而,一旦上丘接收到的来自“上游”的冲击信号的强度超过一个固定的生物物理阈值，即，一旦这些信号使上丘的激活水平超过了100赫兹，那么它马上就会变得活跃得多。这是一种非线性的（而且基本上是不连续的）转换，使上丘在突然之间就完成了从低频的静息模式到“爆发”状态的切换。而一旦进入了“爆发”状态，地图上的激活就在很大程度上变成自我延续的了，那就是说，高水平的激活状态可以在无须进一步的输入的情况下维持一段时间。上丘这个更高的活跃水平又激活了脑干中执行眼球运动的相应神经回路——上丘的突然“爆发”，“要求”脑干中的这个神经回路使眼球在实际上转动起来（Isa，Kobayashi and Saito，2003；Lee and Hall，1995）。

因此，我们可以认为，上丘中的“爆发”是为了生成扫视这个动作而出现的“有意的”级联事件中的最后一个。上丘“爆发”一旦发生，阈值就会被超过，眼球运动就会出现。这就是说，当我们做出了让眼球运动一下的选择之后，一旦上丘过渡到了“爆发”模式，那么这个选择就变得不可撤销了。那么，在这种“爆发”之前，上丘的活动状态究竟是怎样的呢？有趣的是，上丘通常的情况往往是这样的，在静息模式下（即，在任何“爆发”被启动之前），上丘能够保持两个或多个低频的激活“丘陵”（Glimcher and Sparks，1992）。很多研究人员都已经观察到了，当没有任何“爆发”引致任何实际动作时，上丘组织中可能有两个或两个以上的动作子阈值被同时“受理”（Basso and Wurtz，1998）（见图7.7）。事实上，神经科学家们甚至已经证明，这些不同的模式的活跃程度（即，任何一个时刻同时存在于上丘“地图”中两个或多个“丘陵”的高度）可能彼此相去甚远，这就是说，某个“潜在动作”的活跃程度比其他“潜在动作”高得多（Dorris and Munoz，1998）。

然而，一旦上丘组织过渡为“爆发”模式，那么这种“爆发”就会激活一种强有力的抑制[①]机制。这种抑制作用散布于整张地图，并使“爆发”区域外的所有神经元都“沉默”下来（Dorris et al.，2002；Ozen，Helms and Hall，2003）。

---

① 这种抑制可以被认为是“爆发”的一种“负像”。“爆发”的神经元通过它们的轴突，并通过与它们的轴突接触的中间神经元，向整张上丘地图中的其他神经元发送了一个抑制信号，从而确保在同一个时间、同一个位置只有一个“爆发”。

157

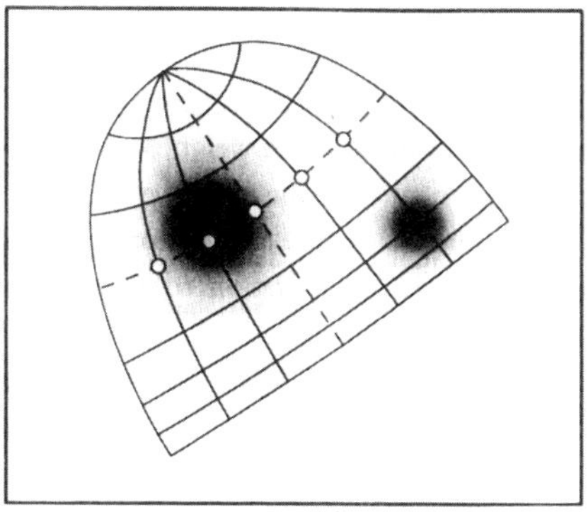

图 7.7　两个可能的动作同时呈现在地图中

因此，如果上丘内同时出现了两个或多个低矮的“激活丘陵”，然后其中的某一个跨越了阈值进入了“爆发”模式，那么它就变成了一座“激活山峰”，并能够有效地使其他低矮的“激活丘陵”保持“沉默”。在某种意义上，我们可以把这些低矮的“激活丘陵”之间的相互作用视为一种竞争关系：在某个特定的时刻，在所有这些低矮的“激活丘陵”当中，只有一个可以激发控制实际的眼球运动的神经回路。在神经生物学家的圈子里，这种竞争性的互动通常被称为“赢家通吃”机制（van Beuzekom and van Gisbergen，2002）。而从纯粹数学的角度来看，我们可以把这些低矮的“激活丘陵”之间的互动设想为一个“argmax”运算。在任何一个时间点上，只有激活程度最大的那个“山峰”才能控制我们的眼睛去做什么动作。当一个“山峰”接收到的信号足以使它越过生物物理门槛，引发实际动作的时候，所有其他“候选丘陵”都得暂时保持“沉默”。

最后一点。现在已经证明，由活跃的“山峰”引发的动作的精确幅度是这个爆发的“山峰”的整体活跃程度的矢量平均（Lee，Roeher，and Sparks，1988）。这就告诉我们，“下游”的神经回路是如何利用这种“爆发”去构建它们实际上执行的动作的。从这些下游神经回路的角度来看，我们可以认为上丘中每个“爆发”的神经元都与某个基于它在“地形图”上的位置的动作相关联。在“爆发”阶段，每个神经元都能够有效地为它的“最佳运动”“投票”——当然，它“投票”的力度是用它的放电率来编码的。我们还可以证明 158
（通过在实验中控制“爆发”的空间结构），脑干中的相应神经回报所实际执行的动作，其实可以简单地归结为神经元“投”下的这些“票”的加权平均值，即，在正常的生理条件下，激活“山峰”的中心位置的动作。因此，这种矢量平均过程保证了，尽管激活模式可能分布得非常广泛，但是最终产生的却是一个高度精确的动作。

现在总结一下。上面以眼睛扫视动作为例的阐述表明，动作生成的神经机制的关键特征是：

1. 产生“扫视”这个眼球运动的过程，是由一个最终共同路径的激活所驱动的。[①] 无论我们对我们想要做出什么动作怎么深思熟虑，在通过控制运动的神经回路中的“最终共同点”之前，这种思考过程都必定要结束。

2. 在这个“地形组织”的最终共同路径内，与某个特定的动作相关的激活是广泛地分布着的，但是这种分布特点不会影响通过矢量平均对最后出现的实际动作的非常精确的控制。

3. 要真正产生一个实际动作，地图上的某个特定位置上的激活速度必须超过一个生物物理阈值。一旦出现了这种情况，所有其他可能的动作都会受到抑制，直到当前运动完成为止。

理解运动控制神经回路的这些特征是对选择行为进行研究的先决条件。因此，下一个关键的问题，就是要搞清楚到底是什么原因导致了上丘地图上的这种激活模式。上丘与一个由一系列相关脑区构成的小型网络之间存在着交互作用，这个小型网络提供了上丘接收到的许多输入（但不是全部），所以我们接下来就来讨论这些脑区的特点和功能（见图 7.8）。这些脑区都包含着一张关于眼睛扫视动作的“地形图”，而且所有这些“地形图”都是与上丘中的“地形图”相互关联的（以“地形组织”的方式）。

---

① 然而，如果上丘被手术切除，那么眼睛扫视功能就会完全消失，但是这种状况只会持续几天或几个星期的时间（Schiller et al.，1987）。随着时间的流逝，大脑中不久之后会出现一个“第二结构”，那就是额眼区，它会发展出这样一种能力：直接通过一个较弱的但预先存在的通道触发脑干中的相应的神经回路。不过，神经生物学界的共识是，在正常的（非病理）条件下，上丘中已经形成了一条单一的用来生成这种动作的最终共同路径。

159

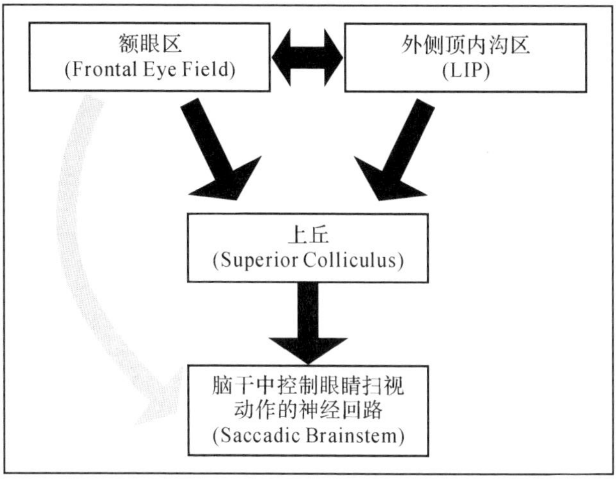

图 7.8 控制眼睛扫视动作的各个脑区

构成这个丘外网络的至少包括以下两个皮质区：额眼区（FEF）和外侧顶内沟区（LIP）。①

还有其他一些脑区也与这三个脑区相连，这表明这些脑区也是扫视动作控制网络的组成部分。额眼区、外侧顶内沟区和上丘之间的连接非常强，构成了一个小网络，这表明它们是主要的控制脑区，但是这种区别主要是一种程度上的区别。“眼睛扫视控制网络”最重要的组成部分几乎可以肯定是第二眼区（supplementary eye field）。在接下来的讨论中，我们仍然将把重点放在额眼区、外侧顶内沟区和上丘这三个脑区上面，因为这给出了一个清晰的边界。当然，其他脑区也都是很重要的，不过，在这里总结出来的原则也同样适用于这些脑区。

然而，在回过头来重点讨论额眼区、外侧顶内沟区和上丘这三个主要脑区之前，还必须先指出一点，那就是，它们总是通过密切的相互作用紧密地相互协调起来的（Platt，Lau，and Glimcher，2004）。事实上，在大多数的模型中（例如，Schall 160
and Thompson，1999），通常假设给上丘提供主要的输入的是额眼区的激活，而且

① 不过，精确地说，这些脑区中的“地形组织”有哪些特征，仍然是一个有待进一步研究的问题。以额叶区为例，现在已经知道，地图上的背腹向运动对扫视的方向进行编码，但是我们仍然没有完全搞清楚，扫视动作的幅度是如何在这个“地形图”上编码的（Bruce Goldberg，1985）。

正是这种激活驱动着上丘地图突破了前述阈值，导致了“爆发”的出现。

顶叶皮质中的外侧顶内沟区虽然也与上丘和额眼区非常密切地相互连接着，但是通常认为它要解决的是另一个稍微不同的问题；对于作为动作生成过程的必不可少的一部分的坐标转换来说，这个问题是至关重要的（Andersen，1987；Colby and Goldbeg，1999）。要搞清楚外侧顶内沟区要解决的到底是什么问题，请读者考虑如下情景。一个视觉刺激引起了一个行为主体的吸引力，这个视觉刺激位于他（或她）原来的视觉中心偏右 10 度的方向上。然后，他（或她）决定做一个扫视动作，即，将自己的目光对准那个视觉刺激。从原则上说，似乎很容易就可以搞清楚，我们大脑中的神经回路是如何完成这个感觉到动作的过程的。视觉刺激在视网膜的中心偏右 10 度的位置造成了激活，接着，这个激活传播到了外侧膝状体核地图中心偏右 10 度的位置，然后又传播到第一视觉区……依此类推，直到它最终导致额眼区和外侧顶内沟区地图中心偏右 10 度的位置的激活。而这反过来又激活了上丘地图，并产生了相应的眼球运动。

接下来，我们再考虑一个更加复杂的情况（相对于上面这个例子，这种情况的设定可能会显得有些“做作”，但是它可以将一个重要的问题清晰地呈现出来）。假设正当这个行为主体向左转 10 度去看一个人的脸的时候，一只萤火虫在他的原来的视线中心偏右 10 度的地方闪烁了一秒钟。如果他现在决定看一看这只萤火虫，那么他的大脑内部会发生什么？（我们都知道，人类是可以轻而易举且非常准确地做出这类动作的。）虽然这只萤火虫在他视网膜中激活的点位于中心偏右 10 度的位置，但是要把视线对准这个刺激，这个行为主体就必须让自己的眼球转动 20 度。那么，这到底是怎么实现的呢？答案是，这要依靠位于后顶叶的一些很明显非常粗壮的神经回路来完成这个转换：它们会将萤火虫的位置存储下来，然后更新位置信息，以解决眼睛要多转动 10 度这个问题。对于准确的臂和手的动作来说（在这类动作中，相对于臂和手，眼睛往往处于运动中），这个过程尤其重要。此
161 外，顶叶皮质的前部也有许多脑区是专用于解决这一类“坐标变换”问题的。

因此，眼睛运动的完成，需要一个由许多脑区组成的最终通用网络的协调行动，而且这些相关的脑区都是以高度结构化的方式发挥作用的。在这

个网络中，最关键的组成部分是上丘、额眼区和外侧顶内沟区。这些脑区都已经得到了广泛而深入的研究，它们对眼球运动控制系统的贡献也已经得到了很好的刻画。每个脑区可以被看作是控制扫视的最终共同路径中的一个成员，不过，充当这个最终共同路径的最后一个因素的，却是上丘中的“爆发”神经回路的生物物理性质。这种爆发是一个门槛，或一个关口，必须超过它，实际的动作才会出现。

身体动作

身体动作（包括由口腔、舌头、喉部和肺部共同协作，发出声音的动作）是受一个类似的系统控制的。眼球运动控制系统的几乎所有组织特性，身体动作控制系统也都具备，但是由于对身体动作的控制面临着一些特殊的挑战，因此上面提到过的负责坐标转换的各个顶叶皮质区域的重要性就显得更加突出了。

在大脑的中央沟的“岸”的前部（中央前回），是人们通常所称的第一运动区（motor area1，简称“M1”）。在做出了需要调动骨骼肌肉的动作的情况下，第一运动区发挥着控制系统的最终共同路径的作用。像我们迄今遇到过所有其他脑区一样，第一运动区也是“地形组织”的。在第一运动区中，有一个区域的神经元负责肩部动作的编码，而与这些神经元相邻的另一些神经元则负责臂部动作的编码（Penfield and Rasmussen，1950；Woolsey，1952）。关于第一运动区内部的精细组织结构的准确细节，目前仍然处于研究当中（例如，Meier et al.，2008），但是毋庸置疑，这个“地形组织”的脑区是将信号投射到脊髓，以控制肌肉的。

与上丘非常相似，第一运动区的神经元也是在实际的动作出现之前很久就已经处于激活状态的。而且，我们可以观察到，在动作真的付诸实施时，第一运动区的神经元的激活程度急剧增加（Tanji and Evarts，1976）。同样与上丘中发生的情况类似，具体的身体动作也是由处于激活状态的神经元组（或“群”）来编码的。还是与上丘相似，第一运动区也是嵌入在一个由一系列相互协调、相互作用的皮质区组成的网络当中的。在这个网络中，最关键的成员包括：(1)运动前区皮质（premotor cortex），这个脑区在该网络中的地位类似于额眼区；(2)顶叶皮质(parietal cortex)，它包括了好几个子脑区，包括了解剖学家所称的布罗德曼第 5 区和布罗德曼第 7 区，我们可以说这个脑区在该网络中的地位类似于外侧顶内沟区；以及(3)辅助运动区(supplementary motor
162 area)，其地位类似于眼球运动控制系统中的辅助眼区。

骨骼肌肉动作系统不同于眼球运动系统的一个重要的方面体现在感觉运动转换(sensory motor Transformation)的相对重要性上，对此，我们在上面所举的那个“萤火虫与眼睛运动”的例子中已经提到过了。为了阐述清楚为什么感觉运动转换对于骨骼肌肉运动系统是特别重要的(而且是经常要计算的)，不妨考虑以下这个情景：有一个行为主体，仰天躺在地上，用双臂将一对杠铃从胸口向上推举。如图 7.9 所示，这个行为主体要做的是，让手掌的中心沿一条直线离开自己的身体，而这就需要他的 3 个臂关节在 7 个自由度的范围内，产生一种旋转运动。

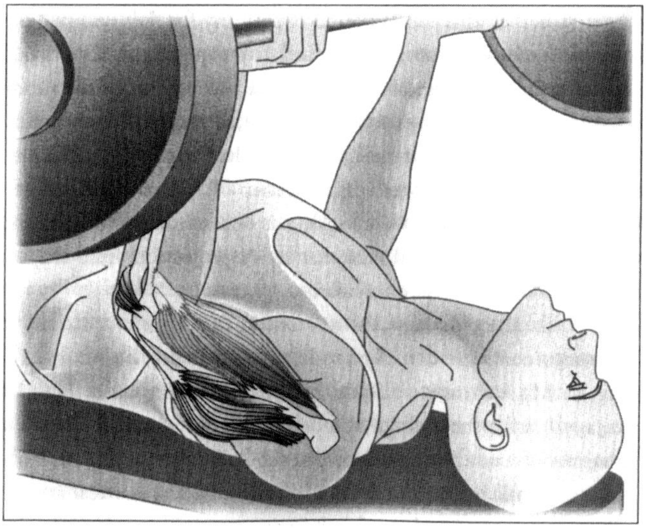

图 7.9　克服重力，用手臂举起重物(图中黑色部分是肱三头肌)

而为了完成这项“运动”，这个行为主体要做的主要动作就是收缩肱三头肌、克服重力作用将杠铃向上抬举起来。接下来，我们再来考虑这样一个情景：同一个行为主体要让手臂做出表面看来似乎完全相同的动作，只不过这一次这个行为主体必须采取俯卧姿势(见图 7.10)。

163

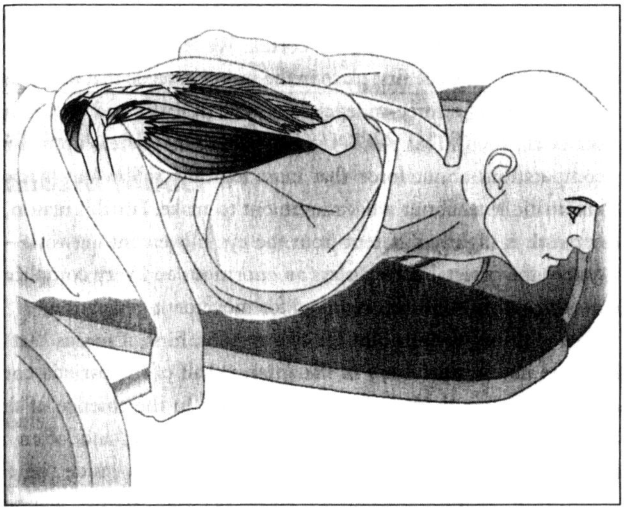

图 7.10　利用重物的力量来伸展手臂(图中黑色部分是肱二头肌)

在如图 7.10 所示的条件下，这个行为主体的动作仍然是让手掌中心沿直线离开身体，但是因为重力现在是“帮助他”，而不是“阻碍”他做这个动作的，因此，他这一次是通过放松肱二头肌，而不是通过收缩肱三头肌来完成这个动作的。这个对比最重要的意义是，这个“举重运动员”做出的选择都是伸展他的手臂，所以他做出的是同样的动作，但是却需要调动非常不同的肌肉(力量)。正如我们已经知道的，第一运动区和运动前区皮质的神经元对这两个动作的处理是很不相同的。这些脑区要对做出某个动作所需要的力量进行编码；在一定程度上，甚至还要对力量相对于时间的一阶导数进行编码(Evarts and Tanji，1974)。但是，当我们决定做出一个动作的时候，总是相对于动作而言的，而不是相对于做出该运动所需要的力量而言的。换句话说，关于动作的决定是在所谓的“运动学”(kinematic)①的意义上做出的，而不是在肌肉力量的意义上做出的。要想推导出一个动作进行过程中的任何一个给定的时刻需要的力量，就必须对手臂在重力场中的运动进行复杂逆数学建模，这种建模似乎大多发生在顶叶皮质的前部和中部，以及第一运动区和运动前区皮质区。我们之所以知道这一点，是因为我们知道布

① 或者，在纯粹的运动的意义上。

164 罗德曼第5区的神经元是依赖于力量的动作所需要的运动级联的第一级(Kalaska and Hyde,1985;Kalaska et al.,1990)。这也就将这些脑区的神经元放到了关于力量的计算的“上游”位置,当人们做出了一个“运动学”意义上的决策——接下来要做什么动作——的时候,这种计算的要求也就合乎逻辑地产生了。也正是由于这个原因,第一运动区网络与眼球运动网络存在着一些差别:在这个系统中,顶叶在型构产生动作所需的力量的过程中,发挥着极其巨大的和非常复杂的作用。

这一点非常重要,原因主要有两个。首先,这意味着,在顶叶皮层中,靠前的一半所包含的神经机制用当前的理论就能够很好地予以解释了。如果没有了这些神经回路,动作就会紊乱,或者变得非常不精确,在很多时候甚至根本不会被执行。其次,这一点还意味着,这些神经回路明显是属于产生动作的最终共同路径的(在整个级联网络都属于一个最终共同路径这个意义上),因此,也就至少是部分地处于我们所做出的任何关于执行什么动作的决策的“下游”的。关于这一点,我们在以后的章节中还会涉及。

结　论

当我们研究灵长类动物的神经系统的结构特点时,我们可以发现一系列技术约束,它们形塑着我们对这些神经回路如何互动的思考。其中一个例子是,我们现在已经知道,无论是感觉系统,抑或是运动系统,都是以“地形图”的形式排列信息的。我们还知道,在整个神经系统中,有相当大的一部分是专门用于感觉信号的初步处理和动作的组织和生成的。这些神经回路,从其演化起源的角度来看,都是相当古老的;它们必定只接收非常专门化的特定输入。我们可以把它们看作是我们将要建构的模型的约束。我们还知道,在资源有限的运动系统中,当多个输入相互竞争(以产生唯一的输出)时,这些神经回路会发生怎样的变化。这些信息带来的挑战是,我们能否利用这些神经生物学基元,这些哲学意义上的“自然类”,去构建一个关于选择的“基元理论”(primitive theory)。这个基元理论能够与期望效用理论联系起来,形成一个基本的“硬”的期望效用理论(“硬期望效用理论第一版”)。

第八章 “硬”的期望效用理论与标准模型的雏形

本章的核心目标是,阐明如何直接把一个原先就存在的基于效用的选 165
择理论与一个原先就存在的描述选择的产生的神经机制的神经生物学理论
联系起来。效用理论告诉我们,任何一个遵循显示偏好的一般化公理的相
当有限的约束条件的行为主体,从其行为来看,似乎都有一个前后一致的关
于可选项的主观价值的内在表征,而且似乎都拥有一个决定选择哪个可选
项的机制——即,选择价值最高的那个可选项。在过去 30 年以来,大量神
经生物学研究都在跟踪多个刺激(或多个可选项)通过神经系统时的通路,
并且已经在解剖学的层面上探明了这些信号与产生相应的动作的运动控制
神经回路相连接的地点。然而,这两个领域的研究成果,却是基本上互不相
干的。

这种断裂反映了两个事实。首先,直到现在为止,基于效用的那些理论
模型一直对机制保持着沉默。几乎所有的经济学家都坚持这样一种信仰:
他们认为,当我们明确地断言,“任何一个服从显示偏好的一般化公理的行
为主体,从其行为来看,似乎都有一个关于摆在他(或她)面前的各可选项的
主观价值的前后一致的内在表征”,并不意味着这个行为主体真的有这样一
种内在表征。这确实已经成了他们的信仰,即使任何一个合格的经济学家
都能够证明,这样一种神经表征可以成为引致服从显示偏好的一般化公理
的行为的最不复杂的工具。其次,虽然神经生物学理论已经给出了许多关 166
于机制的洞见,但是它们在纯粹的理论方面仍然是相当弱的。神经生物学
理论在描述连接感觉处理神经回路与运动控制神经回路之间的通道时,所
用的标准“模型”,仍然是条件反射及其直接“后裔”。在描述他们获得的数

据和设计新实验时，神经生物学家所依赖的主要工具依然是“刺激—反应耦合”。神经生物学界的状况确实就是这样，尽管自20世纪60年代以来，神经生物学家其实已经很清楚，这类模型无法有效地或准确地预测行为主体面对多个可选项时的选择(例如，请参阅：Herrnstein，1961；关于这方面的文献的全面综述，请参阅：Herrnstein，1997；另外，也可以参阅：Glicher，2003)。

那么，神经生物学的观察结果可以与经济学理论相“调和”吗？或者更具体一些，“硬”的显示偏好的一般化公理或“硬”的期望效用理论真的能够用来更好地解释现有的神经生物学数据，并给出更好的预测吗？将内容更丰富的神经系统模型锚定到效用理论上去后，真的会让我们对行为做出全新的预测吗？要想回答这些问题，我们可以采取的第一个步骤是，认真对待我们现在已经掌握的关于隐藏在选择行为的神经结构的信息，并尝试通过效用理论的镜头来重新审视这些事实。对于神经生物学家来说，这就意味着追问：传统上被视为可以用“刺激—反应型”模型来解释的那些神经生物学数据，是不是(至少在原则上)可以通过“效用理论型”模型来解释——我们知道，这类模型在行为层面上无疑要更加简约得多。而对于经济学家来说，这就意味着追问数据在灵长类动物大脑中被存储、被处理的方式，是不是可以与诸如效用理论这样的最简单的算法兼容。

我相信，对于所有这些问题，我们只有一个答案，那就是“是的”。但是，要得出这个结论，并不是一蹴而就的。在这一章中，我将尝试迈出第一步。我将按时间顺序介绍过去30多年来神经生物学领域得到的其中几个最关键的与决策相关的结果；所有这些关键的早期结果都来自对处于“清醒行为”状态的猴子大脑中的单个神经元的研究。几乎所有这些研究都有一个共同点，那就是，它们都是用来跟踪神经系统中的刺激—反应关系的。我希望通过介绍这些研究告诉读者的是，这些结果是全都与期望效用理论的一个简单的“算法实现”(algorithmic instantiation)兼容的(或者，在某些情况下，是与显示偏好的一般化公理的“算法实现”兼容的)。关于这一点，我与我的同事迈克尔·普拉特早在1999年就已经在一篇论文中指出过了(Platt and Glimcher，1999)。因此，在本章的最后，我们将进一步发掘那篇论文给出的数据的意义。在本章后面的章节中，我还将对这些思想进行进一步的提炼。在那些章节中,我将阐明,来自神经科学和心理学的更多数据将如何与来自经济学的理论交互作用,形成一个更加复杂的效用理论。来自神经经济学的所有三个母学科的学者都有可能会认为,本章提出的问题比它回答的问题还要多。因此,我要在这里向读者提出这样一个要求:请你像画一个内克尔立方体(见图 8.1)一样对待本章的内容,即,尽量放松心理,允许多个解释共存。为了保证这样的事情能够发生,我们将从阐述“硬”的期望效用理论的主要特点开始。

167

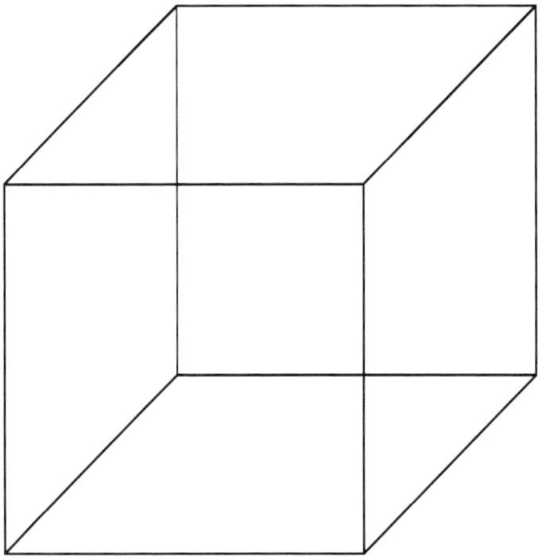

图 8.1 内克尔立方体(Necker Cube)

“硬”的期望效用理论:一个简单的理论

“软”的期望效用理论其实是一组关于行为的公理。这种理论认为,行为主体的行为显示了该主体对给定的选择对象的完全的偏好排序,这也就是说,该行为主体的偏好满足传递性、独立性和连续性公理。这些都是可检验的假说。事实上,说一个行为遵守这些规则,就等于说从他的行为来看,他似乎:(1)有稳定的单调效用函数;(2)客观地表征概率;(3)取效用与概率的乘积;以及(4)在进行选择时会选择可选集中期望效用最高的那个元素。

推而广之,“硬”的期望效用理论就是指这样一个理论,一个行为主体之 168
所以遵循这些规则,是因为他:(1)确实有稳定的单调效用函数,这种效用函数把备选的对象的客观价值转变为神经系统中某个地方的主观价值(本书

第四章讨论了这种可能性)；(2)效率是隐含地或明确地在神经系统中表征的；(3)取效用与概率的乘积，并在神经系统中表征这个数量；以及(4)在对一系列备选对象进行选择的时候，通过进行某种神经运算，能够有效地把当前备选集中期望效用最高的那个元素选择出来。①

正如我们在本书第六章已经讨论过的，我们之所以要对“软”的期望效用理论进行修正，使之变成“硬”的期望效用理论，是因为我们必须尊重如下事实：“软”的期望效用理论内含的效用概念(那是一种行为学意义上的测度)是序数型的，但是神经科学研究则证明，“内在效用”或“主观价值”(那是一种神经生物学意义上的测度)则不但完全是基数型的，而且拥有一个独一无二的零点(或基线水平)。在下文中，为了在体现这些概念之间的相关性的同时，也能保证其独立性，我们将一直把神经形式的效用称为“主观价值”。②

在提出了这种“硬”的期望效用理论之后，我们必须回答的第一个问题是：我们是否能够找到实实在在的神经证据(哪怕是最初步的)，证明，(1)主观价值的表征的存在，(2)概率的表征的存在，(3)主观价值与概率的乘积(期望主观价值)的表征的存在，以及(4)存在着一种神经计算的机制，它能够从选择集中选出具有最高的“期望主观价值”的元素，并通过与运动控制
169 系统的互动，产生特定的身体动作，去执行这种选择。

而要想回答这个问题，我们必须先回答如下问题：在构成了灵长类动物大脑的那几十亿个神经元中，最有可能找到上述表征信号的是“什么地方”？在最纯粹的因果关系的层面上，似乎有一个非常明显的起点，那就是，应该到那些负责身体动作的神经元——即，我们在第七章中描述过的那些运动

① 对于非经济学家读者来说，必须牢牢记住效用与期望效用之间的区别，这一点非常重要。效用是选择的对象的主观价值；而期望效用则是效用与概率的乘积，独立性公理也暗示了这一点。

② 在形式上，我们想要做的是，将一个在神经生物学层面上构建的被称为“主观价值”的理论对象，与一个在经济学层面上构建的被称为“效用”的理论对象链接起来。在泰勒和普格所指出的意义上(Teller and Pugh，1983)，这里存在着一个“链接假说”，那就是，主观价值与效用之间是成线性比例的。在形式上，我们也提出一个假说，认为在神经生物学理论中，还包括一个被称为“动作”的对象，约定它与经济学中的被称为“选择”的那个概念是相同的(同构的)。正如居尔和佩森多费尔曾经暗示过的(Gul and Pesendorfer，2008)，要保证经济学和神经生物学之间的双向互动，这两门学科之间就必须至少存在一个完全同构的“对象对”。

控制神经回路——中去找。它们是最终共同路径,所有的动作和选择都必定发生在这些地方或它们的“上游”。

例如,假设我们要求一个人类被试通过按下电脑键盘上指定的两个键当中的某一个来在两个可选项之间进行选择(而且观察到这位被试通过手臂运动完成的决策都是服从期望效用理论的),那么,这整个感觉—运动链条的终点,也是我们有充分的理由去探寻期望主观价值表征的,将会是这样一些脑区:第一运动区、运动前区皮质、辅助运动区,还有顶叶的布罗德曼第5区和第7区。如果我们是要求被试用眼球运动来表达他(或她)的决定的,那么我们自然就会到控制这种表达决策的动作的神经回路汇聚的终点去寻找,那就是:上丘、额眼区和外侧顶内沟区。

纯粹出于技术方面的原因,在本章中,我们将主要在自愿眼球运动控制系统中寻找这个问题的答案。正如我们在前面的章节中已经阐述过的,对这个系统的研究的结论通常能够推广到手臂运动控制系统中;而且眼球运动的生物力学性质,决定了对眼球运动控制系统的研究的复杂性会更低一些。与手臂不同,眼球运动不受重力负载方向变化的影响。眼球只是简单地围绕自己的质心转动,而且那是一个高阻尼系统,对惯性完全不敏感。总而言之,对眼球运动控制网络的研究,早就成了我们旨在理解动作一般是怎样产生的这个问题的所有研究的基础和范本。

还有一点也同样重要,值得在此强调一下。所有这些对运动控制系统的研究,主要是在猕猴身上进行的。从遗传谱系的角度来看,这种动物是在距今大约2500万年前与我们人类分道扬镳的,因此从演化的角度来看,它们是与我们人类相当“亲”的近亲。唯一比猕猴更接近我们人类的现存的动物是现代猿类动物(例如,黑猩猩和大猩猩),然而,科研伦理方面的限制排除了对这些与人类如此“亲”的近亲进行侵入性实验的可能性。出于这个原因,在20世纪80年代和90年代进行的关于眼球运动控制系统和手臂运动控制系统的最复杂、最尖端的研究,全都是在猕猴这种灵长类动物身上进行的单神经元记录研究和多神经元记录研究。我们接下来就来讨论这类文献。

170 将感觉与反应联系起来

1976 年,丹次俊(Jun Tanji)和爱德华·埃瓦茨(Edward Evarts)给出了第一个关于选择的单被试神经元数据集,尽管那只是一种非常简单的选择行为。他们的实验现在已经成了一个经典实验(Tanji and Evarts,1976)(见图 8.2)。在这个实验中,他们将被试大脑第一运动区中与手臂运动有关的神经元的活动记录下来,而被试要完成的“行为任务”却平淡至极,甚至可以说是“无聊”。当实验任务开始后,被试会看到实验者用有色灯光发出的指示。如果在看到指示后,被试做出了推或拉的动作,就能够得到奖赏,但是如果被试同时“又推又拉”,那么就不能得到奖赏。但是,在某一轮实验中,被试做出动作后并不能立刻获悉能否得到奖赏:随后会出现另一个刺激,告诉被试,它在这个轮次中哪个动作可以得到奖赏。

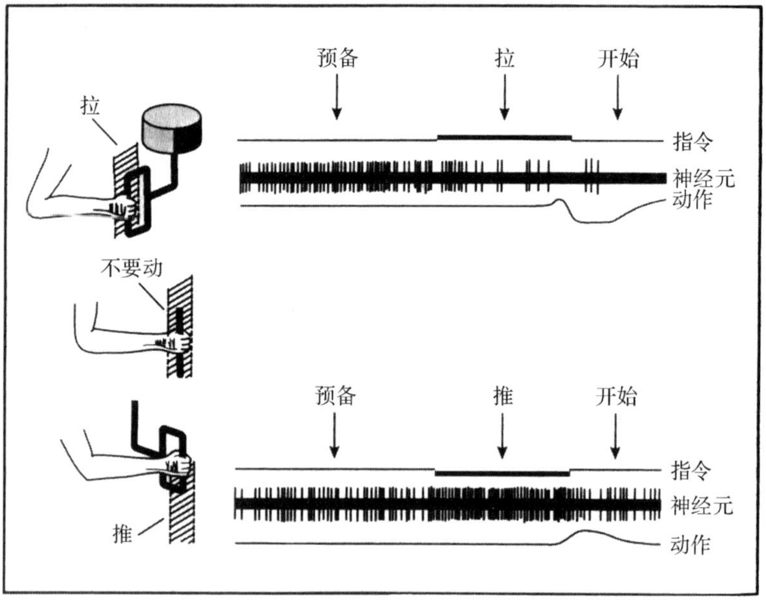

改编自丹次俊和爱德华·埃瓦茨的论文(Tanji and Evarts, 1976)

图 8.2　丹次俊和爱德华·埃瓦茨“推”神经元的实验

丹次俊和爱德华·埃瓦茨发现,在一轮实验开始的那一刻,第一运动区的“地形图”中与推的动作有关的神经元被轻微地激活,与拉的动作有关的神经元也是如此。稍稍停顿片刻后，丹次俊和爱德华·埃瓦茨会发出一个“方向”信号，标明这轮实验中哪个动作可以获得奖赏，他们发现，在这个时候，神经元的放电率出现了极其明显的变化：与受到了奖赏的那个动作有关的那些神经元的放电率差不多提高到了原来的两倍，而与受到了奖赏的那个动作无关的那些神经元的放电率则下降到了基线水平。最后，实验者向被 171
试发送一个“开始”指令，让它做出前面确定的那个动作(这个被试是一只干渴的猴子，如果它马上做出了这个动作的话，那么就可以得到一些水作为奖励)。在这一刻，第一运动区中负责编码得到了奖赏那个动作的那些神经元的放电率急剧提高，而且在几毫秒后就做出了相应的动作。

我在这里还可以补充一句。这些信号与动物做出的动作之间的因果关系是几乎没有什么疑问的(事实上，确实没有任何疑问)。在相关神经元的高频激活与动作的启动之间，存在着紧密的时间相关性(Fromm and Evarts，1982)。而且，我们都知道，这些神经元要投射到脊髓上去；同时，它们与直接激活肌肉活动的运动神经元也直接相关(Cajal，1909；Kuypers，1960)。人为激活这些神经元会导致相应的动作，而损毁这些神经元簇则会使手臂动作失去控制(Kuypers，1960；Woolsey，1952)。

虽然埃瓦茨本人对刺激—反应型表征模型从来没有什么好感(关于埃瓦茨的观点，读者可以参阅 Glimcher，2003a 和 Bernstein，1935)，但是神经生物学家们在解释这些实验以及从这些实验中得到的数据的时候，使用的却是刺激—反应型概念工具。这种传统的解释是这样的。一方面，当方向刺激将“推”这个动作确定为可以得到奖赏的动作时，被试随后做出的动作是推的动作；这时，我们观察到，与“推”刺激相关的感觉神经元被激活之后，紧接着出现的是完成那个推的动作的最终共同路径中的神经元的激活。刺激与反应构成了一个完整的解释。另一方面，当方向刺激将“拉”这个动作确定为可以得到奖赏的动作时，被试随后做出的动作是拉的动作；这时，我们观察到，与“拉”刺激相关的感觉神经元被激活之后，紧接着出现的是完成那个拉的动作的最终共同路径中的神经元的激活。刺激与反应同样构成了一个完整的解释。在坚持这种解释的神经生物学家看来，经济学家所用的“选择”概念，似乎完全无关。

然而，在“方向”指令发出之前就可以观察到相应的神经元出现了微弱的激活，这种现象却很难在上述刺激—反应框架内得到解释。这种在每轮实验初期就可能观察到的激活现象，被埃瓦茨称为“预备性激活”，它也可以被视为
172 在生成那两种可能得到奖赏的运动时出现的一种偏差。它是产生于每轮实验初始化开始时的一种信号。因此，在刺激—反应框架内，这种微弱的预备性激活可以解释为一种不完全的(或行为上不可观察的)刺激—反应型事件，它可能是用来有效地缩短即将到来的刺激—反应事件的反应时间的。

当然，我的目标并不在于向读者介绍刺激—反应型模型。我所希望的是，通过这几段文字，向读者清晰地传递这样一个信息，即，我们还可以采取另外一种不同的方法来解释上面这些观察结果。只要像经济学家那样去思考这只猴子的行为(不过，同时还要跳出传统的“似乎”框框的限制)，就可以看到一片新的天地。是的，我们可以这样想。这只猴子稳稳当当地坐在椅子中，每时每刻都在思考自己最想做的是什么。它学习到的知识是，当标志着新的一轮实验即将开始的灯光亮起来的时候，就意味着它在接下来的这段时间内将有 50%的机会获得果汁(或水)的奖赏：如果它选择的是推的动作，它有 50%的机会获得奖赏；如果它选择的是拉的动作，也有 50%的机会获得奖赏。在实验初始化的感觉刺激出现时，我们之所以能够观察到与推和拉这两种动作有关的神经元都出现激活(其放电率提高到了略低于触发相应动作的阈值的一半的水平)，就是因为这个原因。当指定哪个动作能够得到奖赏的方向刺激出现时，关于奖赏的概率性预期也就发生了变化：从 50%/50%变成了 100%/0%或 0%/100%，因此，我们可以观察到，与可以获得奖赏的动作相关的神经元的放电率差不多提高了一倍，而与以获得奖赏的动作无关的神经元的放电率则下降到了基线激发水平。不久之后，当“开始”指令出现时，仍然保持活跃的神经元的放电率急剧上升，然后相应的动作就被执行了。

现在，不妨再想象一下。假设我们知道，丹次俊和爱德华·埃瓦茨用来做实验的那种猴子的行为服从期望效用理论。这就意味着：如果让它们在一个有 100%的机会带来半毫升水的奖赏的动作与另一个有 50%的机会带来半毫升水的奖赏的动作之间进行选择，它们将一贯地更偏好前者；如果让它们在一个有 100%的机会带来半毫升水的奖赏的动作与另一个有 0%的

机会带来半毫升水的奖赏的动作之间进行选择，它们将一贯地更偏好有100%的机会带来奖赏的动作……如此等等。让我们进一步展开想象的翅膀，假设为了做出这样的选择，它们会将自己最近收到的奖赏的数量和概率记录下来。那么它们就会学会一些与它们可以选择的动作的期望效用有关的知识(或信息)。这样一来，当我们给它们下达“开始”指令时，它们就能够 173
利用这种知识去选择期望效用最高的那个动作了。[①]

要细致地检验上述假说，需要完成很多个步骤。作为第一步，我们先来看看戴维·斯帕克斯(David Sparks)和我完成的一项实验研究的结果(Glimcher and Sparks,1992)。在一定程度上，我们这个实验是丹次俊和爱德华·埃瓦茨的初始实验的“翻版”，但是我们这一次要考察的是眼动系统。与丹次俊和爱德华·埃瓦茨的实验一样，我们在实验中，也要告诉动物被试，哪个动作将会得到强化激励，并随后要求它们做出一定动作，以得到奖赏。动物被试都很口渴，而它们有望得到的奖赏是一小口果汁。我们的实验与丹次俊和爱德华·埃瓦茨的实验之间的唯一一个比较显著的区别是，在我们的实验中，当我们告诉被试哪个行为将会得到奖赏之后，要延迟一段比较长的时间才命令被试尽快执行这个动作。我们尝试了多种不同的时间间隔；在部分实验轮次，我们在告诉被试应该做出哪个动作之后，整整延迟了10秒钟才让它们做出这个动作。我们发现，在这为期10秒的延迟期内，与随后将会得到强化激励的动作相关的上丘神经元的激活状态维持得更长久、更强大，而且这种激活状况对被试接下来要做出的实际动作有很强的预测能力(即使实际做出的动作是“错”的)。而且，像丹次俊和爱德华·埃瓦茨在他们的实验中所得到的结果一样，我们也发现，在某一轮实验中，当我们告知被试，哪个动作肯定会得到奖赏时，与不同动作相关的神经元的激活状态也会出现显著的变化。

---

① 期望效用型的信号可能在时间上先于动作出现，这一点可能会让许多经济学家觉得迷惑不解。他们之所以会觉得迷惑不解，是因为这个事实意味着评价先于选择，因而也就意味着即使后来真的没有进行选择，这些“先行”的评价信号也可能会出现，而这种观念正是帕累托所断然拒斥的，理由是它是无法检验的。我在这里再强调一次，接下来我将证明，这其实是一个可以检验的假说。

1997年，米歇尔·巴索(Michelle Basso)和罗伯特·伍尔茨(Robert Wurtz)又进一步进行了扩展研究。在他们的实验中，当一轮实验开始时，呈现给作为被试的一只猴子的目标可能有1个、2个、4个或8个。然后，再用“方向”指令告诉被试，只有一个指向某个(而且只有一个)特定的目标的动作才能带来奖赏。巴索和伍尔茨发现，在每轮实验的初始呈现阶段，上丘地图中与每个目标相关的神经元的激活程度是当前被呈现的潜在目标的数量的函数。随着呈现给被试的目标的数量的增加，与每个目标相关的预备性
174 激活的幅度也随之下降。在“方向”指令和“开始”指令出现之后，与不会得到奖赏的动作相关的神经元的“活性”趋于消失，而与可以得到奖赏的动作相关的神经元的放电率则急剧上升，并进入“爆发”状态。

在刺激—反应型的框架下，人们或许会解释说，这些数据表明，在每轮实验的初始呈现阶段，分别有1个、2个、4个或8个刺激—反应神经回路被微弱地激活了；而且，我们可以把这种现象看作一种源于视觉刺激的物理启动的偏差信号。在这之后出现的“开始”指令，则足够强大地激发了上述若干个刺激—反应神经回路中的某一个，进而导致了特定动作的出现。

然而，如果转而运用“硬”的期望效用理论的解释框架，那么就会得到一个略微有些不同的结论。巴索和伍尔茨在实验中观察到，在每轮实验的初始呈现阶段，上丘中的神经元的放电率大体上与指向某个目标的动作带来奖赏的概率成比例，而且，正如巴索和伍尔茨所指出的(Basso and Wurtz, 1997)，“许多与眼睛扫视动作相关的上丘神经元的激活程度，显然地随着目标的不确定性程度的变化而变化”。在“开始”指令出现后，猴子被试从某一个目标中得到奖赏的概率上升到了100%，而从其他目标中得到奖赏的概率则下降为0。在那个时刻，与可以得到奖赏的动作有关的神经元的放电率大幅上升，而与其他动作相关的神经元则保持“沉默”，随后，保持活跃的神经元就进入了“爆发”状态，进而导致了相应动作的实施。任何人都没有办法不注意到这个事实，这种定量模式似乎反映了对每个动作的“期望效用”的某种瞬时估计，只要我们在观察到选择之前就引入期望效用概论的话。

有些经济学家可能会担心，这些信号也许与动物做出的动作没有因果关系。让我再强调一次，这种担心是完全不必要的。在这些神经元被激活

之后，在很短的且可重复的延迟之后，相应的眼睛扫视动作就发生了(Sparks，1978)。人工激活这些神经元，也会导致眼睛扫视动作(Robinson，1972)；损毁这些神经元，则导致眼睛扫视能力的消失(Schiller el al.，1987)。导致这种动作的就是这个脑部结构。

接下来讨论下一个关键步骤。就在我、斯帕克斯、巴索和伍尔茨等人努力研究上丘这个脑区时，其他一些学者则在努力研究顶叶中的运动控制脑区——外侧顶内沟区(Shadlen and Newsome，1996)。在那个时期，比尔·纽 175
瑟姆(Bill Newsome)和他的同事们一直在研究对与运动刺激有关的信息进行编码的视觉通道的背侧路径。在此之前，纽瑟姆和他的同事已经证明，颞中区(middle temporal area)存在着一种“地形组织”的映射，该地图对运动视觉刺激的速度和方向进行编码(Britten et al.，1993；Movshon and Newsome，1992，1996；Newsome et al.，1990；Newsome，Britten and Movshon，1989)(见图 8.3)。

他们和其他一些学者发现，无论何时，只要在正前方偏右 10 度的位置上某个视觉刺激动了一下，这个地图上的“一片”神经元就会变得活跃起来。与这片神经元的相邻的另一片神经元则会对正前方偏右 11 度的运动视觉刺激发生反应……依此类推。像视觉皮质区发生的情况一样，在给定的“某一片神经元”当中，还存在着进一步的“组织结构”，即，由一些敏感于特定的运动方向的神经元所构成的“子片”。纽瑟姆和其他一些学者提出了一个假说：这张地图中的神经元的激活状态构成了我们的视觉运动感觉的基础。在前人的研究的基础上(Zeki，1974)，他们推测，就通常情况而言，这里的神经元

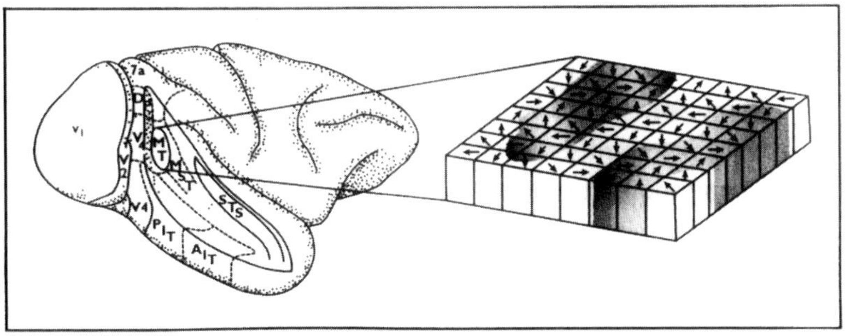

改编自博恩和布拉德利(Born and Bradley，2005)、曼塞尔和纽瑟姆(Maunsell and Newsome，1987)的论著

图 8.3 大脑皮质的颞中区

的激活状态可以解释我们做出的所有基于运动的知觉判断。如果没有这些神经元,我们就无法做出基于运动的知觉判断(虽然仍能做出不是基于运动的视觉判断)。为了检验这个假说,纽瑟姆和他的同事们采取的第一个步骤是(Parker and Newsome,1989),创立了一种用来匹配神经敏感性函数与行为敏感性函数的新技术,这种技术被称为神经计量—心理计量匹配技术(neurometric-psychometric matching technique)。

176 他们的第一个实验现在已经成了经典。在那个实验中(Newsome et al.,1989),作为被试的猴子要先接受训练,直到它们能够报告一个模糊的和随机显示的画面中的平均方向。实验开始后,猴子先观察如下这个画面两秒钟:一个黑色的圆圈,里面充满了闪烁的小光点。在接下来的显示的连续多帧视频中,每个点都在电脑的控制下朝随机方向移动,给人留下的整体印象是,似乎在看一场由无数细小的雪花组成的“小小暴风雪”。纽瑟姆和他的同事们对这个显示画面的最关键的操纵是,让上面的点的移动的方向系统性地发生变化。纽瑟姆等人的基本思想是,引入一个连续的独立变量——这个变量后来被称为“相干性变量”(coherence variable)。在100%向右相干的条件下,所有光点都一致地向右方移动;在50%向右相干的条件下,有50%的光点向右方移动,而其余50%的光点则仍然保持随机移动的趋势。在0%的相干性的条件下,所有光点都随机移动。引入相干性变量后,纽瑟姆和他的同事们就能够系统地操纵被试对于出现在这个“移动的雪花”中的视觉运动的知觉强度了。他们希望证明,改变刺激的相干性,不仅会影响被试的知觉判断,而且也会以同样的方式影响颞中区的神经元的激活程度。

纽瑟姆和他的同事们设计的实验如图8.4所示。通过他们的实验,能够在颞中区的神经元当中识别出这样的一个神经元:当光点向右移动时,这个神经元的放电率上升;而当光点向左移动时,它的放电率则下降。当识别出了这样一个神经元后,纽瑟姆和他的同事们会将一系列对应于各种可能的向左相干性和向右相干性的画面以随机顺序呈现给猴子被试。不过,不论相干性是高是低,只要某一轮实验呈现给被试的画面中光点是向左运动的,那么在这一轮实验中,被试如果做出了向左转动眼球的动作,就可以得到一些水作为奖赏。同样地,光点向右运动标志着眼球向右扫视的动作可以得到奖赏。当所有画面都显示完毕后，屏幕上会同时出现一个向右扫视目标和一个向左扫视目标，而瑟姆和他的同事则等在一边，观察猴子会选择看哪个目标。

如果我们停下来，稍微思考一下，一个追求最大化的决策者在面对这个任务时会做出什么选择，那么显而易见，当光点移动方向的相干性被设定为一个比较小的数字时，被试将会面临一个信息有限的情况。而在一轮实验开始时， 177

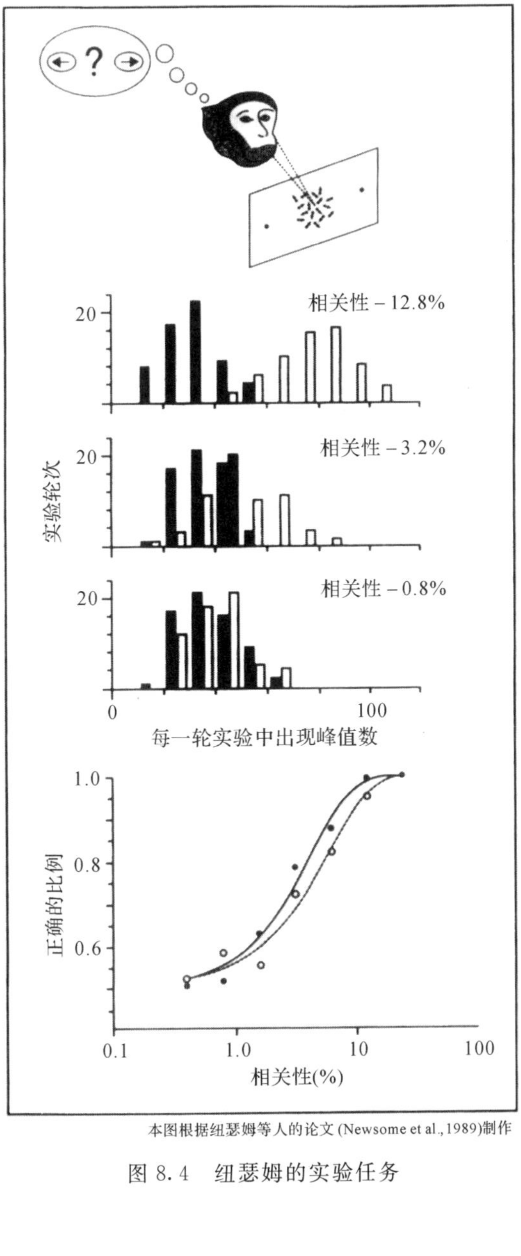

本图根据纽瑟姆等人的论文 (Newsome et al.,1989)制作

图 8.4　纽瑟姆的实验任务

178 动物被试所知道的是,右向运动带来(例如)半毫升水的奖赏的机会为50%,左向运动带来半毫升水的奖赏的机会也是50%;因此这两种运动的期望价值和期望效用都是相同的。随着猴子被试在显示器上看到的连续的视频帧数的增多,它收集到的信息也越来越多,因此可以不断地提炼自己对奖赏的概率的估计。

在上面提到过的巴素和伍尔茨的实验中,作为被试的猴子被告知,一个给定的目标可以带来奖赏的概率为100%、50%、25%或12.5%中的一种(取决于被呈现的目标的数量)。而在纽瑟姆的实验中(Newsome,1989),奖赏概率在一开始时总是50%,然后随着猴子被试观看的连续的视频变化而不断地改变。在100%向右移动的条件下,猴子能够快速地收集到足够多的信息来确定右向运动带来奖赏的概率为100%,所以我们可以推测,它对概率和期望效用的估计很快就会改变。而在3%向右移动的条件下,向右目标的期望效用的估计值的增大速度预计将会慢得多。在这里,第一个关键点是,随着时间的流逝,动物被试必须连续地收集数据,以指导它们的选择;而且动物被试应该能够根据这种连续的输入数据流更新它们对于两个运动的期望效用的估计,更新方式则依赖于运动信息的强弱。[1] 这里的第二个关键点是,无论是显示的画面,抑或是行为都是随机的。即使是在50/50的条件下,画面上的光点也仍然会出现一定的净移动,这完全取决于偶然因素;而且在这种条件下,我们确实可以观察到猴子的行为是随机的。基于这些行为观察结果,纽瑟姆和他的同事们构建了一些选择曲线,把猴子被试"正确地"做出了选择的概率与光点向右运动的百分比联系了起来。在后续的神经层面的分析中,他们证明,颞中区神经元的激活程度可以准确地预测猴子被试的行为。因此,他们的数据支持了这个假说,即,依靠颞中区信号就足
179 以解释观察到的猴子被试的运动判断行为。

---

① 他们呈现运动信息的方式保证了,源于显示的画面的前后样本在统计上是相互独立的。这一点很重要,因为它意味着在每两帧呈现给猴子的视频画面上都提供了同样有效的关于可能的奖赏的数据。给定这些条件,一个显而易见的结论是,一只追求最优化的(贝叶斯式的)猴子将会直接去计算运动信号的连续时间积分,以求出这个任务的每一个动作的瞬时期望效用的最佳估计值。

在此基础上，夏德伦和纽瑟姆进一步设想，如果对外侧顶内沟区(LIP)的神经元(它们接受颞中区神经元的投射)的激活模式进行分析，就可以揭示颞中区所反映、所记录的逐时逐刻的运动信号被积聚(或加总)起来，然后用于指导选择的过程。为此，夏德伦和瑟姆记录了猴子被试在观看移动点视频时它们的外侧顶内沟区神经元的活动，然后构建了一系列基于过程的模型，用来描述猴子们在每轮实验结束时决定是向左看还是向右看的神经回路的激活模式(Shadlen and Newsome，1996)。

夏德伦和纽瑟姆的发现如图 8.5 所示。从图中可见，当向右运动的视频被呈现给猴子被试时，它们的外侧顶内沟区的用于编码右向运动的神经元

180

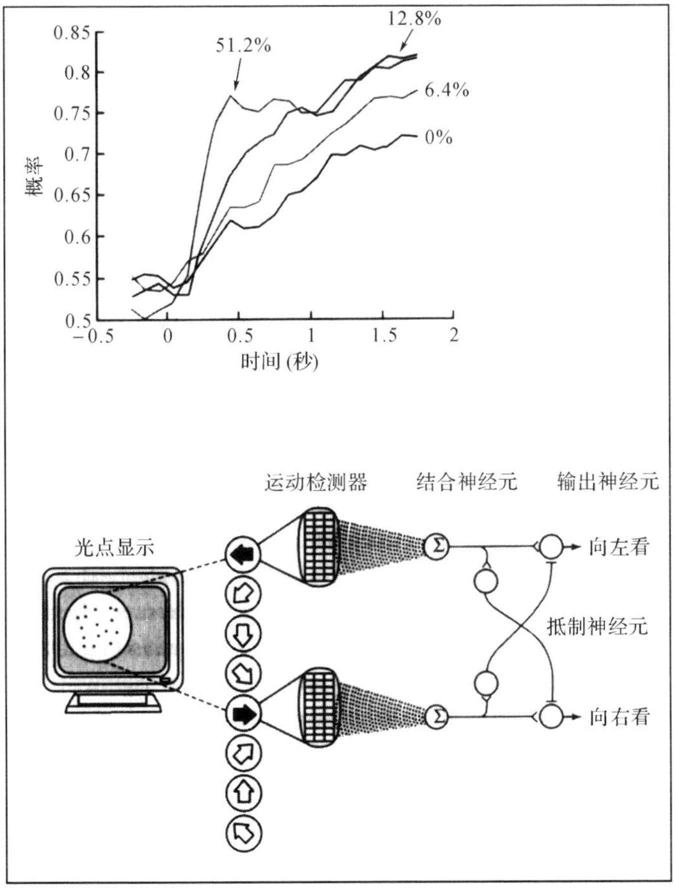

改编自夏德伦和纽瑟姆的论文 (Shadlen and Newsome，1996)

图 8.5 夏德伦和纽瑟姆的实验中外侧顶内沟区神经元的放电率

的放电率在每一轮为期两秒的实验中稳步提高。呈现给它们的向右运动的信号的强度越大,与右向运动相关的神经元的放电率增加得越快。夏德伦和纽瑟姆把这种机制解释为一个证据,说这个证据可以证明,在外侧顶内沟区的神经元要为触发它们所表征的位于上丘中的刺激—反应对而展开相互竞争(见图 8.6)。他们认为,低相干的向右运动信号所导致的激活程度逐渐提高的现象表明,右向反应被触发的概率在不断增大,并且可以表示为呈现给猴子的视觉运动信号的合计积分。

181

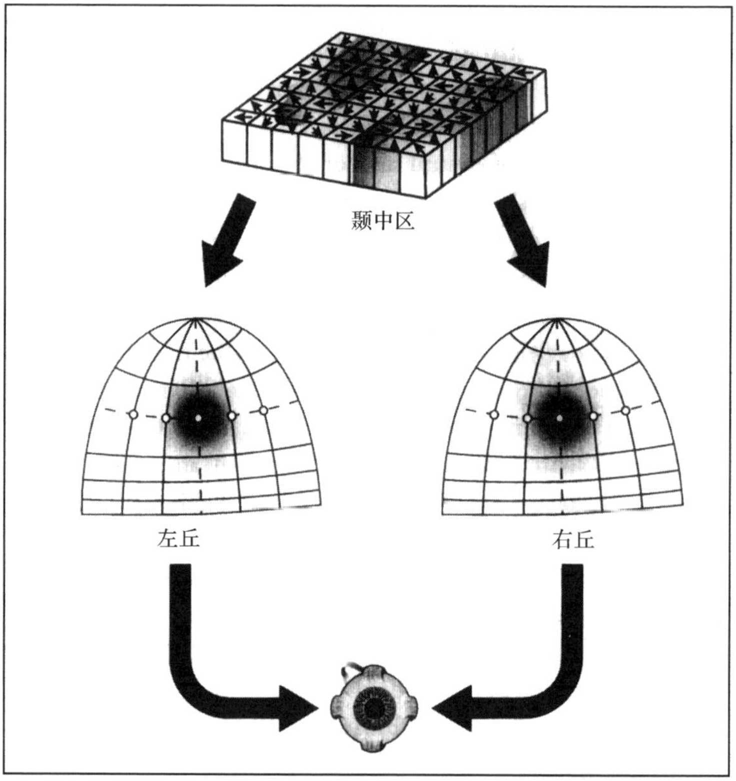

改编自普拉特和格莱姆齐的论文 (Platt and Glimcher, 1999)

图 8.6　纽瑟姆设想的神经回路

然而,从"硬"的期望效用理论的角度来看,他们的实验结果还可能进行另一种非常有趣的解释。如果运动控制网络(包括上丘、额眼区以及外侧顶内沟区)确实在一个行为出现之前的那个期间就表征了某种类似于期望效用(或者,更精确地说,期望主观价值)的东西,那么夏德伦和纽瑟姆的结果就拥有了全新的含义。我们不得不考虑以下这种可能性,即,与外侧顶内沟区“地图”中心偏右 10 度那个位置相关的瞬时放电率确实可能真的在对猴子关于右向运动的瞬时期望效用的估计值进行编码。因此,在一轮实验中,正如夏德伦和纽瑟姆曾经指出的那样,外侧顶内沟区神经元放电率的稳步增长,可能很好地反映了颞中区的放电率的积分,但是,外侧顶内沟区之所以这样“做”,是因为那些放电率的积分给出了猴子可能考虑实施的眼睛运动的期望效用的最佳估计。

以外侧顶内沟区放电率表现出来的信息集聚现象则反映了这样一个事实,即,在这个特定的任务中,计算每个运动的期望效用的最有效的方法是取颞中区产生的关于运动刺激的信号的积分。

或者,换种方式,我们不妨想象一下这种情形:实验者训练猴子观察的视觉刺激在总时长为 2 秒的视频呈现期间的前半部分(即第 1 秒)是与可以得到奖赏的动作负相关的,而在后半部分(即第 2 秒)则是与可以得到奖赏的动作正相关的。换言之,在右向移动将会得到奖赏的实验轮次中,那些光点首先向左边移动,然后再向右边移动。在这种情况下,我们将会预计,外侧顶内沟区的放电率将是第 1 秒内的运动强度的负积分与第 2 秒内的运动强度的正积分之和。而外侧顶内沟区的放电率将发挥作为一个有效的决定变量的作用,因为它与每个运动的期望效用之间成线性相关关系,尽管它不是在所有时间都是与运动刺激的方向相关的。 182

为了进一步深入探讨这些想法,并着手检验外侧顶内沟区的神经元编码可能在对诸如期望主观价值此类的东西进行编码的假说,迈克尔·普拉特(Michael Platt)和我设计了一个实验(请参见图 8.7),以便搞清楚如下这个问题:在一个简单的彩票型任务中,猴子被试的外侧顶内沟区的放电率是否与奖赏的概率和/或奖赏的大小正相关?这个实验的任务在传统新古典主义经济学的语境中是极其常见的。[①]

---

① 在这里,我之所以使用“彩票型”这种说法,是因为到了一轮实验结束的时候,这些特殊的“彩票”都会退化。只有在我们那篇论文的实验 3 中,我们才使用了一个不会退化的彩票(对此,我将在下文中详细描述)。

为此，我们首先训练我们的猴子学会执行一个“有提示的扫视任务”(cued saccade task)。在这个任务中，猴子要把视线集中在显示屏幕中心的一个黄色目标上，同时屏幕上会出现两个视觉刺激，一个是绿色的，另一个则是红色的。过了一段时长不可预测的延迟之后，固定在屏幕中心的黄色目标的颜色将改变为红色或绿色，从而明确地将那两个视觉刺激当中的某一个指定为一个有强化激励的眼睛扫视动作的终点。不久之后，位于中心的这个刺激将消失，这时候，如果猴子将视线转向正确的目标(即，颜色与刚刚消失的中心点最后呈现的颜色相同的那个视觉刺激)，就可以获得奖赏。

我们的实验分为若干个板块，每个板块由100轮前后相继的实验组成。在第一个板块的每一轮实验中，眼光转向绿色目标的扫视动作得到奖赏的概率是80%，而眼光转向红色目标的扫视动作得到奖赏的概率则为20%。从一个负责编码绿色目标的神经元的角度来看，这个实验板块的一轮实验就代表着有80%的机会获得奖赏。在第一个板块的100轮实验结束后的第二个板块中，上述获得奖赏的概率将会反转过来。随着实验的进行，猴子可能会学会这种概率分布，但是重要的是，它们不学会这个也不会影响它们执行任务。但是，如果这些猴子真的有这种倾向(即，抓住机会学习掌握这种环境中与获得奖赏的概率有关的知识)，而且相关的神经元确实在对期望主观价值或者类似的东西进行编码，[①]那么这些神经元的激活状况就应该“跟踪”了得到奖赏的概率，正如夏德伦和纽瑟姆的实验所表明的那样。

当我们分析了这些神经元的放电率之后，我们得到的结果的含义清晰无比。我们发现，当目光转向红色目标的扫视动作得到奖赏的概率较高时，
183 外侧顶内沟区负责编码“红色动作”神经元的反应非常强烈；当目光转向红色目标的扫视动作得到奖赏的概率较低时，外侧顶内沟区负责编码“红色动作”神经元的反应却非常微弱。

① 换言之，如果各可选项的期望主观价值都是在实际上做出选择之前就被编码的话。

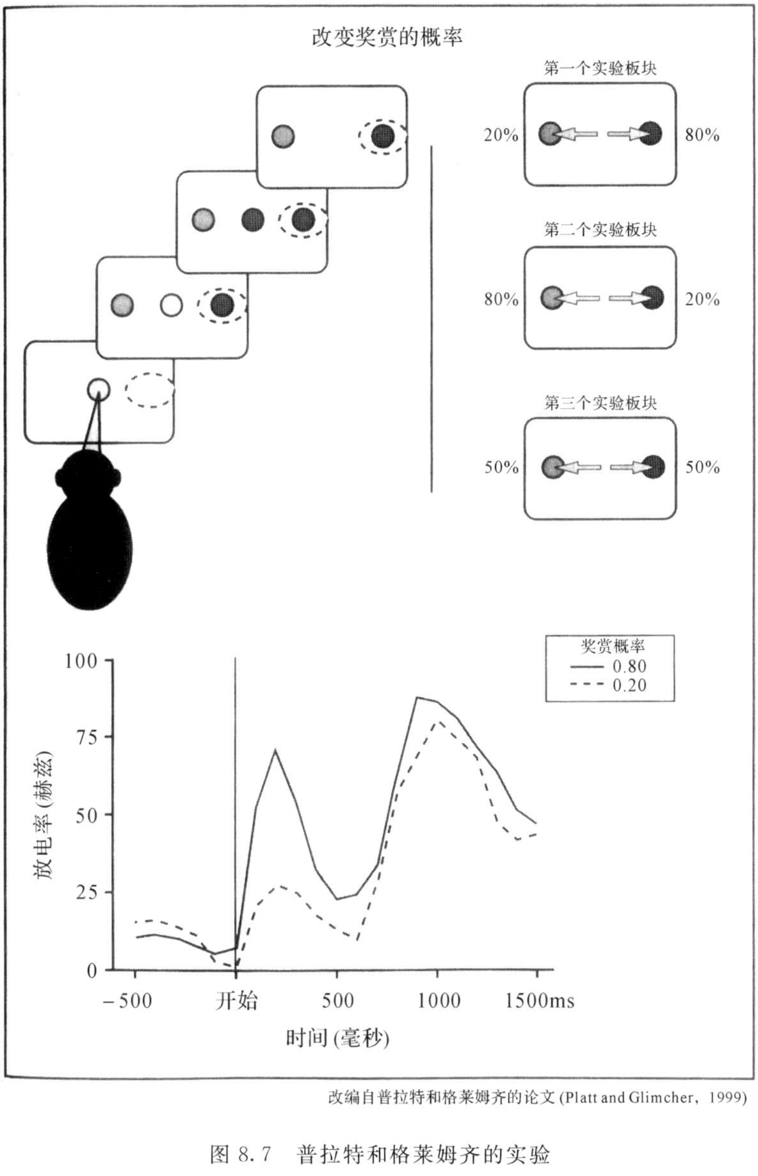

改编自普拉特和格莱姆齐的论文(Platt and Glimcher, 1999)

图 8.7 普拉特和格莱姆齐的实验

图 8.7 是一个例子,说明了在这个实验过程中,外侧顶内沟区一个典型 184
的神经元是如何对概率变化做出反应的。图中的实线和虚线所描绘的是中心刺激变成红色且猴子被试看着那个目标的那些实验轮次中神经元的平均放电率(刺激及反应都是相同的),其中,实线给出的是中心刺激有 80%的概率变成红色的那个实验板块的结果,而虚线给出的则是中心刺激只有 20%

的概率变成红色的那个实验板块的结果。

为了更精确地确定这种神经元到底携带了哪些与奖赏概率有关的信息,我们共让猴子被试完成了 7 个不同的实验板块,在这些板块中,中心刺激变成红色的概率会系统性发生改变。如图 8.8 所示,从这个相当小的数据集来看,放电率与奖赏概率之间存在着很强的相关性。

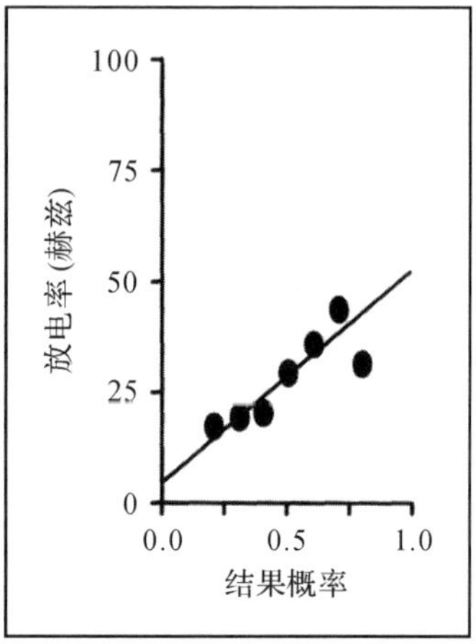

改编自普拉特和格莱姆齐的论文 (Platt and Glimcher, 1999)

图 8.8　概率可变的实验的结果

如果这些神经元确实在对期望主观价值进行编码的话,那么另一个重要变量应该也会影响这些神经元的放电率;这个变量就是,在这些“彩票”中提供给猴子被试的奖赏的数量。这个考虑引导我们进一步推测:同样是这些位于外侧顶内沟区的神经元,它们的放电率是不是也携带着与每一个动作对被试的价值有关的信息?为了研究这种可能性,我们又设计了一个实验,再次让猴子被试执行“有提示的扫视任务”。猴子被试仍然要按顺序完成多个实验板块(每个实验板块由 100 轮实验组成),但是在这个实验中,中
185 心刺激变为红色或绿色的概率永远固定在 50%。同时,我们还改变了各实验板块中猴子被试看着红色或绿色的目标时可以得到的奖赏的数量。在第一个板块的 100 轮实验中,如果猴子被试正确地向绿色目标看去,那么它就可以得到 0.2 毫升的果汁的奖赏;如果猴子被试正确地向红色目标看去,那么它就可以得到 0.4 毫升的果汁的奖赏。而在第二个板块中,奖赏的多少被颠倒了过来:当它正确地看了绿色目标时,奖赏是 0.4 毫升果汁;而当它正确地看了

红色目标时,奖赏给它的果汁却只有0.2毫升。

图8.9描绘了在上述条件下,外侧顶内沟区的神经元的“行为”。再一次,我们在图中只使用了猴子被试的感觉性质和动作性质完全一致的那些实验轮次中的数据,这次实验轮次所不同者仅仅在于两个运动的价值。从图中,读者不难看出,在猴子被试预期能够得到更大的奖赏的那些实验轮次中,神经元的激活程度更高(如实线所示);而在猴子被试预期只能得到较小奖赏的那些实验轮次中,神经元的激活程度就低得多了(如虚线所示)。

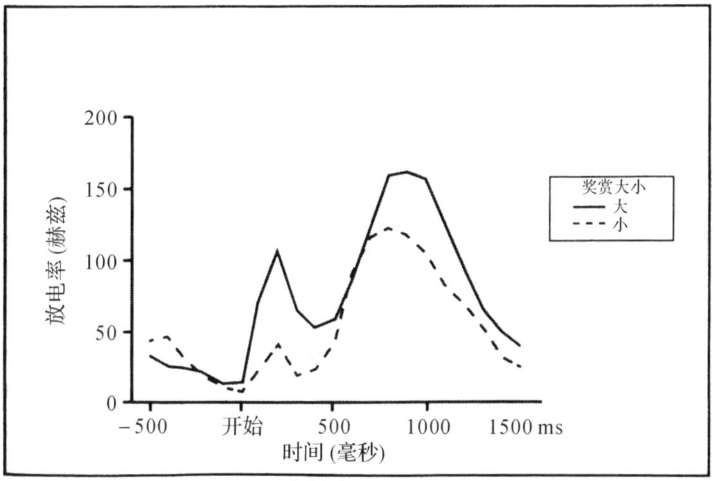

改编自普拉特和格莱姆齐的论文(Platt and Glimcher, 1999)

图8.9 奖赏大小可变的实验的结果

与前面那个实验一样,我们还研究了7个不同的运动的价值在每轮实验初期对这些神经元的放电率有什么影响。我们再一次发现,神经元的放电率与这些变量的大小有很强的相关性。最后,我还想补充说明一点,那就是,我们已经能够针对一小群单个神经元来执行这两个实验了。所有“参加”奖赏概率和奖赏大小都发生了变化的实验的神经元的“行为”都受这两个变量的影响。

综合起来看,这些初步结果全都明确地指向了同一个方向,那就是,如 186
下的可能性确实是存在的:期望主观价值也许是通过通常被认为用来触发动作的那些神经元网络的放电率来编码的,而且对于期望主观价值的这种表征很可能发生在相应的行动真的被触发之前。事实上,根据我们现在所掌握的关于灵长类动物的神经系统的基本结构的知识来看,这些数据表明,就决策过程的最后阶段构建一个高度结构化的机制模型是完全可能的。

然而,这些观察结果也有很大的局限性,那就是,这些试验所研究的“选择”实际上都是极其简单的。在每轮试验结束时,我们都可以算出奖赏概率,并揭示哪个运动肯定能够获得奖赏。尽管确实有证据表明,在神经系统内,似乎出现了“期望效用型”的信号,但是麻烦在于,每轮实验结束时的选择条件都是非常不“复杂”的。考虑到这一点,我们还设计了第三个实验,如图 8.10 所示。这个实验与我们的第一个实验相当类似,只不过在这个实验中,被试要完成的是我们所称的“自由选择任务”(free choice task)。在这个实验中,当每一个实验板块被进行时,“红色动作”和“绿色动作”的期望价值是可变的,红色目标和绿色目标指标都可能被显示。而且,在这些轮次的实验中,我们并没有指定某个目标肯定可以得到奖赏;相反,我们允许猴子在两个目标之间进行选择。在这个实验中,我们观察到,在我们在该实验中所采用的非常具体的行为参数的条件下,猴子被试“去看”某个特定目标的概率大致等于那个目标的相对期望价值。而且,我们还观察到,在这些条件下,猴子被试的相应神经元的放电率也大体上与两个目标的期望效用线性相关。后续的与这个实验属于同一种类型的博弈实验,也定量地证实了这个结果(Dorris and Glimcher,2004)。

187

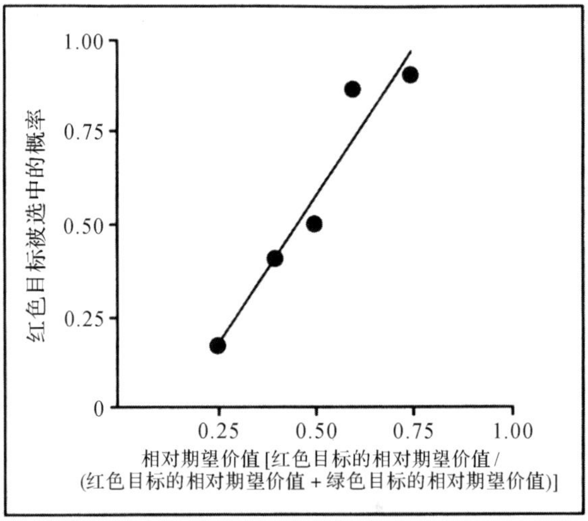

改编自普拉特和格莱姆齐的论文 (Platt and Glimcher, 1999)

图 8.10 普拉特和格莱姆齐的第三个实验

那么,我们应该怎样解释实验中观察到的这些结果呢?传统的方法是用刺激—反应框架解释所有这些结果,不过,上面刚刚提到的“自由选择”的条件下得到的结果也许不能用这个框架来解释。当屏幕中心亮起了红色刺激时,触发的是向右扫视动作;当屏幕中心亮起了绿色刺激时,触发的是向左扫视动作。当然,我们也可以据此得出与夏德伦和纽瑟姆类似的结论,那就是,不同性质的视觉刺激引发了不同的反应;并且,当我们观察到这些“触发神经回路”中的分层激活状态时,我们也可以把这种处于变化中的激活状态解释为“触发概率”的增大或缩小。

然而,我们也可以根据“硬”的期望效用理论给出一个不同的解释。现在,我们已经知道,就自愿眼球运动而言,触发动作的最终共同路径由上丘、额眼区和外侧顶内沟区这三个相互关联的、以“地形图”方式组织的大脑结构所构成。当上丘“地图”上的任何一个位置的激活程度越过了某个特定的阈值后,一个眼球动作就会产生。同时,我们现在也已经拥有了大量令人信服的证据,它们证明,在上述机制触发一个动作之前的那个期间,外侧顶内沟区的神经元的激活程度既与奖赏的概率有关,又与奖赏的大小相关(Dorris and Glimcher,2004;Platt and Glimcher,1999)。从“硬”的期望效用理论的角度来看,这一切的含义非常清晰:上丘、额眼区和外侧顶内沟区的激活状态起到了“地形图”的作用,它们表征着猴子被试的每个眼睛动作在各种情况下的瞬时期望主观价值的地形图。无论猴子被试在实验中要完成的是一个单目标任务,还是一个八目标任务(Basso and Wurtz,1997),还是一个运动视觉刺激任务(Shadlen and Newsome,1996),抑或是一个“自由选择任务”(Platt and Glimcher,1999),这个结论都是成立的。在所有这些条 188
件下,瞬时放电率都是在对期望主观价值进行编码。

因此,对猴子被试在这些条件下做出选择的过程可以还原为这样一个过程:将这些相互连接的“地形图”编码的期望主观价值最高的单一动作识别出来,然后执行这个动作。当一个动作即将被做出时,每张地图内的抑制性链接数会瞬时急剧增加,从而强制“汇聚”成了单个位置上的超阈值的强烈激活。抑制性链接的增加,导致了一个“赢家通吃”的神经计算,它相当于一个有效的“argmax”数学运算,即,选择并执行的期望主观价值最高的那个动作。

在本章一开始，我就指出过，“在提出了这种‘硬’的期望效用理论之后，我们必须回答的第一个问题是：我们是否能够找到实实在在的神经证据（哪怕是最初步的），证明，(1)主观价值的表征的存在，(2)概率的表征的存在，(3)主观价值与概率的乘积（期望主观价值）的表征的存在，以及(4)存在着一种神经计算的机制，它能够从选择集中选出具有最高的‘期望主观价值’的元素，并通过与运动控制系统的互动，产生特定的身体动作，去执行这种选择”。现在，我可以来回答这个问题了。我认为，答案是显而易见的：明确而响亮的一个“是”。我们至少已经在一个脑区中发现了可以证明上述四个过程存在的初步证据。

而且，我们之所以能够发现这些，也不是偶然因素所致。这些都是一个“硬”的期望效用理论的核心概念。尽管我必须承认，我在本章中给出的关于“硬”的期望效用理论的核心阐述仍然是非常粗疏的，这么初步的一个理论所引发的问题可能比它能够回答的问题还要多，但是我仍然希望它能够解决一些问题。无论如何，这是一个起点，接下来的各章将更加深入具体地探讨有关的细节问题。

不过，在着手发展这个理论之前，我应该先对上述简单的阐述可能引发的几个关键问题做出回应。这样做无疑是有益的。

一些问题及其答案

问：既然本书前面给出的数据已经表明，无论是选择，还是神经机制都
189 是随机的，那么“硬”的期望效用理论又怎么可能成为正确的模型呢？

答：对于这个问题，简单的答案是，这些神经和行为数据（后面的章节还会给出更多的这方面的数据）都清晰地表明“硬”的期望效用理论并不是正确的模型。相反，这些数据（我相信，未来还会有更多的数据）证明，“硬”的经济学模型必定会以随机效用框架为基础，因此，“硬”随机效用模型或“硬”的随机期望效用模型将成为首选的模型。

问：为什么上面描述的这些简单的“选择”在经济学上是有意义的？

答：对于一个普通的经济学家来说，真正“有趣”的选择是对商品和服务

的选择,例如,在不同厂商生产的汽车、不同型号的冰箱之间进行的选择。因此,关键的问题是,我们有没有理由相信,我们用来在不同的商品和服务之间进行选择的神经回路,与我们用来在不同的动作之间进行选择的神经回路,就是同样的一个神经回路？这是一个艰巨的经验研究问题。在本书后面的章节中,我们将会深入探讨这个问题。不过,我在这里可以先简单地说明一下。大量实验已经表明,上面描述的这些用于对期望主观价值信号进行编码的神经回路,同样被猴子被试和人类被试用于更加抽象、更加复杂的决策任务(例如,Gold and Shadlen,2003,2007;Horwitz,Batista and Newsome,2004; Paulus and Frank,2003;Rangel,2008)。在后面的章节中,我将介绍对商品的选择与对动作的选择之间的区别。尽管在我们现有的数据中,绝大多数数据都表明,这两类决策涉及的神经回路在很大程度上是重叠的,但是我们仍然有理由怀疑,这两类决策在机制的层面上可能会有所不同。

问:选择和期望主观价值的表征都只发生在外侧顶内沟区吗？

答:这是一个很好的问题。不过它的答案是“否”。关于眼球运动控制系统,已经有越来越多的证据表明,我们在这里描述的这些信号至少出现在额眼区、上丘和外侧顶内沟区。而且几乎可以肯定,在表征期望主观价值、生成实际的选择的过程中,这些相互紧密关联的脑区要与其他脑区协同发挥作用。本书后面的章节将介绍这方面的证据,并将把这些发现扩展到眼球运动系统之外。

问:那么,期望主观价值又是从哪里来的呢？它是在这些脑区中计算出来的吗？

答:这也是一个非常关键的问题。我们在下面的章节马上就要来讨论这个问题。现在,已经有大量数据表明,期望主观价值是在额叶皮质(frontal cortex)和基底神经节(basal ganglia)计算并存储的。然而,额叶皮质和基底神经节中期望主观价值的表征与我们在上面描述的那些决策神经回路中期望主观价值的表征,这两者之间是存在着显著的差异的(本书下面的章节将会描述这些差异)。关于行为、关于如何构建有强大预测能力的经济学模型,这些差异可以告诉我们很多。 190

问:我们都知道,期望效用理论往往无法准确地预测人们的选择行为。

那么,期望效用与观察到的选择是在什么时候"分道扬镳"的?另外,主观价值反映的是选择还是期望效用?

答:对于经济学家来说,这是一个至关重要的问题,因为期望效用有两个重要的特点:首先,它可以用来预测选择;其次,它可以告诉我们(如果行为主体服从期望效用理论,同时人们接受该理论的福利假设的话),如何最大限度地提高人民的福利。因此,上述这个重要的问题也就变成了这样一个问题:如果主观价值能够反映期望效用(即便行为不能反映期望效用),那么我们能不能通过最大化主观价值来最大化人们的福利呢?

为了回答这个问题,我首先必须非常清晰地声明一点,即,"硬"的期望效用理论及其"后代",全都是实证理论;它们是用来预测人们(猴子)会做些什么,而不是用来说明人们或政府应该做些什么的。识别期望主观价值的过程,是识别一个与选择有因果关系的变量的过程。这就是"硬"的期望效用理论以及与它类似的理论的核心目标。"因果关系"一词意味着,无论期望效用理论能不能正确地预测选择,期望主观价值都能"盯住"选择。将期望主观价值与期望效用不一致的那些条件找出来(阿莱悖论就是其中一个例子),我们就有机会去修正原有的理论,使神经层面的对象与行为层面的对象尽可能紧密地对齐、结合起来。我们的目标是构建一个预测能力比"软"的期望效用理论大得多的理论。这种新理论将在多大程度上失去规范性力量,将主要是一个经验问题,同时在较小的程度上,也是一个"政治"问题。

结　论

在经济学中,以效用概念为基础的关于选择的理论模型的吸引力主要体现在它的简洁性上。在特定的条件下(即,如果可以把一个行为主体描述为最大化者),以效用概念为基础的理论将成为一个复杂程度最低的理论。当然,这也就意味着,它将只描述复杂程度最低的那类系统。

在过去的 3 亿年以来,演化早就已经使脊椎动物走上了最大化遗传适
191 合度的道路;对于这个事实,想必不会有多少人会提出疑问。同样没有任何疑问的是,我们能够收集到多少食物,我们能不能避开天敌,我们能不能有

效地得到同伴的帮助……所有这一切的行为都与我们的遗传适合度紧密相关。换句话说，在演化女神的推动下，所有动物都走上了最大化同一个“函数”的道路。而我们唯一的证据便是，演化女神确实一直在努力这样推动着(Krebs and Davies，1997)。这个事实也就意味着，神经系统被“推动着”利用高效的神经回路有效地最大化适合度。

1982 年，20 世纪最伟大的行为生态学家之一约翰·梅纳德·史密斯(John Marnard Smith)这样说道：

> 理论要求，各种不同的结果的价值(例如，财政奖励、死亡的风险和问心无愧所带来的乐趣)都用同一个尺度来测度。将这个原则应用于人类事件，这个尺度就是“效用”，尽管效用本身是一个人为的、令人不怎么舒服的概念(在这一点上，约翰·梅纳德·史密斯的观点在一定程度上与弗里德曼一致)。而在生物学中，达尔文的适合度概念则非常自然地提供了一个真正一维的尺度。(Smith，1982，第 VII—3 页)

如果我们接受约翰·梅纳德·史密斯的观点，从他的视角来考虑进化论、生物学、经济学边界问题，那么我们就至少能坦然面对以下这种可能性：自然选择可能很早(远在萨缪尔森和弗里德曼之前)就“发现”了以效用概念为基础的理论分析的简单性和强大威力。如果事实真的是这样的话，那么只要找到“硬”的期望效用理论及其在神经系统中的“近亲”，我们就有可能为“硬”的经济科学奠定基础。事实上，我们在对灵长类动物的选择机制的初步研究中得到的结果，已经使我们看到了这方面的希望(而不是失望)。现在的问题是，现代神经经济学是不是真的能提供一个“硬”的经济学理论？在下面的章节中，我希望我能够说服你，答案是一个响亮的“是”。

第九章　随机性以及效用与选择的分离

193　当萨缪尔森和他的同事们创立了现代经济学中的公理化方法时，他们指出的一个关键——也许是唯一的关键——是，选择和效用实际上就是一回事。作为有严格定义的理论对象，它们是不可分的。[①] 在帕累托之前，经济学家通常认为效用是隐藏在我们的头脑内部的一个数量，能够通过行为来进行测量。但是，像帕累托这样的新古典主义者却抨击这种看法，因为效用本身是完全不可观察的。他们强调指出，如果一个经济学理论讨论的对象是完全无法测度的，那么这个理论就是不可检验的，而真正的科学家不应该对不可检验的理论感兴趣。在帕累托之后，绝大多数经济学家都接受了这种观点，但是效用的概念在整个 20 世纪以及 21 世纪初仍然一直未用。出现这种情况的唯一原因是，一些精通数学的数理经济学家，例如萨缪尔森和冯・诺依曼，能够在一系列公理化假设的基础上证明效用与观察到的选择这两个概念完全是一回事。这些公理都是用来描述可观察的选择行为的模式的，它们通过"argmax 运算"与效用建立了紧密联系(所谓"argmax 运算"，就是指行为主体总是选择所有可选项中最好的一个)。这种推理使效用以及效用与选择之间的关系"显性化"了，但是它同时也意味着，将效用与可观察的选择当成相互独立的东西来讨论是一个"逻辑错误"，因为选择和效用原本就是一个硬币的两面。在这个框架内，如果我们从未要求一个行为主体就某个对象实际做出选择，我们就不能讨论这个对象的效用。总之，

① 更确切地说，如果最关键的表征定理，即像显示偏好弱公理这样的公理，真的准确地描述了行为的话，那么我们也就知道，我们的行为主体的偏好也同样可以用一个性质相当好的效用函数来描述。

从原则上说,如果没有选择,也就不存在效用这个东西。 194

这一点无论在“文化”的意义上还是在哲学的意义上都非常重要。“硬”的期望效用理论绝不能回避这一点,因为神经生物学上的主观价值和动作是两个明显不同的概念,而且它们都是可以测度的(这与现代经济学中的效用和选择这两个概念的情况全然不同)。“硬”的期望效用理论,如果要将神经生物学这个机械特性融合进去,就必然要假设主观价值和行动的这两个概念是通过某种可以观察的机制联系起来的。在“硬”的期望效用理论中,就像效用与选择这两个经济学概念是通过“argmax 运算”链接起来的一样,主观价值与行动这两个神经生物学概念也是通过一个“生理装置”链接起来的。在这个意义上,我们可以认为在“硬”的期望效用理论的神经机制是与“argmax 运算”同构的(见图 9.1)。然而,如果神经生物学机制的研究表明,

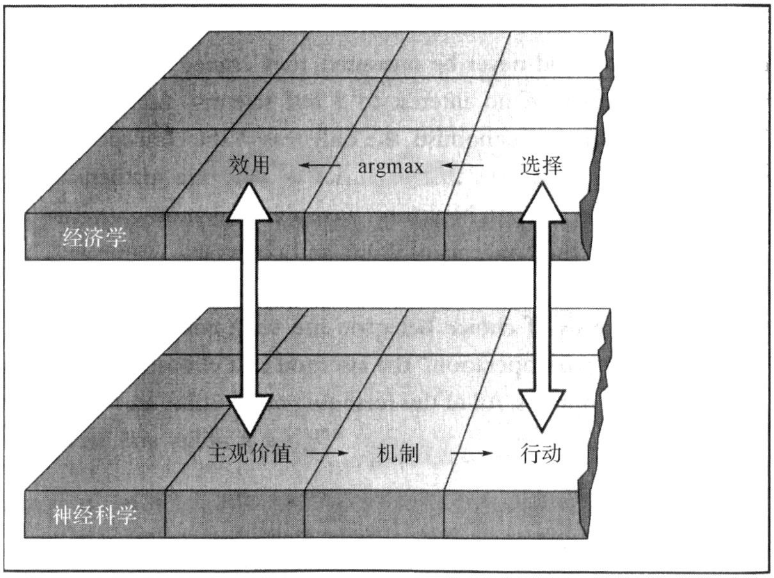

图 9.1

主观价值和选择之间的联系方式是“argmax 运算”所无法刻画的,那么也就 195
可以揭示出神经科学的逻辑“自然类”与期望效用理论的逻辑“自然类”之间的第一个关键的不匹配。这种不匹配要求我们对“硬”的期望效用理论进行修正。即便是这种最简单的不匹配,也可以为我们提供一个非常有意义的

跨学科互动的机会,因为这种跨学科互动的宗旨就是要调和理论中的神经生物学因素和经济学因素。

第一目标

接下来,我们将首先回顾一下我们现在已经掌握的关于将主观价值与行动链接起来的那些机制的知识。这个方面的研究的第一目标(同时也是最重要的目标)是,实现期望主观价值与行动之间的有说服力的机制分离(mechanistic separation),这也就是说,我们必须确保这两个对象既是在机制的层面上可分离的,同时又是在因果关系的层面上相关的。能够证明这种可分离性的神经生物学证据(而绝不是所有的证据)表明,一个单一的机制不仅可以解释传统的决策过程中的这种联系,而且也可以解释基于保留价格的决策过程中和反应时间决策(reaction-time choice)过程中的这种联系。如果我们相信,我们的期望主观价值与行动是完全重合的,而且这些对象可以同构地映射到经济层面的理论,那么我们就可以在"硬"的期望效用理论的框架内将效用和选择当成独立的对象来处理。这个事实以及其他一些事实意味着,我们可以在不考虑选择的情况下讨论效用,即通过它与主观价值的链接来进行讨论。[①]

第二目标

本章的第二个目标,在"硬"的期望效用理论的框架内,将经济学理论与神经生物学数据之间的不匹配情况识别出来,并探究神经经济学应该如何处理这种不匹配。这是一个"测试"性的研究。虽然现在已经确定了主观价值与行动链接起来的部分机制,但是事实也表明,这种链接的具体细节是无法完全用"argmax 运算"解释的。正如我们将会看到的,神经生物学的数据
196 清楚地表明,主观价值与选择之间的链接是随机的,而不是像"软"的期望效

① 非经济学家读者可能不是很清楚,对于经济学家来说,这种主张是何等没有吸引力。

用理论所假设的那样是决定论式的。神经生物学数据还允许我们精确地刻画这种随机联系的细节，而这种精确性是当代经济学无法实现的。

我们可以利用这种不匹配，去考察神经经济学是如何走过了它的跨理论演化过程的。迄今，选择机制在神经层面的实现全都拥有高度结构化的随机特性，这就要求我们以全新的方式重建经济学理论，以便更好地与行为的基本机制"看齐"。在这种情况下，为了实现这个目标，我们应该用更现代的随机效用理论的公理替换萨缪尔森和冯·诺伊曼的公理，这是公认无可争议的第一步(Gul and Pesendorfer，2006；McFadden，2005)。略有一些争议的下一步是，我们还将在神经生物学数据的推动下，把一个明确无误的误差的概念引入选择，从而使它与嵌入在随机效用理论中的选择概念截然不同。

因此，在神经生物学数据的驱动下，我们将会从现有的经济学理论中，选出一组特定的工具，用来进一步在神经和行为两个层面上展开研究。这是神经经济学的中心目标之一；有史以来第一次，我们将见证这个事件的发生。

对于我们将"硬"的期望效用理论进一步精炼为一种特殊形式的"硬"的随机期望效用理论的做法，那些既熟悉经济学、又熟悉神经科学的学者也许并不会觉得非常惊奇。本章的主要目的在于，探索一种更好的与机制相关的研究决策和学习过程的方法论。

通过机制将主观价值与行动链接起来

在那些与行动有因果联系的神经回路中，是不是存在主观价值的表征？是。外侧顶内沟区的激活状况就在对主观价值进行编码——利用激活程度可以预测后来出现的动作。我们在前面的第八章中讨论过的夏德伦和纽瑟姆通过实验获得的数据表明(Shadlen and Newsome，1996)，在猴子被试采取行动半秒之前，这个脑区的神经元的放电率与被试对某个给定的动作能够带来奖赏的概率的估计相关。再靠后一点，即，在动作出现之前数毫秒，这个脑部结构的高频率的"爆发"式激活唯一地决定了猴子被试在一瞬间后

197 将会采取的行动。再举一个例子。前述普拉特和格莱姆齐的论文中的第三个实验的结果告诉我们(Platt and Glimcher,1999),在一轮实验的开始阶段,当一个动作带来奖赏的概率被系统性操纵从而不断变化时,外侧顶内沟区的激发率会"跟踪"这种概率的变化。而且同样地,在实际动作发生前几毫秒,该脑区的激活模型会转化为"爆发"模式,从而唯一地确定了即将到来的动作。其他许多实验也都证实了这种出现在外侧顶内沟区、上丘和额眼区的"两阶段表征模式"(例如,请参阅:Basso and Wurtz,1998;Dorris and Munoz,1995;Schall et al.,1995b)。

"Argmax 运算"的"神经实现"

行文至此,一个显而易见的问题自然而然地浮现出来:这类神经回路(例如,如前所述的由外侧顶内沟区、上丘和额眼区组成的神经网络)在实现从主观价值到动作过渡的时候,所采取的方式是不是真的就是那种将效用与选择链接起来的、通常被我们称为"argmax"的数学运算?幸运的是,在神经生物学中,大脑皮质区的映射神经回路的基本结构也已经得到了比较充分的研究,而且现在已经出现了一些描述这类神经回路的一般"运算"的模型。如果像前述各实验所表明的那样,一批相互链接的"地图"(例如外侧顶内沟区和额眼区的地图)真的以"地形图"方式表征了动作的期望主观价值,那么关于这些神经回路的"通用计算功能"以及它们如何通过执行"argmax运算"把一组可选项转变成实际的行动,我们其实已经知道了不少。

为了搞清楚我们对这些神经回路究竟已经知道了多少,不妨看一看取自某个"地形组织"的脑区当中的大小为 1 平方毫米的切片(见图 9.2)。这个 1 平方毫米的切片表明,皮质是高度组织的六层结构的"建筑":来自其他脑区的输入从第 4 层进入;在这个"单位毫米脑区"与相邻的其他脑区之间,有许多主要起抑制作用的连接,它们通过"中介"遍布整个第 2 层和第 3 层;这个"1 平方毫米脑区"的输出的起点在第 5 层和第 6 层。

更具体一些,以一个取自第一视觉区的"1 平方毫米脑区"为例,来自丘脑的外侧膝状体核的"地形组织"的信号会输入到这个"1 平方毫米脑区"的第 4 层，与这里的神经元建立起突触级联系。这个“1 平方毫米脑区”随后向颞中区等脑区的输出则源于第 5 层以及（在较低的程度上）第 6 层的大锥体细胞（pyramidal cell）。

198

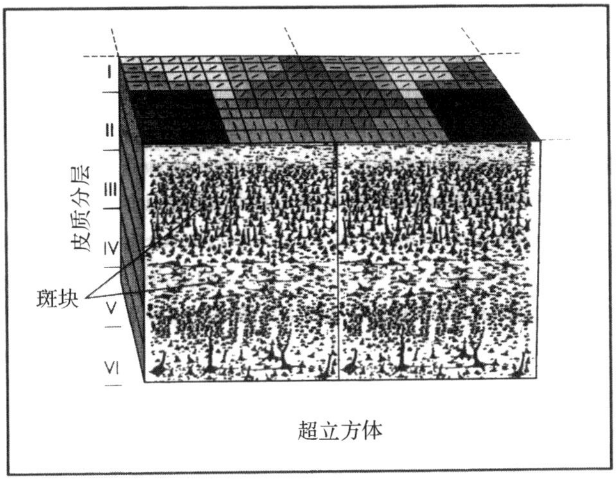

图 9.2　一个皮质柱（图中黑色部分是肱二头肌）

皮质中较上面的几层的作用是，以一种高度结构化的且在很大程度上是抑制性的方式与相邻脑区连接（Das and Gilbert，1999）。神经生物学家已经在细胞层次上深入研究了这种连接方式的细节。

我们知道，抑制连接的强度是可以被调制的，因此可以用来“锐化”输入信号。或者，用更精确的术语来说，抑制连接通过减少皮质信号中的冗余，实现地图的每个点的独一无二的信息的最大化（Schwartz and Simoncelli，2001）。在下一章中，我们将更深入地研究这个计算过程的细节，但是现在不妨先指出最关键的一点，那就是，抑制的总体水平的变化是通过一种非常特别的方式使脑区的激活程度的提高或下降的。随着抑制的增强，我们在前面的章节中描述过的那些“小山峰”的高度将会下降，不过这是在它们“相互竞争”的过程中实现的；这就是说，地图上某个位点上的高水平的激活会有效地抑制相邻的位点的活性。因此，总体抑制水平的增加所导致的结果是发生在这些地图中的“区域性竞争”决定的。这是皮质的一个一般特征；神经生物学家称之为“赢家通吃”的计算（Hertz et al.，2001）。

199 类似的结构特征也可以在共分为7层的上丘中观察到。事实上,神经生物学家对上丘中的这种计算过程的研究甚至还要更加细致、更加深入。在上丘的分层结构中,“地形图”的一个位置的激活可以抑制整张地图上的所有其他位置的活性,显然,这也是一种竞争过程,它可以有效地使该地图从对分布于地图各处的多个输入信号的表征,转变为对一个最强的输入的“强制性”表征。这种过程——从对多个输入的表征,转换为对单一的最强的输入的“全体一致”的表征——就是神经生物学家所称的“赢家通吃”的过程。

标准的神经计算模型表明(Edelman and Keller,1996;Van Gisbergen et al.,1987),上丘网络是依靠两个关键的网络属性才得以完成这个赢家通吃的竞争性互动过程的。如图9.3所示,第一个关键的网络属性是,在地图上的相邻位置上的神经元本身就倾向于产生局部性的“正面的相互连接”,而且这种连接的强度随着彼此的距离而下降(大体上服从高斯函数);由此而导致的结果是,某个神经元的激活倾向于提高相邻的神经元的活性。因此,上丘地图中,一个来自额眼区或外侧顶内沟区的强大的输入将会导致输入点周围出现一个自增强型的“激活山峰”。

第二个关键的网络属性是远程的抑制作用。虽然与邻近的神经元之间存在着“正面”的连接,但是上丘的神经元(更精确地说,是上丘的中央灰质层的神经元)与所在的地图上几乎所有相隔较远的神经元之间的连接都是“负面”的连接。这种抑制的强度会一直上升到一个“高原水平”——抑制强度与距离的关系大体上服从逆高斯函数。例如,来自额眼区地图中心偏右10度位置的一个输入,将会导致上丘地图中心偏右10度位置的激活,并抑制上丘地图上所有其他位置的活性。

从而,决定上丘地图上的任何一个位置的激活模式的,是如下三个关键特征:(1)它所接收到的能够激活该位置的输入;(2)上丘地图上的其他位置接受的输入对该位置的抑制;(3)在整张上丘地图上当前的总体抑制强度,以及兴奋性连接网络的强度。由于这些结构特征,标准的神经生物学模型认为,这些地图上原先就已经存在的激活最终触发一个动作的途径有以下两个。第一个途径是,增加一个输入的强度,直到与该输入对应的位置上的激活程度提高到足以压制所有其他位置上的竞争性的激活,并越过阈值,进入“爆发”状态，从而引发动作；第二个途径是，抑制性连接的总体抑制强度不断上升，直到出现一个“赢家通吃的”的位置，并触发“爆发”状态。[①]

200

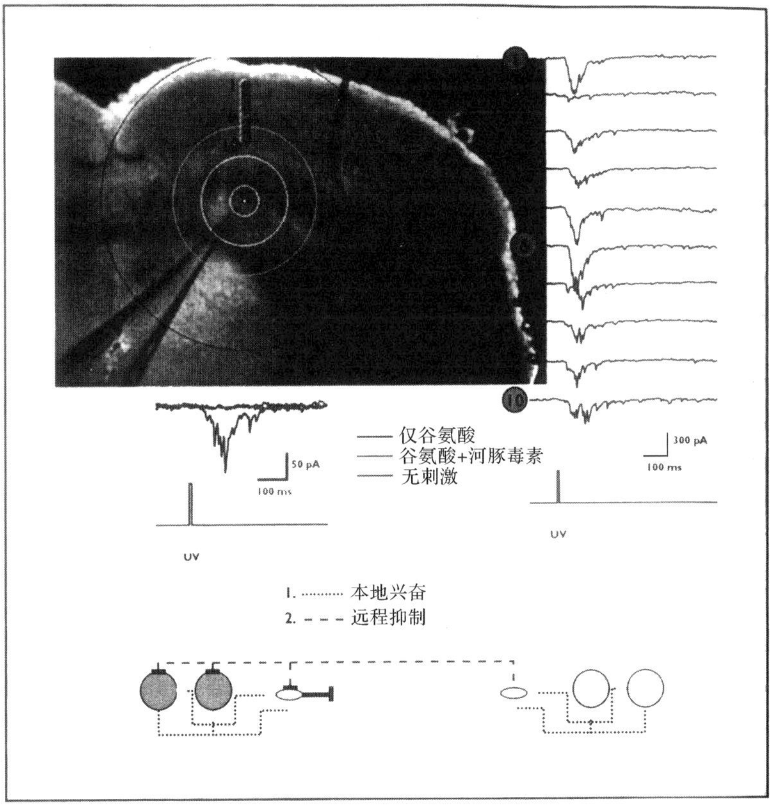

改编自赫尔姆等人的论文 (Helm et al., 2004)

图 9.3　上丘中的兴奋模式和抑制模式

正如我们很快就会看到的，从原则上说，两种机制都可以用来解释我们在前面讨论过的那类“简单”的决策任务，也可以用来解释非常迅速的“反应时间决策”(reaction-time choice)；对于后者，神经生物学家也已经进行过大量研究。

所有这些数据都指向了同一个方向。面对这些证据，我们除了提出如下这样一个假说之外，几乎别无选择：神经生物学家深入研究过的这个普遍

① 这也就引出了另一个问题：什么机制在动态地调制着抑制网络和兴奋性网络的强度？不过，到目前为止，我们还不知道这个问题的答案是什么。

存在于上丘、外侧顶内沟区以及其他脑区的“赢家通吃”机制，应该是与关于
201 选择的经济学模型中的“argmax 运算”同构的。或者，在最低限度上，作为一个起点，我们应该高度重视以下这种可能性，即，经济学层面的理论中的三个关键对象——期望效用、“argmax 运算”和选择——是可以直接映射到神经生物学层面的理论中的三个逻辑“自然类”上去的，这三个“自然类”就是：动作之前的预激活（发生在像外侧顶内沟区或上丘这样的脑区）、“赢家通吃”的机制和直接产生动作的“爆发”性激活。

如果这些对象真的是同构的，那么就会对我们所构建“因为型”理论能够做些什么产生非常深远的影响。为了说明这一点，请读者考虑如下这种情形。我们要求一位被试在两个可选项之间进行选择（并要求这位被试必须做出选择），但是，在这位被试将自己的选择表达出来之前，我们又撤回了这些可选项（或改变了它们）。“似乎型”经济理论告诉我们，从原则上说，我们无法在这些条件下获悉关于这个被试的效用的任何信息。相反，类似于“硬”的期望效用理论的“因为型”理论则能够让我们做出一些完全合理的关于这个被试的效用的论断。如果在这位被试看到了最初的备选集后，我们可以观察在其外侧顶内沟区观察到期望主观价值信号，那么期望效用与期望主观价值信号之后的逻辑同构性将可以保证，即使在这种条件下，我们也能对这位被试的期望效用做出完全合理的陈述。

不过，对于许多经济学家来说，这可能是一个非常令人不安的思想。过去一个世纪以来，经济学一直在试图与“效用是大脑中的某种东西”的观念划清界限，因为这种观念在刚刚出现时，只是一种幻想。然而，当我们拥有了严格的“因为型”理论之后，情况就已经变得不同了。

理解神经科学中的“另类”模型

虽然上一节中引述的这些研究反映了关于选择的神经科学研究当中的一个重要脉络，但是，除了这类研究之外，在过去十年里，还有另一类研究也在关于决策的神经生物学研究当中发挥了巨大的作用，而且事实证明，它们对“硬”的期望效用理论的发展也是非常重要的。这第二类研究关注的核心

是快速的、高度老练的知觉决策。接下来，我们就来讨论这第二类研究对神经经济学的重大意义。

为了更好地理解这些研究，请读者先回忆一下我们在上一章中引述过的纽瑟姆的实验中的猴子被试的情形：在完成那个“移动光点辨别任务”之前，这些猴子必须先接受训练。在这个实验以及类似的实验中，猴子被试要 202
根据它们在一块布满了闪烁的小光点的显示屏上观察到的小光点的平均运动方向，在两个动作之间做出选择。我认为，我们可以把这个视觉信号看成一个刺激：猴子根据这个刺激来计算的两种可能的动作的期望效用，然后根据计算结果做出自己的选择。

最近，迈克尔·夏德伦和他的同事们又针对这类任务进行了扩展研究（例如，Gold and Shadlen，2007；Roitman and Shadlen，2002）。在他们的实验中，猴子可以在任何时间自由地完成动作，而不用再像原来的实验中那样，必须在看完总时长为两秒后的显示画面后再做出动作。在这些条件下，夏德伦和他的同事们观察到，无论是猴子被试的行为，抑或是它们的神经元群组的激活模式，都表现出了一些非常有意思的特点。第一，当那个运动着的刺激明确无误时，猴子被试做出自己的选择时速度相当快，从来没有出现过猴子整整等待两秒后再做出动作的情况。第二，当运动信号变得越来越模糊时，猴子就需要越来越长的时间来做出选择。第三，也是最重要的一点，在所有这些条件下，外侧顶内沟区的神经元的放电率都朝着一个特定的“阈值水平”逐渐提高；一旦这个神经活动的阈值水平被突破了，那么一个动作就出现，这与显示的内容是明确的还是不明确的无关。第四，也是最后一点，当运动着的信号不明确时，放电率朝着那个阈值提高的速度通常是比较缓慢的；但是，当运动着的信号明确时，放电率朝着那个阈值提高的速度则通常比较快。[①]

基于这些数据，夏德伦和其他一些神经生物学家认为，猴子被试做出决定的过程可被建模为一个对运动信号（或其他任何明显的信号）进行数学积分，直到其超过阈值的过程（在超过阈值时，就会触发一个动作）。为了刻画

① 其他神经生物学家在对额眼区的研究中，也得到了类似的结果（例如，Schall and Thompson，1999）。

这个过程,他们还构建了一个参数计算模型(Palmer et al.,2005),那就是他们所称的“漂移扩散模型”(drift diffusion model)。作为该模型的基础的是一种关于记忆的心理学理论,由罗杰·拉特克利夫(Roger Ratcliff)于20世纪70年代创立(Ratcliff,1978,1980)。

虽然毫无疑问,我们应该可以像夏德伦所做的那样,将外侧顶内沟区神经元的活动描述为呈现给猴子的运动信号的积分,但是,同样正确的是,我们也可以认为这些神经元是在精确地计算每个动作能够带来奖赏的概
203 率——而且是以一种与“硬”的期望效用理论相容的方式在计算。在这个任务中,计算运动信号的积分,与计算两种动作的期望主观价值,完全是同一件事情。从经验的角度来看,这两种说法完全是等价的。但是,这些数据特别引人注目的地方在于,它们证明了固定的阈值的存在(只有突破了这个阈值,才会产生动作)。与前面各章中讨论的“缓慢的决策”不同(在那类决策中,有一个类似于“argmax 运算”的机制将主观价值与动作联系了起来),在这里,似乎是一个固定的生物物理阈值把期望主观价值(的某个固定的水平)直接与某个行为的执行联系了起来。为什么会出现这种情况?

在神经生物学层面上,这个问题至少已经有了部分答案,这主要得益于马伟基(Wei Ji Ma)、亚历克斯·普盖特(Alex Pouget)和他们的同事们的研究(例如,Beck et al.,2008;Ma et al.,2006)。马伟基(Wei Ji Ma)和他的同事们证明,对于一只试图猜测哪个动作将会带来奖赏的猴子来说,它的外侧顶内沟区的神经元的每时每刻的激活状态都提供了一个近乎完美的关于奖赏概率的贝叶斯估计(因而也就是关于期望主观价值的贝叶斯估计)。为了更好地理解这一点,请读者考虑这样一只猴子的情况。它事先就知道(因为它接受过密集的培训)它在实验中将会遇到的试验条件的分布。那么,我们或许可以提出这样一个问题:假设这只猴子是一个高效的最大化者,如果它想在给定的一个小时的“工作”内,最大限度地获得奖赏,它会怎么做?马伟基(Wei Ji Ma)等人的分析表明,从原则上说,这样一只猴子应该会设定一个期望主观价值的标准水平,即,一个阈值;一旦这个标准得到了满足,它就会立即做出选择。或

者,用经济学术语来说,这只猴子应该为自己的每个动作设定一个保留价格,[①]只要这个保留价格被超过了,动作就会立即被触发。

这种分析也意味着,在这种条件下,要做出类似于"硬"的期望效用理论那种"风格"的决策,还存在着另一个完全不同的机制。这种机制不是基于通常的"argmax运算"的,而是基于由赫伯特·西蒙(Herbert Simon)描述的那种保留价格的(Simon,1957);在神经生物学的层面上,这种保留价格体现为激活的阈值。夏德伦的实验结果所揭示的核心思想是,在这种"反应时间条件"(reaction time conditions)下,我们可以观察到一个不同的机制(无论在神经层面上,还是在经济层面上,都是如此)。从神经生物学角度,我们看到的是阈值;而从经济学的角度,我们看到的是固定的保留价格存在的证据。 204

像我们在上面讨论过的"赢家通吃"机制一样,关于作为这类反应时间决策的深层机制的生理物理过程,神经生物学家也已经提出了一些相当完善的模型(Wang,2002)。(他们深入研究过的脑区包括大脑皮质区和上丘。)事实证明,对这些模型与"赢家通吃"模型进行比较,能够给我们带来很大的启迪。在这些神经生物学模型中,抑制(兴奋)的总体水平,以及实验开始前就存在于相关神经网络中的内在激活水平,能够有效地发挥预设触发动作的激活程度阈值的作用。当神经网络中兴奋和抑制的总体水平给定时,产生动作的阈值也就固定下来了。请读者回想一下,在我们前面所讨论过的那些决策中,用于选择的神经网络是在一开始就拥有一个固定的主观价值的。在刻画那类决策的模型中,增加抑制性神经元的活性,通常被认为会加剧所有"激活丘陵"之间的竞争,直到只有一个"山峰"继续保持激活为止(由于它的激活程度超过了固定的生物物理阈值,所以触发了动作)。而在反应时间条件下,根据王小京和夏德伦等人构建的模型,兴奋和抑制的水平是可以有效地被预设的(通常是基于先前的经验),因此,只要期望主观价

---

① 关于"保留价格"(reservation price),我们可以把它想象为这样一个最低价值:在这里,选择某个可选项是有利可图的。在类似期望效用理论这样的经济学模型中,决定保留价格的因素包括行动的成本和(对于作为选择者的行为主体来说)等待更多信息的时间成本。这方面的经济学思想主要源于赫伯特·西蒙关于"满意"的研究(Simon,1957),对于这些思想,一般经济学家们都是熟悉的。

值的某个特定的最低水平(即,保留价格)被突破,那么产生动作的生物物理机制就会自动被触发。这就意味着,改变这些神经网络中的兴奋和抑制的水平,就可以有效地让这些网络从执行“赢家通吃”型计算,转变为另一种计算——在任何一个预先设定的输入水平上“选择超过了阈值那个山峰”。用经济学的术语来说,这就意味着,进行“argmax 运算”与进行基于保留价格的计算是同构的。这一点,最早是王小京和他的同事们阐述清楚的(Wang,2002,2008)。

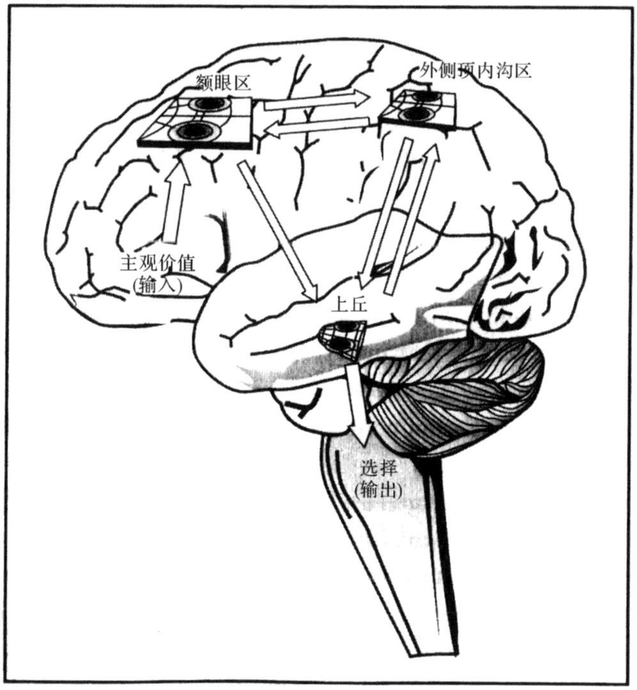

图 9.4　选择神经回路

应该强调指出的是,我在这里描述的用来刻画皮质和上丘网络的功能和特性的这些模型,虽然已经纳入了标准的神经生物学教科书,但是直到今天,仍然处于进一步精炼和检验过程当中。例如,对于发生在眼睛扫视动作之前和之后的抑制和兴奋模式,我们现在已经知道了不少(Glimcher,2003b;Krauzlis,2005)。我们还知道了不少与皮质和上丘网络的微神经回
205 路以及它们之间的互动有关的东西。但是,还有许多重要的细节问题,至今仍然未曾搞清楚,而且它们已经引发了不少争论。例如:哪种类型的神经元细胞会导致远距离抑制(Tepper et al.,2004)?抑制的强度如何调整?远距

离抑制(或短距离兴奋)是不是设定这些网络的阈值的最主要的因素(Hall and Moschovakis,2003)? 不过,无论如何,现在已经证明,这些网络的基本结构、阈值(必须越过这个阈值动作才能发生)在这些网络中的存在性(Hall and Moschovakis,2003)、通过对一个“地形图”上某个被激活的区域的向量平均值的计算来确定动作的性质(Lee,Roher,and Sparks,1988),以及利用抑制性连接去执行一个“赢家通吃”型决定,这一切确实是神经结构的特性。因此,我们至少可以得出如下这个试探性的结论:这些神经网络都可以看成两种“选择基元”的例证,一个是“argmax 运算”型的机制[在冯·诺依曼和摩根斯坦的论著中(1944),我们可以看到关于“argmax 运算”的最全面的论述];另一个机制是预设保留价格,对此,赫伯特·西蒙在他的扩展型的新古 206
典主义框架内进行了深入的探讨(Simon,1978)。

小　结

我们在上文中讨论的“硬”的期望效用理论有三个关键特征对神经科学和经济学都有非常重要的意义。第一点,我们可以认为,在经济学模型中的标准选择过程(期望效用→“argmax 运算”→选择)可以同构映射为期望主观价期→“赢家通吃”→动作。第二点,夏德伦和王小京的研究表明,我们还可以将期望效用→保留价格→选择映射为期望主观价值→阈值→动作。而且,上面这第二种映射,与第一种映射一样,可以在相同的神经系统中完成,所需要的,只是一个能够同时控制模式转换(“argmax 运算”或“保留价格”)和保留价格水平的简单的网络性质。第三,也是对经济学最重要的一点,这些数据表明,我们可以在“硬”的期望效用理论的框架内,将效用与选择分离开来。

随机性,本地相关以及“硬”的期望效用理论的一个严重缺陷

神经科学

在构建“硬”的期望效用理论的时候,我们的出发点是如下假设:我们是

通过激活一个神经回路来做出选择的；该神经回路要么会在一个备选集的各个可选项之间“强制”实施一个“赢家通吃”运算，要么会为反应时间决策设定一个阈值。我们通过对眼睛扫视运动系统的研究而掌握的知识表明，上述任何一个函数可以作为出现在同一个神经回路中的两种运算模式的其中一种而实施，而当前模式则是由该神经回路中的抑制成分和兴奋成分所维持的激活水平设定的。因此，后来的问题就是，我们应该如何看待这些网络中的期望主观价值信号与动作之间的具体关系。这些关系是完全决定性的吗？（迄今我的论述似乎就是这样暗示的。）而要想回答这个问题，我们就
207 必须先深入研究皮质神经元的性质。

神经生物学家经常会在确定的意义上提到神经元的放电率，例如：“这个神经元的放电率是 100 赫兹。”但是，这种说法严重歪曲了神经元的“实际行为”。在一阶近似(first approximation)这个层面上，神经元的行为很像统计学上的泊松过程(Dean，1983；Werner and Mountcastle，1963)。神经元确实有一个平均尖峰(spike)放电率，但是那只有在稳定状况维持相当长时间的条件下才能测定。如果在过短的时间间隔内测量同一些尖峰(spike)放电率，我们看到的只能是一种高度结构化的巨大波动(这一刻不同于下一刻)，这种动态性是类似“这个神经元的放电率是 100 赫兹”这种说法无法刻画的。把神经元的激发看成一个真正的泊松过程(Moore et al.，1966；Rodieck et al.，1962；Shadlen and Newsome，1998；Softy and Koch，1993)，我们就可以通过描述我们所观察的任何给定的期间实际测量出来的尖峰之间的时间间隔(前后相继的两个动作电位之间的时间)，来准确地刻画放电率(每秒观察到的尖峰数)中存在的动态性。

“泊松过程”是这样一个过程：该过程在每个时间瞬间以固定的概率产生一定事件(在我们现在这种情况下，事件就是指尖峰)。图 9.5 刻画的就是这样一个事实。在讨论神经元的激发这个泊松过程时，为了简化分析，我们不妨假设时间以 1 毫秒为固定间隔不断流逝。在这种条件下，我们可以认为泊松过程就是一个每经过 1 毫秒时间，就以固定概率(比如说，概率为 0.05)产生一

个尖峰的机制。[①] 如果我们把一个真实的泊松过程的尖峰之间的间隔画出来，就可以观察到相隔的事件之间的时间间隔是服从某种指数分布的，而且这种分布有效地下降到零的速度也是该概率的一个函数（见图 9.6）。

正如任何分布一样，我们也可以通过它的均值和方差（或方差的平方根，即，我们通常所称的"标准偏差"）来刻画泊松分布。对于一个真正的泊松过程来说，一个有趣的性质是，它的均值和方差总是具有相同的值。因此，随着作为一个泊松过程的神经元激发的平均时间间隔的缩小，它的方差也以完全相同的速度缩小。

208

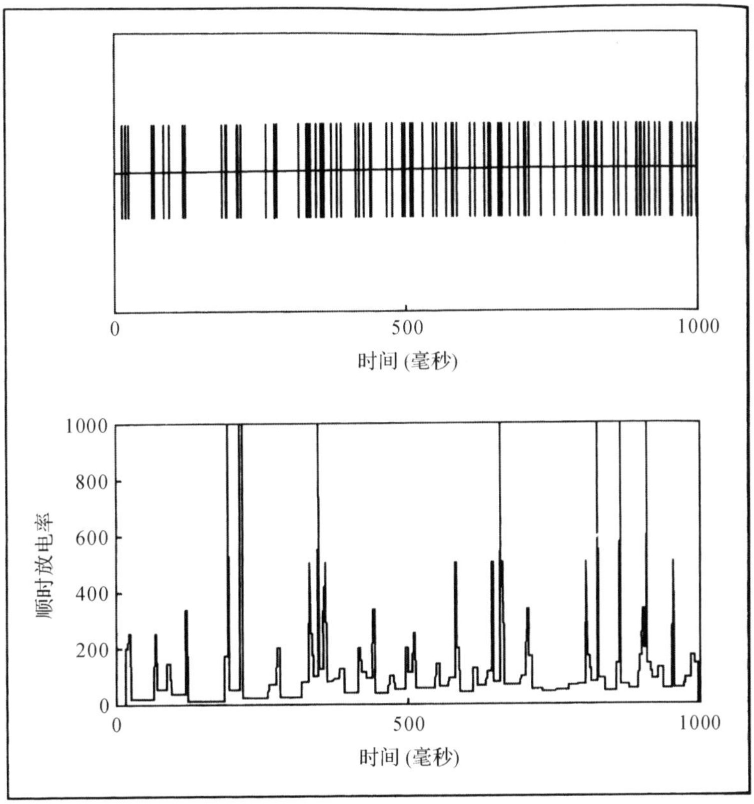

图 9.5　真实的神经元"尖峰"序列

① 熟悉泊松过程的读者会发现，我在这里介绍的只是离散型泊松分布。事实上，神经元的激发最好不要以这种方式来描述，但是离散时间模型相对比较简单，而且同样能够刻画其基本特征并不失一般性。

有趣的是，当我们分析每单位时间内出现的动作电位数时，却不能得出同样的结论(关于这个问题的综述，请参阅：Johnson，1996)。每单位时间内产生的动作电位的数量的变异性表明，均值与标准偏差之间存在着1∶1的关系。或者，换一种更加紧凑的说法，我们可以取标准偏差与均值的比率，这个指标被称为“变异系数”(coefficient of variance，简称“CV”)。对于泊松过程来说，变异系数为1。

对皮质神经元的放电率的方差与均衡之间的关系进行过深入细致的研究的第一批神经生物学家是戴维·托尔赫斯特(David Tolhurst)、托尼·莫弗松(Tony Movshon)和安德鲁·迪恩(Andrew Dean)。他们发现(Tolhurst，Movshon，and Dean，1983)，皮质神经元的激发确实近似于泊松过程。当平均放电率上升时，方差也随着增大，不过方差增大的速度略微比均值快，所以就他们研究的时间间隔和放电率而言，实际测得的变异系数为1.1～1.15。

209

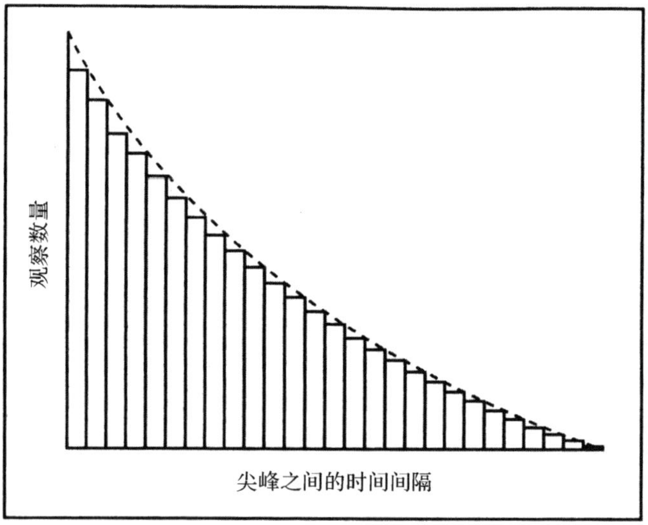

图9.6 理想化的尖峰间隔直方图

对于标准的泊松过程而言，这个变异系数值明显偏高了。托尔赫斯特、莫弗松和迪恩的研究，以及后续研究都表明，它是一个受不完全独立的事件序列影响的泊松过程的反映。神经元不能在同一时间“放两次电”，也不能在刚刚“放了一次电后立刻再放一次电”,因为一旦神经元完成了一次激发(形成了一个尖峰)之后,就会进入“静默阶段”,等待“复苏”;就某些类型的神经元而言,这个“不应期”可能会持续 2～3 毫秒时间。不过,当“不应期”约束了神经元的放电率时,神经元却又倾向于产生一些短尖峰。这样一来,最后的结果是,实际的尖峰间隔直方图会出现截断,并有所变形(见图 9.7)。正是因为所有这些原因,皮质神经元可以用泊松过程合理近似,只是实际的方差比泊松过程略高一点。

在这里,我得马上补充一点,那就是,这只是皮层区神经元的一个特征,而不是一般神经元的一般特征。例如,在学习过程中发挥了极大作用的多巴胺神经元(我们将在下面的章节中详细考察这种神经元)的变异系数就只有 0.6 左右(Bayer,Lau,and Glimcher,2007),比皮层神经元低得多。 210

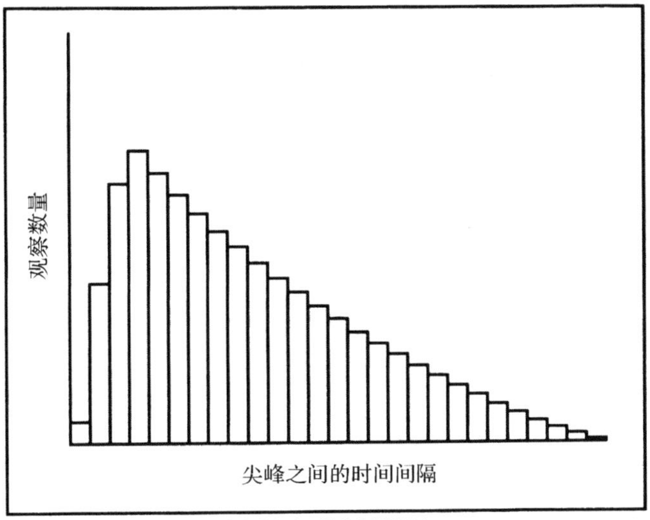

改编自格莱姆齐和斯帕克斯的论文(Glimcher and Sparks, 1992)

图 9.7　实际尖峰间隔直方图

事实上,在脊髓中,有些神经元的变异系数甚至只有 0.3 左右;它们的变异度(degree of variance)是如此之低,以至我们最好用钟形分布来描述它们的尖峰间隔的性质。这是极其重要的一点,因为它意味着,神经元并不必然是高方差的。演化女神似乎已经使皮质神经元拥有了这个特征,但是,其他种类的神经元显得还不具备。这一点是我们构建模型时的一个重要约束，在本书后面的章节中，我们还会讨论到；现在重要的是，我们必须时刻牢记它。近年来，在部分神经生物学家的圈子里，已经形成了这样一个“时尚”，即把上述高方差性看成皮质神经元无法克服的一个“限制”，说它是一种“坏”的随机性，是大脑在进行计算时必须努力与之“斗争”的。然而，没有任何理由认为这种高方差性一定是一件坏事。皮层神经元已经演化出了这种高方差的结构，这是一个不争的事实。因此真正有意义的问题是：这有什么好处？同时又需要付出什么代价？

要回答这个关于皮质神经元的问题，我们首先必须再思考一下嵌入在我们在本书第七章中已经讨论过的那些大规模的“地形图”中的那些单个的泊松型元素。每张“地形图”的每“一平方毫米区域”都包含着大约100000个泊松型的元素。它们是如何结合在一起的？作为例子，不妨考虑外侧顶内沟区中的一个“一平方毫米区域”，它投射到上丘的一个“一平方毫米区域”上。

211

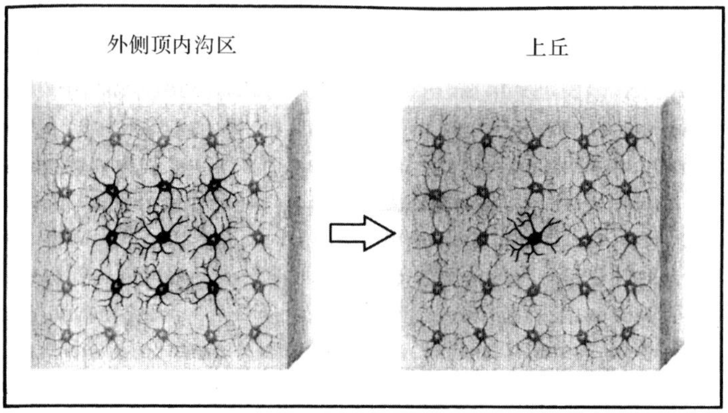

图 9.8　外侧顶内沟区的一个“单位平方毫米脑区”投射到上丘

我们知道，外侧顶内沟区的每个神经元的突触朝向上丘的神经元的分布大致上服从高斯分布。如图9.8所示，就外侧顶内沟区内的某个神经元而言，它与它所“匹配”那个神经元之间的连接是最强的，但是它还与上丘地图中的多达1000个神经元有一定连接。从上丘的角度来看，每一个上丘神经元都能够以地形加权形式“看到”大约1000个大致相邻的外侧顶内沟区神经元的激活状况。进行“广播”的那个神经元的距离与“最强接触”神经元的距离越远，它对上丘神经元的放电率的影响就较小，如图9.9所示。

212

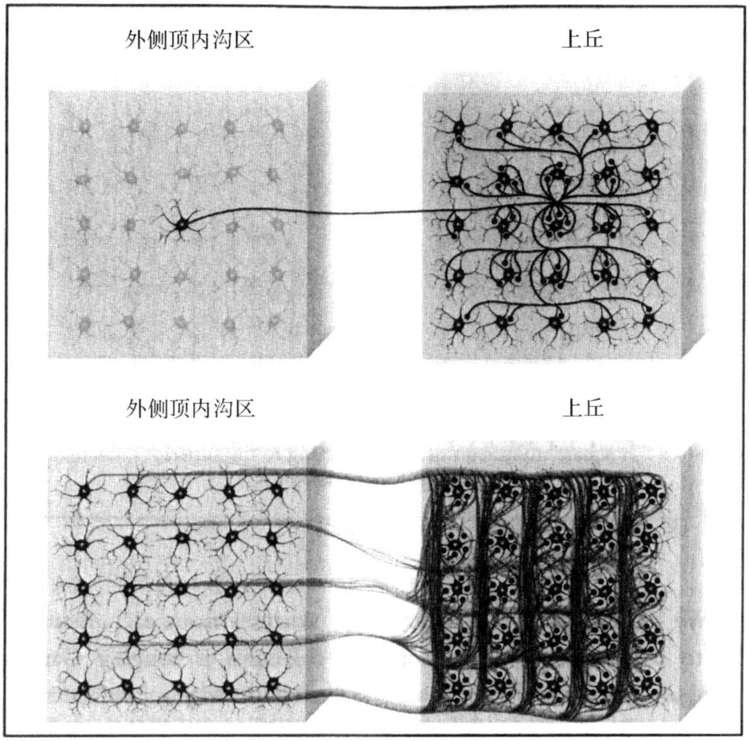

图 9.9 连接强度

现在,请读者考虑以下这种情况。在那大约 1000 个输入神经元当中,每一个神经元对上丘神经元"做出的行为"都表现为一个独立的泊松过程,同时又都以相同的平均放电率激发(这意味着它们编码相同的期望主观价值)。在这里,我之所以要用"独立"一词,是想表达这样一个事实,即,在给定的某微秒内,这些神经元中的任何一个神经元的激发,都不会给作为观察者的我们提供关于其他神经元是否在那一刻激发的任何信息。换言之,这里的独立性是指,尽管所有这些神经元都以相同的平均放电率激发,但是它们的实际生成的不同"尖峰列车"(spike train)上的尖峰之间却是不相关的;如果我们分别描绘出神经元 1 和神经元 2 的尖峰的时间序列,那么就会发现,这两个序列之间不存在任何系统性的关系。

这里最重要的一点是,这些神经元的"尖峰列车"之间表现出来的独立性将对下游任何一个"倾听"它们的"广播"的神经元的"行为"产生深远的影响：通过发生在突触后神经元的树突中的“电压集成”过程（voltage integration），原来的泊松可变性（Poisson variability）将会被平均掉。如果我们看一下突触后神经元的膜电位，或者看一下突触后神经元的尖峰频率——我们知道，这是膜电位的确定的函数（Mainen and Sejnowski，1995）——然后我们就会发现，外侧顶内沟区的“广播”神经元簇的平均放电率与那个上丘神经元的瞬时放电率相同，尽管每个单独的“广播”神经元尖峰间隔是随机波动的。每个独立地“波动着”的输入神经元与作为它的邻居的其他神经元只有平均放电率相同这个事实的重要意义在于，目标神经元
213 能够完美地从嘈杂的信号中提取出平均放电率。

与此相反，如果外侧顶内沟区的这些相邻的神经元的放电率是耦合的，如果相邻的神经元出现尖峰的时间是彼此相关的，那么我们在上丘神经元中观察到的膜电位必定是剧烈波动的——波幅是外侧顶内沟区中发生的泊松过程的方差的某个函数。如果我们的目标神经元接收的输入不仅在均值上是相关的，而且在它们的可变的尖峰时间上也是相关的，那么目标神经元就没有办法在瞬间就从输入中提取出其平均放电率。为了说明这一点，不妨举一个比较极端的例子。请读者考虑如下这种情形：假设在外侧顶内沟区，相邻的神经元之间是完全耦合的，即，它们全都在完全相同的时点上激发。如果真的是这样的话，那么上丘中的目标神经元的放电率将会准确地再现前置泊松过程的高度可变的放电率结构（每个“广播”神经元都“执行”相同的泊松过程）。

或者，用更精确的术语来说：给定外侧顶内沟区的神经元（的激发）拥有类泊松方差这个条件，那么外侧顶内沟区内相邻的神经元的“尖峰列车”之间的相关程度将有效地控制它们的目标神经元的方差。如图 9.10 所示，如果相邻的神经元之间是完全相关的，那么它们的目标神经元将只能“看到”一个非常随机的输入信号；从这种输入信号中，只能提取出这簇外侧顶内沟区神经元在很长一段时间内的平均放电率。如果相邻的神经元是完全不相关的，那么相反的一面就会成真：在每一时每一刻，上丘神经元都能够瞬时地、准确地提取外侧顶内沟区的输入神经元簇的平均放电率。

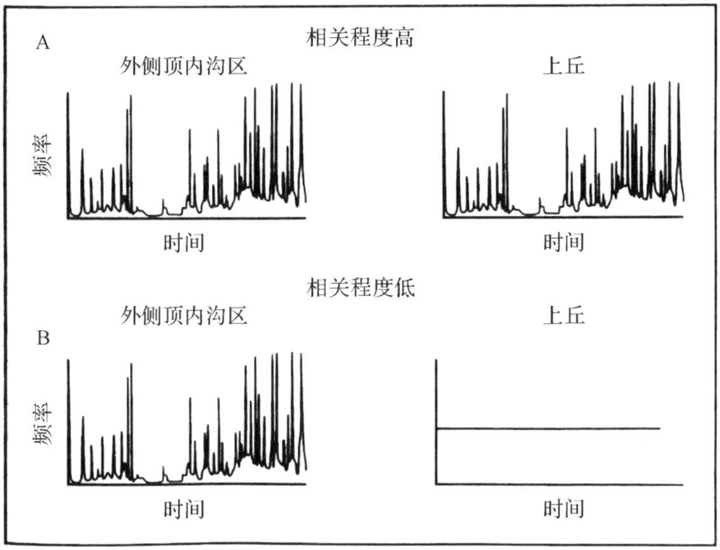

图 9.10　高相关性与低相关性条件下的上丘神经元

因此,我们要搞清楚的是,皮质神经元的方差之间的相关程度到底如何？对 214
于这个问题,最初的答案来自埃胡德・佐哈里(Ehud Zohary)的研究(Zohary et al.,1994),当时,他正在纽瑟姆的实验室里研究这样一个课题：当猴子被试在做出关于移动的光点显示画面的时候,它们的颞中区神经元的活动状况是怎样的？在进行这项研究之前,佐哈里就已经知道,在皮质地图上,彼此相距甚远的神经元之间通常是互不相关的。不过,在对颞中区内相邻神经元对的激活记录进行了分析之后,佐哈里发现,它们的"尖峰列车"之间的相关性达到了 0.12。如果相关性为零,则说明相邻神经元是完全独立的;而如果相关性为 1.0,则说明它们之间是完全相关的。为了便于论述,或许可以将佐哈里测得的结果作为神经元之间的相关性的上界,那样一来,我们就可以假设,"一小块皮质"内的神经元之间的相关性最高为 0.12,而且其相关性必定随着彼此之间的距离的增大而下降。

然而,由克里斯坦・克鲁格(Kristine Krug)和安德鲁・帕克(Andrew Parker)于 2004 年进行的另一项研究则表明(Krug et al.,2004),神经元之间的相关性问题可能要比佐哈里得到的最初的结论复杂得多。克鲁格和帕克训练了一批恒河猴,让它们完成两个以运动物体画面为基础的知觉决策任务;这两个任务的支付(奖赏)结构略有不同。这些猴子被试要学会完成的第一个任务就是标准的纽瑟姆运动光点任务;而在第二个任务中,这些猴子被试将看到一些在它们面前移动的光点——这些光点其实是散布在一个不可见的旋转着的圆筒的表面上的,如图 9.11 所示。

当一个人看着这种显示画面时,往往很难判断自己所观察的到底是一个顺时针旋转的无形的圆筒,还是一个逆时针旋转的圆筒。这些猴子被试要完成的任务就是如此:确定自己所观看的那个无形的"圆筒"是顺时针旋转的还是逆时针旋转的;如果它们选择正确,那么就可以得到奖赏。当然,对于我们的研究目标来说,重要的是这个实验能不能揭示神经元之间的相关性。克鲁格和帕克记录了,当猴子被试在完成这两个任务时,它们的颞中区内完全相同的一些神经元的激发情况,结果发现,由相邻的颞中区神经元组成的神经元对在执行不同任务时表现出了不同的相关性。当这些猴子被试执行标准纽瑟姆任务时,相邻神经元对显示出了大约 0.12 的相关性,这个结果与佐哈里和纽瑟姆他们得到的结果类似。然而,当这些猴子被试在执行"旋转着的无形圆筒任务"时,相邻神经元对的相关性却跃升到了 0.43。这些数据表明,神经元之间相关性是可"调节"的,取决于被试面临的任务的性质。

215

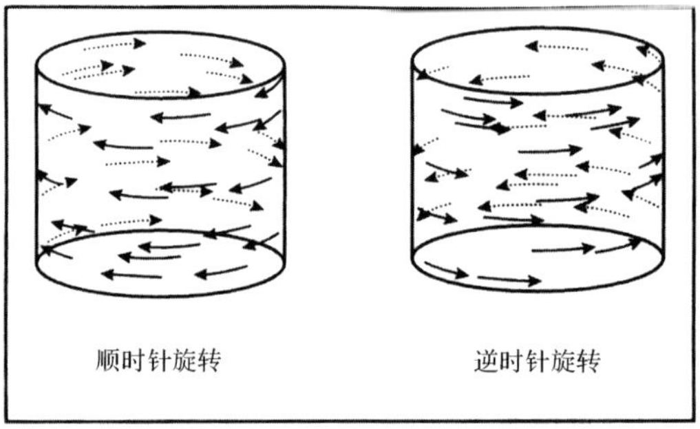

改编自多德等人的论文(Dodd, Krug, Cuminary, and Parker, 2001)

图 9.11

现在,让我们把这些关于神经元的方差和相关性的研究的结果与一些关于随机性的行为研究的结果结合起来考虑。请读者想象如下这个情景。一位人类被试要在期望效用相距甚远的两个对象之间做出选择(例如,一张彩票是,有 50%的机会赢得 5 美元;另一张彩票则是,有 25%的机会赢得 5 美元)。在这种条件下,我们通常可以观察到高度确定性的行为:基本上所有被试都会选择有 50%的机会赢得 5 美元的那张彩票。但是,当我们逐步增加另一张彩票的价值时,又会发生什么?很显然,随着另一张彩票的价值的不断增大,这位人类被试的偏好将会改变。至于这位人类被试的这种改变究竟会出现在什么时候,则决于其风险厌恶程度。然而,最有趣的并不是这种“偏好改变”现象,而是这样一个事实:当我们让人类被试反复地进行这类选择的时候,他们的行为从来不是完全确定的。这就是说,随着有25%的机会中奖的那张彩票的价值的逐渐增加,他们的行为会表现出概率行为的特点——他们有时会选择有25%的机会中奖的那张彩票,但是并非总是如此。

请看图9.12。就像位于三张小图的中心的那条线所表明的,在面对这种类型的选择时,人类被试似乎有一个“随机转换函数”(stochastic transfer function):随着有25%的机会中奖的那张彩票的价值的逐渐增加,他们会从更偏好有50%的机会中奖的彩票转变为更偏好有25%的机会中奖的彩票。

216

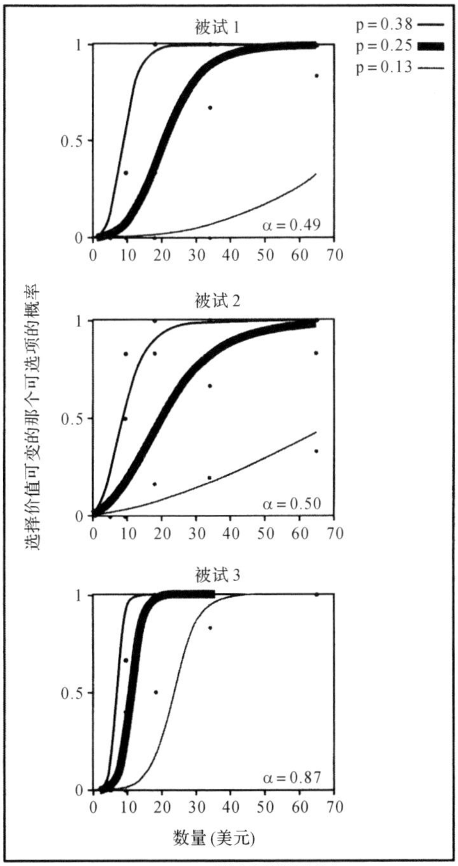

改编自利维等人的论文(Levy et al., 2010)

图9.12

217 在经济学中，这类行为已经得到了很好的研究。经济学家分析这类行为的方法通常有以下两种。第一种方法通常被称为随机效用模型。这类模型源于经济学家丹尼尔·麦克法登(Daniel McFadden)的研究，麦克法登还因此而获得了诺贝尔经济学奖(McFadden，2000)。第二种方法是，将这个“逐步过渡”的函数描述为一系列选择机制诱导出来的差错。对于这种方法，一个很好的描述是由莱因哈特·泽尔腾(Reinhart Selten)给出的(Selten，1975)。泽尔腾也是诺贝尔经济学奖获得者，在他的博弈论论文中，泽尔腾将这种行为称为“颤抖的手”。

麦克法登的随机效用理论对这种行为的解释是，当一个行为主体问自己某个可选项“值多少”的时候，他其实是在进行一种内部的评估；他并不能得到一个唯一的固定答案，相反，他所能得到的是一个可变的答案，它反映了他的偏好的实际可变性。用数学的语言来说，这也就意味着，他对那个有25％的机会中奖的彩票的期望效用(或者更精确地说，他对它的货币奖金的效用)是从一个“可能的期望效用”的分布中抽取出来的，这个分布(通常)具有高斯分布的均值和方差。从这个角度来看，麦克法登的方法本质上就是我们在本书第四章中讨论过的经典的心理物理学方法；事实上，他的灵感也确实源于心理物理学的洞见。不过，麦克法登的方法还有一个有趣的性质，体现在他所说的随机性的含义上。在随机效用理论中，选择的随机性反映的是实际的主观价值的随机性。如果我要在有 25％的机会获得 35 美元与有 50％的机会获得 5 美元之间做出选择，只有四分之一的选择轮次会选择有 50％的机会获得 5 美元这个可选项，这是因为，对我来说，在那四分之一的选择轮次中，那张奖金为 5 美元的彩票真的更好。这个结论有深远的政策含义，因为这意味着我们不应该对我们的行为主体的行为挑三拣四，即使当他们采取概率行为时，也是如此。

相比之下，泽尔腾用来处理同一个的问题的方法虽然从数学的角度来看是相似的，但是却具有非常不同的政策含义。泽尔腾的假说是，行为主体的效用仍然是单值性的，但是，当我们问他们要选择什么时，选择机制本身是有随机性的，而这就可能会导致行为主体做出某些可以被我们明确地认定为“错误”的行为。或者，更准确地说，泽尔腾的假说是，当我们对两个效用进行比较时，我们是在“噪声”中完成这个任务的。如果被比较的那两个对象的效用非常接近，那么我们在选择的时候，我们的手就会“颤抖”。两个效用越接近，这种“颤抖”就越可能诱发错误。

那么，我们怎样才能把这些“行为理论”，或者说，这些经济学的“自然类”，映射到神经结构上去呢？不妨考虑我们在上一节讨论“赢家通吃”机制 218
时描述过的“眼睛扫视选择”诸地图。在那一节中，我认为，那些“地形图”在(利用它们上面的神经元的放电率)对它们面临的选择集中的每个可选项的期望主观价值进行编码。现在，我们将要在这个基础上增加一些更加复杂的东西，即，承认这些地图上的神经元的放电率是随机的(神经元的放电率是期望主观价值的“物理实现”)。于是，外侧顶内沟区和额眼区的单个神经元就可以被描述为类泊松的对象。这也就意味着，对于上丘中从外侧顶内沟区和额眼区接收输入的那些神经元来说，期望主观价值是随机波动的。而一个上丘神经元能够在多大程度上“观察”到这种波动，则主要取决于这些输入的内在变化以及这些输入神经元之间的相关性。如果“赢家通吃运算”是在上丘的生物物理阈值上进行的，那么这就意味着我们所做的选择反映了该系统的生物物理随机性。如果这种随机性的程度是在一定范围内可调节的，那么选择中的随机性的程度也是可以通过这种机制调节的(见图 9.13)。

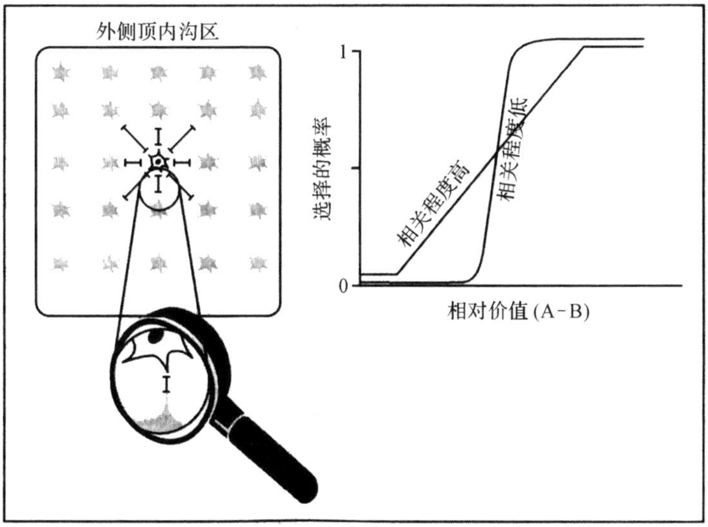

图 9.13

现在,我们把所有这些在神经生物学上有明确定义的元素放到一起,看
219 看它们会对行为形成什么约束。“眼睛扫视选择”神经网络从大脑的其他部分接收到作为输入的期望主观价值信号。(这些信号是本书接下来几章要研究的主题。)根据上面的定义,这些输入信号都是随机的神经信号。正如我们将会看到的,这些信号当中的一部分源于基底神经节的稳定的突触(基底神经节是一个神经元之间的相关程度很低的脑区),另一部分则源于额叶皮质的稳定的突触(额叶皮质的神经元之间的相关程度很高,相邻神经元对相关系数可能为固定的 1.15)。如果这些信号就是被大脑存储的偏好的“物理实现”(physical instantiation)(我在下文中将阐述这一点),那么这些信号当中的方差就真的可以用随机效用理论来解释了。

这些输入信号随后都进入扫视选择网络。在扫视选择网络中,单个神经元接收到这些信号,并用平均放电率进行编码。而处于下游的神经元(例如,上丘中的神经元),则可以“看到”这些平均放电率(即,类随机效用信号),尽管这些信号已经被额眼区和外侧顶内沟区的单个神经元产生的泊松型噪声“污染”了;反过来,额眼区和外侧顶内沟区的单个神经元又是受神经元间的相关性调制的。

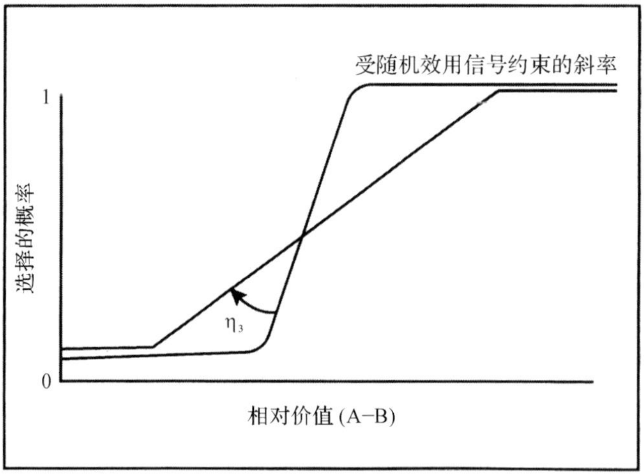

图 9.14　这一系列事件的“流程图”

神经元间的相关性较低时,选择就能稳健地反映输入的效用信号。在图 9.14 中,这些就是图中的随机选择函数的斜率尽可能高,同时选择尽可能

220

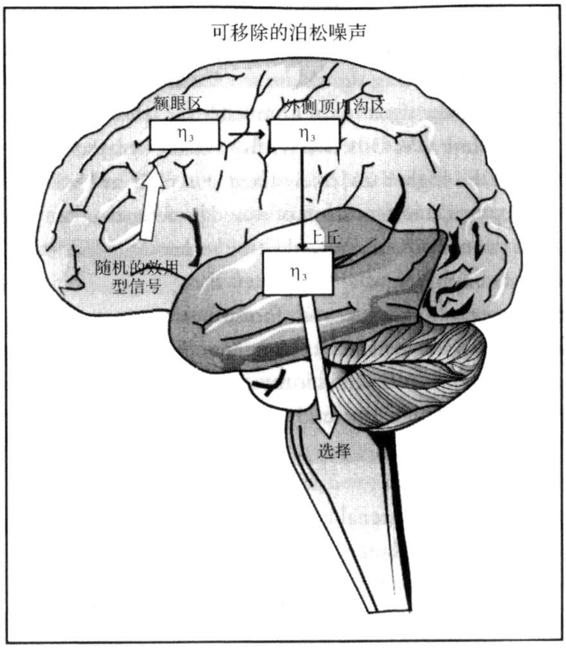

图 9.15

确定的条件。在这些条件下,选择的斜率受产生于额叶皮质和基底神经节的随机效用信号的随机性的限制。当神经元间的相关性较高的时候,则正好相反:上丘神经元将接收到一个高度随机的信号,同时选择函数的斜率将会是非常低平的。在这些条件下,这种机制做出的决策将不能非常准确地反映作为基础的随机效用,随机选择函数的斜率当中,有很大一部分可以解释为“错误”,即,如果人们试图最大化主观价值的话,他们就不应该做这些事情。

结论与含义

在这里,我们应该先强调一下上面这些结果对我们提出的理论要求。这也是最能体现神经经济学的关键特征的一步,决定了神经经济学对经济学、心理学和神经科学的重要性究竟有多大。在这一节中,我们将首先从哲 221
学层面上考察两套理论。而在经济学的层面上,我们将把“软”的期望效用理论与一系列关于实际做出简单决策的神经回路的机制结构的神经生物学结论结合起来考虑。由此而形成的"硬"的期望效用理论实质上就是这样一个研究纲领:实现两组哲学对象之间的相互映射。

神经生物学家对扫视网络(以及其他与身体动作相关的神经网络)中的"赢家通吃"机制和(在反应时间决策任务中的)"保留价格"机制的研究,为我们构建"硬"的期望效用理论提供了一些非常令人鼓舞的结果。"硬"的期望效用理论要求大脑表征期望主观价值,要求大脑能够进行"argmax 运算"或以"保留价格"为基础做出决策。我们在本书前面的章节中介绍的对各相关脑区的神经生物学研究为执行这些"运算"的机制的存在提供了非常强大的支持证据。从这些数据出发,我们可以得出这样的结论,即,"软"的期望效用理论所预测的那种行为之所以会出现,就是因为期望效用这样的东西确实存在于人类神经系统当中。确实,在上面提到过的各个脑区中,似乎真的存在(至少在第一眼看上去的时候)一个期望效用型的对象(即,期望主观价值),而且还似乎真的存在执行"argmax 运算"的神经回路。不过,我们同时还发现,同样的神经回路还可以被用于设定一个行动的期望效用阈值。当神经回路被设定为这种反应时间模式时,一旦选择集中的任何一个行动的期望主观价值超过了特定的阈值,这个行动就会出现。这个神经生物学结果让我们立即想到,"软"的期望效用的核心要素可以进行一个以特定的保留价格为基础的扩展;而且最重要的是,对传统的"argmax 运算"型的期望效用理论的这个扩展,(至少部分地)源于神经生物学理论的约束。正是在这里,在神经生物学研究结论的启示下,新的行为理论浮出了水面——尽管我们得承认,这种理论并不能完全用这些神经生物学结论来描述。

关于随机性的研究也同样非常启人深思,不过是以一种非常不同的方式。神经生物学家对神经系统的研究告诉我们,所有的信号(根据定义,期望主观价值也是一个神经信号)都是随机的。这个结论显然与"软"的期望效用理论不符;"软"的期望效用理论从根本上说是一种确定的理论。而且,这个结论还相当明确地表明,"硬"的期望效用理论也是一个错误的理论。如果我们想构建一个超越经济学和神经科学的界限的关于人类的选择行为的理论,那么"硬"的期望效用理论显然也失败了。这样一来,我们就必须对我们在经济学层面上所用的对象进行修正,即使它们随机化。因此,我们观察到的神经元结构的随机性证伪了"硬"的期望效用理论。 22

这个结果并没有太多出奇的地方。事实上,这恰恰是我要以“硬”的期望效用理论这个不无争议的理论为例的原因。我们现有的行为数据也告诉我们,期望效用理论在这个方面确实是错误的。如果我们想把神经数据和行为数据统一在一个单一的架构内,我们就必须把确定的经济对象转变为随机的经济对象。幸运的是,在经济学中,这种形式早就出现了,那就是随机期望效用(REU)理论(Gul and Pesendorfer,2006)。因此,要想在一个理论中保持神经层面的对象与经济层面的对象之间的映射,我们就必须放弃“硬”的期望效用理论,而转向“硬”的随机期望效用理论。这也就是我们这个仍然处于不断发展中的理论将要发生的下一步嬗变。

在这里,还必须附上另一个可能更有争议的注记,这种形式的“硬”的随机期望效用理论也明确包括了一个可调节的误差项,用来处理从行为中观察到的部分随机性。这种源于神经结构的可以调节的随机性,又映射到经济学模型中的一个可变的“错误”率上。在这里,我是故意在经济学的意义上使用“错误”这个词的:“错误”指决策主体做出了不能被理解为期望效用最大化(或期望主观价值最大化)的行为。当然,对于经济学家来说,这种说法无疑是有现实的政策含义的。①

这也就引发了同样有趣的一个问题,那就是:随机性的程度究竟是如何调整的?这个问题也体现了我们拟议中的这个跨学科的神经经济学理论的特别有趣的一个特征:我们既可以在神经的层面上问这个如何调整随机性的程度的问题,也可以在经济学的层面上问这个如何调整随机性的程度的问题。例如,从神经生物学的角度来看,神经元间的相关性是怎样被其他神经回路调节的?从经济学的角度来看,当选择条件变化时,随机选择函数的斜率是怎样调整的?这都是在问同一个问题。虽然我们还不知道这个问题的确切答案,但是可以肯定的是,源于神经生物学领域的答案必定会对经济学理论构成一定约束;反之亦然。

因此,神经科学的数据明确无误地告诉我们,“硬”的随机期望效用理论

---

① 我们已经有了大量行为证据,可以证明这种可调节的“错误”率确实是存在的。例如,有一项研究表明(Daw et al.,2007),在“强盗任务”(bandit task)中观察到的某些次优采样行为就可以被描述为这种错误。

是比“硬”的期望效用理论更好的理论。那么，我们真的要在乎这个结论吗？
作为经济学家，如果我们决定继续保留“软”的期望效用理论，那真的是一个
223 坏的选择吗？这没有固定的答案。一切取决于我们要利用理论去完成什么
任务。如果我们有一个非常紧迫的政策问题，同时“软”的期望效用理论已
经够用了(且足够简单)，那么，我们就应该使用“软”的期望效用理论。如果
作为科学家，我们试图搞清楚，选择到底是怎样做出的，那么答案就是否定
的。我们不应该使用它。我们已经知道，“软”的期望效用理论是与我们做
出选择的生理机制不兼容的。事实并不像一些经济学家所主张的那样，
“软”的期望效用理论是一个正确的理论，而人类行为却是无法准确测度的。
“硬”的随机期望效用理论是一个更好的理论，不过我们得承认，它也是一个
更加复杂的理论。如果一个理论的目标就像米尔顿·弗里德曼所说的那
样，形成假设，提出能够给出有效的、有意义的(而不一定是真实的)关于目
前仍未观察到的现象的预测，那么我们在上一章中给出的证据，已经在一定
程度上证明，“硬”的随机期望效用理论可能就是这样一种理论。“硬”的随
机期望效用理论使我们能够给出更好的关于我们的偏好结构(它们是随机
的)和我们的选择的结构(它们包含了一个可调节的错误度)的预测。它还
同时在行为和神经生物学层面上提供了测度这些偏好和错误的工具。它还
能够做出全新的关于反应时间决策的结构的预测。不可否认，这个理论是
比传统的“软”的期望效用理论更加复杂一些，但是它所受的不同种类的数
据的约束，也远远超过了“软”的期望效用理论。

第十章　神经随机性的意义与关于选择的行为模型的皮质表征

我们在上一章中给出的神经生物学数据表明，在某个选择被做出很久 225
之前，额顶区的选择神经回路（或者，至少就眼球运动系统而言）就已经在表征行动的期望主观价值了。而且，相关的神经数据还表明，这些神经网络在进行选择时，要么是执行一种“argmax 运算”，要么是在特定的保留价格得到满足时触发一个动作。而且，我们在神经层面上和经济层面上对选择的理解似乎是一致的。

然而，尽管“硬”的随机期望效用理论似乎能够把经济学的逻辑“自然类”与神经科学的逻辑“自然类”调和起来，但是正如我们已经知道的，“硬”的随机期望效用理论并不能完美地预测行为。事实上，这是一个必然的结果，因为“硬”的随机期望效用理论脱胎于传统的经济学模型，而传统的经济学模型从来就是无法完美地预测行为的。这一点非常重要。我们在构建神经经济学时的核心假设是，通过对原有理论的不断修正，在神经科学、心理学与经济学之间建立起迭代性的还原链接，就能够最大限度地提高神经经济学理论的预测能力。事实真的如此吗？在本章中，为了检验这个假设，我们将更深入地考察对决策机制的更多的神经科学的、心理学的和经济学的约束。

首先，我们将更细致、更具体地考察期望主观价值与期望效用之间的关系，在此过程中，我们关注的焦点是神经随机性与行为随机性之间的相互关
系。现有的许多心理学都揭示了这种关系的存在。从经济学中，我们知道， 226

生命体通常都是“随机”的，而且它（他）们的行为所显示的随机性的程度也是可变的。从神经科学中，我们知道，神经从神经元簇（或神经元群组）中提取的信号的可变性是可调节的。如果我们愿意接受一组同时适用于经济学和神经科学的有限的约束，那么上述两组结果是可以链接起来的。

其次，我们将专注地研究神经系统中的皮质表征（cortical representation）的确切性质。每一种关于皮质表征的理论都是以关于有效编码的规范性模型为归依的，它们的目标就是将所有神经表征都服从的约束识别出来。正如我们将会看到的，这些约束预测了一类特别的选择行为，它们全都违背了传统的“软”的期望效用理论；这类行为在很久之前就已经被观察到了，但是迄今尚未被与选择机制的结构联系起来。我们将证明，一个融合了这些约束的“硬”的随机期望效用理论与传统的“软”的期望效用理论相比，无论在神经层面上，还是在行为层面上，都将拥有显著更高的预测能力。在阐明了这些问题之后，我们简要地总结一下我们目前已经掌握的关于选择机制的知识，然后转而讨论估值机制。

期望主观价值和随机选择

2004 年，多丽丝和我（格莱姆齐）采用单神经元记录方法，研究了当猴子被试完成一个重复进行的混合策略监督博弈（inspection game）时外侧顶内沟区神经元的放电率；监督博弈是一个非常经典的经济博弈，最初出现在冷战期间（Dorris and Glimcher，2004；Kreps，1990）。在这个博弈中，猴子被试要在两个行动之间做出选择。第一个可选行动是“工作”，它能够带来半毫升果汁的回报；第二个可选行动是“偷懒”（或“卸责”），它能够带来的回报要么是 1 毫升果汁，要么是 0 毫升果汁。第二种行为的两个结果的相对概率取决于猴子的博弈对手。在由猴子被试参加的实验开始之前，我们在预备研究中先让人类被试参加实验，并开发出了一个“计算机程序博弈参与人”，用来在正式实验中充当猴子被试的博弈对手。这个作为实验“被试”的“计算机程序博弈参与人”（以下简称“电脑被试”）会理性地最大化自己的奖金，并模仿真正的人类被试的行为。

在由猴子被试参加的实验中,每一轮博弈开始时,猴子被试都会看到屏幕中心亮起了一个黄色的固定目标。当被试看着这个中心目标时,屏幕边缘地带又会亮起两个目标:一个是红色的“偷懒”目标,与它相对的则是一个绿色的“工作”目标。在每一轮实验进行到一半时间时,中心目标会闪烁起来,当它再一次变为黄色后,猴子被试就得做出选择(它必须在半秒内用眼睛扫视动作将自己的选择表达出来)。 227

电脑被试在每一轮实验中可以获得一定的支付(以虚拟美元表示)。在不同的实验板块之间,电脑被试的支付是可以调整的(因而在不同实验板块中是不同的),而猴子被试可以得到的支付则总是保持不变。纳什在他的经典论文中(Nash,1951),把这类问题的最优解定义为均衡策略。就我们的这些猴子被试参加的这个博弈而言,猴子被试的纳什均衡策略是每个实验板块都不同的,而电脑被试的均衡策略则保持不变。通过这种方法,即,在不同实验板块之间改变博弈的支付矩阵,就可以有效地控制猴子被试在选择红色目标(“偷懒”)时能够得到 1 毫升果汁的奖赏的概率。在我们的实验中,我们将猴子被试选择“偷懒”时获得 1 毫升果汁的奖赏的均衡概率控制在了 20%～80%之间。在这种条件下,根据经济学中众所周知的混合策略均衡概念,均衡时所有行动的可欲性必须是等同的。因此,在监督博弈中,“工作”和“偷懒”的期望效用在均衡时必须是相等的。①

① 这确实是相当微妙的一点,为非经济学家读者考虑,值得深入说明一下。纳什指出(Nash,1950,1951),在一次性博弈中,一个博弈参与人的最佳策略是,选择能够最大化自己的回报的那个可选项(或者,更正式地说,必须保证其他策略能够带来的回报都不会更高),前提是给定别的博弈参与人也以同样的方式寻求最大化自己的回报。对于很多博弈来说,这是一个很容易解决的问题。例如,在著名的囚徒困境博弈中,按照这个逻辑,博弈参与人的“最佳”策略是选择“欺骗”。但是,在另一些博弈中(监督博弈就是其中之一),博弈参与人能够通过概率化自己的策略,或者说,通过采取混合策略来改善自己的处境(获得更高的期望效用)。事实上,我们可以证明,在混合策略的条件下,那两种被“混合”的可选项必须具有完全相等的期望效用。这种结果也许是显而易见的,因为如果一个可选项具有更高的期望效用,那么该可选项就将被唯一地选中。对于我们这里所运用的这类重复博弈,可以利用一种精炼方法来求出纳什均衡,那就是由泽尔腾最早提出的子博弈完美均衡(Selten,1965,1994)。读者如果想了解更多关于博弈论的知识,可以参考弗登伯格和梯若尔的经典教材《博弈论》(*Fudenberg and Tirole*,1991)。

如果外侧顶内沟区(的神经元)确实在对期望主观价值进行编码,那么这种生理形式的期望效用必定是选择得以产生的基石。据此我们做出了一个新的预测:在行为均衡时(即,当博弈参与人的策略在一个实验板块中已
228 经稳定下来时),“工作”和“偷懒”的期望主观价值应该是大致相等的。即使“工作”和“偷懒”能够得到的回报的大小相差极其悬殊,这个结论也是成立的。而且,无论猴子“偷懒”的概率是高是低,这个结论也总能成立。[①] 只要两种行为都处于均衡状态,同时只要期望主观价值(神经对象)能够预测期望效用(经济对象),那么它们就应产生大致相同的期望主观价值。

多丽丝和我(格莱姆齐)记录了猴子被试在参加监督博弈时它们的外侧顶内沟区神经元的激活状况,结果如图 10.1 所示。在该图中,左下侧的小图给出了在全部四个监督博弈实验板块(inspection game trials)的所有轮次的监督博弈实验中一个外侧顶内沟区神经元的平均激活状况。各实验板块的均衡策略(可以利用一个简化的纳什均衡计算方法确定,在图中已经列出)的变动范围是,从以 10%的概率选择“偷懒”(最浅的灰色)到以 70%的概率选择“偷懒”(黑色)。根据纳什均衡,虽然被引向“偷懒”目标的选择所占的比例在各个板块之间是不同的,但是选择本身的相对可欲度却仍然保持不变。多丽丝和我(格莱姆齐)发现,这个神经元的放电率在这所有四种均衡条件下,一直相当稳定。作为对比,在另外两个有指示的实验板块(instructed trials)中,猴子被试不参加监督博弈(回报大小直接给定),这个神经元的放电率就明显受回报大小的调节。(请比较图 10.1 的上半部分的两张小图与左下侧的小图。)

对我们来说,这些结果的意义非常显著,因为它们不仅符合,而且在很多方面极大地扩展了我们在上一章中提出的假说。首先,根据纳什(Nash,1950,1951)和泽尔滕(Selten,1975)所给出的关于有混合策略均衡的博弈的期望效用的性质,在这个监督博弈中,所有条件下的期望效用应该保持稳定且相等,而在实验中,猴子被试的外侧顶内沟区神经元的激活程度确实大致相等。除了这个结果之外,实验中还有另外更加重要的发现,它们有助于

---

① 在类似我们这个实验的重复博弈的条件下,它也是成立的。

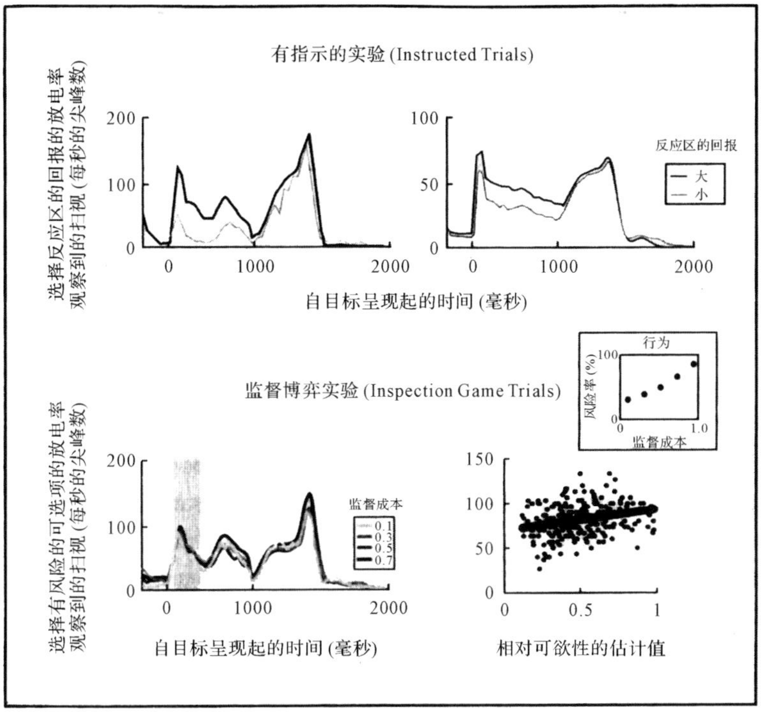

改编自多丽丝和格莱姆齐的论文 (Dorris and Glimcher，2004)

图 10.1　多丽丝和格莱姆齐的监督博弈实验中猴子被试外侧顶内沟区一个神经元的活动

充实我们在上一章中描述的关于选择的基本理论。首先，在实验中，神经元的放电率并不是完全保持恒定的(尽管这一点未能反映在图 10.1 的平均放电率曲线中)；相反，它们在各轮实验之间呈现出了小幅波动。其次，在行为均衡中，神经元的放电率一直围绕着大约 50Hz 的均值波动；这个数字非常有意思，因为它恰好是一个典型的皮质神经元的最大放电率的一半左右。值得指出的是，在纳什均衡时，观察到的皮质神经元的放电率大致相当于其最大放电率的一半，这是一个普遍存在的性质，几乎所有被研究过的神经元都有这个性质。

神经随机性与行为随机性

在上述两个发现当中，第一个用我们上面给出的理论框架就很容易进行解释。请注意，这是一个重复博弈。猴子肯定能够从自己的经验中了解到“偷懒”的价值，而且它们也会明白，在各实验板块之间，随着博弈对手的行为的变化，“偷懒”的价值也会随之变化。一种可能是，放电率的这种波动反映的是，在实验进行过程中，被试对目标的期望主观价值的估计逐轮逐轮地变化着（因为被试一直在学习），而且正是对期望主观价值的估计这种逐
230 轮逐轮的变化，促成了我们观察到的混合策略行为。

为了检验这个假说，多丽丝和我（格莱姆齐）运用一个源于心理学的标准强化学习模型估计出了每一轮实验中，“工作”和“偷懒”这两个可选项对猴子被试的期望主观价值。（关于这个强化学习模型更详细的说明，读者可以参考：Lau and Glimcher，2005；Sugrue et al.，2004。）然后，我们再考察这个强化学习模型是不是可以解释神经元放电率在各轮实验之间的波动。有趣的是，我们发现，最后得到的答案既可以说“是”，也可以说“否”。这个模型可以刻画这种波动当中在统计学上有显著意义的其中一部分，但是却无法解释所有的波动。这就是说，在方差当中，还有相当大的一部分是这个模型无法刻画的。（这个结果可能并不是特别令人吃惊的，但是它仍然有非常重要的意义。对此，我们在下面将会讨论到。）

我们的经济学模型告诉我们，在纳什均衡中，行为主体的行为必定是不可预测的。例如，当我们玩“石头、剪子、布”游戏时，均衡时的混合策略是“出每种动作的概率都是三分之一”，但是，我们不能按顺序先出石头，再出布，然后再出剪子……而只应该使每一轮的动作完全“不可预测”。[1] 因此，从根本上说，我们用来计算期望主观价值的那个模型（那个心理学中的强化学习模型）不能完全刻画神经元放电率在轮与轮之间的波动性这个结果，正是我们在上一章中提出的“硬”的随机期望效用理论所要求的。这种无法用任何一个模型解释的“残留”的随机性，这种“颤抖的手”的颤抖，才使得混合策略均衡时的行为无法预测。

在这里，我还得把我自己想要表达的东西说得更清楚一些。我的假说是，由“上游”的估值系统输入到额顶叶皮质网络中的平均期望主观价值就是逐轮逐轮地波动的。这些特定的波动（我指的是表现在平均放电率上的

[1] 这就是说，我们必须保证自己的动作是随机的，从而让对手一直猜但猜不透。

波动)是由被试最近经历的“回报历史”所导致的,是被试及其博弈对手的实际选择的一个产物。但是,我们既不能把这些特定的波动看成效用的随机波动的(尽管效用的随机波动也几乎肯定发生在这些信号当中),也不能把它们看成错误。这些特定的波动是一种“学习驱动型”变化,发生在被试学会对“工作”和“偷懒”的主观价值做出最佳估计的过程中,并推动被试在重复博弈中的行为趋向均衡。然而,如果这就是故事的全部,那么这些猴子就 231
将成为一些非常糟糕的博弈者。假设存在另一个种群的猴子,它们知道(或者,通过演化学习掌握了)它们的估价系统是如何推导出“工作”或“偷懒”的主观价值的估计值的,那么这里这些猴子在任何一个博弈中的行为都将被它们估计到,并被它们“击败”。为了避免行为被他人估计到,当这些学习和估价机制在一个策略型博弈中发挥作用时,这些猴子必须使自己的行为真正随机化——或者,至少在很大的程度上实现随机化。[①] 这是博弈的“有效行动”在行动层面的要求。我们还知道,在额顶皮质选择网络中的皮质神经元也是高度随机的,而且它们还拥有一种程度可变的神经元间相关性。所有这些结果的一个逻辑结论是,行为中表现出来的随机性的程度是可以控制的。这就是说,当动物被试参加博弈,并且需要程度较高的随机性时,那么这些脑区的神经元间的相关性就会很高。在这种条件下,泽尔滕可能会说,这些猴子的手“应该颤抖”。这里的关键要点在于,神经学家观察到的皮质随机性与博弈过程中观察到的行为随机性是可以相互链接起来的。

神经科学家倾向于认为(见本书前面的第九章),单个皮质神经元的随机性是一个未解之谜。单个神经元为什么会如此“善变”?在一个计算系统中,这种随机性是不是一个不好的性质?然而,标准的模型对这个问题的回答却非常简单:我们知道,任何行为在一定条件下都必定是随机的(见图10.2)。在这个方面,我们已经遇到过两个例子了:学习过程中的随机性采样,以及竞争过程中的不可预测的行为。个体皮质神经元的随机性,还有神

---

① 在这里,最关键的思想是,在这种类型的系统中,我们可能会遇到两种“真”随机性:与随机效用有关的固定的随机性,以及与“颤抖手”相关的可变的随机性。我认为,现有的神经生物学证据已经证明,以下两个系统就是这样的。一个是大脑的估价系统(我们将在下一节讨论这个系统),另一个是在额顶叶选择神经回路,其中后者的随机性是可以调节的。

经元间相关性的可变性，正是必定会出现的行为随机得以产生的一种机制。

而且，这些神经元表现出来的高度随机性，并不会对神经元计算的精度设置一个上限（尽管有些人确实这样认为）；恰恰相反，它只是对行为随机性设置了一个上限。正如我在本书第九章以及其他地方已经指出过的(Glimcher，2005)，在一个神经元网络中，随机性是很容易通过减少神经元间相关性来“平均掉”的。

232

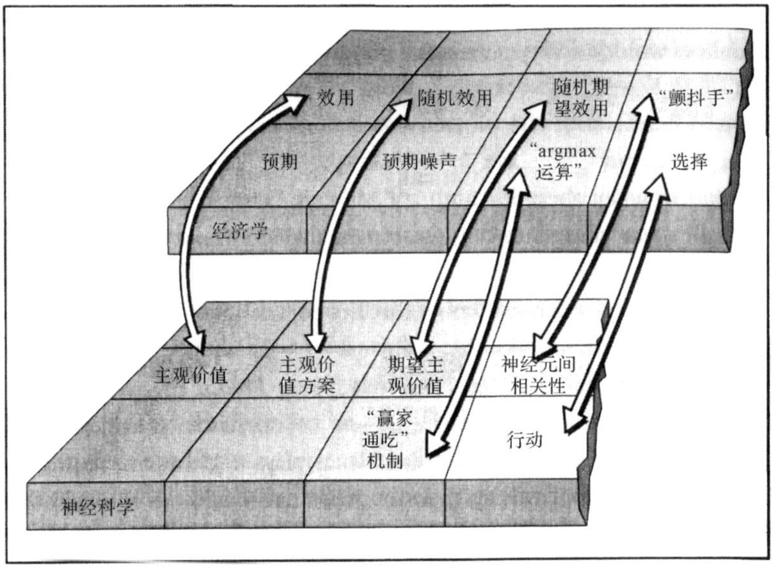

图 10.2

不过，在同一个层面上，即在神经元网络的层面上，要“加入”随机性却是非常困难的。单个神经元的随机性的根源可以追溯到膜电位的波动性，而这种波动又是由突触前释放机制和突触后受体中的真正意义上的热力学随机性所驱动的(Stevens，2003)。存在于这些如此微小的物体的层面上的随机性，是在热噪声的维度上发挥作用的，很容易加进去。因此，神经元的随机性的尺度几乎可以肯定会成为一个对任何可能的随机计算设置上限的热力学机制（从而也就设置了行为的基本随机性的上限）。

在图 10.1 中，右下侧的小图在某种程度上就是用来刻画多丽丝和我（格莱姆齐）的实验中猴子和神经元的“行为”的随机性的。该图给出了放电率与对“偷懒”目标的期望主观价值的估计值之间的关系，其中的实线是在统计上非常显著的最优线性拟合。观察到的放电率并没有全部落在这条线 233 上，这个事实说明，存在着我们所使用的期望主观价值模型无法解释的剩余方差。其中有些剩余方差还很大，意味着多丽丝和我（格莱姆齐）的模型还存在着不足，但是也有一些源于神经元的随机性，这是动物（包括人类）的行为的不可化约的随机性的根本来源。这一点已经一而再，再而三地在人类和动物被试身上得到了证实（例如，Neuringer，2002）。

相对主观价值

在实验中，我们观察到，纳什均衡时神经元的放电率集中在了其放电率范围的中点附近，这个结果似乎也不容易与本书第九章给出的模型相调和。这个结果的出现会不会只是一种偶然？（比如说，也许真的非常巧合，该实验提供的作为奖赏的果汁数刚好“值 50 赫兹”？）或者，是否存在着别的什么机制有效地导致这些神经元的放电率集中在了它们的动态范围的中点位置？一个显而易见的可能性是，外侧顶内沟区的神经元并没有在对每个动作的基数型的绝对主观价值进行编码，而是在对这些动作的相对主观价值进行编码。因此，很可能，当动物被试的行为处于纳什均衡时，这些神经元的放电率就会集中到它们的动态范围的中点位置。[①]

由此可以顺理成章地提出这样一个假说：外侧顶内沟区的神经元所编码的是相对期望主观价值，而不是绝对主观价值。为了检验这个假说，多丽丝和我（格莱姆齐）增加了一个实验板块，将“工作”和“偷懒”的奖赏的大小都增加一倍，再将猴子被试在这种条件下进行监督博弈时外侧顶内沟区神

---

① 对于一个经济学家来说，对绝对主观价值与相对主观价值的这种区分看上去可能相当奇怪，而且他也有很好的理由觉得奇怪。效用本身就是序数型的对象。即便是期望效用，也主要是序数型的，因此像“相对期望效用”这样的说法在经济学中的意义有些含糊。要想理解为什么说相对主观价值的概念确定了一些重要的东西，我们首先要记住，主观价值是一个基数型的对象，它最终是从机制的角度来解释满足传递性要求的选择行为的。其次，更加重要的是，主观价值有一个类泊松方差。在阅读本节的时候，经济学家读者一定要记得这两点，因为这两点合在一起，对于我们对行为的研究有重要意义。

经元的激活程度与前述标准实验板块的结果进行比较。如果外侧顶内沟区神经元的激活程度是敏感于绝对期望主观价值的,那么在这个奖赏大小已
234 经翻倍的实验板块中,这些神经元的放电率也应该有所提高。相反,如果外侧顶内沟区的神经元的激活程度是敏感于相对期望主观价值的,那么其放电率在所有实验板块之间都应该是相同的。多丽丝和我(格莱姆齐)在实验中观察到的结果是,当选择集中的两个可选行动("工作"和"偷懒")的奖赏的绝对幅度都增加了一倍之后,外侧顶内沟区的神经元的放电率没有出现显著变化。

这个结果意味着什么?一种可能性是,这意味着只有相对预期主观价值才会在大脑中被编码。例如,舒尔茨和他的同事们就曾经指出过(例如:Tobler,Fiorillo,and Schultz,2005),大脑中的核心学习系统(即,我们将在本书第三篇中讨论的多巴胺系统)的工作方式是:我们对一个行动的价值的了解和编码,都是相对于我们在同一时间可以选择的其他行动的价值而言的。

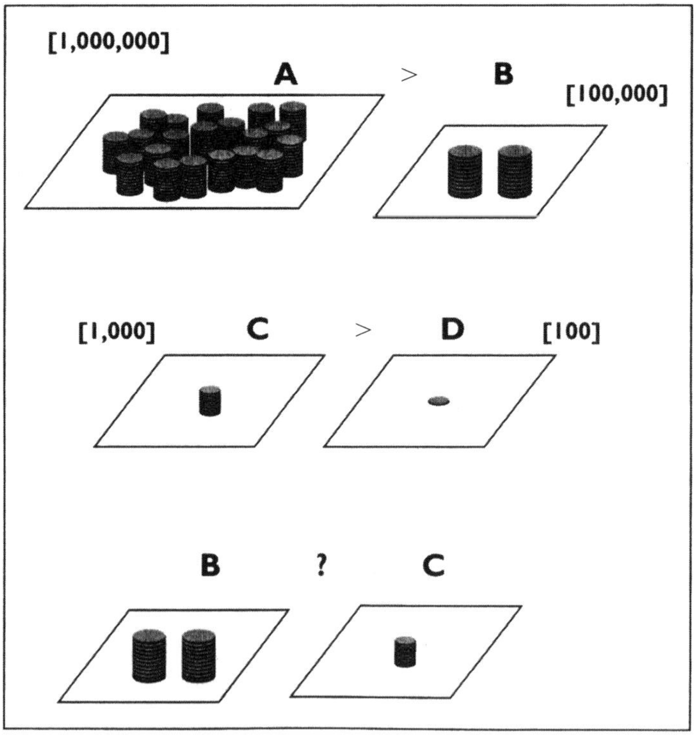

图 10.3

然而,行为经济学家的研究结果告诉我们,应该立即排除这种可能性: 235
只存储相对期望主观价值(即,某个行动相对于同一个选择集中的其他行动的价值)的任何一个系统的"常态"就是违背传递公理,但是人类和绝大多数动物都是服从传递性公理的。这一点非常关键,尽管经常被人们忽视。所以,经济学理论在这里给神经科学设置了一个重要的约束。

为了阐述清楚为什么会这样,请读者考虑一个接受训练要在如下两个可选项之间进行选择的动物被试的情况(见图 10.3):可选项 A 是一批总价值为 100 万美元的商品,可选项 B 是一批总价值为 10 万美元的商品。一个只表征 A 和 B 的相对期望主观价值——分别表示为 SV(A)、SV(B)——的系统将会认为 SV(A)>SV(B)。接下来,再训练这个被试在如下两个选项之间进行选择:可选项 C 是价值 1000 美元的商品,可选项 D 是价值 100 美元的商品。这样一个系统将会做出这样的表征:SV(C)>SV(D)。那么,如果我们要求这个被试在可选项 B 与可选项 C 之间进行选择,又会发生什么?对于一个只表征相对期望主观价值的行为主体来说,无疑选择可选项 C,因为可选项 C 的习得相对期望主观价值更高。为了让我们这个被试在可选项 B 与可选项 C 之间选择 B,或者,用更完整的理论术语来说,为了让我们这个被试构建一个跨选择集的可传递的偏好(而且同时服从连续性公理),那么其大脑的某个地方就必须能够表征各个可选项的绝对主观价值(或者,至少是更接近于绝对主观价值的某种东西)。[①] 上面引述的舒尔茨等人的论断(即,行为主体是通过多巴胺神经元的活动来了解自己行动的价值的,而且只了解相对价值),与人类在选择过程中基本上服从可传递性公理的事实不符。

那么,这到底意味着什么呢? 多丽丝和我(格莱姆齐)的实验数据表明,尽管选择神经回路的神经元表征着某种形式的相对期望主观价值,但是人类和猴子的行为在很大程度上服从可传递性公理,并在很大程度上服从连续性公理,这个事实表明,肯定有某种更接近于绝对主观价值的东西在引导

---

① 在这里,我所用的"绝对"一词并不意味着任意"唯一"的含义;我只想用这个术语来刻画连续性概念。因此,我在这里所说的"主观价值的绝对表征",意思只是,这种表征不会因当前的选择集的构成而显著地受到影响。

236 人们做出选择。我们怎样才能调和所有这些经验结果？首先，同时也是最重要的一点是，这意味着，如果选择神经回路的神经元所表征的确实是相对主观价值，那么某种形式的更“绝对”的主观价值必定在大脑中的其他脑区被表征——这种对行动的主观价值的表征，不会是仅仅相对于当前的选择集中的可选项的。其次，这个实验的结果还表明，额顶叶选择网络的神经元所编码的行动的相对期望主观价值仅仅是相对于当前的选择集的。对于有的经济学家来说，这一点似乎根本无须多说，没有多少行为层面的意义，但是事实并非如此：皮层神经元的方差结构意味着，如果这些神经元编码的确实是相对预期主观价值，那么错误就会出现，而且其发生频率将高度依赖于选择集的大小。得到这个结论之后，我们接下来再深入考察方差、皮质标准化(cortical normalization)与相对期望主观价值的关系。

皮质标准化

在关于皮质地形图的各个方面上的研究中，进展最迅速的是对初级视觉皮层(第一视觉区)以及作为它的直接投射“靶区”的视觉系统中的背侧通道和腹侧通道。关于第一视觉区的早期研究表明，这个脑区的单个神经元可以被视为模板化的“特征探测器”。例如，一个特定的神经元可能只会对光场中的一个垂直方向的暗条产生反应。思考这种特异敏感性的一个方法是，想象这个神经元其实只是在空间中搜索那个位置上的一条垂直的线条。相邻的神经元则执行类似的搜索——在空间中的相同位置搜寻不同方向上的线条。在神经科学家研究这些神经元的第一个十年里，这一直是一种占主导地位的观点：在第一视觉区中，每“一片”神经元其实都是一组模板，或者说，是一种原始的视觉“字母”，对应于视觉世界中的一个点(见图 10.4)。

虽然这也许是一个强大而有趣的思想，但是人们立即会追问：这些模板是怎样选出来的？大脑，或者说我们的遗传密码，是怎样从无限多的可能的模板中，选出数量有限的第一视觉区的神经元的？这个问题被明确地提出来后，一小群学者开始搜寻更规范的方法。如果演化女神赋予第一视觉区的神经元的任务就是对视觉世界的刺激进行编码，那么完成这种编码的最佳

237

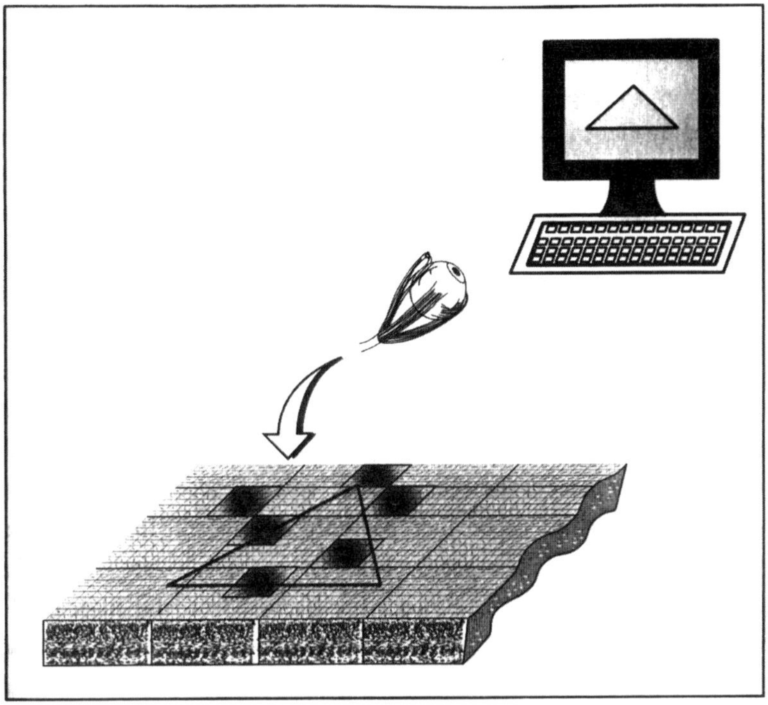

图 10.4　“看着”一个线条图的皮质柱

技术将会是什么？这个问题的答案来自于 18 世纪的数学家让·巴蒂斯特·约瑟夫·傅立叶的研究成果。傅立叶在数学上证明，任何复杂的波形（例如，乐器产生的声压波）都可以在数学上描述为一组正弦波的总和。由此，傅立叶证明了，正弦波就是那个完美的“字母”，它可以用来表示任何可能的声音。到了 20 世纪中期，匈牙利数学家丹尼斯·加博尔（Dennis Gabor）进一步发展了傅立叶的思想（Gabor，1946，1971），他准确地描述了这个“字母”的最佳结构的细节，从而使它可以用于声音以及更加复杂的二维信号（例如图像）的编码。

在 20 世纪 70 年代和 80 年代，一小群神经生物学家认识到（Daugman，1985；Jones and Palmer，1987；Jones et al.，1987；Movshon et al.，1978a，1978b；Webster and DeValois，1985），从理论上看，加博尔的“傅立叶字母”应该也适用于第一视觉区的图像编码。他们猜想，应该存在一种规范性的

可以用来对组成视觉图像的明暗二维图案进行编码的方法,以此来构建我
238 们关于第一视觉区的模型。随后,他们成功地阐明了,第一视觉区的那些模板式的神经元确实可能采用了一种模板字母表,它非常类似于加博尔用于二维图像的规范字母表。

不过,在接下来的十年中,进一步的研究表明,实际的情况要比这个基于加博尔的思想的早期理论所推测的更加复杂一些。对这个理论上最显著的偏离是,皮质中相邻的神经元簇当中的神经元的活动并不像完全线性的加博尔模型所预测的那样是独立的。神经科学家们发现,如果把一条(只有一条)垂直方向的直线放到被试的面前,那么专门用来探测这个物体(以及直视前方)的"加博尔探测器"就会被高度激活。到目前为止,一切都很好。但是,如果接着又在视野中的其他地方放上许多条垂直线,那么最初的细胞的活性就会出人意料地被抑制了。换句话说,当视野中只出现一个单个的刺激物时,专用于那个刺激的模板才会被激活。在这些条件下,该神经元细胞的高度激活明确表明,一条垂直的黑线位于正前方。然而,如果附近出现了其他的垂直的黑线,那么这个神经元细胞的放电率就会下降。这显然不符合加博尔式的模型的预测。持续的大量实证研究的结果表明,第一视觉区的神经元还在对图像刺激的相对特征进行编码,而不仅仅在对图像的绝对性质进行编码。

戴维·黑格(David Heeger)完成了对这种思想的正式建模(Heeger, 1992b,1993)。他认为,第一视觉区的神经元真正编码的是对它们的模板图像的一种标准化的反应。黑格的基本思路是,我们可以把第一视觉区的神经元的放电率描述为对所有敏感于同一模板图像的所有邻近的神经元的活动的总和的一种反应。因此,黑格认为,一个神经元的放电率可以被描述为:

$$\text{放电率} = \frac{A_i}{\sigma^2 + \sum_j A_j}$$

其中,A_i 是指刺激与被研究的神经元的模板之间的匹配的紧密程度,而所有其他的 A_j 则指对邻近的神经元而言,模板与刺激之间的匹配的紧密程度(见图 10.5)。这样一来,某个神经元的放电率就不仅取决于它是否可以"看到"模板图像,而且还取决于该图像在当前的视觉世界中"独一无二"的

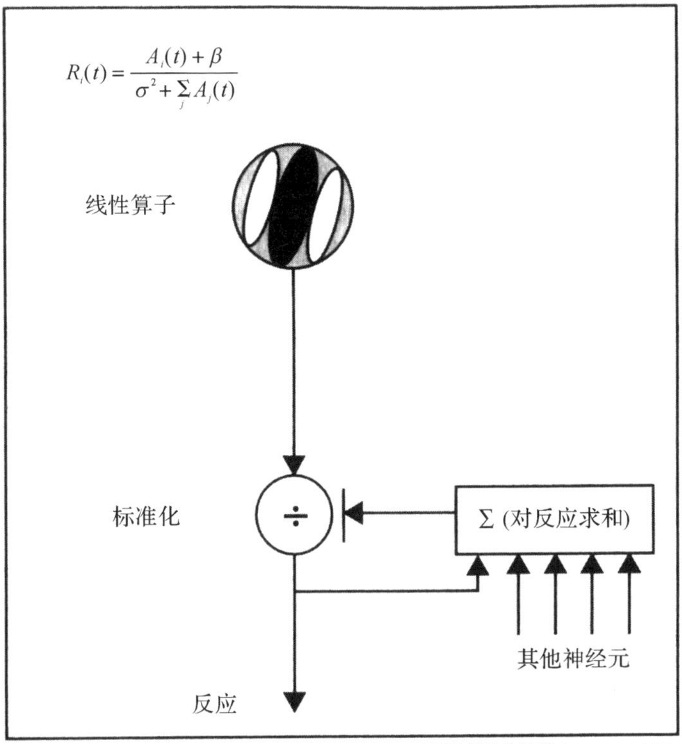

改编自黑格的论著 (Heeger, 1993)

图 10.5　黑格标准化

程度。最后，黑格还在他的定义方程式中加入了 σ 项，它是一个“半饱和常数”(semi-saturation constant)。这是因为，如果每个神经元的活动只是简单地用相邻神经元的平均活动去除，那么在某些条件下，就会导致放电率出现非生理性的线性递增。当然，黑格很清楚，第一视觉区的神经元的放电率的峰值为大约 100 赫兹，而且它们的放电率会以指数函数的形式收敛到这个最高值，这是他决定加入这个半饱和常数的原因，这样就可以确保放电率平滑地从 0 赫兹提高到最高的 100 赫兹。①

针对第一视觉区的后续研究表明，黑格的方程确实非常好地预测了这

① 黑格还刻画了神经元的放电率不能为负这个特点。他的方法是，对上述标准化方程的结果取半平方，然后用配对的神经元去编码正值和负值。

些神经元的放电率。好几个神经科学家小组都已经测定了 σ 的生理值(例如:Carandini and Heeger,1994;Carandini et al.,1997;Heeger,1992b,1993;Simoncelli and Heeger,1998)。此外,神经生物学界已经基本达成了共识:黑格的标准化方程能够很好地解释加博尔的理想化的“字母表”与实际观察
240 到的放电率之间的差异(Carandini et al.,1997;Heeger et al.,1996)。

只要认真思考一下,我们就能看得很清楚,黑格所描述的这种机制在“降低成本”方面也是非常有效的。它能够减少尖峰的数量(尖峰是非常耗费能源的),它能够高效地编码视觉数据,同时又不会减少被编码视觉系统中的信息。假设你正在看一个由垂直方向的线条组成的阵列,那么你最需要提取的信息是什么?在这种情况下,图像真正有变化的唯一地方是它的边缘。而黑格的标准化的作用正是最大化这种区域边缘(所对应的神经元)的放电率,从而也就极大地减少了没有发生任何变化的区域中心(所对应的神经元)的放电率。从形式上看,黑格的标准化最终导致了编码元素之间的联合信息(这是源于信息论的一个技术性术语)[1]的增加;在这里,编码元素就是第一视觉区的神经元。

大量的后续研究表明,“黑格标准化”是皮质的一般特征。神经生物学家在第一视觉区域(Carandini and Heeger,1994;Carandini et al.,1997;Heeger,1992b,1993)、颞中区(Britten and Heuer,1999;Simoncelli and Heeger)、颞叶(Zoccolan,Cox,and DiCarlo,2005),以及顶叶的某些部分(Louie and Glimcher,2010)都观察到了“黑格标准化”的存在。我们基本上可以说,在人们希望找到这种相对编码形式的所有脑区,都已经找到了。

最近,神经生物学家和数学家埃罗·西蒙塞利(Eero Simoncelli)和奥德利亚·施瓦茨(Odelia Schwartz)进行了进一步的一般化研究,将黑格的方法推广到了任何形式的有效编码系统的研究。他们认为,任何一个“最优

[1] 利用信息论,我们可以量化任何系统携带的信息量。当然,如果两个神经元携带着完全相同的信息,那么这个“双神经元系统”携带的联合信息量将与每个单个神经元携带的信息完全一样。要想最大化联合信息,第二个神经元携带的信号应该与第一个神经元携带的信号完全不相关,即,它应该携带能够提供新的信息的信号。在生物系统中,我们也可以从相反的方向来考虑这种想法:如果我们需要编码的信息的量是固定的,那么在一个致力于最大化联合信息的系统中,携带这些信息最少需要多少个神经元?

的"有效编码方案[①]都必定不会敏感于关于视觉世界中的所有可能的图像的"字母表",而只会敏感于关于某些类型的图像的一个"字母"。为了说明这 241 一点,不妨考虑这样一个视觉世界:垂直方向的黑线是无处不在的。对于生活在这样一个世界中的动物来说,让神经元为了表征这种线条的存在而激发(释放动作电位)将是一种彻头彻尾的浪费,没有任何意义。事实上,更有效率的做法是(在信息论的意义上,我们假定动物产生尖峰要花费一定成本),去表征这种线条的"不存在"。正是从这样的思想出发,西蒙塞利和他的同事们阐明,利用"黑格标准化"的一个稍微更加复杂一些的版本,我们可以在数学上优化第一视觉区的神经元的信息内容,并将动物所面对的真实视觉世界的信息也包括在内。

西蒙塞利和施瓦茨证明,为了最大化第一视觉区的神经元阵列中的信息,需要有一个加权形式的"黑格标准化":

$$R_i = \frac{L_i^2}{\sum_j \omega_{ji} L_i^2 + \sigma^2}$$

其中,R_i 是神经元素 i 的反应。分子中的 L_i 是"探测器 i"(这是对 L_i 的主要输入)对一个刺激(在我们这个例子中,这是特定可选项 i 的未标准化的价值)的反应。分母是一个加式,第一项是所有其他"探测器 j"(在我们这个例子中,即选择集中的其他可选项)用 ω 加权后再乘以第 j 个元素的反应的平方的总和,再加上半饱和常数的平方。在这里,权重 ω 是每个单个探测器对元素 i 的影响(它刻画了每个 j 与共同的 i 之间相关程度)。上述计算过程通常被简称为施瓦茨—西蒙塞利方程(Simoncelli and Schwartz,2001)。此外,西蒙塞利和他的同事们还给出了一个计算方法,可以在经验层面将任何一个给定的视觉世界的上述权重计算出来。在本书接下来的章节中,我们将会看到,在我们研究那些储存评价信息的神经系统的时候,这一点是非常重要的。[②]

① 即,一个最大化联合信息的系统。

② 对于经济学家读者来说,这里隐含的思想其实是显而易见的。施瓦茨—西蒙塞利方程定义了一个真正独特的适用于主观价值编码的尺度(当给定所有可能的可选项的集合,以及可能遇到的每个选择对象的概率时)。我猜想,这个简单的公式或许提供了对效用进行彻底"基数化"的核心工具(通过主观价值),而且可以在很大程度上避免阿莱悖论。

总之，前述与“黑格标准化”有关的神经科学发展历程告诉我们，迄今已经研究过的每一块皮质的神经元的放电率，都是用来表征刺激的相对性质，
242 而不是绝对性质的。西蒙塞利和他的同事们的研究成果告诉我们，“黑格标准化”过程的具体细节是可以调整的，从而可以容纳某个脑区正在编码的任何一组刺激的统计结构。当我们想最有效地编码一个选择集的性质的时候，施瓦茨—西蒙塞利方程能够告诉我们该怎么做。如果我们需要对我们曾经遇到过的所有可选项的性质进行编码，施瓦茨—西蒙塞利方程也能告诉我们该怎么做。不过，最后需要强调的一点是，无论如何，施瓦茨—西蒙塞利方程能够告诉我们的，只是皮质神经元的平均放电率。一个整全的“皮质理论”(theory of cortex)当然应该把神经元的放电率存在类泊松方差、邻近的神经元的放电率相互相关(而且其相关程度是可以调节的)等事实全都整合进去。而且，最关键的问题是，所有这一切，对选择的意义究竟是什么？

选择与“皮质理论”

多丽丝和我(格莱姆齐)的实验已经证明，外侧顶内沟区的神经元表征的期望主观价值似乎是相对的(即，相对于当前的选择集)，或者，至少在一定程度上是相对的。当我们把猴子被试的选择集中的两个可选项的价值同时翻了一番后，外侧顶内沟区的神经元的放电率仍然基本保持稳定，尽管我们也观察到，当其中一个可选项的价值提高了之后，与这个可选项相关的放电率也有所上升。

现有的“皮质理论”最初是在对第一视觉区的研究的过程中发展起来的，关于我们的实验结果，这个理论能够给出一定解释。到目前为止，本书所描述的神经经济学理论告诉我们，外侧顶内沟区的神经元在对动作的期望主观价值进行编码。如果，像迄今对所有其他皮层区的研究结果所表明的，外侧顶内沟区的神经元也在“采用”如上所述的“黑格标准化”过程，那么外侧顶内沟区的神经元的活动就可以这样描述：

$$相对期望主观价值_i = \frac{ESV_i}{\sigma^2 + \sum_R ESV_R}$$

其中，ESV_i 是我们所要研究的这个神经元编码的行动的主观价值（它是某个在更“绝对”层面上进行编码的脑区“提供”给外侧顶内沟区的），ESV_R 代表当前选择集中的所有主观价值（其中也包括 ESV_i）；而 σ 则是一个半饱和常数。 243

不过，类似这样的方程在视觉系统中通常是在经验的层面上被研究的，而且神经生物学家们普遍认为，还需要再增加一项，以便刻画如下事实，那就是，神经元有一个非零的基线放电率。例如，在没有任何输入的情况下，一个典型的皮质神经元倾向于以 8 赫兹的基线放电率持续激发。请读者们回想一下，我们在本书前面的章节中已经提到过，神经元这种生理对象是不可能出现负的放电率的。正因为拥有这种基线放电率，所以这些神经元在某些条件下还能够对“比现状更差的情况”，即，“负价值”进行编码。为了在标准的黑格模型中加入非零基线放电率这个特征，大多数神经生物学家（包括黑格本人）采取的方法是，在分子中加入一个“基线放电率项”β（例如：Reynolds and Heeger，2009）。因而，我们可以得到：

$$\text{相对期望主观价值}_i = \frac{ESV_i + \beta}{\sigma^2 + \sum_R ESV_R}$$

这样一来，关于外侧顶内沟区的活动的一个完整的理论就可以表述为：在外侧顶内沟区“地形图”上的单个神经元接收输入（以某种更“绝对”的方式对期望主观价值进行编码），然后该地图和/或它的直接“上游”皮质区就对这个输入进行“标准化”，以便表征相对期望主观价值（如上面的方程所示）。这样一个标准化过程有许多非常有趣的性质；这些性质在神经元和行为两个层面都有重要的意义。

在机制（神经元）层面，这样一个系统的一个巨大的优势是，它总能把选择神经回路的神经元的放电率集中到它们的动态范围的中点附近。为了更好地说明这一点，请读者考虑一只需要在 1 毫升的果汁与 1000 毫升的果汁之间做出选择的猴子（见图 10.6）。

这些神经元的放电率的动态范围为大约 100 赫兹，它们的基线放电率为大约 10 赫兹，同时它们的放电率的方差则是类泊松的，给定这些事实，当我们用上述方程来将果汁奖赏映射到神经元的放电率上的时候，会出现什么结果？很显然，假设猴子的外侧顶内沟区的神经元所编码的是提供给它的果汁的绝对数量，那么当果汁数量为 1 毫升时，其放电率可能是 11 赫兹；当果汁数量为 1000 毫升时，其放电率可能是 50 赫兹。如果真是这样，那么我们在上一章中描述过的采取“赢家通吃”机制的选择神经回路的工作也就非常简单了：认定 50 赫兹大于 11 赫兹即可。但是，如果在接下来的一个实验中，我们又要求猴子在 1 毫升果汁与 1.2 毫升果汁之间进行选择，那么又会发生什么呢？我们知道，猴子是可以在这样的选择任务中做出准确的判断的，这已经是一个得到过无数次验证的经验事实了（例如，Platt and Glimcher，1999）。但是，如果我们说外侧顶内沟区所编码的是预期绝对主观价值，那么这样的选择任务就等于“要求”外侧顶内沟区的神经结构在 11 赫兹与 11.4 赫兹的放电率之间做出选择。考虑到放电率存在着类泊松方差的事实，这也就意味着，这个脑区的神经结构在面对这样的选择任务时将极其频繁地出现错误。然而，事实是，我们根本就没有观察到这样的错误。

244

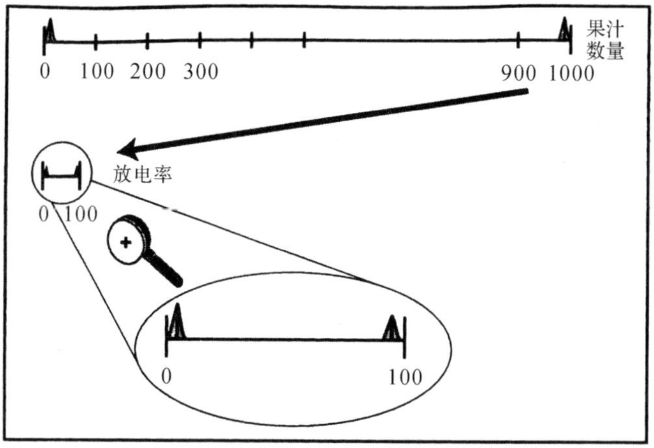

图 10.6　两组数字之间的相互映射（有方差）

与此相反，如果外侧顶内沟区的神经元所表征的是相对期望主观价值，那么就不会出现这个问题。在这些条件下，前述标准化过程能够有效地将两个可选项所对应的放电率“远远隔开”。对于上面提到的第一个选择集，与它的两个可选项相对应的两个平均放电率之间可能相差 80 赫兹左右，这个结果似乎是理所当然的；重要的是，对于上面提到的第二选择集，与它的两个可选项相对应的两个平均放电率之间也会出现类似的“分离”。这就是说，在第一个选择集中，与 1 毫升果汁对应的平均放电率可能是 15 赫兹左右，与 1000 毫升果汁对应的平均放电率可能是 90 赫兹左右；而关键在于，这个标准化机制能够确保 1.0 毫升果汁与 1.2 毫升果汁也以大致相同的平均放电率间隔区分开来。因此，这个标准化机制的效果体现为，以一种能够最大化选择集中的不同可选项之间的可区分性的方式，在外侧顶内沟区的神经元当中，为这些可选项“分配”不同的平均放电率。这是一个非常强大且极其有效的机制，对于我们在价值不同的对象之间进行选择时可能会犯的错误有十分显著的影响。 245

而且，更加有趣的一个问题是，当选择集中可以选择的可选项增多到了超过两个以后，这种机制将如何发挥作用呢？试考虑如下这种情况：一个行为主体要在两个可选项(A 和 B)之间进行选择。由于单个神经元的放电率是高度可变的，因此对于我们在任何一个时刻观察到的某个神经元的放电率，我们都可以把它看成是从一个以平均放电率为中心、方差等于均值的随机分布中抽取出来的。

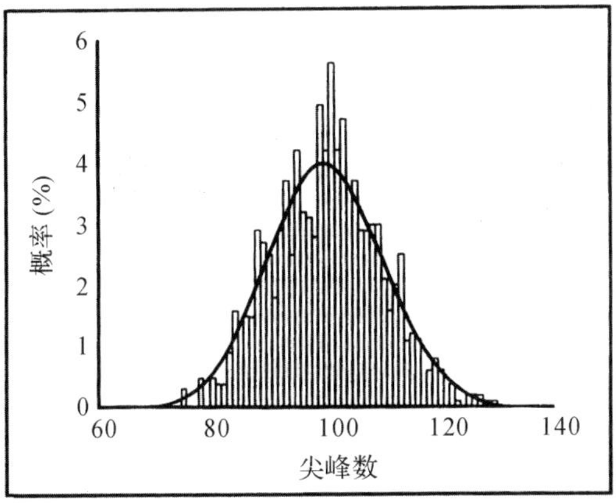

图 10.7

图 10.7 给出了这样一个单个神经元的放电率的分布。我们在某一轮实验中观察到的均值，当然可以认为就是这里的均值。但是，我们在实验中逐轮逐轮地观察到的变化，则是由分布决定的。现在再考虑一个实际选择问题。假设，我们要求一个猴子被试在 3 毫升果汁与 5 毫升果汁之间做出

选择，那么这两个可选项就可能会带来如下两个同类型的分布：一个以大约30赫兹的平均放电率为中心，另一个以大约90赫兹的平均放电率为中心。这两个分布是不重叠的，因此，这个动物被试应该不会犯任何错误。接下来，我们再添加一个“无关紧要”的可选项，例如说，2毫升的果汁。在一个表征绝对期望主观价值的系统中，增加这第三个不相关的可选项并不会产生多少影响；但是在一个表征相对期望主观价值的系统中，这第三个不相关的可选项却会产生显著的影响，因为它是被添加到由所有其他可选项构成的分母中去的，所以会显著地影响被研究的神经元的放电率。

246 这也就意味着，仅仅因为增加了这个可选项(2毫升果汁)，与5毫升果汁的可选项和3毫升果汁的可选项相对应的放电率都出现了明显下降。更加重要的是，这种平均放电率的下降并不会伴随着方差的同等幅度的下降。请读者回想一下，我们在本书前面的章节中已经指出过，实际的神经元的变异系数(CV)是大于1的。由此而导致的一个结果是，随着这种标准化机制而出现的均值的下降，神经元层面的实验变异性将会增大。因此，行为主体“犯错”的概率将会随着选择集的规模的增大而上升。同时，这种错误的神经元层面上的定量性质，至少在原则上，应该是可以利用“黑格标准化”方程计算出来的。

总而言之，如果我们的结论是，选择确实发生在皮质区的话，那么皮质所采用的编码相对期望主观价值的系统所拥有的许多特征都是非常值得我们关注的。前述标准化机制表明，当面对比较小的选择集时，行为层面的错误应该是比较罕见的：无论是与标准的随机效用模型所预测的相比，还是与根据某个估价实验的结果所做出的推断相比(这包括简单的估价实验，也包括多可选项估价实验)，都要更加罕见。但是反过来的另一面也是成立的，那就是，随着选择集的不断增大，这个理论框架的预测能力将变得越来越糟糕。错误率将随着选择集的规模的增大而上升；当超过某一个点后，选择将在很大程度上变成完全随机的(见图10.8)。

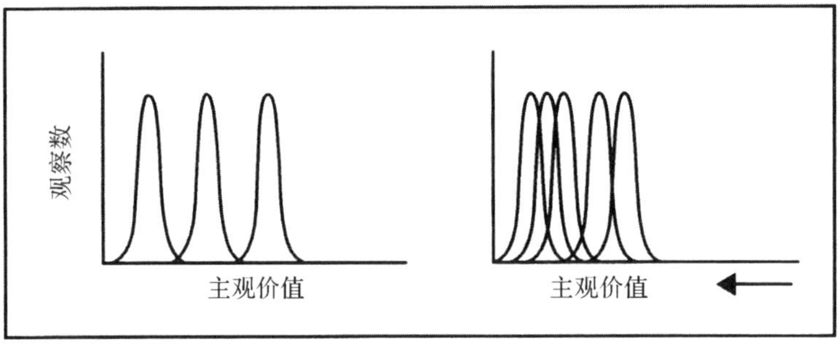

图 10.8

有大量证据表明,选择集的大小似乎确实对错误率有明显影响。事实上,这已成了最近的行为经济学研究的一个非常活跃的领域。[①] 在这方面, 247
最著名的研究可能是希娜·艾扬格(Sheena Iyengar)和她的合作者马克·莱佩尔(Mark Lepper)所完成的关于选择集的大小对超市购物者的影响的研究(Iyengar and Lepper,2000)。在这项研究中,艾扬格在一家超市摆了一张桌子,上面摆上一家著名公司生产的 6 种或 24 种不同口味的果酱(具体数量每天不同,变动方式是随机的)。这两位研究者向逛超市的人提供了这样一个机会:他们可以任意品尝这些果酱(愿意品尝多少种就品尝多少种),而且在品尝完之后,还可以得到一张价值 1 元的优惠券,可以用于购买那家公司生产的任何一个口味的果酱。

结果,艾扬格发现,在他们只摆出了 6 种口味的果酱的那几天来超市购物并品尝过这些果酱的购物者当中,大约有 30%的人最后买了一瓶这家公司生产的果酱;相反,在摆出了 24 种口味的果酱的那几天来光顾的购物者当中,却只有 3%的人最终买了一瓶果酱! 这说明,增加可选项明显降低了购物者的购买意愿。

艾扬格他们完成的另一项研究或许与我们这里的目的更加直接相关。在那项研究中,他们要求被试在 6 种或 30 种松露巧克力中选出一种;结果

① 不过,这个领域的研究是有争议的。迄今仍然没有确凿的证据可以表明,当选择集中的可选项变得更多时,错误率的上升比关于如何在随机期望效用的对象之间进行选择的简单的加性模型所预测的还要快。不过无论如何,在过去的三十年里,许多研究的成果都暗示了这种可能性。

发现,当被试按要求在多种不同的松露巧克力当中做出了选择之后,表示"满意"的可能性依赖于他们必须从中选择的可选对象的数量。那些必须从6种巧克力中选出一种巧克力的被试对自己的选择结果更加满意,而且在实验结束后也更加愿意以5美元一盒的价格买下这种巧克力。

这些数据以及其他一些来自关于随机效用模型的假想决策研究的类似数据(例如 DeShazo and Fermo,2002)明确无误地告诉我们,随着选择集的规模的增大,错误的数量将会增加,同时被试购买某个可选项的可能性则会下降。我们很难想象,这种行为模式与我们上面描述过的、神经生物学家在经验的层面上总结出来的选择机制无关。而且,更加有意思的是这样一种可能性,神经元层面的测度结果,还可以用来对这个过程进行定量建模。

相对期望主观价值的经验测度

为了在经验的层面研究上面这些问题,路易和我(格莱姆齐)考察了选择集的大小对外侧顶内沟区的神经元的平均放电率的影响,并对"黑格标准化"描述外侧顶内沟区的神经元的放电率这个假说进行了检验(Louie and
248 Glimcher,2010)。在我们的实验中,当猴子被试的视线集中在屏幕的中心点上时,我们会呈现给它一个、两个或三个目标。如图10.9所示,这三个目标(记为A、B和C)各有一个独一无二的价值:A会带来0.5毫升果汁的奖赏,B会带来1.0毫升果汁的奖赏,C会带来2.0毫升果汁的奖赏。路易和我(格莱姆齐)测定了一个对目标B的期望主观价值进行编码的神经元的反应(作为被呈现的其他目标的函数)。他们发现,在刻画外侧顶内沟区的神经元的放电率这个方面,黑格方程确实相当不错。

一开始,目标B是唯一被呈现的目标,这时与目标B对应的神经元的放电率很高;然后,路易和我(格莱姆齐)观察到,当价值更高的第二个目标出现后,与目标B对应的神经元的放电率明显下降;而当价值更低的第三个目标出现后,与目标B对应的神经元的放电率则出现了进一步的下降。

路易和我(格莱姆齐)还在更高的定量水平上进行了研究:我们测定了外侧顶内沟区的神经元在7种不同的相对价值条件下的不同反应。结果发现,在所有这些条件下,黑格方程都能够很好地描述这些神经元的放电率。更加重要的是,我们还能够从这些神经元层面的测量结果推断出 σ 和 β 的估计值。

我们得到的 σ 和 β 的估计值有一个非常有趣的特点,那就是,它们表明,当选择集中的可选项的个数小于 6 个时,前述选择机制的错误率是很低的。

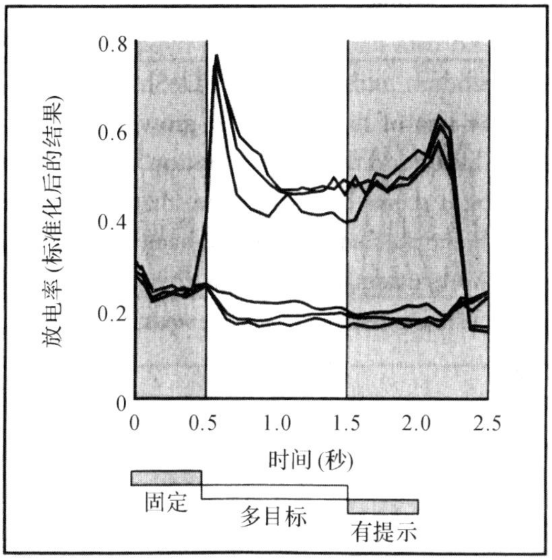

图 10.9　路易和格莱姆齐测定的单个神经元的活动

不过,我们的数据表明,一旦选择集的大小增大到超过 8 个可选项,那么在 249
同样这些条件下,错误率就会开始变得非常显著。这个结果是特别令人感兴趣的,因为艾所格等学者的研究结果也表明,当选择集中的可选项的数量超过了 8 个时,人类的选择机制会变得特别容易出错。这些观察结果也许只是一种巧合,但是它们无疑表明,在我们尝试构建预测能力很强的模型时,上述关于神经机制的定量研究结果是非常有价值的。

总之,所有这些数据要求我们对前面提出的标准模型从另一个角度进行修正。我们在本书第九章中已经阐明,为了预测行为,标准模型应该采用随机期望主观价值信号,同时还要加入一个可调节的误差项。我们在这两章构建的跨理论链接要求,标准模型在行为层面的版本应该是随机期望效用理论的一个混合形式,即,“硬”的随机期望效用理论。

事实上,这些数据还意味着另一个更加惊人的进一步的约束。“皮质理论”的标准模型所拥有的精确的方差结构和标准化机制使我们能够对选择行为给出全新的预测。这些数据表明，随着选择集的规模的增大，错误率也随之增加。必须指出，从形式上看，这就意味着，这个模型可以预测违背独立性公理的随机行为；而且它还预测，当选择集变得非常大时，行为主体就会完全忽视独立性公理。

这一点极其关键，具有分水岭般的至关重要的意义；这一点把传统的新古典主义经济学模型和传统的行为经济学模型与我们在这里提出的标准模型(以及一般神经经济学模型)区分了开来。传统的新古典主义经济学模型表明，选择集的大小是无关紧要的。传统经济学中的独立性公理(或者，更准确地说，是可分性公理)等对象刻画的就是这种思想。一段时间以来，行为经济学家已经注意到，选择集的大小似乎会对行为产生深远的影响。但是，他们用来描述这种影响的仍然是关于选择的启发式模型——既没有明
250 确的公理基础，也没有给出定量的机制。①

关于皮质功能的标准模型，当被用于“地形组织”的选择结构时，就能够为我们提供思考相同的问题的另一种方法。在神经生物学场面，这是一个已经得到了充分描述的机制，向下可以在分子水平上建模，向上可以对行为给出明确的预测。它指出，选择服从稳定的偏好排序的程度取决于选择集的大小，以及 σ 和 β 等参数，而所有这些，在神经经济学中，都是可以观察的变量。

当然，从实际意义上说，无论是“黑格标准化”模型，还是我们在这里进行的将这个模型用于行为的“标准”建模过程，都只算得上是“第一近似”。例如，我们还没有一组可检验的、可以用来描述神经元层面的可变性和选择集大小影响行为的方式的公理。当然，我们肯定是可以建构出这样的模型的。是的，任何智力障碍都已经不复存在了；可能存在的，只是社会的或政治的障碍。

---

① 虽然埃米尔·卡梅尼察(Emir Kamenica)曾经在这方面提出过一个新古典主义经济学模型(Kamenica,2008)。在他的模型中，大选择集给出的信号会使市场中的行为主体面临一些困扰，而最好的解决方法则是限制选择。

第十一章　本篇结论：融合选择机制

在过去的二十多年中，关于哺乳动物的大脑中的运算方式、关于大脑中 251
控制运动的最终共同路径的结构和性质，我们已经积累起了大量的数据。这些神经生物学数据与我们所掌握的关于哺乳动物的决策的信息以及我们所知道的关于选择的逻辑的知识结合起来，对关于选择过程的算法模型提出了一系列重要的约束。在本章中，我们将总结任何一个遵循这些约束的选择模型都应该具备的主要特点；然后，在后面的章节中，我们转而讨论大脑的估价系统，这个系统提供的输入是选择的最终共同路径进行运算所必需的。

在这里，需要强调的一点是，我们到目前为止对最终共同路径的结构的许多理解，都极大地受到了我们从关于猴子如何做出眼球运动决策的研究中得到的神经生物学证据的影响。我在这里给出的模型所运用的通用计算原则，反映了所有哺乳动物的大脑的主要特征，但是其中的许多关于决策结构的具体计算方法，则是从神经生物学家对扫视系统的研究结果中推断出来的。理所当然地，这种情况会引发人们对于这个模型的普遍性的疑问。这个模型是不是可以扩展用于对手臂动作的预测？这个模型是不是适用于人类的选择过程？这个模型是不是可以推广到更加抽象的关于不同“商品”的选择（而不是在具体的行动之间进行简单的选择）？我们有非常令人信服的理由相信，所有这些问题的答案都是“是的”；而且本章就将给出这些问题的答案。不过，在回答这些问题之前，我们要先对这个模型的关键特征进行总结，并以此作为我们对选择结构的研究的结论。 252

选择机制小结

骨骼—肌肉(手/手臂)动作和眼球动作是由两个并行的网络分别控制的。就眼球运动而言,控制网络的关键组成部分包括外侧顶内沟区、额眼区和上丘。这些脑区是紧密地相互连接着的。就手/手臂动作而言,控制网络的关键组成部分包括前顶叶皮质(包括头顶部覆盖区域的布罗德曼第 5 区和第 7 区)、运动前区皮质、辅助运动区和第一运动区。

尽管这两个网络内的每个脑区都明显表现出了专业化的倾向,但是这两个网络(分别主要通过上丘和每一运动区)的总体输出会导致动作的产生,这一点是无可争议的。这两个网络是所有动作必经的最终共同路径,而且所有选择都是通过它们表达出来的(见图 11.1)。

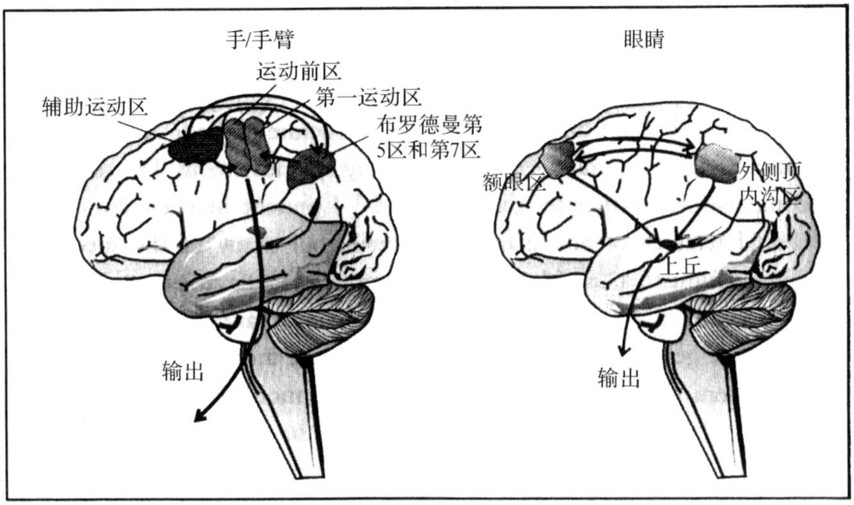

图 11.1 两个运动控制系统

这些"地形图"上的活动确定了任何一个关于选择和行动的最后阶段的模型的结构特征。通常而言,在一个动作发生之前,必定会有不止一个动作
253 同时在这些脑区中被表征。在猴子的眼球运动控制系统中是这样(例如,Glimcher and Sparks,1992),在猴子的手/手臂运动控制系统中也是这样(例如,Tanji and Evarts,1976),甚至在人脑中也还是这样(例如,Curtis and

Connolly,2008)。在运动产生之前的一刹那,眼球运动控制系统也好,手/手臂运动控制系统也好,作为其组成部分的各地图都被同一种激活模式所主导,而且通过这种激活模式可以预测发生的动作的机制性特点。早在20世纪70年代后期,这就已经成为一个广为人知的事实了(Tanji and Sparks,1976)。

对这些脑区(其中特别是上丘)的大量生物物理学研究已经为我们揭示了,这种从多个动作到一个动作的转变是怎样发生的。在各个"地形图"内,不同的位置是以两种不同的方式实现彼此之间的相互连接的。在同一地图内,短程连接是兴奋性的,而远程连接则是抑制性的;由此而导致的结果是,地图内某个激活"山峰"会增加其邻近的神经元的活性,同时抑制地图中其他区域的神经元的活性。这种机制在所有灵长类动物的神经轴中都可能观察到,它能够有效地驱使每张地图内的各激活"山峰"为争夺对整张地图激活的"控制权"而竞争。

当某个激活"山峰"的激活程度超过了神经元的固定的生物物理"爆发"阈值后,运动就会被触发。要超过这个阈值,有两种方式:或者是因为输入到一个"山峰"的信号驱动该小片区域的激活程度高于临界状态,或者是因为网络的整个"调子"(即,短距离的兴奋链接和长距离的抑制性链接的静止状态)突然发生了变化,导致了一个争夺"爆发"神经元的剧烈的"山峰"内竞争(an acute intra-focal competition)的出现。这两种过程也发生在第一运动区与脊髓之间的相互作用中。

因此,向这些网络的输入(即,最终设定上丘和第一运动区的放电率的输入),就是以这种方式决定将会被触发的运动的性质的。现在很清楚了,如果我们在某个动作发生"很久"之前先看一下这些地图的激活情况并看到有两个动作被表征的话,那么与较高的放电率相关联的那个动作更容易变成现实(例如,Shadlen and Newsome,1996)。这两个焦点("山峰")的放电率之间的差距越大,激活程度较高的那个"山峰"产生动作的可能性就越高,激活程度较低的另一个"山峰"产生动作的可能性就越低(两者之间不平衡性就越大)。一个"山峰"的激活强度与它所编码的运动被触发的概率之间是正相关的。这是一个稳健的结果,已经没有任何争议了。

254 如果我们增大与一个动作相关联的奖赏,那么就会同时提升运动将会被执行的概率,以及最终共同路径上该运动的焦点的激活程度(例如,Platt and Glimcher,1999)。如果我们加大一个特定的运动将带来回报的概率,那么与该运动相关联的神经元的放电率和该运动被执行的概率都会随之提高。如果我们在告知被试某个动作将会带来奖赏的概率的时候,所用的提示是一个模糊的、在时间上连续的信号(譬如,一“片”移动着的光点),那么与该运动相关联的神经元的放电率和该运动被执行的概率都将连续地随时间增大(例如,Gold and Shadlen,2001)。所有这些结果都是没有任何争议的。

这些结果最令人惊叹的特点也许是,它们与经济学家在 20 世纪上半叶提出并发展起来的“似乎”模型的“自然类”之间的相似性。萨缪尔森、弗里德曼、冯·诺依曼以及他们的追随者认为,人类的选择行为似乎表明,那个被称为期望效用的东西似乎与行为主体可以做出的任何一个行动相关。因此,他们提出了这样一个假设:我们所选择的,必定是期望效用最高的那个可选项。事实上,他们已经在数学上证明,至少在某些条件下,一个选择集中的各个可选项似乎都是有期望效用的,同时最高期望效用的行动似乎以某种方式“控制”了选择者。这就是说,期望效用是在选择中实现的。同样地,这些也都没有太大的争议。

当然,对于任何一个相信我们的行动是物理世界的一系列事件的产物的人来说,上面这两组结果(一组是神经科学层面上的,另一组是经济学层面上的)必定是相互联系着的。人类之所以这样做出选择而不是那样做出选择,必定是运动控制网络中的这些激活模式所致。

行动中的选择机制

为了阐明选择机制的作用方式,路易和我(格莱姆齐)组织了一个同时在神经生物学层面和行为层面进行的实验(Louie and Glimcher,2010)。如图 11.2 所示,这是一个“经济实验”,猴子被试需要做出一个“经济选择”:一个可选项会带来数量较小但立即就可以享受的果汁奖赏,另一个可选项是数量较大但延迟一段时间后才能享受的果汁奖赏(延迟时间长短是可变的)。

255

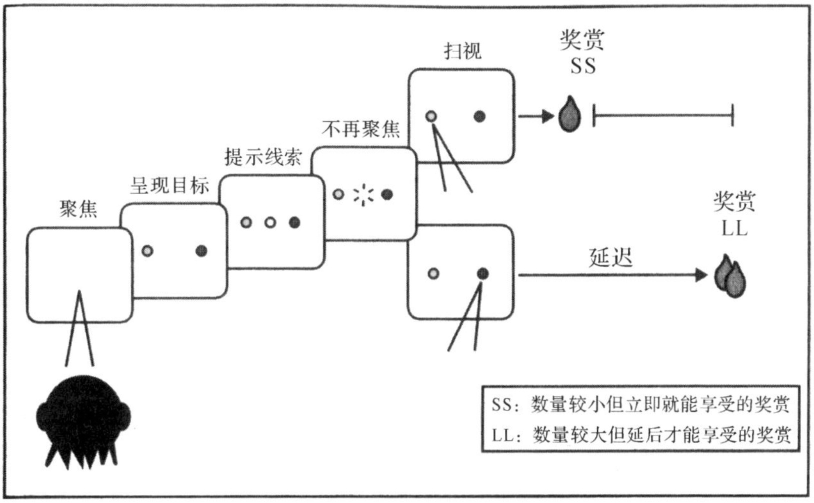

改编自路易和格莱姆齐的论著(Louie and Glimcher，2010)

图 11.2　路易和格莱姆齐的任务

这个实验是这样进行的:一轮实验开始后,实验者可能会要求一只猴子(被试)在立即就可以享受的 0.13 毫升果汁与需要延迟 0 秒、2 秒、4 秒、8 秒或 12 秒钟才能够享受的 0.2 毫升果汁之间做出选择。为了获得更大的奖赏,一个典型的猴子被试可能愿意等待 2 秒、4 秒或 8 秒钟,但是通常不愿意足足等上 12 秒。

路易和我(格莱姆齐)每次都让两只猴子进行这些选择,这样经过多轮实验后,就可以计算出它们对果汁的"贴现效用"[①]了。实验结果表明,从这两只动物的行为来看,似乎果汁对它们的价值是按一个固定的贴现函数(随延迟时间的增加而)下降的。而且更加有趣的是,我们还发现,这两只猴子的贴现函数是不同的。一只猴子明显更有耐心:果汁对它的贴现效用随着延迟时间的增加而下降的速度似乎很慢。另一只猴子则明显更没有耐心:

① "贴现效用"是指因如下事实而进行修正的效用:从主观价值的角度来看,如果你要等待一段时间才能得到一个奖赏,那么它对你的价值就会变得"少"了一些。因此,有耐心的人就是那些效用随着延迟时间的增加而下降的速度比较慢的人;而不耐心的人则就是那些效用随着延迟时间的增加而迅速下降的人。神经生物学家(例如,李和他的同事们)已经把贴现函数与猴子的背外侧前额叶皮质的激活状态联系了起来(Kim,Wang,and Lee,2008)。

256 果汁对它的贴现效用似乎随着延迟时间的增加而迅速下降。

在这些猴子被试做出行为选择的过程中,路易和我(格莱姆齐)还测量了它们的外侧顶内沟区的神经元的激活水平。在每一轮试验中,从猴子被试看到了呈现给它们的选择目标的那一刻起,直到它们用眼睛运动表达了它们做出的选择为止,它们的外侧顶内沟区的活动情况都被记录了下来。结果,我们发现,在一对可选项被呈现给猴子被试后的那一刹那,它们的外侧顶内沟区的激活程度是延迟时间的一个非常特别的函数。当我们给猴子被试提供的可选项是"0.2 毫升果汁、0 秒延迟"时,外侧顶内沟区的神经元被高度激活;但是,当提供的可选项是"0.2 毫升果汁、2 秒延迟"时,这些神经元的放电率就下降了,而在提供的可选项为"0.2 毫升果汁、4 秒延迟"时则变得更低。在这种情况下,外侧顶内沟区的神经元的放电率是延迟时间的一个可以测定的减函数,而且两只猴子的这个"贴现函数"是不相同的。在"有耐心的"那只猴子那里,放电率随着延迟时间的增加而缓慢下降;而在"没有耐心"的那只猴子那里,放电率的下降则要迅速得多。

最引人注目的一个结果也许是,我们对每只猴子神经元放电率随着延迟时间的增加而下降的函数,与从这只猴子的行为中推导出来的贴现效用函数进行了比较,结果发现,这两个函数实际上是完全相同的。从猴子们的行为来看,它们的外侧顶内沟区的神经元在可选项被呈现给它们后的那一刹那的放电率,"似乎"指导着它们在未来的选择。

路易和我(格莱姆齐)接下来还记录了猴子被试在完成整轮实验过程中它们的外侧顶内沟区的活动情况。结果发现,外侧顶内沟区网络的激活水平随着行为选择的时间而变化:当猴子被试表达了自己的行动时,激活水平的变化也到了一个终点。在猴子做出动作之前不久,激活程度较低的那个焦点("激活山峰")的活性略有下降,而激活程度较高的那个焦点("激活山峰")的活性则迅速地、显著地上升,直到出现最高峰为止(那是在动作真正被做出之前几十毫秒)。猴子们的行为之所以如此,看起来是因为它们的外侧顶内沟区的初始放电率驱动着一个"赢家通吃"的运算,并最终导致了它们的选择。

这个实验的核心结论是,本书第六章第一次提出的"硬"的新古典主义方法的有效性在一定程度上得到了验证。在这个实验的结果中,"似乎"的因素已经很少了。从这些结果看来,猴子之所以做出这样的行为,就是因为出现了这样的放电率。但是,这些研究结果(像许多更早的结果一样)同时 257
也挑战了传统的“硬”的期望效用理论。这主要表现在两个方面。首先,神经元的放电率是高度随机的,而且这种随机性在很大程度上也反映在行为上。其次,将放电率与延迟时间、选择行为与延迟时间联系起来的函数是双曲线型的,而这类函数违背了关于跨期选择的绝大多数新古典主义公理(例如,Fishburn and Rubinstein,1982)。因此,路易和我(格莱姆齐)这个实验同时完成了两件事情:在验证了“硬”的期望效用理论的一般有效性的同时,又违背了作为“硬”的期望效用理论的基础的许多具体的公理。当然,这些正是神经经济学方法的两个核心特征。这些数据清晰地告诉我们,一个“硬”的经济学理论是完全可能的;但是它们同时也清晰地告诉我们,目前的经济学理论,即“硬”的期望效用理论,是不够好的。

“硬”的期望效用理论、“硬”的随机期望效用理论与相对期望主观价值

大量实验——前述路易和我(格莱姆齐)的实验就是其中一个例子——告诉我们,选择机制的基本结构大体上类似于新古典主义经济学理论当初的设想,但是这个理论必须进行实质性修正。

在选择神经回路中,“地形组织”的神经元通过它们的平均放电率对动作的相对期望主观价值进行编码。这个信号是大脑负责估价的脑区“提供”给这些神经元的,因此必定是随机的。这个输入信号的随机程度反映了大脑的估价神经回路的性质(对此,我们将在接下来的章节中进行细致的描述)。因此,输入的主观价值可以合乎情理地用某种形式的随机期望效用来描述;而且,当(且仅当)随机期望效用随机地预测了选择行为时,输入的主观价值是与随机期望效用线性相关的(见图 11.3)。

一旦这些随机主观价值进入了额顶叶的选择网络,它们就被标准化[①]。

① 但是,现在仍然不清楚,这种“标准化”过程最初发生的确切地方是什么。

258

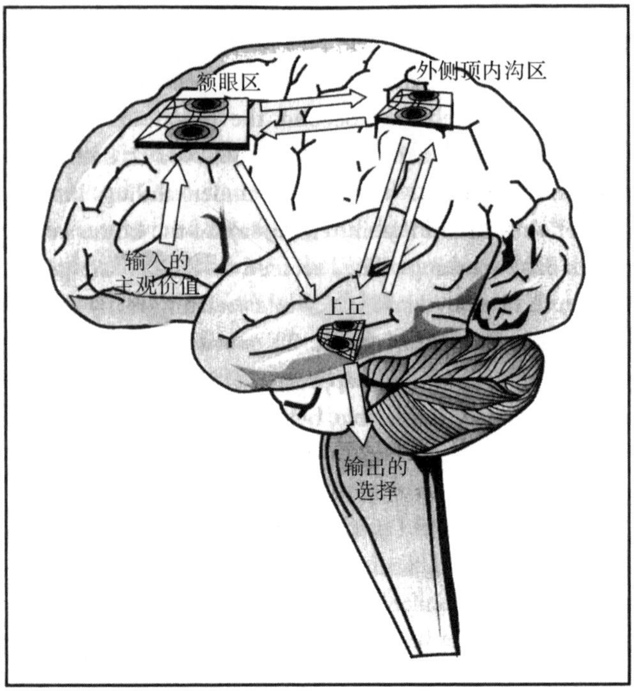

图 11.3　扫视选择结构

在这个“地形组织”的选择网络中的任何一点上，已经标准化的平均放电率都可以用如下方程来描述：

$$\text{相对期望主观价值}_i = \frac{ESV_i + \beta}{\sigma^2 + \sum_R ESV_R}$$

其中，ESV_i 是在该地图中那个点位上被编码的行动的瞬时期望主观价值，ESV_R 是该地图编码的所有行动的瞬时期望主观价值，β 是神经元的基线放电率，而 σ 则是一个半饱和常数。

对于每一个单个皮层神经元来说，上面这个方程描述了这个神经元的瞬时平均放电率。[①] 但是，神经元的瞬时放电率，却反映了两种不同来源的变动性：第一种是估价信号中携带的变动性，第二种是选择网络固有的变动

① “瞬时平均”这个说法反映了这样的事实：输入的主观价值实际上是随机波动的；从根本上说，它们是随机效用。

性。我们知道,选择网络中的神经元是一些类泊松的“随机发生器”,它们的变异系数大约为 1.15。在这里,为了论述的方便,我们可以近似地认为它们 259
具有泊松方差。而这也就意味着,尖峰区间(那是瞬时放电率的倒数)可以被看成这样一个指数分布:围绕着同样的均值变动,而且其方差等于均值,标准偏差等于均值的平方根。

应当指出,在上丘中(上丘同时接收来自额眼区和外侧顶内沟区的输入),相对期望主观价值的这种随机性是可以减小的。通过皮质神经元的去相关性过程,来自外侧顶内沟区等脑区的相对期望主观价值信号的随机性可以“还原”为输入的估价信号的随机性。当相邻的神经元高度相关的时候,上丘将接收到具有泊松方差的相对期望主观价值信号。而当相邻皮层神经元完全不相关的时候,仅有的剩余方差将是作为对选择网络的输入的“类随机期望效用”信号的方差。在行为的层面,这意味着,将两个可选项的相对价值与选择概率联系起来的“分对数”(logit)或“软最大化”(SOFTMAX)函数的斜率,在某个有限的范围内,是可以通过神经元间相关性积极地加以调整的。

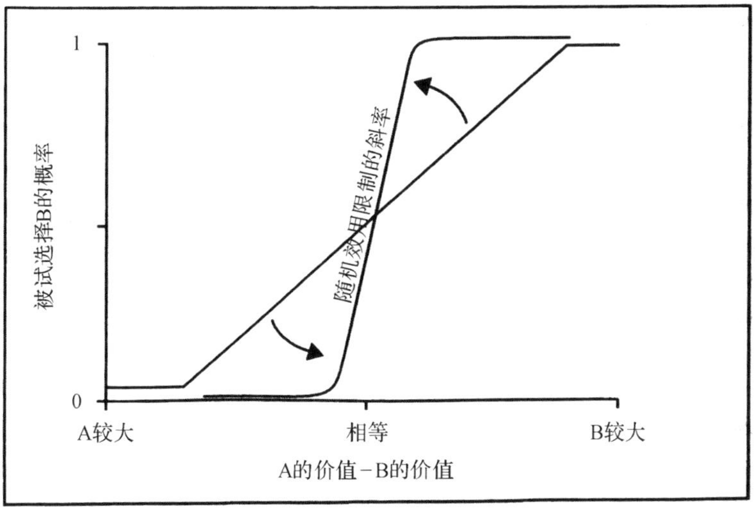

图 11.4　可调节的行为随机性及其限度

在这个神经回路中,选择出现在当“地形图”上的某个点位的激活程度 260
超过了生物物理上(biophysically)的放电率阈值之后(高于该阈值,选择就会被触发)。当然,这并不意味着,当输入的期望主观价值的大小达到了某个特定的水平,就一定会导致某个选择。这是因为,上丘网络的“基调”(从总体上看,是抑制,还是兴奋?)是可以调节的。在上丘中以阈值放电率激发的神经元(这类神经元被称为“爆发”神经元)的层面上,某个焦点(“激活山峰”)受“噪声污染”的相对期望主观价值信号,很容易受所有其他活跃的焦点(“激活山峰”)的活动的抑制;此外,“激活山峰”也有自我“激励”的倾向。这两个方面共同造成的结果是,一个动作产生的阈值是能够有效地加以调节的。这一点最早是由王小京(Xiao-Jing Wang)和他的同事们明确提出的(Liu and Wang,2008;Lo and Wang,2006)。因此,这个选择系统可以在两种模式下运行。在第一种模式下,抑制和兴奋的“基调”在某个给定时间的突然变化可以用来“强制”选择执行某个动作,从而实现“赢家通吃”。与这种模式对应的是传统的基于效用的选择模型(进行“argmax 运算”)。在基调发生这种突然变化的时候(这也是收敛过程实现集聚的有效时间窗口),神经元的激发也可以发挥调整观察到的行为函数的随机的作用。在前面描述的路易和我(格莱姆齐)的实验中,选择神经回路就是在这第一种模式下运行的。而在第二模式中,将会有一个最小瞬时期望主观价值“触发水平”被设定。一旦输入信号超过了该水平,相应的那个运动立即会产生。这种模式对应于西蒙提出的以保留价格为基础的模型(Simon,1955,1978)。在前面描述的罗伊特曼和夏德伦的反应时间决定实验中,选择神经回路就是在这第二种模式下运行的。到目前为止,我们所了解到的选择神经回路的基本特点,就是这些。

超越眼动系统和猴子决策

毫无疑问,关于猴子的“扫视”决策,我们现在已经掌握了不少。不过,关于人类用来选择配偶(这通常是一个“达标”型决策)或选择汽车(这通常
261 是一个“赢家通吃”型决策)的机制,我们又了解了多少呢?本书前面的章节中给出的选择模型将一个选择集中的可选项定义为猴子的眼球运动,在许多严谨的经济学家看来,这种做法是令人困惑的。他们主要有三个顾虑。

第一，在现实环境中，我们人类极少有经济决策是用“眼睛”做出的。第二，我们是人，不是猴子。第三，在标准的神经经济学模型中，被选择的可选项是不同的动作，但是在不同动作之间的选择与选择配偶或选择汽车等经济选择是不是同一种性质的选择，并不十分明确。因此，在转而讨论大脑的估价系统之前（人类大脑的估价系统已经得到了相当充分的研究），我们得先讨论一下标准神经经济学模型的这些限制。

我们不是用眼睛进行选择的，但是……

毫无疑问，即使是在“向什么地方看”这个问题上，我们人类所做出的也是行为选择。我们不会紧紧地盯着地铁上的陌生人看；相反，我们最多只会向他们看上一两眼。我们可能会特意地盯着看个仔细的是自己的潜在配偶。那么，我们真的可以在看来似乎十分有限的眼睛扫视系统的基础上建立一个关于决策机制的理论吗？我对这个问题的答案是，毋庸置疑，这肯定可以。在过去的二十年里，神经生物学的发展越来越清楚地揭示了一个“规律”：我们在某个脑区识别出来的计算原则，几乎总是也在其他脑区发挥作用。而且，我们在三个脑区都观察到一个三个脑区都通用的计算原则以后，事实几乎总是会证明，这个计算原则是有广泛的意义的。正是出于这个原因，我们现在了解到的关于扫视决策系统的这些知识，几乎可以肯定广泛适用于我们对选择的研究。

最初在非常特殊的条件下发现的计算原则，后来被事实证明是广泛适用于各种条件的一般原则，这方面的一个典型例子是“神经地形图”原则。“地形图”最早是在运动皮质中发现的，那已经是100多年以前的事情了。自那以来，神经科学家已经在哺乳动物的大脑内发现了数百张“地形图”。我们现在已经很清楚，感觉系统和运动系统中的“地形图”是什么样子的：我们不仅了解这些地图的结构和细节，我们还明白作为它们基础的细胞生物学机制。我们知道，这些地形图发生在几乎所有的脑区，其中肯定包括臂/手臂运动系统和眼球运动系统的脑区。因此，当我们说人类的决策架构涉及不同可选项的“地形图”表征，绝对没有任何牵强之处。 262

广泛适用的计算原则的第二个例子是,对标准神经经济学模型有很大的指导意义的皮质标准化原则。这也是一个一般计算原则,已经在各种各样的皮质系统中发现。它已经在扫视系统的最终共同路径中被发现了,这也是为什么它会被整合到我们的标准模型中的原因。尽管我们现在仍然不能肯定,臂/手臂动作是否也涉及皮质标准化过程,但是事实已经证明,皮质正常化确实是关于皮质的一般理论的核心特征,而且它也确实存在于扫视选择系统当中,这些事实意味着它有资格进入标准模型。整合进标准模型的计算原理的第三个例子是皮质神经元的方差结构。迄今所有的被研究过的皮质神经元都有相同的方差结构。第四个例子是我们前面详细阐述过的“赢家通吃”机制。我们现在已经知道,所有这些计算原则都广泛适用于哺乳动物的整个大脑;正是因为这个原因,我们才说它们是纳入标准模型的——而不仅仅是因为它们都已经在扫视决策系统中被观察到了。

或许令人惊讶的是,即便是放电率与决策变量相关这个简单的思想,也很可能会发展成为一个具有广泛意义的“计算原则”。回顾神经科学的发展历史,丹次俊和爱德华·埃瓦茨很可能是最早观察到这种现象的学者,他们是在研究第一运动区的手部动作区做出这个发现的(Tanji and Evarts,1976;Evarts and Tanji,1974,1976)。自那之后,编码可选项的概率的信号就在骨骼肌肉运动系统的手臂和肩膀部分被观察到了(Cisek and Kalaska,2002),而且也在整个扫视系统中被观察到了。因此,最终共同路径中的神经元的放电率对某种类似于期望效用的东西进行编码,这种思想也应该成为任何一个关于选择过程的模型的必不可少的组成部分。

不过,关于扫视系统的神经生物学研究确实有一点是比较特殊的,那就是,我们对这个系统的各个组成部分之间的相互作用,以及对这个系统最终阈值运算过程的了解,确实比对任何其他系统都要更多。尽管就目前而言,“更多”的这一部分结果可以算是扫视系统“特有的”,但是我的假说却是,像我们在上面描述的那些计算过程一样,事实终将证明,我们在扫视系统中观
263 察到的这些“特有的”计算模式也是决策结构的一般特征。(当然,这只是一个猜想,需要进一步的检验。)所以,虽然在事实上我们通常不会用我们的眼睛做出重要的选择,虽然我是以扫视控制系统为例来推导关于“选择架构”

(choice architecture)的一般性结论的，但是我相信，我的模型的基本原则不会偏离“坚实的基础”太远。我自己的猜测是，前面的章节中给出的标准模型已经可以相当好地描述与眼睛运动以及臂/手臂运动相关的选择行为了；当然这仍然只是一个假说。

我们不是猴子，但是……

关于“选择架构”的标准模型在很大程度上是以我们对猴子的决策的研究为基础的。这反映了一个实际的技术限制：我们还没有办法精确地直接观察人类的高速动态的神经系统。在对人类决策进行神经生物学研究的时候，我们通常利用功能性磁共振成像扫描仪，但是它的空间分辨率和时间分辨率都是相当有限的。而在猴子身上，我们却可以实时地观察单个神经元进行的计算；我们的分辨率可以达到与动作电位完全一致的水平。但是，当参加实验的是人类被试时，我们却不能这样做。各种脑扫描仪能够告诉我们的是几十万个神经元在几秒钟内的平均活动水平。这就意味着，脑扫描仪不适合研究选择过程中的动态网络。

那么，我们又怎样才能保证，我们可以把我们在猴子身上观察到的现象作为一种“模板”，来预测可能会发生在人类身上的现象呢？[①] 我认为，我们可以在如下几个方面努力，来保证这一点。首先，我们必须证明，我们利用猴子来研究那些行为是人类选择的很好“模型”。其次，我们必须证明，我们观察到的猴子大脑的通用计算原则是广泛适用于整个哺乳动物族群的，而不是仅仅适用于非常有限的一两种动物的。再次，只要有可能，我们就必须 264
去检验这些模型的预测的准确性，同时验证这些通用的计算原则是否同样存在于人类大脑中。

事实上，我们已经在上述各个方面都取得了不少进展；这些进展表明，

---

① 当然，我还得指出一点，对于许多神经生物学家来说，理解猴子如何做出决策这个目标本身就构成了他们去研究这种动物的决策过程的充分理由。不过，对于经济学家和大多数心理学家来说，情况并非如此。而对于神经经济学家来说(包括我自己)，他们之所以研究猴子的决策，是因为这可以告诉我们关于我们人类的不少东西。

本书给出的基本选择模型应该是适用于人类的。在行为的层面上，有越来越多的证据显示，作为选择者，我们与猴子的相似点不仅表现在当我们是理性的时候，也表现在当我们是不理性的时候。例如，多丽丝和我（格莱姆齐）证明（Dorris and Glimcher，2004），在某些博弈中，人和猴子的行为在统计上是没有区别的。劳里・桑托斯和她的同事们则通过更全面的研究证明，人类在决策过程中表现出来的许多“异常现象”，也同样出现在了猴子身上，其中包括：损失厌恶（Chen et al.，2006），禀赋效应（Lakshminarayan et al.，2008），以及对价格敏感性（Chen et al.，2006）。所有这些数据表明，在许多情况下，猴子为人类提供了一个极好的“行为模型”。

在一般计算原则的层面上，我们也有充分的理由保持乐观。事实已经证明，“地形图”存在于从老鼠到现代猿类的各种哺乳动物的大脑中。类似地，皮质标准化亦已经在从人到猫，再到猴子的各个物种身上观察到（例如，Carandini，Heeger，and Movshon，1997；Heeger，1992b）。类泊松方差也被证明存在于猫的大脑（Tolhurst et al.，1981）和猴子的大脑中（Britten et al.，1993；McAdams and Maunsell，1999）。最近，神经生物学家甚至在老鼠的大脑中观察到了类主观价值信号（Kepecs et al.，2008）。因此，我们完全有理由相信，前述标准模型所描述的模型化工具和约束条件确实反映了哺乳类动物神经系统的核心功能。

另外，其他方面的证据也表明，我们从猴子身上了解到的许多知识，同样适用于人类。例如，标准模型所描述的那些脑部解剖结构在人类身上也都存在。人类也有额眼区、外侧顶内沟区和上丘，等等；而且这些脑区之间的“连通性”在很大程度上与猴子完全对应。又如，人类也有第一运动区、辅助运动区、运动前区以及顶叶皮层布罗德曼第 5 区和第 7 区（Bailey and von Bonin，1951；Brodmann，1909；Kaas，1987；von Bonin and Bailey，1947）；而且，如在猴子的大脑中一样，这些脑区也都是“地形组织”。我们知道，所有
265 这些脑区也都是人类大脑中的最终共同路径。例如，如果人类大脑的这些脑区遭到了损毁，那么就无法做出相应的动作，其症状与同样的脑区被手术切除的猴子所表现出来的完全一样。

当然，从另外一个角度来说，人类和猴子又是完全不同的。在下面的章

节中,我们将看到人类大脑的估价神经回路与猴子的存在着一些差别。另外,语言也是人类独有的,而且在人类决策中发挥着重要的作用。但是,就一般的计算原则和指导我们做出什么动作的神经回路而言,我们人类与猴子是相同的。从我们今天已经掌握的证据来看,这两种相当"近"的近亲物种的选择神经回路确实是非常近似的。

可是,猴子选择的只是动作……

这可能是关于标准模型对人类的有效性的问题中尚未得到回答的最重要的一个。现在,关于选择的神经基础,我们所有的知识主要来源于对动作的研究和我们对控制动作的最终共同的认识。这种对"动作"的选择如何才能与人类的配偶选择或他们对汽车的选择"匹配"呢?这是一个关键的问题,但是到目前为止,我们能说的仍然非常有限。也正是因为这一点,我们将在下文中多次提及我们人类大脑的估价系统的特性。为了能够更清晰地说明这个问题的重要性,请读者考虑以下情形。

假设一个人类行为主体要在两个退休投资计划之间做出选择,而他做出选择的方法是按下计算机键盘上的两个键当中的某一个。如果他按下了数字1键,那么他将投资股票型基金;如果他按下了数字2键,那么他将投资于债券型基金。在这种情况下,我们要回答的一个关键问题是:对控制这位被试的手部动作的神经回路进行研究,真的能告诉我们一些关于这位被试如何对股票和债券进行估价的信息吗?会不会出现以下这种情况:在该被试的大脑中其他一些脑区,出现了某个在解剖上"身份不明"的过程,触发了某个运动控制神经回路,而根本未曾涉及在这些条件下预计将会发生在运动控制神经回路中的对主观价值的编码?而且,在投资计划之间进行选择、在"现在的果汁奖赏"与"延后的果汁奖赏"之间进行选择,这两种选择明显不同,它们真的是通过完全相同的神经架构完成的吗?这些问题迫使我们认真地考虑关于人类的选择神经回路的两种非常不同的描述(但是两者都有可能成立)。 266

第一种可能性是(这也是我目前为止一直主张的),额叶皮质和/或基底神经节中的估价神经回路是以一种"与动作无关"的方式计算和表征任何两个可选项的价值的。然后,这些“与动作无关”的估价信号进入额顶叶皮质的选择神经回路(从电极这个角度来说,也同时进入了所有相互连接的神经回路),选择动作就出现了。当然,这种描述也引出了一个重要的问题:如果在这个由不同脑区组成的网络中,上述这种“会聚过程”的起始点到底是什么?一个非常合理的可能性是,随决策类型不同,这种过程开始于不同的“地形图”中。对于非常快速的定向眼球运动而言,这种会聚过程可能开始于上丘,然后向外“溢出”,影响额眼区和外侧顶内沟区的激活水平。而对于更加抽象的决策而言,这种会聚过程则可能始于额叶皮质的更靠前的区域。我们之所以无法百分之百确定,部分原因也许就是因为这种会聚过程的发生是如此之快。

同时,还有另外一种可能性,它也是非常可能的,那就是,我们在抽象的可选项之间进行选择时,调用的是另一个脑区(至于到底是哪个,目前仍未确定);我们在这里描述的选择神经回路的通用计算原则,有许多也同样适用于这个脑区。由此,根据这样一个模型,我们的大脑内部存在着两个选择神经回路,一个是用来做出有动作的决策的,另一个则是用来做出更抽象的、与动作无关的决策的。从根本上说,这种模型的假说是,在某些情况下(即,在我们前面研究过的那些情况下),决策是发生在我们所描述的最终共同路径中的特定的动作神经回路中的;而在其他条件下,起作用的则是与动作无关的决策神经回路,这些神经回路在“做出决策”后再将其选择传递给最终共同路径,由后者执行。

这两种模型各有各的优势。第一种模型的优点是简洁。估价神经回路和动作神经回路之间的相互连接本身就存在着大量的冗余,可以保证一个多脑区网络内瞬时会聚的实现。在这个模型中,“演化”女神的任务也比较“轻松”,因为在这个模型中,她不需要培育出两个并行(从而也是冗余)的选择机制。同样地,在这个模型中,也不需要一个“控制器”的存在,这种控制器负责“决策机制的选择”,即,根据要处理的任务的特征,在两个可用的系
267 统之间选出一个决策机制。第二种模型(我们可以称之为“双系统模型”;相应地,我们可以称第一种模型为“单系统模型”)的优点是,它非常“尊重”我们的主观经验。在现实生活中,我们确实会觉得,我们通常是在做出选择后的一段时间才会执行它的,例如,当我们决定了我们的投资组合后,我们会

过一些时间才会采取行动去实施。第一种模型(那是我们的标准模型)似乎忽视了这种心理事实。

目前,我们还没有足够的数据去判断这两种模型之间的优劣。不过,我们确实已经获得了一些关于猴子(的大脑)如何处理比较简单的“与动作无关”的决策的证据,而且这些证据似乎支持了标准模型。霍维茨和他的同事们(Horwitz and Newsome,2001a,2001b,2004)、夏德伦和他的同事们(Gold and Shadlen,2003)也已经收集了一些可以证明这一点的数据。在霍维茨他们的实验中,如图 11.5 所示,猴子被训练用颜色,而不是用行动来给出它们在两个可选项之间的选择。在每一轮实验中,实验者要求猴子被试跟踪一个“绿色”的可选项和一个“红色”的可选项;这两个可选项对应着不同的价值,猴子被试要用不同的动作表达自己的选择。(例如,在其中一个实验板块中,“红色”可选项可能会以较低的概率带来较大的奖赏;而“绿色”可选项则可能会以较高的概率带来较小的奖赏。)而且,在每轮实验中,“红色”可选项和“绿色”可选项在猴子被试面前的计算机屏幕上出现的位置都是随机给定的。猴子被试要用一个眼睛扫视动作来说明它选择的是哪一个可选项。

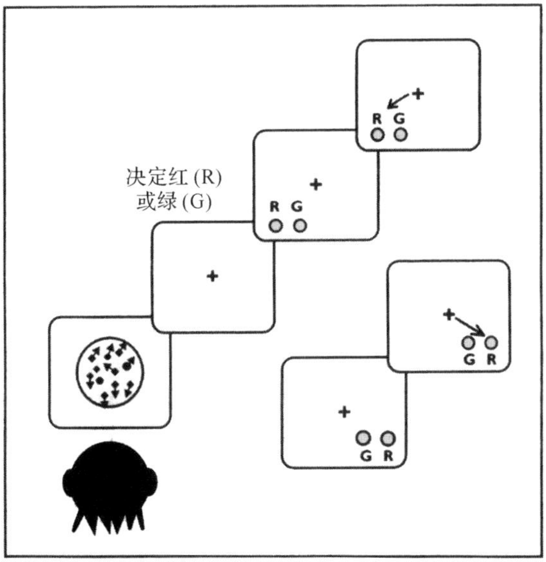

改编自霍维茨等人的论著 (Horwitz et al., 2004)

图 11.5　霍维茨等人的实验

268 霍维茨和他的同事们发现，在这个实验设定的这些条件下，上丘的神经元的活动仍然表现出了基本相同的激活模式（与更传统的基于动作的选择任务相比）。在每一轮实验中，一旦目标出现在屏幕上，上丘中对应于目标位置的神经元的放电率似乎就开始对这两个目标的主观价值进行编码。随着实验的进行，这些神经元的放电率逐渐变化，直到最终，整个网络中只有一个动作被表征。而到了这一点，上丘地图中“爆发”的位置所对应的那个动作也就出现了。

这个发现告诉我们，虽然大脑中的学习神经回路和估价神经回路可以存储更多抽象的估价信息，例如一个着色目标的价值（无论它出现在什么位置），但是，当进入决策过程后，这些更加抽象的估价信息还是可以被映射到最终共同路径中的。这个映射过程显然是非常迅速的；而且，在这些条件下，最终共同路径的激活状况似乎是服从标准模型的。这些数据还告诉我们，最终共同路径中的这些选择神经回路是可以处理比较简单的“商品”的（例如，在霍维茨他们的实验中，“红色”的可选项和“绿色”的可选项就可以被认为是经济学中的“商品”）。但是，这只是一个例子；它并不能告诉我们，应该如何在不同股票型基金之间做出选择。

不过幸运的是，还有其他一些例子。例如，从兰热尔和他的同事们的工作中（Rangel et al.，2009），我们知道，人类大脑的腹内侧前额叶皮质的激活水平似乎在对选中的可选项的价值进行编码（这时候，相应的动作还未做出）。但是我们不知道，这种现象到底是存在着第二个独立的选择系统的反映（如前述“双系统模型”所述），还是这个额叶皮质区域也要级联到我们已经辨识出来的那个额顶叶选择网络（如前述“单系统模型”所述）的反映。这两种情况都有可能。

我自己的猜测是，我们最终可能会发现，这两种假说在一定程度上都是正确的。我们平时的心理感觉，即，我们有时会在做出决定之后很久才采取行动，也许是某种由额叶皮质完成的“压缩选择集”的过程的反映。（关于这一点，我们将在本书第十五章继续讨论。）我们已经知道，当选择集中的可选项的数量超过了 6 个或 8 个时，最终共同路径就无法有效地进行选择。我们也知道，当人类面临着一个比较大的选择集的时候，他们通常会（相当武

断地)将其中的一些可选项排除在自己的考虑范围之外。这个过程通常被 269
称为“选择集编辑”(choice-set editing)。在人类大脑中,很可能是额叶皮质估价神经回路有效地决定了,哪些对象能够进入最终共同路径(以便针对它们做出一个“赢家通吃”型决策);而在猴子的大脑中,这个额叶皮质估价神经回路却不够发达。如果确实是这样,那么“选择集编辑”就是可能的;甚至,当这种编辑出现了特别极端的情况时,某种发生在最终共同路径的“赢家通吃”的“新古典主义神经回路”之外的决策也是可能的。当然,就目前而言,这个假说仍然停留在纯粹猜想的层面。

那么,标准模型就是解释“与动作无关”的决策的正确模型吗?前述霍维茨等人的实验结果告诉我们,这个模型确实可以很容易地扩展到简单的“与动作无关的”决策,但是,这个结论可以推广到多大范围,尤其是,能不能推广到人类决策行为,我们现在仍然不清楚。我认为,这是关于选择的神经架构的研究中有待解决的最重要的问题之一。无论如何,从简洁性考虑(它不需要假设大脑中另外存在一个独立的负责“与动作无关”的选择的神经回路),标准模型无疑略胜另一个模型一筹。至少就目前来看,这是一个可以在“奥卡姆剃刀”之下幸存的关于选择架构的模型。

结　论

标准模型的定义特征是,选择过程采用了一个“两级架构”。第一个是发生在估价神经回路的估价阶段;第二个是发生在选择神经回路的选择阶段。选择神经回路“驻留于”产生动作的最终共同路径中,其接受的输入是一个随机期望主观价值信号;从概念上看,这种随机期望主观价值紧密地对应于麦克法登等人提出的经济学模型中的随机效用(McFadden,2005;Gul and Pesendorfer,2006)。在选择神经回路中,这个信号是通过类泊松方差的标准化后的神经元放电率来表征的。标准化方程的形式是由黑格等人给出的(Heeger,1993);而方差的形式则最早是在神经生物学家们关于视觉皮质的研究中确定的(Tolhurst,Movshon and Dean,1983)。选择的随机性可以通过神经元间相关性来调节。这种神经元间相关性调节的神经生物学机制最早是由克鲁格和帕克发现的(Krug and Parker,2004);这种调节可以用一个可调节的随机选择函数来描述,而这个函数则刻画了泽尔腾的"颤抖手"
270 的一些特征(Selten,1975)。在这个选择架构中,信号的噪声结构限制了选择集的大小。随着选择集的规模的增大,错误率也将上升。最早在行为的层面清晰地揭示了这种现象的行为经济学家是艾扬格和莱佩尔(Iyengar and Lepper,2000;也请参阅:Deshazo and Fermo,2002)。实际的选择要么是通过"赢家通吃"机制,要么是通过"越过阈值"机制做出的。如果能够运行在两个模式之下,那么上述两种形式的选择就有可能在同一个神经回路中实现,这种可能性是由王小京和他的同事们最先发现的(Liu and Wang,2008;Lo and Wang,2006)。

这个标准模型最显著的特点也许体现在它所包含的明确的跨学科链接上面。它将来自所有三个母学科的研究结果融合在了一个单一的正式结构中。在总结了这个关于选择跨学科模型的特征之后,我们将转而讨论大脑的估价神经回路。估价神经回路是为选择神经回路提供"原材料"的,选择神经回路的选择是根据这些"原材料"做出的。

第三篇

估　价

本书的上一篇介绍了我们迄今掌握的关于选择过程的神经生物学知识。从这一篇中，我们知道，无论是在经济学分析的层面上、心理学分析的层面上还是神经机制分析层面上，我们对“选择是如何进行的”这个问题都已经有了相当深入的了解。这一篇的内容甚至还意味着，神经经济学的三大母学科给出的约束的交集，已经帮助我们在上述各个分析层面上取得了全新的洞见。

在本篇中，我们将阐述估价过程(process of valuation)。首先，我们将综述标准的经济学理论给出的重要约束，并考察经济学中“边际效用”等核心逻辑对象与神经生物学中各种感觉编码机制的兼容性。接着，我们转而讨论关于学习过程的心理学研究和神经生物学研究，并根据这些研究勾勒出一个整合了各种学习规则的完整的画面；从这个画面中，我们将总结出一组适用于各个层面的理论的重要约束。在完成了这项工作之后，我们还将刻画更宽泛的估价的最终共同路径，并对这个最终共同路径的若干“明显的故障”进行研究，这种讨论将为关于“神经轴心”的行为经济学研究开辟前进的道路。

本篇与上一篇合在一起，概述了关于选择和估价的神经经济学的全貌，并提供了这门新兴的交叉学科的“因为理论”最基础的约束。

第十二章　价值问题

273 从新古典主义经济学的角度来看,选择就是价值。这是因为,对于一个纯粹的经济学家来说,要推断出某件东西对某个人来说是有价值的这个结论,唯一的途径就是观察他们的选择。在有的时候,许多选择是“有意义的”——在规范的意义上它们是符合理性的——因此仅凭它们自身就能够告诉我们,最简洁的估价模型看上去应该是什么样子的。但是,在另外一些时候,有的选择却是非常“不理性的”;或者,从原则上看,我们根本无法从这类选择总结出一个潜在的价值概念。这既是新古典主义经济学的研究纲领的最强大之处(因为它提供了一种外科手术般的准确性——当选择是理性的时候),也是它的最薄弱的地方(因为不理性的选择是如此常见,任何人都无法视而不见)。

接下来,我们将首先探讨这样一个问题:体现了传统的新古典主义经济学理论的特点的那种价值概念,与那些试图通过构建一个更加符合现实的估价机制来解释不理性的选择行为的更具活力的理论(它们也可以被视为新古典主义经济学理论的“后裔”),两者之间存在着什么关系?这也就是说,在“估价”这一篇的第一章中,我们将探讨价值表征的各种重要的神经生物学先在约束和经济学先在约束,任何神经经济学分析都必定会受到这些约束的影响。

这种事前分析能够揭示的最重要的一点是,必须充分理解人们通常所称的“参照点”的重要意义。“软”的“似乎型”理论通常倾向于避免如下观念,即,(从选择推断出来的)某个可选项的效用,不仅反映了这个可选项本身的性质,而且还反映了某个“参照点”——该可选项的价值就是根据这个
274 “参照点”来衡量的。这是因为,各种各样的“软”理论,如果要把“参照依赖”

(reference dependence)这个特点考虑进去,就必须建立在更加严格的假设的基础上,因而就会变得非常复杂(比“软”的显示偏好的一般化公理模型或“软”的期望效用理论等理论都要复杂得多)。但是,另一方面,神经生物学长期以来一直牢固确立的多项先在约束已经清晰地表明,从原则上说,任何一个不受“参照点”影响的“硬”的理论(例如,“硬”的期望效用理论)的“硬件要求”都是不可能得到满足的。通过下文的阐述,我们将会看到,事实已经证明,传统的模型(比如,“软”的期望效用理论)从根本上说是与人类大脑的基本结构不相容的。因此,神经生物学证据要求我们必须转向以“参照点”为基础的模型。不过,要得到这些结论,我们必须从对脊椎动物的神经系统如何编码我们的外部世界的特性这个问题开始考察,无论那些性质涉及的是甜饮料的味道,还是昂贵的布料的手感,抑或是大众喜爱的歌手的声音。

心理物理学:“多少”?

我们现在已经知道,所有的感觉编码(sensory encoding)都是参照依赖的。而且我们也知道,任何可以用来消费的商品或奖赏的客观价值的编码,都只能发生在神经系统内。这是关于感觉编码的神经生物学研究和关于感知的心理学研究的共同核心结论。为了更好地说明这一点,不妨考虑一下这个例子:当我们从一个没有窗户的教室出来,坐到了阳光明媚的公园长椅上这个过程,在大脑中的视觉系统内发生了什么?假设,当我们坐在教室里的时候,我们看到了一个朋友穿着蓝色牛仔裤、绿色衬衫,戴着白色帽子。引起这个知觉经验的物理刺激包括:蓝色牛仔裤,每平方厘米的面积上每秒大约有 10^{23} 个光子流过,其平均波长为 450 纳米;绿色衬衫,每平方厘米的面积上每秒大约有 10^{23} 个光子流过,其平均波长为 550 纳米;白色帽子,每平方厘米的面积上每秒大约有 10^{23} 个光子反射出来,光子的波长则多种多样。

接下来,我们与这位朋友一起走到阳光灿烂的公园里,由于光线太强,我们所有人都因目眩,而陷入了短暂失明的状态。大约 30 秒后,我们来到了一个公园,坐在了长椅上,然后再来看这个朋友。看上去,他似乎是完全一样的:穿着蓝色牛仔裤、绿色衬衫,戴着白色帽子。然而现在,由于身处明亮的阳光下，导致这同样的知觉经验的物理刺激其实已经变得完全不同了：蓝色牛仔裤，每平方厘米的面积上每秒大约有 10^{23} 个光子流过，其平均波长为 450 纳米；绿色衬衫，每平方厘米的面积上每秒大约有 10^{23} 个光子流过，其平均波长为 500 纳米；白色帽子，每平方厘米的面积上每秒大约有 10^{23} 个光子反射出来，
275 光子的波长则多种多样。在这样一个平淡如水的一天里，与这个朋友外表形象相关的客观现实已经发生了 6 个数量级的变化，但是，相应的主观感受却没有任何显著的变化。为什么会这样？从演化的角度来看，答案应该是显而易见的。当我们走出大楼时，发生变化的是光源的性质：光源从灯光变成了太阳；但是，对于生活在地球上的动物来说，远在 93000000 英里之外的这个光源的变化尽管重要，但却远不是最“切身”的。就维持生存这个目标而言，我们更加需要了解清楚的是身边的事物的变化。因此，为了准确地从我们周围的对象中提取出我们生存所需要的信息，当我们从阳光下走到阴影中时，或者当我们从室内走到阳光下时，我们必须减去“太阳的变幻效果”。

“参照点”的漂移导致绝对价值无法恢复

对于这种“光源减法”，心理物理学家和视觉科学家进行了非常细致的研究，因此，我们现在已经在很大程度上掌握了它的工作机理。科学家的研究表明，对光源强度的这种“适应过程”的第一个阶段始于动物眼睛中的“转导器”，即，视网膜中的视杆细胞和视锥细胞。这些细胞采用了一种特殊的生化机制来计算随时间而变化的平均光强度(Burns and Baylor，2001)；而这个平均值则被用于设定光强度的基线水平(即，“参照点”)。光强度偏离这个基线水平的向上或向下的变化，就是视网膜中的视杆细胞和视锥细胞在与神经系统的其他部分进行“交流”时所要编码的对象。在这里，我再强调一遍：在这些“转导器”中，与射入的光线的客观强度有关的信息不可恢复地“丢失”掉了。我们现在已经知道，这种信息是肯定不能在神经系统的任何其他地方恢复过来的。当然，在大脑中，另外的一些脑区也会提取关于光的强度的某种信息，但是这些信息的信息量极其有限，而且对我们所存储的外部世界的表象几乎没有任何影响。总之，光强度总是以一种参照依赖的方

式被编码、被存储的，而且在生物物理学上计算出来的，用来界定何者为更高、何者为更暗时所依据的参照点又是随着时间变化的平均光强度的函数。而且，所有这些都发生在对刺激的编码的第一阶段，即，发生在转导细胞的内部。任何一个学习神经科学的一年级本科生都知道这个事实。 276

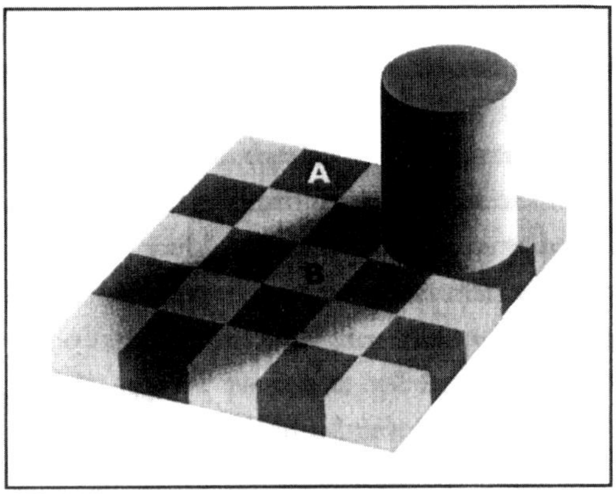

本图改编自埃德尔森的论著(Adelson, 1995)

图 12.1　特德·埃德尔森的浅色/深色方格幻觉

我们还可以在更多的局部条件下观察到这种现象。例如，在图 12.1 中(这是一张很著名的“视觉幻象”图)，A、B 两个方格反射到我们的眼睛中的光子的数量是一样多的，但是，我们却会认为它们是完全不同的，这就是空间参照依赖效应的表现——因为我们视觉系统在观察 A、B 两个方格时，必须以它们周围那些有不同的阴影的方格为参照物。

这种利用“基线”进行编码的策略是深层的优化过程的反映。当然，这种优化过程说到底是一个权衡机制，它最早是由霍勒斯·巴洛明确阐释的(Barlow，1961a，1961b；也请参阅：Attneave，1954)。巴洛认识到，由于我们了解不少关于外部世界的东西(例如，知道到哪里去寻找食物，也知道捕食者可能藏在什么地方)，因此获得了一定的选择优势。但是，我们想了解的关于外部世界的东西越多，我们所需要的神经元的数量就越大(而神经元是很“饥饿”的，需要消耗大量能源)。以对光线强度的编码为例，如果我们对来自所有可能的光子的所有可能强度的光线都以线性形式进行编码，那么我们就会需要非常多的神经元(因为每一个神经元的动态范围都是有限的，而且其编码精度也是有限的)。但是，如果我们大脑中存储的是经过大幅压缩的参照依赖的相对光线强度,那么,所需要的“饥饿”的神经元的数量就会少得多。当然,神经元的数量越少,我们的大脑所能存储的信息越少,我们知道的东西也就越少。这是一个权衡:我们存储的越多,所需的代价越高;我们存储的越少,我们所知道的就越少。巴洛是第一个明确地阐述了这种权衡机制的学者。他的直觉是,从演化的角度来看,仅仅为了对一个距离自己 93000000 英里之外的物体的亮度进行编码,就专门“养”一大批“饥饿”的
277 神经元,那很可能是一个非常糟糕的投资。

基线(或参照点)可以不断调整,这是哺乳动物的视觉编码系统的一个特别引人注目的特点,因为在自然世界中,光线强度的变动范围是非常大的;例如,在我们从树荫下走到太阳光下的短短几秒钟的时间内,光照强度就发生了 6 个数量级的变化。那么,这种巨大的适应性范围,或者说,参照点在瞬间变化 6 个数量级的能力,是不是我们的所有感觉系统共有的一个特征? 在很大程度上,我们的答案是肯定的。我们所有的感觉系统都拥有这样的适应性地调整“基线”的功能。以听觉为例,我们的听力的灵敏度是随背景噪音而变的。如果我们从一个安静的房间出来,走进摇滚演唱会的现场,那么声音强度增加的幅度将达到惊人的 8～10 个数量级(Bacchus,2006;Robinson and McAlpine,2008)。与我们的眼睛一样,我们的耳朵应对这种挑战的方法也是改变参照点,尽管具体的机制完全不同。嗅觉的情况也是如此。在一间卧室里,我们可以闻到手中的一朵玫瑰花的芳香;但是,当我们站在一个由同种花组成的花海当中时,可能就无法闻到其中的某朵花的香气。我们的触觉也表现出了同样的方式(Mountcastle,2005)。在早晨,当我们起床穿衣时,我们可以清晰地感受到贴身衣服的质感,但是过了 10 分钟以后,我们却完全不再感受到我们身穿的衣服的质感了,甚至连我们的皮肤神经末梢也已经停止向中枢神经系统“报告”这些衣服的存在了。

当我们消费或享用各种最基本的物品时,情况也是这样。以我们吃盐时的感受为例。在我们的舌头上分布着大量的受体细胞,它们让我们能够品尝盐的味道(盐是人体必需的营养素;人们对它历来十分看重)。一种食物的味道到底有多“咸”,取决于这些敏感于盐的受体细胞的膜电位的高低。进入这些细胞的钠离子通道的盐越多,它们去极化的程度就越高,它们释放

出来的神经递质也就越多,从而食物带给我们的“咸味”也就越重。而去极化的程度(食品的“咸味”的高低)则取决于血液中、周边组织中以及口腔中的钠的含量。事实上,当“身体内部”含盐量非常高和非常低的情况下,将同样分量的盐放到一个人的舌头中央,可能会导致方向完全相反的神经反应(Bertino,Beauchamp,and Engelman,1982,1986;Contretras and Frank,1979)。当一个人长期吃太咸的食物后,很咸的食物也不会令他(或她)觉得咸。这不是一种简单的错觉;事实上,这就是我们的传导架构的一个根本特点。 278

关键的一点是,人的神经系统从来不会对任何东西的客观性质进行编码,更不用说对我们的“初级奖赏”(primary reward)的客观属性进行编码了。不断变化的参照点使得绝对刺激幅度变得不可恢复了——或者,至少在原则上是如此。当然,正如巴洛所指出的,这个事实反映的是一种“约束条件下的优化”。正因为只相对于某个可变的基线对刺激强度进行编码,我们才能准确地觉察到世界当前状态的变化,而且所需要的神经元的数量也少得多(与对世界的客观性质直接进行编码相比)。在本章接下来的内容中,我们将会看到,这个事实构成了各种“硬”的经济学模型的一个重要的约束。(而且我相信,这也是各种“软”的经济学模型的重要约束。)

这也就是本篇的关键要点:我们的感觉系统所有的编码都是参照依赖的;在我们的神经系统中,没有一个地方是对“消费性”奖赏进行编码的。这也就意味着,任何涉及对客观刺激的大小进行编码的模型都不能准确地描述人类行为。这是一个简单的、不可辩驳的事实。

编码函数对相对价值的转换

现在,我们不仅知道我们感觉系统所采用的是“参照依赖型”的编码方案,而且,由于韦伯(Weber,1834)和费希纳(Fechner,1860)等人的开创性工作,我们还知道,位于参照点的上方和下方的信息与实际强度的变动值之间也不是线性相关的(有关的细节,我们已经在本书第四章中讨论过)。费希纳很早就曾经指出过,所有感觉信号都是经过了对数转换的,这或者发生在特定的转导器上,或者发生在转导器与知觉性经验之间的某个点上。他认为,与在黑暗的背景中的越来越明亮的视觉刺激相关的知觉经验的强度,是以亮度的对数函数的形式提高的。不过,到了后来,史蒂文斯又阐明(例如:Stevens,1961),从定量的角度来看,“费希纳定律”是不正确的,尽管费希纳本人的一般结论(即,现实世界的客观属性与主观经验不是线性相关的)是正确的。史蒂文斯证明,与费希纳的假说(即,所有的感觉系统运用的都是一种通用的对数压缩)相反,某个知觉经验的强度的增加是服从幂律的;而
279 确切的增长率则依赖于刺激的类型。

例如,史蒂文斯证明(Stevens,1957,1970,1975),利用以下方程式就相当完美地描述了皮肤上的温暖感:

感知到的一大块皮肤的暖度=(皮肤的温度)$^{0.7}$

另一个例子是,史蒂文斯发现:

感知到的一次电击的强度=(电流强度)$^{3.5}$

但是,在前面的第四章中,我在描述史蒂文斯等人的那些实验时,并没有提到所有这些测试都是基于一个固定的基线水平完成的,或者说,它们的条件是,感觉系统的参照点保持不变。

在那一章中,我还写下了这样一些话:

> 我们接下来要讨论的这项神经科学暨心理学研究完成的年代比较早(20 世纪 60 年代),而且没有多少人认真阅读过有关的论文(Borg et al.,1967)。这项研究涉及的是两个要接受手术的神经疾病患者。这个手术的其中一部分是,这两位患者的舌头将会被切开,舌头的主神经将全部暴露在外,而且手术将在他们完全清醒的状态下进行。考虑到这个原因,他们的外科医生请他们参加一个实验——在手术过程中,外科医生会把不同浓度的糖水(但是所有溶液的平均甜度则保持恒定)淋到他们的舌头上,同时记录舌头的主神经的活动情况。在这个实验中,外科医生观察到,尽管舌头的主神经的激活程度会出现一些变化,但是,作为糖水浓度的函数的平均放电率则稳定地上升——服从指数大约为 0.6 的幂函数。
>
> 接下来,外科医生采用史蒂文斯的对分法,要求这两位被试对

> 甜度进行“评级”，以便构建感知强度曲线。结果是，他们发现，知觉曲线也符合幂律，而且指数同样为大约0.6。因此他们提出了这样一个假说：这两位被试的感知与他们的舌头的主神经的激活程度呈线性关系。
>
> ……
>
> 当然，对于这一组“微不足道”的实验结果，我必须谨慎一些，不要做出过分的解读。因此，且让我这么说吧：假设我们现在研究的是一种虚构的名字叫“新人类”的生物，他们每一个个体都拥一个舌头“解码器”，能够用舌头神经的激活程度对糖水的甜度进行编码（舌头的神经放电率服从指数为0.6的幂函数）；而且，这种生物能够直接体验舌头神经的激发，那就是他们的感知。根据这些 280
> 假设，这种生物做出选择的方式将非常简单，即，最大化舌头神经放电率的期望价值。（这就是说，在选择自己可以喝的糖水时，这种生物会最大化舌头神经的动作电位的平均数量。）
>
> 面对浓度不同的糖水，这种虚构的生物仍然会显示出风险厌恶倾向，但是，这种风险规避将发生在“舌头的层面”上。对于这种生物来说，进化已经将风险规避倾向固化在了那里，而不是其他更复杂的结构中。当然，并不是所有“新人类”的规避风险行为都发生在“舌头的层面”上。但是，毫无疑问，对于这种生物来说，神经生物学中关于糖分转导(sucrose transduction)的理论、心理学中的信号检测理论、经济学中的随机效用理论，这三者之间的部分可还原的关系必定是完全合乎情理的（或者，至少在某些条件下）。

在这里，我想再强调一下以下两点，作为对本节的总结。

首先，每一个感觉系统在对外部世界的性质进行编码的时候，都是相对于一个可变的参照点（或“基线”）来进行的；不过，这个参照点的实际价值，却不是存储在大脑中的。事实上，在大多数情况下，脊椎动物神经系统中的任何一个组成部分都没有明确地对这个参照点进行编码。确实，神经系统当中，没有一个地方是对可消费的奖赏(consumable rewards)的客观价值进行编码。因此,如果我们发现,某一个关于选择的经济学理论需要一些与选择对象的客观性质有关的信息,那么我们马上就可以得出结论:这个理论是有问题的。总之,从原则上说,任何一个模型,如果要求对客观刺激的大小进行编码,那么它就不可能准确地描述人类的行为。

其次,几乎所有的感觉系统都用某种转换函数对高于或低于基线的幅度进行重新编码。这种转换大多数是“压缩性”的(或者说,在收益域内是凹的)。这一点可能是非常重要的,因为绝大多数效用理论模型都表明,一个对象的主观价值应该是它的客观价值的压缩性的单调变换。

经济学:边际效用与“有多好”的问题

接下来请读者想象一下图 12.2 的这种情景。假设某只动物在满足以下两个条件时,就会离开自己的巢穴,到新异的环境中去“探险”:(1)它的血液浓度很稀(因而它对水的需求是低的);(2)它的血糖水平很低(因此它对
281 食物的需求是高的)。第一天,这只动物向西行走,在离开自己的巢穴 1 公里的地方,灌木丛消失了,眼前是一片开阔的空地,空地尽头是一个浩大的湖泊。这只动物走到了岸边,它并不是很渴,不过还是低下头去尝了一下水的味道,结果发现那是咸水,相当难喝。让我们继续想象。第二天,这只动物在同样的身体情况下离开了自己的巢穴向东而行,结果在走出了 1 公里之后发现了一些杏子树,上面挂着不少营养丰富的杏子。这只动物尝了尝这些果实,发现它们香甜可口。

我们要回答的问题是:关于“东进”和“西行”这两个不同的行动的价值,这只动物能够了解到什么?很显然,在心理学的层面上,“西行”给它留下了一个有些负面的经验,而“东进”则给它留下了一个非常积极的经验。它所获得的这些经验的主观性质会影响它能够“学到”的东西吗?或者说,源于这些经验并存储在它的大脑中的表征是对“西行”和“东进”的实际客观价值进行编码呢,还是对主观经验进行编码?这只动物究竟学到了什么,这是一个非常关键的问题,因为这个问题的答案决定了,当这只动物醒过来,觉得口渴的时候,它会做些什么。在规范意义上,当这只动物醒过来,觉得口渴

时,它应该向西前进,即,朝着那个水的味道有些咸的大湖走去,尽管它上一次“西行”时留给它的是一个负面的经验。事实上,经济学家早在几个世纪以前就已经意识到了并以一种优雅的方法解决了这个问题。他们解决这个问题时提出的逻辑对象被称为边际效用。

在新古典主义经济学(或者,就这个问题而言,古典经济学也行)的框架内,对于这只动物面临的这个决策问题,我们可以这样来考虑:它能够拥有两种不同类型的财富,一种是“水财富”,另一种是“糖财富”。它在任何一个

图 12.2

时间拥有的总财富就是它所存储的水和糖的总量。对于我们这些观察者来 282
说,我们可以把这只动物的血浓度(血液的渗透压)作为衡量它的“水财富”的一个指标,而把这只动物的血液中的糖的浓度(血糖浓度)作为衡量它的“糖财富”的一个指标。①

在这些条件下,从传统的新古典主义经济学的角度来看,当我们向这只动物提供一片果肉或一滴水的时候,至关重要的一点是,必须认识到我们实际上提供给它的是总“糖财富”或总“水财富”的一个增量。那么,对于这只动物来说,一片果肉的主观价值是多少?对于一个传统的新古典主义经济学家来说,这个问题的答案取决于它当前的财富水平。为了说明这一点,请看如图 12.3 所示的血糖的效用曲线。

① 在现实中,真正的“糖财富”还必须将储存的脂肪、糖原储备考虑在内,甚至还可能要把待消化的食物也考虑在内。在下面的论述中,将这些全都包括进去并不难,而且也不会导致一般性的损失。

假设某一天,这只动物饿了,但不口渴(也就是说,它的血糖水平较低),在这种情况下,如果我们要求这只动物在“西行”和“东进”之间做出选择,它会怎么做?

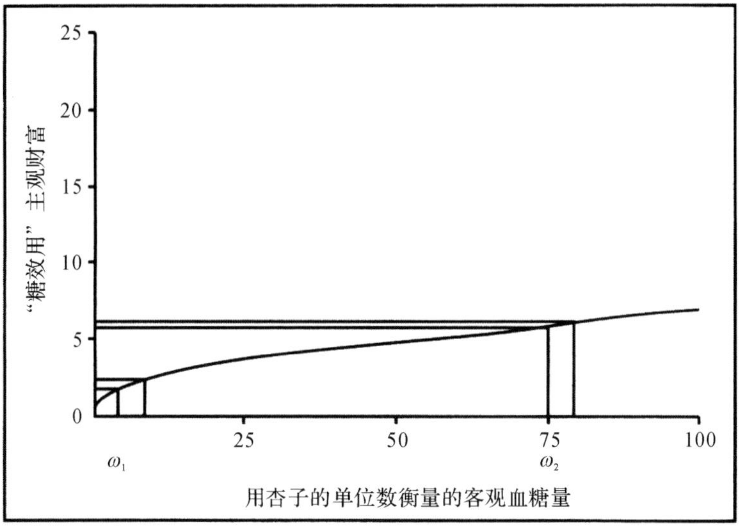

图 12.3

283 假设这只动物在那一天的总“糖财富”水平如图 12.3 中的 x 轴上的 ω_1 点所示。一片果肉可以使这只动物沿着 x 轴向右移动(使它的糖效用的总量增加)1 个单位杏子的位置。需要提请读者注意的是,在这种总财富水平较低的状态下,将主观价值与客观价值联系起来的曲线是很陡峭的:1 个单位的杏子就能够使这只动物的主观糖财富增加不少。因此,如果这只动物是从 ω_1 点开始的,那么一片果肉就能显著地增加它的主观财富的总量。(根据我在图 12.3 中给出的曲线,在这种情况下,一片果肉能够增加 1 个单位的效用。)

到了第二天,我们发现这只动物的血糖水平相当高,即,处于图 12.3 的 ω_2 点所示的位置。从图中可见,在这个位置以上,效用曲线已经变得相当平坦了:一片果肉只能使这只动物的糖财富增加 0.2“尤特尔”。因此,重要的是水果能够提供的效用的增量(即,边际效用),而且该增量的大小是与总财富水平有关的。行为主体越“富裕”,同样的增益所能提供的边际效用就越低。在经济学中,这种现象就是人们所称的边际效用递减现象。

这里的关键在于,这只动物在选择到底是“西行”还是“东进”的时候,它的决定是基于它对于湖水或果树能够提供的效用的增量的评估来做出的。而要做到这一点，它就必须对湖水或水果将会怎样改变它自己的客观财富做出客观估计，然后再问自己的财富的客观变化会怎样增加它的总效用。至关重要的是，这只动物可以获悉所有这些客观的价值，因为这是当它的财富水平发生变化时，它计算边际效用的唯一方法。如果它只能获得如前所述的"第一天的主观经验"和"第二天的主观经验"，那么，当它发现自己出乎意料地"饿了"的时候，是不可能计算出新的边际效用的。

这种方法的隐含意义是，必须将这只动物从自己的经验中了解到的关于它的可选项的东西(它们的客观价值)，与指导该动物进行选择的变量(它们的边际效用)彻底区分开来。这只动物也许可以了解到水或水果的真实客观价值；但是当它在进行选择时，决定它的行为的却是水或水果的边际价值。然而，这个美妙的方法要求动物学习掌握它所要选择的对象的客观价值。从"硬"的理论的角度来看，这种方法的一个问题是，正如我们已经知道的，神经系统从来不会编码任何客观价值。接下来，我们还要问的另一个问题是，这种方法在行为的层面是不是也有问题？

背景与选择：什么时候甚至连行为数据也会"宠爱"一个非常"好"的理论

在 1981 年的一个实验中，特维斯基和卡尼曼先给一群人类被试读了下面的故事："想象一下，美国正在为一种极不寻常的来自亚洲的疾病准备应对方案。这种疾病预计会夺去 600 人的生命。有关方面已经提出了两种对抗这种疾病暴发的可选方案。"然后要求一半被试在以下两个可选项之间进行选择： 284

如果应对方案 A 被采用，那么在上述预计将被夺走生命的 600 人当中，将会有 200 人存活下来。如果应对方案 B 被采用，那么上述预计将被夺走生命的 600 人全部存活下来的概率是三分之一，而没有人能够存活下来的概率为三分之二。

在这种条件下，参加实验的被试有 72%的人选择 A。然后，特维斯基又要求第二组被试在以下两个可选项之间进行选择：

如果应对方案 C 被采用，那么 400 人会死去；如果应对方案 D 被采用，那么有三分之一的概率所有人都不会死，三分之二的概率那 600 人会死去。

这一次，他们的被试当中有 78%的人选择 D——尽管从数值计算的结果来看，可选项 A 和 C 是完全相同(选择 B 和 D 也是一样)。

最早阐明这个发现的那篇论文现在已经成了一篇里程碑性的经典论文(Tversky and Kahneman，1981)。在这篇论文中，特维斯基和卡尼曼强调，这个结果对理解选择行为是至关重要的。可选项 A 和 B 与可选项 C 和 D 的客观价值是完全相同的，但是这两套“方案”的呈现方式却意味着非常不同的主观体验。在可选项 A，我们考虑的是救活 200 人的积极心理体验；而在可选项 C，我们面对的却是 400 人死去的消极的前景。特维斯基和卡尼曼指出，这种差异影响了被试的决策，而且这种影响是那些应用边际效用和财富水平概念的模型无法预测的。或者说，他们认为，指导被试进行选择的并不是这些可选项的客观价值，而是某种别的、依赖于“叙述故事的框架”的“价值观”。

不过，在这里我也要赶紧指出一点：这个“源于亚洲的疾病的故事”实验的其他一些特征极大地限制了它在经济学界本应发挥的影响。首先，所有的被试都知道，这只是一个虚构的问题；我们没有理由认为他们在回答这个问题时都是考虑周详的。换句话说，他们在实验室中面对这样一个假想问题时给出的答案，可能与他们在自己的生命真的受到威胁并不得不做出选择时
285 不一样。其次，还有一种可能是，被试把表述问题的不同措辞看成了指向某个特定的正确答案的线索，因此，他们所给出的，很可能只是“正确”的答案，而不是他们经过深思熟虑后做出的选择(即，如果他们自己遇到了那种情况，将会怎么做的方案)。再次，被试甚至有可能根本没有完全理解这些可选项的含义；例如，他们可能没有认识到，可选项 A 和 C 只是用两种方式在说同样的一件事情。但是无论如何，如果特维斯基和卡尼曼真的是正确的，那么他们的结果就有重要的意义：选择不仅仅依赖于财富和客观的价值。

再考虑另一个例子。两个被试各带着 400 美元的筹码进入了一个赌场，以掷骰子的方式参加一场“赌赛”。这场比赛涉及的实际上是一组有经济价值的彩票(我们可以在现实世界中找到对应于这些彩票的完美的例子)。在这个赌场中，这两个被试可以参与两种类型的赌局。其中，有一种

赌局是所谓的“机会赌局”(odds bet),它是风险中性的。[①] 在这种赌局中,如果你有三分之一的机会赢,那么当你真的赢了的时候,你投下 1 美元就可以赢得 3 美元。另外的赌局则被称为“坚路赌局”(hard way bet)。在这种赌局中,两颗骰子同数时,你才能赢,而且提供的回报高达 20∶1,但是你赢的机会只有 1/36。通常只有非常喜欢追求风险的“赌徒”才会选择这种赌局。比赛开始了！我们看到,这两位“选手”(不妨称他们为“米尔顿”和“奥斯卡”)一开始都在“机会赌局”中下注。过了一个小时后,我们发现,米尔顿赢了 200 美元,而奥斯卡却输掉了 200 美元;出现这种情况后,就像任何一个曾经认真观察过赌场的人都知道的那样,奥斯卡参加了“坚路赌局”,而米尔顿则继续坚守在“机会赌局”中。而且,我们观察到了这样一个现象,奥斯卡输得越多,他就变得更好追求风险(直到某个点为止)。与他相反的是米尔顿,他赢得越多,他越专注于风险中性的“机会赌局”(同样地,直到某个点为止)(Kahneman,Slovic and Tversky,1982)。

那么,应该怎样解释这种广泛存在的行为差异呢？如果我们分别为这两个“赌徒”画一条标准的效用曲线(见图 12.4 和图 12.5),然后把他们的起 286

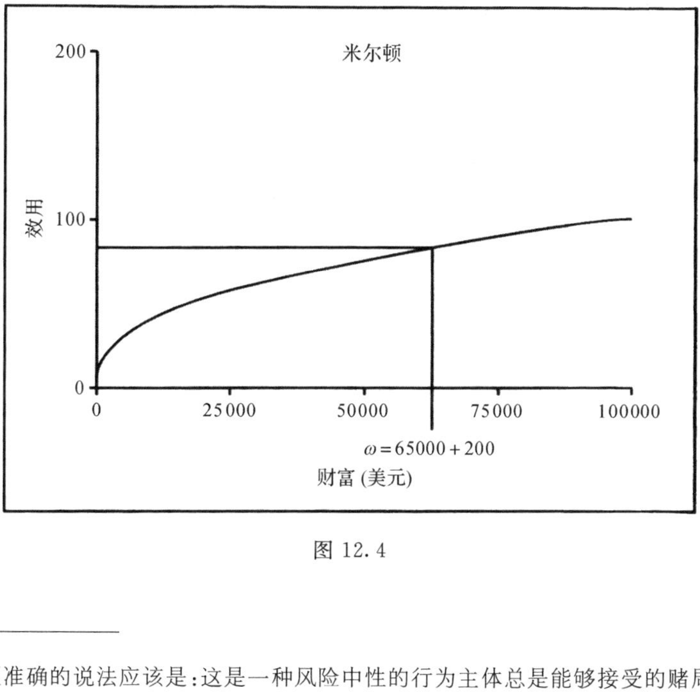

图 12.4

① 更准确的说法应该是:这是一种风险中性的行为主体总是能够接受的赌局。

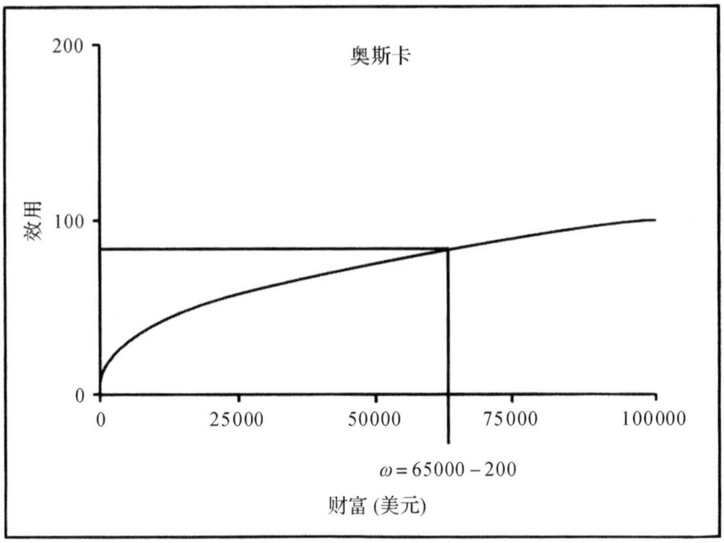

图 12.5

点完全相同的财富水平标在曲线上，那么我们就可以清楚地看到，对于任何一种合理的效用函数形式，奥斯卡和米尔顿在下一次扔骰子之前，他们的看
287 法都不应该有任何不同。[①] 后来，当奥斯卡输掉了 200 美元，而米尔顿赢到了 200 美元后，他们确实移到了终身财富曲线的不同位置上，但是两者之间的差距几乎微不足道，我们不能认为这些新的位置就会导致他们出现不同的风险偏好。出于这个原因，根据标准的新古典主义经济学理论模型，这两个人在比赛进行了一个小时之后的行为也应该是相同的，但是我们观察到的却是，他们的行为非常不同。

① 在这里，我有意忽略了某些新古典主义经济学家对于为什么会观察到这种行为的两种解释，因为我一直认为它们“愚蠢”得令人吃惊。第一种解释是，非常恰巧地，奥斯卡的效用函数刚好在那天上午的财富水平处出现了一个折弯(Friedman and Savage，1948)，这个折弯使他在面对损失时做出了奇怪的行为，但是这只是因为他恰好处于那个非常特殊的财富水平上。这种解释听上去似乎也有效，但是，一旦人们意识到，在面对损失时追求风险的行为是非常普遍的，在各种财富水平上都存在(更不用说在赌场中了)，那么他们就会发现，这种解释就类似于试图通过用手舀水来拯救一艘正在下沉的船。第二种解释是，奥斯卡能够从高风险赌局中获得更大的效用，或者说，他从高风险赌局中得到的快乐，大于米尔顿。这种解释也是“愚蠢”的，因为它缺乏一般性和通用性。我们在解释人类行为时，必须追求这些“理论品质”。

行为层面的参照依赖

对于上述这两类行为现象(即,“讲故事”的框架影响选择、人们在面对收益和损失时行为截然不同),卡尼曼和特维斯基试图用“参照依赖”这个概念来解释(Kahneman and Tversky,1979)。这是一个从早期的新古典主义经济学家那里借用来的概念。卡尼曼和特维斯基认定,经济学家所采用的以财富为基础的边际效用方法无法准确地刻画出我们所观察到的人们的选择行为的特点。他们认为,如果采用一个参照依赖的效用函数,应该可以解决这个问题。

为了解释奥斯卡处于损失境况时偏好高风险赌局的倾向,卡尼曼和特维斯基提出了以下建议:与其计算相对于财富的边际效用(那是标准的经济学模型的做法),还不如直接计算对某个特定的基线水平的各种偏离的效用(注意,不是边际效用),然后根据对这些效用[①]的直接比较的结果来做出选择(而不是基于对边际效用的比较来进行选择)。他们的核心思想是,应该从行为主体的“现状”(status quo)这样的东西入手:例如,他们认为自己有多 288
少财富。因此,每个赌局都可以表征为,相对于这种现状型的参照点,它们导致效用增加或减少的概率。

在“硬”的理论中如何直面参照依赖

行文至此,我的意图已经“昭然若揭”了吧:我希望阐明,在卡尼曼和特维斯基所表述的参照依赖概念与神经生物学中的参照依赖概念之间,存在

---

① 对于像我这样的“硬”的新古典主义者来说,这种使用“效用”一词的方式无疑是“粗暴”的。效用有明确的技术含义:它是我们通过我们的选择实现最大化的东西——当我们的选择在技术上是理性的时候。在各种以“参照依赖”概念为基础的理论模型中,可能会出现根本无法说清楚行为主体究竟在最大化什么东西的情况;而在这种情况下,效用的概念就会变得非常模糊了。当然,特维斯基和卡尼曼也已经认识到了这一点,并且很小心地避免以这种方式来使用这个术语。正确的术语可能是“主观价值”,但是在这里,我将继续用“效用”一词。我得请求那些认为这种做法是一种冒犯的读者保持足够的耐心。

着许多非常明显、非常有意思的相似之处。传统的新古典主义经济学模型告诉我们,在我们进行选择的时候,我们能够获悉自己所面对的各个可选项的实际价值(在客观价值的意义上);然后,我们再把这些价值与我们一生的财富(估计值)结合起来,计算出边际效用。这种方法的优点是,它能够保证我们的选择是完全一致的。但是,在神经生物学的层面上,我们已经有明确的证据证明,我们是无法得知我们所面对的可选项的实际价值的。正如我们已经看到的,从新陈代谢的角度来说,养活神经元的代价很高,而基于参照点的编码的成本要比对客观价值的编码便宜得多,所以我们的感觉系统得到的关于外部世界的信息都是参照依赖的。而且,在行为的场面上,卡尼曼和特维斯基也发现人类以参照点为基础进行决策的大量证据,它们证明人类的选择行为中存在着深刻的不一致性。

再简述一下,到目前为止,我们在本章中给出的核心要点包括:(1)根据神经科学研究,我们知道,外部世界的对象的客观价值基本上从未在神经系统内编码过;(2)在那些预测理性行为的新古典主义模型中,我们遇到的对象的客观价值和我们目前的财富水平是必不可少的输入;(3)观察到的选择行为违背了标准的新古典主义理论的预测,它们似乎告诉我们,人类在进行决策时,所依据的是相对于某个参照点的效用增量或减量。

假设某个生命体确实计算作为新古典主义经济学模型的核心的那些变量,例如期望效用,那么它就必须知道(或者说,必须在它的大脑中存储)以下两件事情:(1)相对于环境提供的任何东西,它的总财富是多少;(2)环境
289 提供的任何东西的客观价值是多少。"硬"的期望效用理论或"硬"的随机期望效用理论假设,行为主体在做出决策时,所比较的是各可选项之间的边际主观价值。而为了表征这些边际主观价值,也必须存储财富和相关物品的客观价值;然后再通过自己的主观价值(效用)函数所指定的方式将这两者组合起来。对于这个过程的含义,我在这里还要再强调一次。首先,它意味着进行选择的动物(以前述必须选择"西行"或"东进"的那只动物为例)必须知道任何时候它们的财富状况。这个要求似乎是合理的,因为我们知道,这只动物能够感觉到像血糖水平和血液渗透压这样的身体状态。

其次,也是更重要的,这意味着这只动物必须掌握杏子的客观价值并将之存

储下来(而不管其味道好坏)。为此,在主导选择的期望边际效用与这只动物存储的客观价值之间,我们必须在机制上实现彻底的解离。而在心理学层面上,这意味着当这只动物吃了很多樱桃(饱得想吐)之后,再次品尝到甜得令它生腻的杏子时,它仍然必须准确地存储杏子的客观价值,即,与它在非常饥饿的情况下吃到第一口杏子时完全一样。

在本书的上一篇中,我已经指出过,位于额顶叶网络中的选择神经回路所编码的只是行动的主观价值。但是"硬"的期望效用理论的预测却是(用我在使用的术语来表达),这些神经回路表征的是各可选项的边际主观价值。[①] 如果这是正确的,那么当动物了解到了有关它们的环境的信息之后,它们必须存储在它们大脑的估价神经回路中的将是那些可选项的客观价值,而不是主观价值。对于这个理论结果施加给神经架构的约束的重要性,是怎么强调都不会过分的。如果要想让一个"硬"的期望效用理论成为一个"因为理论",那么它的预测只能是,当动物或人类了解到了与它们(或他们)的环境有关的信息后,存储的价值不会受它们(他们)的口渴或饥饿的状态的影响。这样一来,我们所知道的这个关键事实(即,客观价值从未在脊椎动物的神经系统内编码)就有效地排除了任何"硬"的期望效用理论(以及所有类似的理论,例如"硬"的随机期望效用理论)直接成为一个严肃的理论的可能性。

尽量减少损害:处理参照依赖的新古典主义方法

那么,我们该怎么办?试问,一个新古典主义经济学家怎样才能找到一 290
个最简单的与现有的这些数据和发现都相容的理论?当然,说实话,经济界的主流反应对这些发现视而不见。之所以会出现这种情况,部分原因是,以财富为基础的模型与以参照点为基础的模型在许多情况下给出的预测从行为的层面来看是完全相同的。例如,如果只需要考虑基线水平或总财富水平固定条件下人们面对未曾预期到的收益时的选择,那么这两类理论模型的预测就不会有太大的不同。只有在相对于某个处于不断变动中的参照点

① 更准确地说,是期望边际主观价值。

对损失和收益进行比较时，这两类理论模型的预测在行为层面上的差异就会显露出来。

不过，最近一段时间以来，一群接受过良好的新古典主义经济学训练的经济学家已经开始认真地对待参照依赖问题了。例如，伯克利大学的马修·拉宾(Matthew Rabin)和伯通德·科塞吉(Botond Köszegi)指出，将参照依赖性融合进新古典主义理论模型中是至关重要的。在最近发表的一篇论文中，他们这样说道：

> 在实验室实验中，微不足道的"意外之财"就会被参加实验的被试认定为收益；但是，在现实生活中，如果某个员工预期自己能够得到6万美元的年薪，那么当他实际得到的薪金为5万美元时，他不会把这5万美元的收入看成相对于他的财富现状的一项可观的收益，相反，他会把它看成相对于预期财富的一种损失。不过，在非耐用品消费活动中，由于不存在人们可以用来当作自己的禀赋的东西，一个以"现状"为基础的理论是无法刻画参照依赖的作用的。例如，这种理论会预测，当一个人错过了一场自己本来以为能够去听的演唱会的时候，他(或者她)的感受与另一个从来没有预期自己会去听演唱会的人的感受没有什么区别。(Köszegi and Rabin,2006)

科塞吉和拉宾认为，在行为的层面上，这些是新古典主义经济学的公理化模型必须解决的问题。正是因为考虑到了这一点，他们以及其他一些经济学家开始考虑，如何给出一组公理，并构建一个"基于参照点"的效用理论(这种公理化建模的方法无疑是非常"新古典主义"的)。例如，在他们提出的其中一个理论模型中，参照点被定义为一个人关于当前和未来的财富的理性预期。这样一来，他们就能够采用卡尼曼和特维斯基建议的那类基于参照点的效用函数了。他们这种模型不需要更加严格的新古典主义假设，
291 而且也给出了一个用来确定参照点的机制。

拉宾和科塞吉等人的核心思想是，参照点就是每个行为主体都会进行

的一种猜测——关于他(或她)的终身总财富水平的猜测。在对任何一个当前回报(或奖赏)以及所有未来回报(或奖赏)的价值进行编码时,都需要用到这个猜测值。(当前,未来的回报要根据行为主体的贴现因子进行贴现;这里的贴现因子是指该主体的未来回报的可欲性相对当前回报下降的比率。)[①]从形式上看,他们认为,在任何一个给定的时刻,某个行为主体的参照点可以表示为

$$\text{参照点} = u_1 + \gamma^1 u_{t+1} + \gamma^2 u_{t+2} + \gamma^3 u_{t+3} + \gamma^4 u_{t+4} + \cdots\cdots$$

其中γ是贴现因子,它是用来刻画如下事实的:我们每个人都更认为回报的实现宜早不宜迟(即,源于更早实现的回报的效用更多);u_1是我们当前已经拥有的所有东西的效用,其他的u(u_2、u_3、u_4……)则是我们预计在未来各个时期会得到的效用。在现实生活中,未来的效用是不确定的;它们都是期望效用。所以,更准确的表达式应该是

$$\text{参照点} = u_1 + \gamma^1 Eu_{t+1} + \gamma^2 Eu_{t+2} + \gamma^3 Eu_{t+3} + \gamma^4 Eu_{t+4} + \cdots\cdots$$

有趣的是,科塞吉和拉宾还利用他们这个理论模型给出了一些预测。在那篇论文中,科塞吉和拉宾写道:

> [这个理论]表明,一个消费者愿意付出给定的价格去买一双鞋子的支付意愿取决于他(或她)预期自己会买下这双鞋子的概率和预期自己会付出的价格。一方面,随着买下鞋子的可能性的增加,这位消费者不买下这双鞋子时"自己遭到了损失"的感受也会增强,这就造成了一种"依恋效应"(attachment effect),从而导致他(或她)的支付意愿的上升。由此而导致的结果是,这位消费者认为价格已经足够低(足以引致自己的购买行为)的可能性越大,他(或她)愿意以高价买入这双鞋子的可能性就越大。而在另一方面,当保持买下鞋子的可能性固定不变的时候,如果这位消费者预计自己支付的价格下降了,那么就会使付出更高的价格看起来更像是一种损失,这就产生了一种"比较效应"(comparison effect),从而降低了他(或她)支付高价格的意愿。因此,在那些足够导致

---

① 在实践中,贴现因子是非常重要的。它能够解释真实的人类行为主体在选择时的"近视"行为;而且它还意味着,人们在计算参照点时,更多地考虑近期的因素。

购买行为的价格当中，这位消费者所预计的价格越低，他（或她）以
292 较高的价格买入的愿意越低。

这段话表明，要接受一个“基于参照点”的理论，我们就必须付出相当可观的代价，那就是，我们将不得不承认，人们确实会做出不理性的行为——当然，是在“软”的显示偏好的一般化公理或“软”的期望效用理论的意义上的不理性的行为。不难看出，这些行为——消费者在自己预计会买鞋子时的支付意愿比预计自己不会买鞋子时更高（愿意支付更多的钱），动物对预计自己会吃的劣质水果的偏好高于对没有预计自己会吃的优质水果，等等——都是我们希望演化的压力能够彻底清除干净的不理性的行为。但是，事实证明，这类行为确实大量存在。关于感觉编码的神经科学研究告诉我们，这些行为是我们的大脑的基本结构的一个不可避免的产物。这些事实也许是“令人不舒服的”，但是我们必须直面之；因此，我们要完成的下一步工作是，搞清楚参照点对神经经济学到底意味着什么。

参照点在一个“硬”的理论中意味着什么

卡尼曼、特维斯基、拉宾和科塞吉等人建议构建一个“基于参照点”的选择理论的主要原因是，作为行为科学家，他们发现，在做出有关收益的选择时和在做出有关损失的选择时，人类行为主体的风险态度是截然不同的。这是一个“不和谐”的结果，因为在传统的新古典主义经济学的选择理论中，收益情境中的选择与损失情境中的选择并没有什么区别，或者，更准确地说，新古典主义的效用函数从来没有明确地将收益的边际效用与损失的边际效用区分开来过。通过将效用函数锚定在类似“现状”这样的东西上，卡尼曼、特维斯基、拉宾和科塞吉等人改变了新古典主义理论的这个核心特点。在他们的模型中，效用函数已经能够有效地将收益和损失“隔离”开来了（而传统的理论则不能）。

要搞清楚这个关键的区别，让我们再回过头去看一下米尔顿和奥斯卡在赌场里通过掷骰子参加赌赛的那个例子。如果我们假设这两个“赌徒”的

参照点都固定在他们走进赌场的那一刻的财富水平上，那么当他们在赌场中待了一个小时之后，同一个20美元的赌注从他们两人各自的角度来看可能真的非常不同。对于奥斯卡来说，他因为输了钱，所以处于低于自己的参 293
照点200美元的位置，这样一来，一个高风险的赌注在他看起来可能是相当不错的（因为他的效用曲线此时位于损失域内）；但是，同样的赌注在米尔顿看来却简直是疯狂的（因为他的效用曲线此时位于收益域内）。重要的是，我们一定要明白，这种差异之所以会出现，不仅是因为效用曲线（或者，更精确地说，是“价值函数”）在参照点这里出现了根本性的变化（见图12.6）。而在传统的新古典主义经济学理论中，由于没有参照点，因此收益与损失之间就没有根本性的区别。但是，也正是因为这个原因，参照点在成为一个非常强大的解释工具的同时，也可能带来非常重要的理论问题和经验问题。

从历史的角度来看，在这些问题当中，最重要的一个问题是如何确定参照点，卡尼曼和特维斯基几乎没有给出任何信息。因此他们提出了一个“基

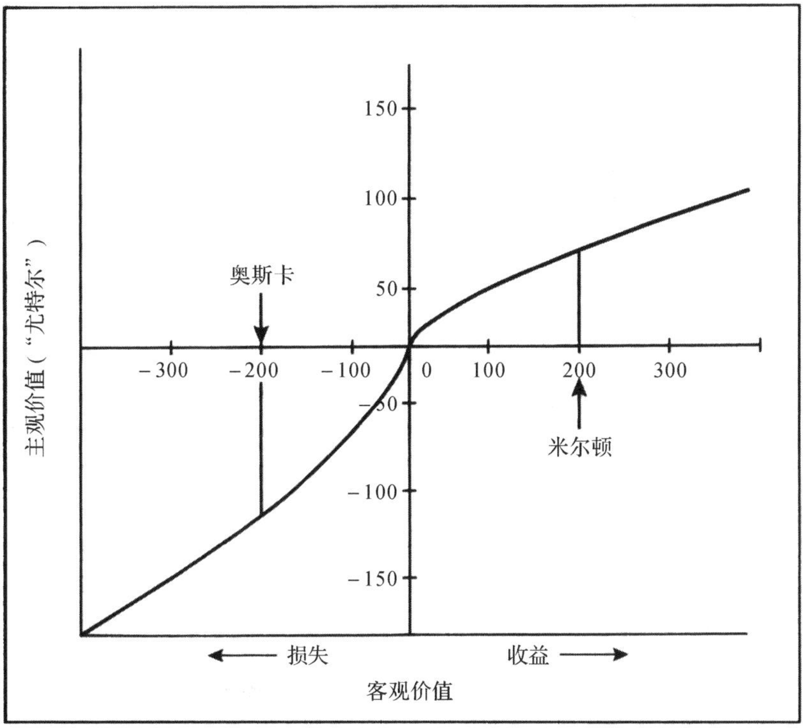

图12.6　一个“参照依赖”的价值函数

294 于参照点"的选择理论，却没有给出一个确定参照点的理论。况且，从他们的许多实验的结果来看，我们不能简单地把当前的财富水平视为参照点，尽管人们最初可能是这样期望的(Kahneman and Tversky，1979)。从前述奥斯卡和米尔顿的例子中，我们就可以看清楚这一点。如果奥斯卡和米尔顿在每次下注后都更新自己的参照点，那么他们就会表现出相同的行为(只要他们两人整个生命周期的总财富基本相等)；只有在他们的参照点的更新滞后于他们最近的收益和损失的情况下，他们两人的风险态度才会出现差异。例如，如果奥斯卡和米尔顿以一个小时以前的财富水平为他们的参照点，那么这种理论就可以预测他们的行为。但是，这同样会指向前面指出过的参照点概念本身的问题。为了解决这个问题，科塞吉和拉宾着手构建一个公理化的基于参照点的效用理论，并试图为该理论中的参照点夯实基础。

上述基于参照点的方法的第二个问题(也是越来越严重的一个问题)是，存在参照点这个事实本身就意味着，在一定意义上，人类行为主体天然就"应该"是不理性的。如果我们承认，在技术上，理性的含义就是，行为主体不能因为我们表达问题的方式不同，就随意地改变自己的偏好，那么基于参照点的方法实际上就是在迫使行为主体以"不理性"的方式行事。在这里，我要把这一点作为一个缺点指出来，因为在那些倡导基于参照点的方法的社会科学家当中，从来没有一个人阐明过行为主体应该采取这种行为方式的理由。当然，行为主体确实会如此这般地行事，这一点没有太大的疑问；但是这些科学家并没有解释为什么会出现这种奇怪的行为，他们的理论只是描述了可以重现这种奇怪的行为的计算方法。然而，从神经经济学的角度来看，我们却可以得出这样的结论：这种局部性的非理性现象之所以出现，是因为演化在精确的感觉编码的成本与非理性决策的成本之间进行了权衡。在这两种功能的交叉点上，这两种机制实现了平衡。

那么，这对神经经济学又有什么意义呢？为了回答这个问题，让我们先来看一看，怎么样的理论可以算得上一个"硬"的参照点理论(Hard-reference point theory)？[①] 像"硬"的期望效用理论一样，"硬"的参照点理论

---

① 或者，更准确地说，"硬"参照依赖的随机期望效用理论。

必定意味着,我们要把我们面对的可选项的客观价值视为神经系统的输入。 295
是的,我们所有理论的出发点始终是外部世界;但是在离开了出发点后,不同理论之间立即就会出现歧异。“硬”的期望效用理论要求我们编码和存储我们面对的所有可能的可选项的客观价值;而“硬”的参照点理论则没有规定如此繁重的编码任务。所有基于参照点的理论的关键特点是,它们主张,在进行每一次选择的时候,我们并不是根据存储在某处(可能是神经系统)的客观价值表和总的财富水平来计算出边际效用的。相反,当我们从外部世界转移到本书上一篇所讨论的选择机制的时候,基于参照点的理论允许我们,在任何一点上(或者,多个点上)将客观价值转换为主观价值。在其最极端的形式中,“硬”的基于参照点的理论甚至允许我们在感觉转导器中就完成将外部世界中与我们做出的选择相关的对象的客观性质转换为主观表征。因此,在这类理论中,从客观价值到主观价值的转换可以发生在神经计算的第一个阶段,然后主观价值(而不是边际价值)就直接形成了我们的记忆的东西。在这样一种模型中,选择机制的运行,并不是以客观价值和财富水平为基础的,而是直接以存储着的主观价值为基础的。任何一个经济学家都看得出来,这里最关键的思想是,“硬”的基于参照点的理论“强加”给神经架构的约束要比“硬”的期望效用理论弱得多。而对于一位神经科学家或心理学家来说,这里的关键则在于,无论是什么系统将外部世界的刺激的客观性质不可逆地转换为主观感觉性质的,这个系统必定位于转导器到关于选择的记忆这个链条的某个地方,而且必定是参照依赖的。作为“硬”的基于参照点的理论的一个例子,“硬”的前景理论是这样的一种理论:从来不需要存储各可选项的客观价值,而且在记忆中对价值进行编码很久之前,价值的主观化过程就完成了。

这是极其重要的一点。任何一个基于参照点的“硬”的经济学理论,与任何一个没有参照点的“硬”经济学理论之间的至关重要的区别就在于,它们对价值的编码和存储的机制的不同约束。所有传统的以财富水平为基础的理论(例如,“硬”的期望效用理论)都要求,当行为主体在了解关于各可选项的信息时,客观价值必须被编码并被存储起来。尽管在“硬”的基于参照点的理论的框架内也可以容纳这个过程,但是这并不是这类理论的一个“必

296 要属性”。在机制上最简单的基于参照点的选择架构从来不需要内在地编码客观价值。相反,从客观价值到主观价值的初始转换甚至可以在转导器中就早早地完成了(而且随时可以进行后续的进一步的转换),然后直接存储主观价值就可以了。

这样的一个系统也有缺点,那就是,它将会导致一些不理性的选择。当然,不理性的程度取决于它所采用的将客观价值转换为主观价值的机制。但是,关键在于,这种不理性的选择行为的出现其实是“合理”的;或者,更准确地说,之所以会出现这些不理性的选择行为,恰恰是因为该系统采用了将客观价值转换为主观价值的机制,实现了编码成本的最小化。我们在本章一开头就讨论过,直接对客观价值进行编码的系统的成本是非常高的,因为它至少必须跨越 8 至 10 个数量级。如果我们要减少编码成本,我们就必须采取基于参照点的选择机制。在任何一个“硬”的经济学理论中,这都是一个无法回避的权衡。因此,在“硬”的理论中,参照点是约束条件下的最优化。

从本质上讲,我在这里试图做的是这样一件事情,即,从“硬”的理论的概念出发,重新审视“为什么我们观察到了这么多可以证明参照点存在的证据”这个问题。如果我们以“了解掌握各可选项的价值并进行编码是要花费成本的”这个约束条件为出发点,并承认正是为了最大限度地减少这些成本,我们才利用某个基于参照点的方法来转换外部世界的输入,那么我们就会看到,基于参照点的选择机制在这种约束条件下是“最理性”的。在过去半个多世纪中,神经科学已经以不可辩驳的证据证明,我们所有的感觉、我们大部分的记忆,都在执行将感觉输入主观化的任务。神经科学理论还告诉我们,在约束条件下,这种编码方式是最优的(例如,Schwartz and Simoncelli,2001)。这是一个毋庸置疑的事实,适用于整个神经系统,任何关于选择的理论都不应该漠视之。

接下来,让我们再一次回过头去讨论一下本书第四章中讲述过的那个关于甜味感觉的故事:

> 这项研究涉及的是两个要接受手术的神经疾病患者。这个手术的其中一部分是,这两位患者的舌头将会被切开,舌头的主神经

> 将全部暴露在外,而且手术将在他们完全清醒的状态下进行。……在手术过程中,外科医生会把不同浓度的糖水(但是所有溶液的平均甜度则保持恒定)淋到他们的舌头上……在这个实验中,外 297
> 科医生观察到,尽管舌头的主神经的激活程度会出现一些变化,但是,作为糖水浓度的函数的平均放电率则稳定地上升——服从指数大约为 0.6 的幂函数。接下来,外科医生……要求这两位被试对甜度进行"评级",以便构建感知强度曲线。结果是,他们发现,知觉曲线也符合幂律,而且指数同样为大约 0.6。

如果我们再仔细想想这个故事,那么就可以发现,我们有两种方法来解释它的含义。从纯粹的新古典主义经济学的角度出发,我们可以认为通过味觉神经传过来的信号是在对糖水的客观价值进行编码(转换公式为 $X^{0.6}$)。当我们问被试,他们为了能够喝到特定浓度的糖水愿意付出多少钱时,我们可以认为被试的选择是这样进行的:将存储好的关于那种浓度的糖水的数据(已经由特定的编码器进行了反向的幂律变换)取出来,并将其放入他们的糖效用函数中(根据他们当前的糖财富水平),然后计算出糖财富增量的边际效用。到目前为止,一切都很好。

但是,前述关于感觉系统的神经生物学研究却告诉我们,来自舌头的关于糖水浓度的信号并不是简单地按照一个幂函数进行压缩的,它们还要参照一个不被存储的基线水平。在基线水平之上增加糖水浓度,会导致"甜味"的压缩增加。但是,减少糖水浓度则会导致感觉神经的放电率下降,但是具体的定量关系目前尚不清楚。

如果我们关于各种浓度的糖水的"甜味"的记忆源于这些压缩过的参照依赖的量值(事实上,关于"甜味"的记忆确实只能根据这些量值来构建),那么上面这种根据"边际效用"做出的解释是没有任何真正意义的。在这些条件下(它们可以说是普遍存在于神经系统中的标准条件),被表征的并不是糖水的客观价值,而是一种基于参照点的主观价值,即,一个被压缩转换而成的类似于效用的信号(相对于参照点)。这种模型的一个非常大的优点是,它既可以解释为什么事物都是参照依赖的,同时还可以解释为什么效用函数的曲率是锚定于参照点的。我们之所以会采用这样一个参照依赖的机制，是因为它提高了我们的感觉编码系统和记忆编码系统的效率。当然，这样做也是有代价的，那就是，在某些条件下，这种机制会导致一些违反“理性”要求的行为。

298

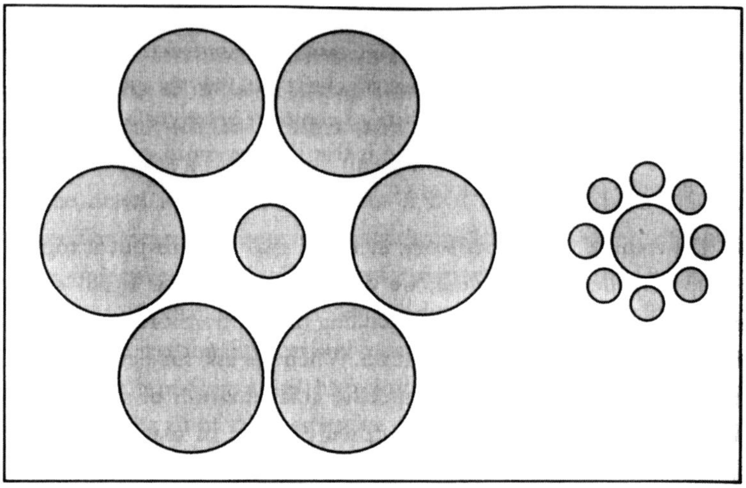

图 12.7

多年以前，阿莫斯·特维斯基就曾经指出过，我们在做出选择时的系统性差错是某种类似于视觉幻象的东西；为了说明这一点，他经常以上面的这张图为例(见图 12.7)。

在这张图中，左侧和右侧分别位于其他一些圆圈的中心位置的那两个圆圈的大小其实是相同的，但是我们的视觉告诉我们的却不是这样。我们估计圆圈大小时所用的基线水平是可变的：在估计左侧这个位于中心的圆圈的大小时，基线水平向上漂移；而估计右侧这个位于中心的圆圈的大小时，基线水平则向下漂移。由此而导致的结果是，左侧这个位于中心的圆圈看起来比右侧这个位于中心的圆圈小一些。特维斯基认为，这类视觉空间参照效应在感觉系统中的作用与选择过程中的框架效应很相似。基于此，他和卡尼曼提出了参照点的概念。在本章中，我希望阐述清楚的一个结论是，特维斯基这个比喻，其实并不是比喻，而是事实。

第十三章　多巴胺能神经元：我们如何学习和存储价值

今天，关于人类和动物如何学习他们(或它们)的行为的价值，神经生物 299
学家和心理学家已经掌握了很多，这一点也许与大多数经济学家的想象完全不同。在很大程度上，我们关于这个领域的知识的增长，全都源于对多巴胺这种神经递质以及运用它的神经元的研究。尽管，现在我们对大脑的估价机制的认识，已经远远超出了纹状体内多巴胺能神经突触的生物物理学的范畴，但是，多巴胺能神经元对奖赏预测误差(reward prediction error)进行编码这个发现仍然是大多数关于估价神经回路的现代研究得以进行的关键。在本章中，我们将：(1)回顾与多巴胺和估价过程相关的神经回路的解剖结构；(2)评述来自心理学和计算机科学中的各种类型的强化学习，它们在时间上还要早于对估价系统和多巴胺能神经元的研究；(3)讨论一系列实验研究，它们将多巴胺(神经元)与那些预先存在的计算理论模型联系了起来；(4)将所有这些思想还原性地向下追溯到离子通道的"行为"。当我们完成了上述工作之后，我们将会非常清楚地看到一个关于估价的神经经济学理论浮出水面，它将有效地融合下至细胞膜、上至效用理论的一系列洞见，而且源于神经经济学的每个母学科的约束，都将为我们更好地理解我们人类(以及运动)如何做出决策提供非常有用的工具。

事实上，我们在本章中将会遇到的部分核心见解并不是全新的。几十年来，绝大多数神经科学家一直在怀疑，多巴胺在奖赏过程中发挥着重要作
用(Wise，2008；Wise and Rompre，1989)。例如，在 20 世纪 80 年代和 90 年 300
代，关于多巴胺的功能，最流行的一种假设是，多巴胺能神经元的放电率携

带着一个类似于效用的信号,即,这种神经元是人类和动物的大脑的“快乐中枢”。不过,这个理论也有很多问题,而且人们一直没有说清楚多巴胺(以及与它密切相关的神经回路)所做的到底是什么。虽然早在几十年以前,我们就已经知道,人类和动物都会用人工手段去激活他们的多巴胺神经元(例如,通过服用像可卡因这样的多巴胺能药物),但是同时也有一些强有力的证据证明,天然的奖赏,譬如食物或性爱,并不能可靠地激活多巴胺神经元。二十多年前,一些神经科学家,包括克里斯·菲比格(Chris Fibiger)和安东尼·菲利普斯(Anthony Phillips)证明(Fibiger and Phillips,1986),如果把老鼠放入一个全新的环境中,那么当它们第一次发现食物和水时,它们的多巴胺神经元会被激活;但是,仅仅过了几个小时之后,这种激活状态就消失了。几天之后,即,当这些老鼠熟悉了这个环境之后,它们的多巴胺神经元不会再被激活了,尽管这些动物一直在“高高兴兴”地吃着、喝着、交配着。

随着类似的观察结果的增多,导致神经科学家的圈子内出现了一种“多巴胺倦怠”现象。虽然人们有很多理由相信,多巴胺肯定在心理学家所称的“动机性行为”(motivated behavior)中发挥着某种作用,但是“多巴胺就是奖赏”的故事却一直无法说通。大多数神经科学家都接受了这个事实,其中很多人甚至干脆停止研究多巴胺了。不过,在 20 世纪 90 年代,面对这种挑战,还是涌现出了两个规模不大的研究多巴胺的学派。第一个学派主张,多巴胺只对外部世界发生的事件的“突显”的性质进行编码(Horvitz,2000;Redgrave et al.,1999)。这个学派的神经科学家认为,多巴胺神经元的放电率所编码的并不是奖赏本身,而是事件偏离预期的强度——无论这种偏离是积极的还是消极的。这种观点认为,多巴胺神经元携带的是一种旨在引起“关注”的信号:环境中刚刚发生的那个事件(刚刚出现的那个东西)好于(或者差于)预期,请务必注意!这种理论可以解释,为什么当老鼠刚刚进入一个新的环境并发现了食物和水时,多巴胺神经元的反应非常强烈,但是后来却都变得“静默”了。在一开始,在一个小碗里发现一些食物无疑是一个惊喜(至少对老鼠而言肯定是这样),但是,当连续几天都在碗里找到了食物之后,这种突显性就基本上消失了。

第二个学派的出现,主要应归功于密歇根·肯特·贝里奇的贡献

(Berridge et al.,2009;Kringelbach and Berridge,2009)。贝里奇的假说通常 301
被称为“渴望”假说(wanting hypothesis);它是在批评前述突显性假说存在的两个问题的基础上提出来的。首先,突显性假说认为,对于一切偏离预期的事件,多巴胺神经元都会发出信号,无论那些偏离是正的偏离还是负的偏离。这就是说,根据突显性假说,多巴胺神经元因“不良”事件而激活的情况与它们因积极的事件而激活的情况一样,但是,如果事实真的是这样,那么为什么人类和动物会主动去激活这些神经元?对于这种质疑,有的神经科学家回应道,有些人之所以使用药物是因为他们希望获得某种突显性体验,而不是因为他们希望获得奖赏,但是这种辩解非常接近于说,动物和人类喜欢体验负面事件甚于体验中性事件。突显性假说的第二个问题在于,它非常勉强地试图将奖赏的概念与多巴胺神经元割裂开来。根据这个假说,许多与奖赏完全无关的事件也是具有突显性意义的,尽管神经科学中大量与多巴胺有关的洞见都以是奖赏问题为中心的。在考虑了突显性假说的这两个缺陷之后,贝里奇提出了这样一个假说:多巴胺神经元所编码的是“渴望”某种奖赏体验,这种体验与“喜欢”某种奖赏的体验有明显的区别。

在贝里奇的这个假说的基础上,当时在弗里堡大学工作的灵长类神经生理学家沃尔弗拉姆·舒尔茨(Wolfram Schultz)记录了参加一个巴甫洛夫条件反射任务的猴子大脑中的单多巴胺神经元的活动。舒尔茨的结果表明,当猴子静静地坐着的时候,多巴胺神经元的放电率是固定的(每秒钟 3 至 5 个尖峰)。这是它们的基线放电率。事实上,多巴胺神经元的基线放电率是非常稳定的。许多神经科学家甚至认为,可以把这些神经元视为动物计时所需的一种“内部时钟”(Metell et al.,2003)。

在舒尔茨的实验中(Mirenowicz and Schultz,1994;Schultz,Dayan and Montague,1997),实验者先让口渴的猴子安静地坐在一个出水口的前面,此时它们大脑中的多巴胺神经元稳定地“滴答滴答”地“走着”(见图 13.1)。过了一段时间(具体的时间间隔是不可预知的),一只扬声器会发生一声尖鸣,然后出水口会流出一滴水。在一开始,当声音响起的时候,多巴胺神经元仍然维持着 3 至 5 赫兹的放电率;而当水流出时,它们的动作电位就“爆发”了。然而,随着时间的推移,多巴胺神经元对水的反应的强度逐渐下降,而它们对(时间上不可预测的)声音的反应趋于增强。到最后,当水流出时,多巴胺神经元不再做出反应(维持着基线放电率);而每当声音响起的时候,多巴胺神经元都被高度激活。

302

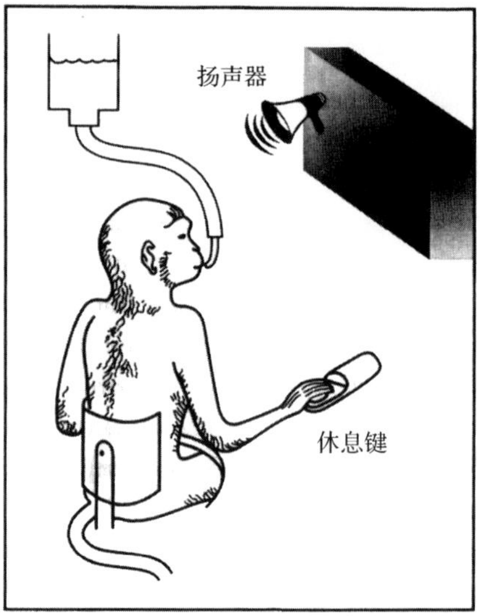

图 13.1　舒尔茨著名实验的示意图

但是,如果在某个时候,实验者送出了一滴水,却不事先发出声音信号,那么多巴胺神经元还是会对这个不可预知的奖赏做出强烈的回应——它们的动作电位会进入"爆发"状态。这些结果表明,我们并不能简单地说水本身已经失去了激活多巴胺神经元的能力;事实是,只有猴子能够预期到的水才无法激活多巴胺神经元。最后,舒尔茨在实验中还观察到,如果声音响起了,但是随后却没有出现作为奖赏的水,那么猴子的多巴胺神经元对这种事件的回应是,将放电率降低到低于基线的水平。

舒尔茨的这些结果,以及其他神经学家从对蜜蜂的类多巴胺系统[①]的研究中得到的类似结果(Montague, Dayan, and Sejnowski, 1995, 1996),使年轻的神经生物学家里德·蒙塔古(Read Montague)和彼得·达扬(Peter

---

① 蜜蜂利用的是一种化学性质与多巴胺很相似的同源物质,名叫章鱼胺(octopamine)。同样的基本系统出现在了5亿年前就已经彻底分化的不同物种身上,这个事实足以说明,演化女神是何等珍视这个机制。

Dayan)认识到,舒尔茨观察到的多巴胺神经元的激活模式与计算机科学领域新近出现的一种学习理论的预测非常接近。[达扬当时还是一位博士后,在特里·谢诺沃斯基(Terry Sejnowski)的指导下在索尔克研究所研究神经科学。]于是,他们与舒尔茨合作,并重新分析了后者的实验数据,结果令所 303
有人都大吃一惊:那个原先就已经存在的学习模型能够相当准确地预测多巴胺神经元的放电率(Schultz,Montague,and Dayan,1997)。

舒尔茨、达扬和蒙塔古的论文发表之后,立即涌现了一系列相互启发、相互促进的关于多巴胺神经元的理论研究和经验研究,而且这股热潮一直持续到了今天。在其中的许多研究中,神经科学家们利用单神经元记录方法,试图验证特定的学习理论的预测的准确性,进而明确了理论与实验结果之间的差距。在这种"落差"出现后,随之而来的是又一轮研究热潮。理论得到了扩展,以便更准确地预测行为、解释新的实验结果。而理论的进步又会进一步促进经验研究……如此循环往复。到目前为止,这种循环已经出现了四次,而时间却仅仅过了短短的十年。

理论研究与实验研究之间这种快速的交互作用已经导致了很多结果;当然,大部分都是好的结果,不过也有一些结果是不好的。第一个后果是,从数学的角度来看,理论已经变得相当精确了,而且这个数学化的过程是如此迅速,以至于许多偶尔关注一下"多巴胺文献"的学者都不熟悉最新的模型(当然,这些模型的技术性是非常高的)。这些学者可能每年从这类文献中挑一两篇重要的实验论文来浏览一下,他们甚至可能会得出这样的结论:当前的理论仍然处于被证伪的阶段。理论研究和经验研究的飞速循环推进已经不可避免地导致人们对多巴胺在学习中的作用的认识出现了混乱。

第二个后果是,目前真正理解现有的理论的人其实非常有限。在各种学术会议上,我们可以观察到许多这方面的证据。例如,如下的事情时有发生:一个聪明的年轻学者报告了一个实验结果,并宣布这个结果"证伪"了"多巴胺学习理论",但是他却不知道,某篇很难读懂的理论论文早在五六年前就已经预见到了这种结果。

理论与实验之间这种循环的第三个,也是最显著的后果体现在它对那些以研究多巴胺为业的学者身上。在这些人当中,现在已经形成了一个几

304 乎百分之百一致的共识,那就是,多巴胺神经元肯定与强化学习有关。事实上,属于这个“多巴胺”圈子的绝大多数学者都认为,在所有现有的关于大脑功能的计算理论当中,解释力最强的就是“多巴胺学习理论”了。

很显然,我自己也是这个小小的共同体的一员。与绝大多数同事一样,我相信,多巴胺的“故事”在很大程度上已经可以作为一个基本事实来讲述了。本章下面就将详细介绍有关内容。不过,在开始这样做之前,我还想指出一点,那就是,关于多巴胺神经元的具体“功能”,神经科学家的意见仍然不能说完全一致。我在下面阐述的只是一种理论;就目前的情况来看,这是一个共识理论,但是在一些才华横溢的神经科学家之间仍然时不时地会爆发激烈的争论,例如,发生在贝里奇和谢菲尔德大学的彼得·雷德格雷夫(Peter Redgrave)之间的争论(Redgrave and Gurney,2006)。

另外我还认为,我们在叙述“多巴胺学习理论”的过程中,有必要将针对这个理论的两类常见的批评区分清楚。第一类批评是,有些学者认为,这个理论无法解释某些人们很容易预测的现象,例如,在舒尔茨的实验中,作为对那种声音的回应,多巴胺神经元的动作电位会突然“爆发”。但是,这种批评意见是建立在过时的模型的基础上的(这种模型对多巴胺学习理论能够“预测”什么的定义也是过时的)。一位持这种批评意见的学者可能会相当正确地指出,20世纪70年代出现的瑞思考拉—瓦格纳模型(Rescorla-Wagner model)并不能预测在舒尔茨的实验中可以观察到的与声音相联系的神经元动作电位的“爆发”,但是他却不知道,在20世纪的80年代,这个理论就已经出现了能够准确地预测这种现象的更加高级的形式。因此,这些学者之所以会提出这类批评,恰恰是因为他们没有对多巴胺学习理论予以足够重视所致。在这个意义,这种批评其实是一种无的放矢的批评;我希望接下来的论述能够减少这种批评。第二类批评则是实质性的,它们指出了理论与实验结果之间存在的仍然有待弥合的一些裂痕。在下文中,我们将会看到好几个这方面的例子。毫无疑问,这两类批评是不同的,但是在实践中,它们却往往被混淆在一起,甚至连顶级的学术刊物也不能免俗。这个事实无疑是令人失望的,它反映了学者之间缺乏有效的沟通的现实。我们要想继续前进,就必须克服这种状况。为了实现这个目标,我们接下来就从最基础的灵长类动物的中脑多巴胺系统开始，具体细致地进行一番考察。

对多巴胺和大脑估价系统的解剖分析

中脑多巴胺能神经元

自从20世纪二三十代以来，脊椎动物的神经元彼此之间能够利用化学 305
手段进行“通信”——即，神经元通过神经递质发送跨突触的信号——这个事实就已经广为人知了。但是，直到20世纪50年代以前，人们仍然普遍认为，所有的神经元都是采用单一的神经化学物质来实现这种通信的；那种神经递质就是乙酰胆碱(acetylcholine)。不过，到了20世纪50年代末和60年代初，一群来自斯堪的纳维亚半岛的神经化学家，包括来自隆德大学(University of Lund)的本特·法尔克(Bengt Falck)和阿克·希拉普(Åke Hillarp)、来自卡罗林斯卡研究所(Karolinska Institute)的谢尔·富克斯(Kjell Fuxe)和安妮卡·达尔斯特伦(Annica Dahlstrom)，以及来自哥德堡大学的阿尔维德·卡尔松(Arvid Carlsson)，最终证明，这种广泛流传的观点是不正确的(关于他们的发现的更详细的背景，请参阅：Carlsson，2000)。这些学者证明，由一系列神经元细胞体组合成的高度局部化的神经元簇能够合成诸如多巴胺和血清素之类的化合物；他们还证明，这些神经元能够将这些化合物通过它们的轴突向下传输；而且，这些神经元是在它们的轴突终末释放这些化合物的(作为对去极化的响应)。总之，这些学者阐明了许多在解剖学意义上相互独立的、在化学意义上专业化的神经传递系统。

在他们所做出的众多重要发现当中，其中有一项就是，在哺乳动物大脑中，十多个地方都存在着含多巴胺的神经元簇。但是，在所有这些核团当中，只有三个拥有很长的轴突，因此能够影响许多大脑区域的活动，它们是长距离多巴胺投射的起点。这三个核团就是现在人们所称的A8、A9和A10神经元细胞集群，它们全都位于中脑内(见图13.2)。

这无疑是一个非常引人注目的结果，因为它意味着功能专用化或功能特异化(functional specialization)。既然这几个特定的细胞体集群(神经元簇)以轴突穿越特定大脑区域的方式拥有了高度特异性的投射路径,那么也就表明这些细胞可能具有高度专门化的特定功能。在 20 世纪 60 年代,这是一个非常令人兴奋的新观点,同时也引起了很大的争议;不过,到了现在,它已经被纳入了经典神经生物学的主体。

无论如何,A8 和 A10 细胞集群最初是分别在被盖区(ventral tegmental area,简称"VTA")的背侧部位和腹侧部位发现的。A9 细胞集群的位置比 A8 和 A10 稍微靠前一点,位于黑质致密部(substantia nigra pars compacta,简称"SNc")。与通常的神经元相比,在这三个集群中的多巴胺神经元显得

306

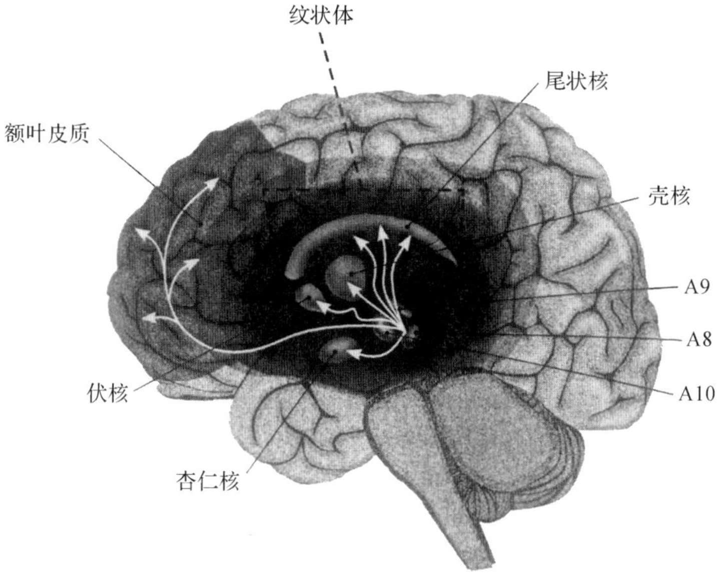

图 13.2　A8、A9 和 A10 细胞集群

特别大。毫无疑问,如此巨大的细胞体恰恰对应着如下的事实:作为"生物合成机器",多巴胺神经元的细胞体必须能够支持它们的特别长的轴突,以及异常多的突触。而且事实上,在这些神经元当中,有许多不仅通过离散的突触释放多巴胺,而且也沿着自己的轴突轨迹通过一种被称为"沿途突触"或"过往性突触"(en passant synapse)的突触在细胞内空间释放多巴胺(Cooper,Bloom,and Roth,2003)。

对这些神经元的早期研究似乎表明,各个细胞集群之间在空间上呈现出一种不同寻常的高度隔离的状态。位于黑质致密部的 A9 细胞集群似乎

只与尾状核和壳核有联系（尾状核和壳核是背侧纹状体的主要核团）。而A8和A10细胞集群的轴突的延伸路径似乎更偏向于腹部，它们与腹侧纹状体以及更远的额叶皮质区相连。不过，随后的研究却在一定程度上推翻了这个结果。这三个细胞集群之间，确实存在着某种“相互混同”的现象，尽管基本的“地形分区”仍然存在（Haber et al.，2000；Williams and Goldman-Rakic，1998）。

同时，对处于清醒状态下的猴子的这些细胞集群的活动状况的研究表明，它们的同质性似乎更值得强调；对被盖区和黑质致密部的单神经元记录结果都证明了这一点。虽然要确切地了解单个多巴胺神经元的“活动习性” 307
并不容易，但是我们现在已经确定，位于被盖区和黑质致密部这两个大脑区域的核心部位的那些疑似多巴胺神经元（它们应该就是多巴胺神经元），无论是在条件反射型任务还是学习任务中，都会以同样的方式做出响应（例如，Margolis et al.，2006）。① 甚至连在这些大脑区域中发现的轴突的结构，也都支持这个观点，即，这些神经元的活动是同质的。例如，我们现在已经知道，在这个系统中，相邻的神经元的轴突之间实际上是彼此电耦连接的（Grace and Bunney，1983；Vandecasteeleet al.，2005）。进一步的建模研究表明，由于存在这种耦合，单个神经元单独“放电”将变得更加困难，从而强化了整个细胞集群的高度同步的激发（Komendantov and Canavier，2002）。

最后需要说明的一点是，相对于其他神经元，多巴胺神经元的动作电位延时很长。一个多巴胺动作电位可能需要耗时两到三毫秒，而对其他系统的神经元的电位，电位的延续时间则通常小于0.1毫秒。这一点很重要，因为它决定了，这些神经元的最高放电率的上限是很低的（例如，请参阅：Bayer，Lau and Glimcher，2007）。

归结起来，这些研究告诉我们的核心结论是，多巴胺神经元非常适合成为一种专门化的“低带宽的广播信道”，用于向包括基底神经节和额叶皮层

---

① 我正在对本章进行最后修订的时候，松本和彦坂等神经科学家们又在生理学的意义上辨识出了一个据信是多巴胺能神经元的新细胞集群，它位于黑质致密部更远的背外侧部（Matsumoto and Hikosaka，2009a）。关于这些神经元，最令人感兴趣的一点是，它们的生理特性非常不同于以往研究过的所有其他多巴胺能神经元。如果确实存在第二类有明显不同的生理特征的多巴胺能神经元（这个结论仍然饱受争议），那么另一轮令人兴奋的理论发展就不会太遥远了。

在内的大片大脑区域传递相同的信息。多巴胺神经元的巨大的细胞体、细胞之间存在着电耦合、神经元放电率很低，以及它们能够将多巴胺均匀地“分发”给整个巨大的神经支配区域(innervation territory)。这些事实都是不同寻常的，它们意味着，多巴胺神经元通常不会对大脑的其他区域说太多废话，但是一旦它们“开口说话”，就必定会得到广泛的传播。①

额叶皮质

308 同样重要的是，我们必须清醒地认识到，多巴胺神经元属于一个庞大的神经回路，它还包括哺乳动物大脑的两个主要组成部分，即，额叶皮质和基底神经节。这个神经回路已经得到了充分的研究，它的细节对我们理解估价过程非常关键。

额叶皮质是位于中央沟前方的一个皮质组织(图 13.3 中的黑线就是中央沟)。在这条“中央沟”的前岸，是运动皮质，它是控制骨骼肌肉的最终共同路径。虽然所有的哺乳动物都拥有额叶皮质，但是非常重要的一点是，我们一定要注意不同哺乳动物的额叶皮质的大小是极不同的。从大鼠到刺猬，再到猴子和狐猴，最终到人类，额叶皮质在大脑总容量中所占的比例会出现惊人的变化。从图 13.3 中，我们可以非常清楚地看到，灵长类动物作为一个群体已逐渐演化出了巨大的额叶皮质，其中又以人类的额叶皮质的体积最为惊人。但是同时也必须强调，这个组织的代谢成本也是巨大的：在我们人类吃下去的东西当中，超过 20％都被转化成了我们的大脑所需的“燃料”(不要忘记，大脑的重量只占我们的身体的总重量的大约 4％)；而且在这部分“燃料”中，又有相当大的一部分是用于驱动额叶皮质的。很显然，没有如此巨大的额叶皮质的那些动物，只需要吃更少的东西就可以维持生存了。

---

① 最新的实验证据表明，在背侧纹状体和腹侧纹状体“制备”的多巴胺水平的时程之间，确实存在一些非常显著的差异。保罗·菲利普斯和他的同事们得到的数据证明(Zhang et al.,2009)，这两个大脑区域的多巴胺递质释放是随机制而异的，在我们进一步精练现有理论时，这个结果可能会发挥重要作用。

请读者们回忆一下，在本书第七章中，我们曾经指出，大脑皮质可以分别在细胞结构的层面上和功能的层面上划分为不同的分区。这个原则同样适用于额叶皮质。不过，与每个在解剖学意义上可以区分清楚的额叶子地图相对应的功能特性目前仍然没有完全搞清楚。在最近的演化阶段出现的灵长目动物额叶皮质突然增大这种现象，可能是如下两种发展策略的结果。第一

309

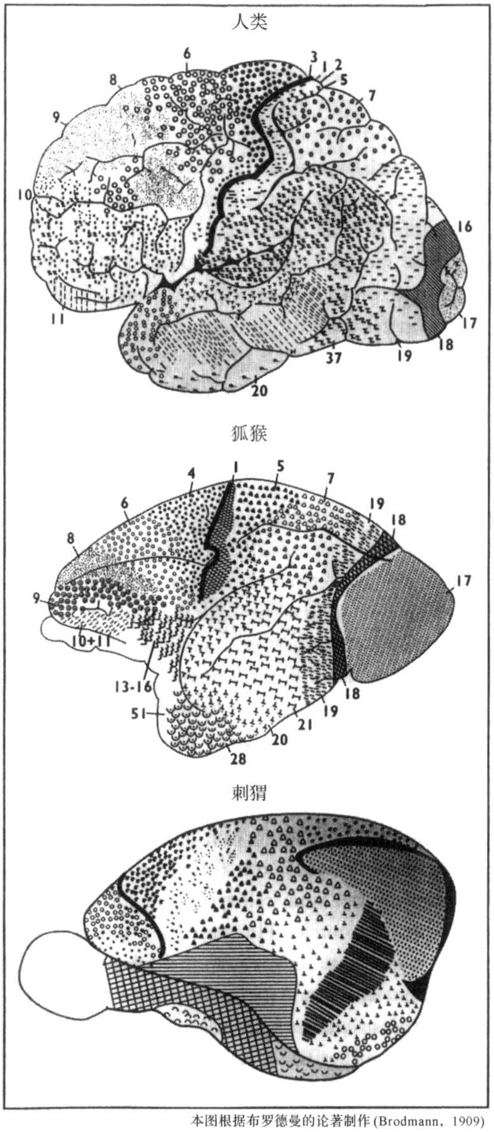

本图根据布罗德曼的论著制作 (Brodmann, 1909)

图 13.3　人类、狐猴和刺猬大脑皮质的布罗德曼分区

种策略是,那些不太复杂的物种身上原先就存在的那些子地图的体积变得更大了;第二种策略是,新的子地图不断地被加到原有的子地图上面,导致额叶皮质一直朝“前方”增大。解剖学家的研究表明,在演化过程中,这两种策略可能都在起作用(Bailey and von Bonin,1951;Brodmann,1909;von Bonin and Bailey,1947;von Economo,1929)。猴子和人类脑部的“地图”确实比老鼠大得多,但是,更加重要的也许是,猴子和人类还拥有许多老鼠没
310 有的地图。这个事实对我们根据对大脑皮质比人类小得多的动物进行研究的结果所能得到的与人类大脑有关的结论构成了极大的限制。例如,我们人类的眶额皮质(orbitofrontal cortex)就很可能是与其他动物全然不同的。在我们人类的大脑中,与老鼠的眶额皮质同源的大脑区域可能位于我们这个体积大得多的额叶皮质的非常后的边缘部位;因此,老鼠的眶额皮质与人类的眶额皮质几乎肯定不是同一种东西。在许多关于大脑功能的讨论中,这个事实都被忽视了。

不过,在所有哺乳类动物的大脑中,额叶皮质区的全部输出都可以大体上划分为两大类。第一类是限于皮质内部的输出,用于将额叶皮质的各个区域相互连接起来;第二类是发送到基底神经节的输出,用于将皮质—基底神经节连接,即,从额叶皮质的神经回路输出到基底神经节神经回路,那里包含多巴胺神经元的细胞体。

基底神经节

额叶皮质的输出是以“地形组织”方式传递给基底神经节中的尾状核和壳核的。如图 13.4 所示,尾状核和壳核是基底神经节的主要输入核团,它们又被统称为纹状体。从结构上看,尾状核和壳核(特别是壳核的最腹侧部分,即,被称为腹侧纹状体的那一部分)之所以能够被视为独立的核团并具有自己的名称,是因为在婴儿大脑发育过程中,由轴突组成的一个致密的“束”通过自己纹状体上“冲”出来的一系列孔洞,穿过了纹状体,将覆盖在上面的与底层的脑干及脊髓连接了起来,并把纹状体划分成了尾状核(背—中)和壳核(腹—侧)。大量神经化学和解剖学研究都表明,在组织层面上,尾状核—壳核—腹侧纹状其实是可以视为一个单一的结构的(Holt,Graybie,and Saper,

1997)。如图 13.5 所示,在整个核团当中,细胞类型和连接模式也是大体上相同的。但是,从更一般的角度来看,从这个体积相当大、结构相当复杂的核团背侧到腹侧,确实存在着一种组织梯度:如果从背侧的尾状核向腹侧纹状体移动,那么就可以观察到,其结构特征和神经化学特征都是逐渐变化的。

这两个输入核团主要投射到两个输出核团,即,苍白球(globus pallidus)和黑质下网状部(substantia nigra pars reticulata)。然后,这两个核团又会提供两组基本输出。第一组,也是最大的一组输出是通过丘脑的"中继",将信息发送回额叶皮质。有意思的是,这种经中继返回额叶皮质的信息仍然保 311

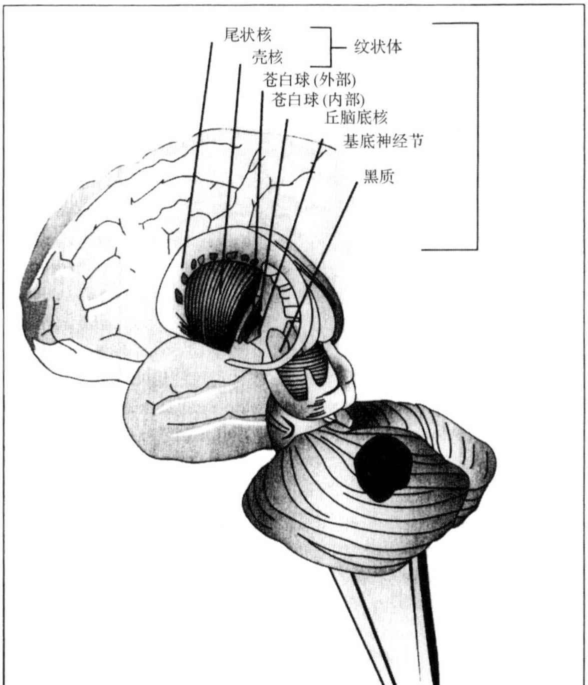

图 13.4　基底神经节

持了强大的地形排序特征(Kelly and Strick,2003,2004)。通常认为,额叶皮质的内侧和后侧部分与对骨骼肌肉动作的规划有关,它们的输出进入壳核的某个特定的子区域,而后者又将信号发送回额叶皮质的内侧和后侧部分(经过苍白球和丘脑腹外侧核的"中继")。总之,额叶皮质的五个重要的子区域投射到基底神经节的五个重要的子区域,而后者反过来又通过自己的输出

312

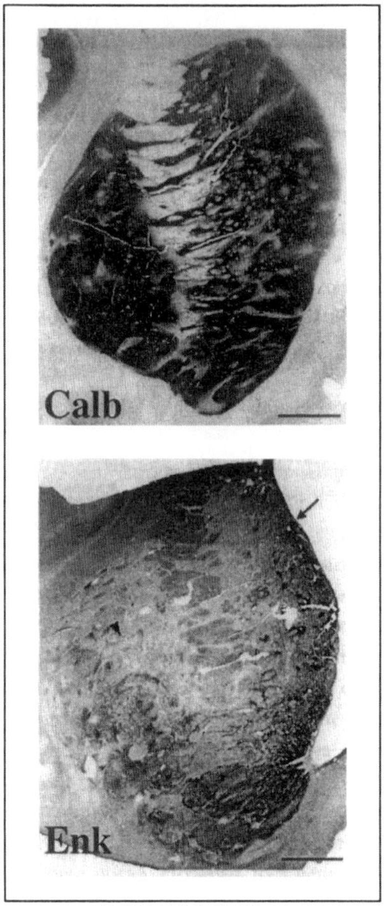

本图根据霍尔特的论著制作 (Holt et al., 1997)

图 13.5 尾状核—壳核横切面(分别用钙结合蛋白和脑啡肽染色)

313 集团将信息返回到上述各额叶皮质区域。[①] 所有这些连接形成了一个长馈神经回路,最终通过骨骼肌肉运动最终共同路径和眼球运动最终共同路径产生行为层面的输出;而这两个最终共同路径则构成了庞大的额叶—基底神经节系统的五个子域中的两个(见图 13.6)。

① 最近,有人从解剖学的角度指出,更准确地说,与其把它们视为 5 个完全独立的子区域,还不如说它们是串联地相互连接着的。这些人认为,它们共同构成了一个“信息螺旋”(information spiral):从抽象估价的关键子区域开始,以属于运动控制系统的子区域结束(Harber et al.,2000)。

基底神经节的第二组主要输出则以中脑的多巴胺神经元为目标，而且也构成了一个反馈环。这些输出会传递到多巴胺神经元的树突，在那里它们与来自脑干的可能携带着当前的奖励信号的输入相结合。通过这种方式，多巴胺神经元的信号就能够将来自皮质区的信息以及来自像舌头这样的感觉系统的信息组合后反映出来。然后，多巴胺神经元再将合并后的信号"广播"到整个基底神经节和额叶皮质。

接下来，我们将讨论一些理论问题，搞清楚它们将有助于我们理解上述这些解剖发现的功能和意义；不过，在此之前，我还要强调一下，我在这里只简单地介绍了这些大脑区域的最基本的解剖特性。例如，基底神经节其实包括十来个核团，它的结构和神经回路都非常复杂（且已经得到了很好的描述）。

如果想更深入地了解基底神经节，我推荐读者阅读格雷比尔和彦坂等人撰写的出色的综述（Graybiel，2002；Hisosaka et al.，2000）。事实上，很多我在这里根本没有提到过的基底神经节的组成部分都在人类行为中（以及若干神经疾病中）发挥着关键作用。因此，我给出的只是我们理解多巴胺（神经元）在学习和估价过程中的作用所必需的"最低限度"的关于这些神经回路的知识。

强化学习理论

从巴甫洛夫模型到瑞思考拉—瓦格纳模型

理解多巴胺与学习的关系所需的第二组思想来自心理学和计算机科学。这个传统可以追溯到非常久远的历史，但是它的现代起源则是伊万·巴甫洛夫(Ivan Pavlov)和伯尔赫斯·弗雷德里克·斯金纳(B. F. Skinner)的研究。在他所做的著名的"垂涎欲滴的狗"实验中，巴甫洛夫观察到，如果你在

314

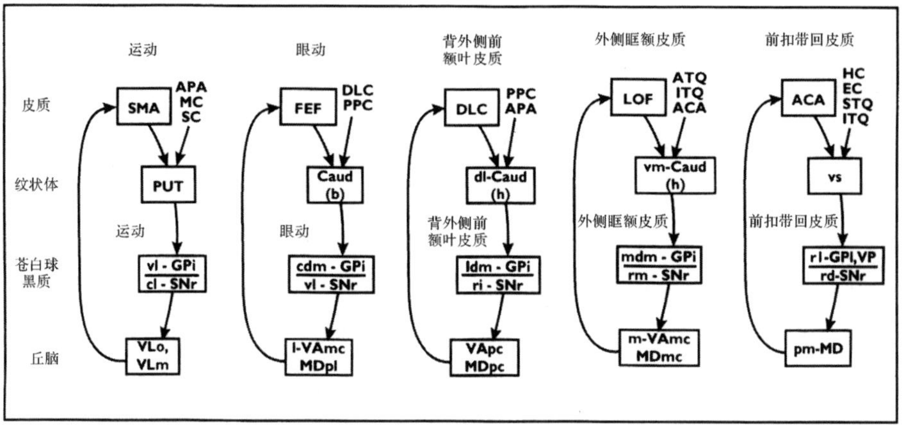

本图根据斯自斯夸尔等人的论著制作 (Squire et al., 2003)

图 13.6　将基底神经节、丘脑和大脑皮质连接起来的五个平行的、相互分离的神经回路

这五个神经回路是根据来自基底神经节的输出信号的主要皮质靶区来命名的，它们分别是：运动、眼动、背外侧前额叶皮质、外侧眶额皮质和前扣带回皮质。图中各字母缩写的全称及中文含义如下：ACA(anterior cingulate area)，前扣带区；APA(arcuate premotor area)，弧形运动前区；CAUD(caudate)，尾状核；b(body)，体；h(head)，头；DLC(dorsolateral prefrontal cortex)，背外侧前额叶皮质；EC(entorhinal cortex)，内嗅皮质；FEF(frontal eye fi elds)，额眼区；Gpi(internal segment of globus pallidus)，苍白球内段；HC(hippocampal cortex)，海马皮质；ITG(inferior temporal gyrus)，颞下回；LOF(lateral orbitofrontal cortex)，外侧眶额皮质；MC(motor cortex)，运动皮质；MDpl(mediulis dorsalis pars paralarnellaris)，背内侧平行部；MDmc(medialis dorsalis pars magnocellularis)，背内侧大细胞部；MDpc(medialis dorsalis pars parvocellularis)，背内侧小细胞部(medialis dorsalis pars parvocellularis)；PPC(posterior parietal cortex)，后顶叶皮质；PUT(putamen)，壳核；Sc(somatosensory cortex)，躯体感觉皮质；SMA(supplementary motor area)，辅助运动区；SNr(substantia nigra pars reticulate)，黑质网状部；STG(superior temporal gyrus)，颞上回；VAmc(ventralis anterior pars magnocellularis)，腹前侧大细胞部；Vapc，腹前侧小细胞部(ventralis anterior pars parvocellularis)；VLm(ventralis lateralis pars medialis)，腹外侧内部；VLo(ventralis lateralis pars oralis)，腹外侧喙部；VP(ventral pallidum)，腹侧苍白球，VS(ventral striatum)，腹侧纹状体；cl(caudolateral)，尾外侧；cdm(caudal dorsomedial)，尾背内侧；dl(dorsolateral)，背外侧；l(lateral)，外侧；ldm，外侧背内侧；m(medial)，内侧；mdm(medial dorsomedial)，内侧背内侧；pm(posteromedial)，后内侧；rd(rostrodorsal)，面对背侧的；rl(rostrolateral)，面对外侧的；rm(rostromedial)，面对内侧的；vm(ventromedial)，腹内侧；vl(ventrolateral)，腹外侧。

摇动一个摇铃后给狗喂食，那么在不断重复之后，狗就会变得习惯于一听到 315
摇铃声，就“垂涎三尺”(Pavlov，1927)。在这个过程中，一种无条件的反应最终变得可以被一个有条件的刺激所激发；这个过程体现了一种规律性，它是心理学中各种学习理论得以建成的最核心的经验规律性之一。巴甫洛夫的假说是，之所以表现出这种“行为规律”，是因为在食物的视觉刺激与唾液腺的激活之间，原本就存在解剖层面的连接；当狗通过不断重复获得了经验之后，“铃声探测”神经元就与这种连接建立了联系。用经典心理学的语言来说，这意味着，“反复接触”强化了狗关于铃声的知觉与唾液腺之间的联想强度(associative strength)。

巴甫洛夫的思想后来被数学化了，率先在这个方面进行尝试的是美国心理学家罗伯特·布什(Robert Bush)和弗雷德里克·莫斯特勒(Frederick Mosteller)。他们认为，从根本上说，巴甫洛夫的狗在连续进行的各轮次实验中以“垂涎三尺”的形式做出反应的概率可以通过如下的迭代方程计算出来(Bush and Mosteller，1951)：

$$A_{下一轮} = A_{上一轮} + \alpha(A_{当前轮} - A_{上一轮})$$

在这个方程式中，$A_{下一轮}$ 代表狗在下一轮实验中“垂涎三尺”的概率(或者更正式地说，它表示的是铃声与“垂涎三尺”之间的连接的联想强度)。根据这个方程式，为了计算出 $A_{下一轮}$，我们可以从狗在上一轮实验中“垂涎三尺”的概率出发，再加上在它从最近的实验轮次中获得的经验的基础上得出来的修正值。这种修正——或者说，误差项——就是该动物的实际经历的东西(在这个例子中，就是指狗吃到的肉松这种奖赏，用 $R_{当前轮}$ 表示)与它所预期的东西(在这个例子中，就是上一轮实验中的 A 值，即，狗在上一轮中“垂涎三尺”的概率)。它所实际获得的东西与它所预期的东西之间的差异，再乘以系数 α。这是一个介于 0 与 1 之间的数值，通常被称为学习率(learning rate)。当 $\alpha = 1$ 时，A 总是立即更新，因而直接等于上一轮实验中的 R。当 α 的值为 0.5 时，则只有一半的误差会得到修正，而 A 的值以一半的速度趋同于 R。当 α 的值很小时(比如说，只有 0.1 左右时)，那么 A 将非常缓慢地增加，向 R 靠拢。

在布什和莫斯特勒看来，可以认为 α 是一个经验参数，它说明表明动物做出那种反应的概率随着经验的增加而提高的速度有多快。学习不是瞬时

316 完成的;有了 α 这个经验参数,布什和莫斯特勒就能刻画这个事实。如果从一个更加“工程师化”的角度来看,那么 α 这个参数的出现,意味着我们能够“创造”一种动物,它能够在一个奖赏不可预期的世界里生存下来。作为一个例子,不妨请读者考虑一下,如果每次铃声响起时,那只狗能够从巴甫洛夫那里得到食物的概率为 0.5,那么将会发生些什么。在这种条件下,当 α 的值为 1 时,会导致联想强度的值在 0 与 1 这两个数字之间来回振荡;相反,如果 α 是一个非常小的数,那么系统将缓慢向 A 等于 0.5 的位置收敛,而 0.5 正是那只狗能够得到食物的实际概率。

在这个例子中,最重要的一点是,A 反映的是对于获得奖赏的概率的估计。假设我们希望这个估计值尽量准确,而且我们有足够的时间来求解这个概率到底是什么,再假设现实世界中的概率永远不会改变,那么,我们就会要一个非常非常小的 α。经济学家应该很清楚,这一点正是动态线性规划中的贝尔曼方程(Bellman equation)的一个特点;很显然,前述布什和莫斯特勒的方程与这个方程是有联系的。①

因此,在一定意义上,布什和莫斯特勒方程计算的是所有以前的试验中的奖赏的平均值。而在这个平均值中,最近一轮实验中获得的奖赏产生的影响是最大的,而在“遥远的过去”获得的的奖赏只有微弱的影响。例如,假设我们将 α 的值设为 0.5,那么就意味着布什和莫斯特勒方程将取最近一轮实验中获得的奖赏来计算误差项,然后用 0.5 去乘该误差项。因此,最新的 A 值的一半是根据这个最近的观察结果构造的。这也就意味着,(来自更早的所有轮次的实验的)所有误差项之和只能解释我们的估计量的一半(“更好的那一半”)。如果我们再分析一下该估计量的“更早的那一半”,那么就发现,它的一半(即,我们的总估计的四分之一)来自于我们更早一轮实验的观察结果;另一半(同样占我们的总估计量的四分之一)则来自于那一轮实验之前的所有轮次的实验。换句话说,这个迭代方程所反映的是,每次迭代都要对所有以前的奖赏加权求和(见图 13.7)。当学习率(α)的值为 0.5 时,起作用的加权规则将是:

$$A_{当前轮} = 0.5R_{当前轮} + 0.25\,R_{t-1} + 0.125\,R_{t-2} + 0.0625\,R_{t-3} + \cdots$$

---

① 在这里,读者可能已经凭直觉意识到(可以证明,这种直觉是正确的),在这样一个方程中,A 的值(在某些条件下)必定会收敛到刺激的实际预期价值。在他们出版于 1998 年的著作中,里奇·萨顿(Rich Sutton)和安迪·巴托(Andy Barto)详细地阐述了这种规范特性。

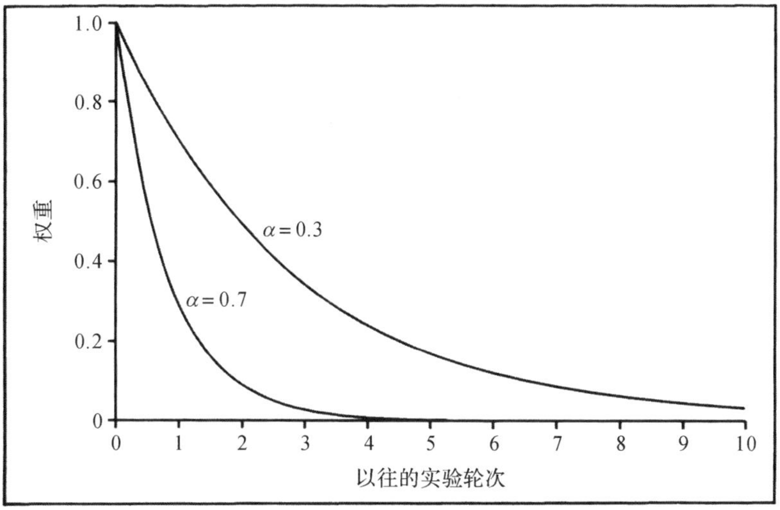

图 13.7 与两个阿尔法(α)对应的加权规则

由此，读者不难注意到，这个加权规则是一个指数级数：权重下降的速度是由 α 的值控制的。

当 α 的取值很大时，指数函数急剧下降，几乎全部权重都落在了最近的经验上。而当 α 的取值很小时，指数函数缓慢下降，以前的观察结果也对平均值有显著影响。只要把前面那个方程的形式改变一下，我们就可以将这个性质清晰地显现出来：

$$A_{当前轮} = \alpha^1 R_{当前轮} + \alpha^2 R_{t-1} + \alpha^3 R_{t-2} + \alpha^4 R_{t-3} + \cdots\cdots$$

经济学家马上就能看出，这是一个"倒退型"贴现函数，其中的 α 在本质上可以说是一种"遗忘率"。它刻画了我们贴现(或者说，"遗忘")以前的奖赏(或回报)的速度

瑞思考拉—瓦格纳模型和期望价值

布什和莫斯特勒方程非常重要，这是因为，它是第一个运用基于误差的迭代规则的模型，构成了研究同类问题的所有现代模型的基础。不过，由于通常被人们称为瑞思考拉—瓦格纳模型的经典条件反射模型的出现，这个事实在很大程度上变得含混不清了。瑞思考拉—瓦格纳模型也非常著名，它是布什和莫斯特勒的办法的推广，用来研究当两个线索(刺激)

318 都“预测”了同一个事件的时候，联想强度会呈现出什么特征；例如，假设在食物出现之前，会先出现一种声音和一段铃声，那么会怎样？或者，假设在狗掌握了食物出现之前会响起铃声这个“规律”之后，再加入一个声音，结果会怎样？在这些条件下，铃声“获得”了何种联想强度？这些都是心理学家罗伯特·瑞思考拉（Robert Rescorla）和艾伦·瓦格纳（Alan Wagner）想要回答的问题。在20世纪70年代，他们创造性地扩展了布什和莫斯特勒的方法，并取得了巨大的成功。他们的研究结果的影响是如此深远，以至于心理学界在很大程度上把布什和莫斯特勒的基本规则也错误地归功于他们了。

在这里必须强调指出的非常重要的一点是，这些早期的心理学模型本质上都是专注于研究经典的条件刺激与条件自动反应之间的联想强度的。它们虽然是关于学习的，但是却不是关于选择的，也不是关于真正的价值的。不过，从动态规划的角度来看，这些基本方程又是很容易扩展（以包括价值）的。为了更加清晰地阐明这一点，请读者考虑这个例子：一只动物如何学习掌握“按下杠杆”这个行为的价值（按下杠杆时，有0.5的概率会掉下四块食物）？我们先看一看布什和莫斯特勒的方程（或，瑞思考拉—瓦格纳模型）：

$$A_{\text{下一轮}} = A_{\text{上一轮}} + \alpha(\text{食物的块数}_{\text{当前轮}} - A_{\text{上一轮}})$$

由于动物在一半的实验轮次中可以获得奖赏（而在另一半的实验轮次中则一无所获），而且每个奖赏的价值都是4，所以我们很清楚这个方程到底意味着什么。如果 α 的取值为1，那么 A 的值将会在0与4之间“跳来跳去”；如果 α 的值无限小，那么 A 将收敛为2。这是一个相当惊人的结果，因为2正是按下杠杆的期望价值。因此，当环境不会改变时，如果 α 的取值足够小，这个方程就会收敛到行动的期望价值（EV），即：

$$EV_{\text{下一轮}} = EV_{\text{上一轮}} + \alpha(\text{食物的块数}_{\text{当前轮}} - EV_{\text{上一轮}})$$

或者

$$EV_{\text{当前轮}} = \alpha^1\ \text{食物的块数}_{\text{当前轮}} + \alpha^2\ \text{食物的块数}_{t-1} + \alpha^3\ \text{食物的块数}_{t-2} + \alpha^4\ \text{食物的块数}_{t-3} + \cdots\cdots$$

这两个方程是完全等价的。上面的方程采取了递归形式，适用于逐轮

计算；而下面的方程在本质上就是上面的方程的展开。 319

如今，布什和莫斯特勒的方程（或，瑞思考拉—瓦格纳模型）已经成了各种关于价值的学习模型的核心，因为这个方程提供了学习期望价值的途径。我们甚至可以证明，只要我们面对的是一个稳定的环境，而且拥有大量的时间，那么这个方程就可以保证收敛到期望价值（读者如果了解这个领域的更多细节，请参阅：Sutton and Barto，1991，1998）。

接下来，我们将讨论这个方程与多巴胺（神经元）的关系。不过在此之前，还必须先阐明以下两个关键的问题：这个方程与效用有什么关系？它与参照点又有什么关系？

效用与参照点

布什和莫斯特勒的方程收敛于期望价值，条件是，只要我们把每个奖赏的客观价值视为输入。那么，布什和莫斯特勒的方程与效用有什么关系呢？显而易见，如果我们把效用（而不是实际价值）作为输入的话，那么布什和莫斯特勒的方程收敛为实际期望效用（EU），即：

$$EU_{\text{下一轮}} = EU_{\text{上一轮}} + \alpha(U(\text{食物的块数}_{\text{当前轮}}) - EU_{\text{上一轮}})$$

为了更好地理解这个事实，不妨让我们假定：食物的效用按一个幂函数随着食物的块数的增多而提高；例如，假设这个幂函数的形式为**食物的块数$^{0.6}$**，我们就可以直接用食物的块数$^{0.6}$替代上式中的U（食物的块数$_{\text{当前轮}}$）。这样一来，布什和莫斯特勒的方程就会收敛为以 0.5 的概率获得 4 块食物的期望效用（这大约等于 2.3“尤特尔”）。

再考虑这样一个例子。假设一只动物试图学习掌握“触碰一个自动分液器”这个动作的价值（这个自动分液器会以一定概率提供特定浓度的糖水）。在本书前面的章节中，我们已经知道，舌头的感觉神经的放电率是糖的浓度的幂函数。如果我们把这些神经的输出作为布什和莫斯特勒的方程的输入，那么结果又会怎样呢？不难看出，在这些条件下，有：

$$Q_{\text{下一轮}} = Q_{\text{上一轮}} + \alpha((\text{糖的浓度}^{0.6}) - Q_{\text{上一轮}})$$

其中，$Q_{\text{下一轮}}$是动物学到的自动分液器的价值。当然，我们（或动物）能够学到的是触碰自动分液器的期望效用，而不是期望价值；这一点经常被人们忽略。这是因为，我们所有的感觉系统在编码的第一阶段就会执行转换功能(包括不可逆的参照点变换)，所以没有任何一个强化学习系统能够了解
320 我们的行动的客观价值。我们所能学习掌握的，只是这些行动的主观价值。

这个结果对于我们正确理解参照点有非常重要的意义。在下文中，我们将对此进行深入细致的讨论；不过，在这里，我们先来考虑一个完全静止且将持续到永远的世界(即，一个永远都不会改变的世界)。在这样的世界中，在任何一个给定的时刻，我们都可以在我们过去得到的所有奖赏(回报)的基础上，计算出我们未来所有的行动的期望效用。从实质上说，上面的 $Q_{下一轮}$ 就是通过这种计算过程得到的。这样，在一个非常现实的意义上，我们可以认为，$Q_{下一轮}$ 是我们对于我们的一个未来行动能够得到什么奖赏的理性预期(以一定的主观价值来表示)。因此，至少在第一近似的意义上，$Q_{下一轮}$ 是相对于某个给定动作的一个参照点。当我们真的做出了那个行动时，获得的奖赏是高于我们的预期还是低于我们的预期，是通过如下这一项来刻画的：

$$(糖的浓度^{0.6})-Q_{上一轮}$$

这一项就是通常所称的奖赏预测误差(reward prediction error，简称"RPE")。需要注意的是，奖赏预测误差是一种参照依赖的表征期望主观价值的方法，它是各种各样的标准学习模型的核心。这一点非常重要。

萨顿和巴托：时间差分学习模型

我在上面叙述的关于强化学习模型的那些故事都是发生在心理学发展过程中的故事；同时在一个较小的程度上，也是动态规划理论发展过程中的故事。但是，到了 20 世纪 90 年代，这个故事的"主角"突然改变了。计算机科学家里奇·萨顿和安迪·巴托对这些理论模型进行了认真的反思，并发现了它们存在的两个关键问题(Sutton and Barto，1991)。

1. 所有理论模型都假定时间流逝的单位是固定的，这个单位通常被称为"轮次"(trial)。例如，在布什和莫斯特勒的方程(以及，瑞思考拉—瓦格纳模型)中，实验是一轮接一轮地进行的，而且各个行动的价值的更新仅仅发生在各轮实验之间。但是在现实世界中，时间的连续性无疑要强得多。萨

顿和巴托认为,一个内在一致的学习理论必须反映这个特点。在一轮试验 321
中发生的不同事件可能意味着不同的东西,例如,可能意味着关于价值的不同东西。最起码,一轮实验内的时间必须得到更加完整的表征。

2. 第二个关键问题是,这些理论模型都只是以一种非常初步的方式讨论了如何把相继出现的刺激(例如,一个声音后面跟一段铃声)与后来发生的事件(其价值可能为正,也可能为负)联系起来的问题。对于"铃声或杠杆预测了奖赏"这种类型的学习,这些理论模型是非常有效的。但是,对于"如果灯光能够完美地预测杠杆的出现,那么这种灯光就意味着杠杆的出现没有任何新的意义"这种类型的学习,这些理论模型的表现就不怎么样了。

里奇·萨顿和安迪·巴托还揭示了原有的学习理论的另外两个相对较小的问题。

1. 虽然布什和莫斯特勒的方程看起来可以计算出一个不变的世界中的刺激的实际期望价值(或效用),但是我们却不知道,当世界处于不断变化当中时,它如何实现最优。据此,萨顿和巴托追问道,诸如布什和莫斯特勒的方程这样的模型,怎样才能纳入一个更加规范的学习理论中去?

2. 作为计算机科学家,萨顿和巴托还从另一个角度提出了这样一个问题:现实世界中的系统怎样进行调整,以接近完美的规范系统的理想行为?为此,他们构造了一系列仿真强化学习系统,检验乐观偏差(optimism bias)和其他行为特征。

为了解决所有这些问题,萨顿和巴托创建了后来人们所称的时间差分学习模型(Temporal Difference Model)。在他们撰写的那本关于强化学习的通俗易懂的经典著作中,他们详细描述了这个模型;不过在这里,我只能简单地总结一下他们所取得的最重要的进展。

萨顿和巴托一开始就指出,从根本上看,布什和莫斯特勒的方法的实质是把学习系统试图解决的问题进行了"面向过去"的陈述。布什和莫斯特勒已经阐明,我们是如何学习掌握以往的行动的价值的;但是萨顿和巴托却认为,学习系统的目标应该是预测未来事件的价值。当然,预测未来必须以过去的经验为基础,所以这两种方法仍然是存在密切的关系的。但是关键在于,萨顿和巴托在提出时间差分学习模型时,就有了一个非常明确的目标,

322 那就是,预测未来的价值。

这是一个至关重要的区别,因为自那之后,我们思考奖赏预测误差的方式就发生了完全的改变。在布什和莫斯特勒的方程那种类型的模型中,奖赏预测误差是过去的奖赏的加权平均值与你刚刚获得的奖赏之间的差异。当这两者相等的时候,"误差"就不存在了,同时"学习"系统也就不学习了。与此相反,萨顿和巴托则认为,我们应该把奖赏预测误差项视为我们对未来所有的回报的理性预期与导致我们修正我们的预期的信息(这可能是实际的奖赏,也可能是奖赏马上就会"到来"的一个信号)之间的差异。例如,如果我们的预测是,在接下来的10分钟内,我们每分钟都将得到一个奖赏,但是一个视觉提示(视觉线索)则告诉我们,我们不会只获得10个奖赏,而是在11分钟内每分钟都会得到一个奖赏,那么当那个视觉提示出现时,奖赏预测误差就存在了,而不是在过了11分钟之后当那个额外的奖赏真的"到来"时才出现(到那时,这已经成了完全可预期的了)。这是萨顿和巴托的模型(以及同类模型)与布什和莫斯特勒的模型(以及同类模型)之间的一个关键区别。

萨顿和巴托的目标是,构造一个理论,既可以处理更加连续的时间概念,又能够形成关于未来奖赏的理性预期(或接近理性的预期)。为此,他们抛弃了简单的基于实验轮次的表示时间的方法,转而将时间表示为一系列离散的瞬间,而各瞬间则共同构成了一个"超实验轮"(super-trial)。他们认为,在学习过程中,学习不仅仅发生在每个"超实验轮"结束的时候,而且还发生在每一个离散的瞬间内。

要想搞清楚他们是如何做到这一点的,试考虑一个有些类似于(普通的)布什和莫斯特勒的模型的时间差分学习模型。具体地说,这个模型是这样的:每一轮(实验)都可以看作由20个瞬间构成。我们现在要做的是,预测在所有这20个瞬间中的每个瞬间的期望奖赏是多少;所有预测值的总和就是我们对总奖赏的预测。为此,我们可以把这20个瞬间的预测值表征为一个由20个习得的价值构成的集合,每一个价值对应于一个瞬间。显然,时间差分学习模型与瑞思考拉—瓦格纳模型的第一个关键的不同之处就体现在这里。第二个不同之处则体现在,所有这20个预测值是如何产生的。

在时间差分模型中,每一个瞬间的预测不仅仅指那个瞬间所预期的奖赏,而且还指随后各瞬间的奖赏的(贴现后的)总和。

要理解这一点,先来考虑 V_1 这个价值估计量,它是我们赋予这 20 个瞬间中的第 1 个瞬间的价值。要估计这个值,就不仅需要对这个瞬间预期到的任何一个奖赏的价值进行编码,还需要对下个瞬间预期到的任何一个奖赏用特定的贴现因子贴现后的价值进行编码,还需要对下下个瞬间预期到的任何一个奖赏用特定的贴现因子进一步贴现后的价值进行编码……以此类推。从形式上看,在这把"时间刻度尺"的第一个刻度上的价值函数如下: 323

$$V_1 = r_1 + \gamma^1 r_{t+1} + \gamma^2 r_{t+2} + \gamma^3 r_{t+3} + \gamma^4 r_{t+4} + \cdots\cdots + \gamma^{19} r_{t+19}$$

其中,γ 是贴现参数,用来刻画我们每个人都偏好较早实现的奖赏(它能够带来更多的效用)甚于较迟实现的奖赏这种倾向。γ 的大小取决于具体的个体。由于这是一个强化学习系统,因此在估计每个瞬间的 r 的时候,它也会自动地把概率这个因素考虑进去;而这也就意味着,上面这个方程式中给出的各个 r 其实是那些时刻观察到的期望奖赏或平均奖赏。如果我们进一步想象,这些期望奖赏在转换为效用之后(如前一章所述),会在神经层面上被编码,那么上面这个方程式就可以还原为:

$$V_1 = E[u_1 + \gamma^1 u_{t+1} + \gamma^2 u_{t+2} + \gamma^3 u_{t+3} + \gamma^4 u_{t+4} + \cdots\cdots + \gamma^{19} u_{t+19}]$$

其中,E 表示这个式子是描述期望奖赏或平均奖赏的,u 表示这种贴现之后的预期是用"尤特尔"来衡量的。[①]这个方程式有一个特点马上就能引起我们的注意,那就是,它在形式上与拉宾和科塞吉用来定义参照点的方程式是基本相同的(请读者回头去看一下本书第十二章)。虽然在他们那种情况下,这个参照点是用来指导选择,而不是指导学习的。因此,在时间差分学习模型中,不管什么时候出现了获得的奖赏偏离了预期的情况(无论是未来,还是现在),学习都可以发生。这种情况,用新古典主义经济学的术语来说,这就意味着无论何时,只要出现了效用冲击语言,学习就会发生。

但是,时间差分学习模型在算法的层面上比前述拉宾—科塞吉模型更进一步,拉宾和科塞吉只定义了一个用来在不同的效用冲击之间进行选择的参

① 或者,如果我们要求完全的基数性,那么就用主观价值单位。

照点,而时间差分学习模型还阐明了长期预期是如何得以更新的。为了实现这一点,时间差分学习模型利用旧有的预测与当前的预测之间的差异构造了一个预测误差(这种做法很像布什和莫斯特勒的方程)。这个预测误差再乘以
324 学习率,得到的结果则加入到当前时刻的估计价值当中。有两类事件都可以导致正的预测误差:第一,在获得了一个意想不到的奖赏时;或者,第二,在得到了可以用来预测未来奖赏(以及先前没有想到的奖赏)的信息时。

为了进一步说明问题,请读者考虑这样一种情形:一只动物在一轮实验中要经历 20 个瞬间;在任何一个不可预先确定的瞬间,这只动物都有可能以 0.01 的概率获得奖赏。在这种情况下,能不能获得奖赏可以说是几乎完全不可预测的,这就会导致在真的获得奖赏的那个瞬间,出现很大的奖赏预测误差,从而导致那个瞬间的价值的增加。但是,在接下来的实验轮次中,由于这只动物通常得不到奖赏(因为概率是如此之低),因此在随后的各个瞬间中,那个瞬间的价值将不断递减。如果学习率很低,那么价值这种先增加再递减的过程所导致的结果将是,那个瞬间的价值将不断波动,最后接近于零。当然,在这种条件下,这个假想的实验轮次中的所有 20 个瞬间的每一个瞬间,都可以是这样。

接下来,再考虑这种情形:当我们在第 5 个瞬间发出了一个声音,然后在第 15 个瞬间提供奖赏,那又会发生什么?当这种情况第一次发生的时候,这个声音不会传递任何关于未来奖赏的信息,因此动物也就不会产生关于回报的预期,这样也就不存在驱动学习过程的预测误差。而到了第 15 个瞬间,与此相反,动物得到了意外的奖赏,所以会出现预测误差,从而驱动那个瞬间的学习。现在,时间差分学习模型的目标是,通过有效的学习,使第 15 个瞬间得到奖赏这个事件变得"一点也不令人惊奇"。换言之,这个学习系统的目标是在第 15 个瞬间,当奖赏出现时,动物不会产生预测误差。为什么后来这个奖赏是"一点也不令人惊奇"的?它之所以不足为奇是因为前面出现了一个声音。因此,时间差分学习模型的目标就是要把预测误差从出现奖赏的那个瞬间转移到出现声音的那个瞬间。

时间差分学习模型实现这个目标的方法是,不仅给获得的每个奖赏赋予当前的瞬间的价值函数,而且还要赋予前面几个瞬间的价值函数(至于究

竟多少个，则是模型的一个自由参数）。这样一来，随着时间的推移，与那个奖赏联系在一起的意想不到的价值增量就可以逐渐而有效地向前转移到出现声音的那个瞬间了。它之所以会在那个瞬间停下来，是因为除了这个声音之外，再也没有什么东西能够预测未来的奖赏了。在这个声音出现之前，已经出现过一种灯光，那么上述预测将会继续反向传播到更早的那种灯光为止。通过这种方式，时间差分学习模型利用刺激模式和已经获得的奖赏的经验构造出了关于未来奖赏的预期。325

这里需要追问的一个问题是：通过这种方式构造出来的预期的"理性"程度究竟如何？或者说，时间差分学习模型真的能够准确地预测外部世界发生的事件的价值吗？毫无疑问，这主要是一个规范层面的问题。在现实生活中，这个问题的答案很可能是"不"，但是幸运的是，萨顿和巴托在分析这个问题时，却阐明了与规范理论的一个明确的联系。他们指出，如果能够保证奖赏在时间上反向传播的"距离"足够远，那么时间差分学习模型的解就可以等价于一个理想的动态规划解。因此，它确实变成了规范性的。但是，这种理想的解也有缺点，那就是，行为主体需要花费无限长的时间才能构造出适用于特定环境的一组函数。因此，经历过的奖赏在时间上反向传播的速度反映了学习速度与学习准确性之间的一种权衡。这个洞见是我们理解一切规范性的学习理论的关键一步。

最后，萨顿和巴托还在时间差分学习模型中嵌入了一些"技巧"和"妙招"，以保证学习更有效率。其中最好的一个例子是，许多版本的时间差分学习模型都不把新异刺激的价值设置为0(上面的例子中却是这样做的)，而是设置为一个很小的正数值。这相当于增加了这样一个假设：任何新异的事件在某种程度上都是正面的。初看之下，这个假设似乎是稍微有点危险的，但是萨顿和巴托(Sutton and Barto，1998)以及其他一些学者(Brafman and Tennenholtz，2003)证明，在许多条件下，这种假设都可以导致更快、更高效的学习。

强化学习理论的一个不全面的总结

时间差分学习模型有几个非常有趣的特点，它们代表了现代学习理论的最新发展水平。在时间差分学习模型中，作为出发点的假设是动物(和人类)希望就它们(他们)有理由预计会经历的收益和损失建立有效的预测模型。时间差分学习模型提供了推导这种预期的一种机制(其根源可以追溯到最优动态规划理论)。虽然这个机制并不完全是规范性的,但是它在特定的约束条件下,它确实能逼近规范解。最后,时间差分学习模型还允许我们研究关于世界的先验假设发生变化时所带来的影响,甚至允许我们研究时间的平均价值改变的后果(例如,Niv et al.,2007)。但是,所有这些有趣的功能,都不意味着时间差分模型是一个"硬"的理论,除非我们能够证明,时间差分模型确实是与存在于哺乳动物的大脑中的实际学习机制相关的。

多巴胺的生理机能与关于多巴胺的理论

326 多巴胺激活状况与奖赏预测误差有关,这个了不起的洞见的起源最早可以追溯到舒尔茨和他的同事们所做的经典研究(本章一开始就介绍了他们的研究)。在 20 世纪 90 年代中期,舒尔茨和他的同事们采用单神经元记录方法,收集了猴子被试在完成经典的条件反射任务时它们大脑中的多巴胺神经元的激活情况的数据。在他们的实验中,一开始,口渴的猴子被试要静静地坐着,等待两种条件中的其中一种条件的出现。在第一种条件下,猴子被试可以得到喷到它们嘴里的一些水(时间是不可预知的)。

舒尔茨观察到,在这种条件下,猴子的多巴胺神经元对水的回应是:不可预测的水一旦喷到它们的嘴中之后,多巴胺神经元的动作电位立即就会进入一个"爆发"状态(见图 13.8)。在第二种条件下,相同的猴子被试坐在那里,在呈现给它们一个视觉刺激后,它们的嘴里会被喷进一些水(见图 13.9)。在这第二种条件下进行的第一轮实验中,猴子的多巴胺神经元的反应与第一种条件下一样:给它们提供了水之后,多巴胺神经元的动作电位进入"爆发"状态,而在给它们呈现了那个先行的视觉刺激之后,多巴胺神经元却几乎没有任何反应。但是,随着实验的重复进行,却发生了两件新的事情。首先,多巴胺神经元对水的反应的强度持续下降;等到重复进行了几十轮试验后,水的到来就无法唤起多巴胺神经元的任何反应了。其次,在同一过程中,多巴胺神经元开始对视觉刺激做出反应,而且随着对奖赏本身的响应程度的下降，对视觉刺激的响应程度却一直在增大。

在看到舒尔茨的论文后，里德·蒙塔古和彼得·达扬意识到，这些结果反映的不是布什和莫斯特勒的模型（以及瑞思考拉—瓦格纳模型）定义的奖赏预测，而是时间差分学习模型所预测的奖赏预测误差信号。

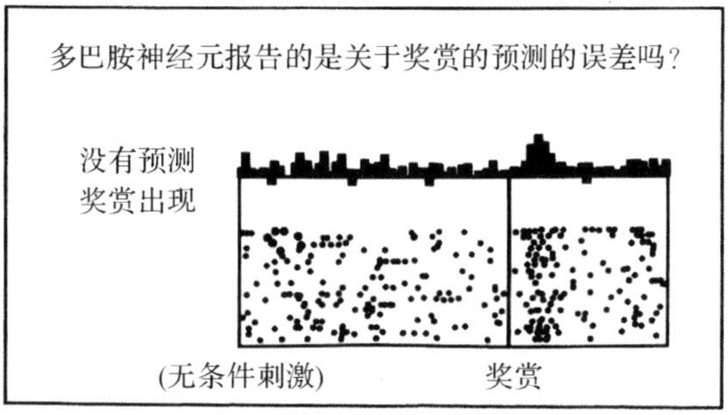

改编自舒尔茨等人的论著(Schultz et al.，1997)

图 13.8

327

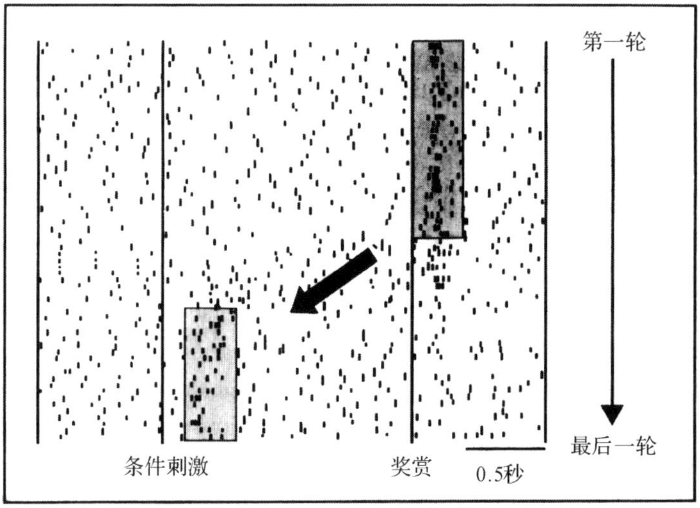

改编自舒尔茨等人的论著(Schultz et al.，2006)

图 13.9

请读者注意，在时间差分学习模型中，每当行为主体对奖赏的预期发生了改变的时候，就会生成一个奖赏预测误差。这就意味着，对于一个像时间差分学习模型的模型来说，一旦一个不可预知的视觉线索变得可以预测奖赏时，这个不可预知的视觉提示其实就是在告诉你，世界比你所预期的还要

"美好"一些。在这里,蒙塔古和达扬最关键的一个直觉是,舒尔茨所观察到的现象(在视觉线索出现后多巴胺神经元就"早早"地进入了"爆发状态")表明,他的实验就是一个时间差分学习系统。

两种多巴胺反应,一种理论

上面所说的这一点非常重要,而且围绕着它,也出现了不少模糊认识,因此在这里我想多花一点篇幅阐述清楚。许多只熟悉布什和莫斯特勒的方程那一类模型(瑞思考拉—瓦格纳模型就属于这一类)的科学家都了解舒尔茨的实验结果,而且都被他的实验所揭示的两种明显不同的多巴胺神经元反应模式深深地震动了。(一种是对奖赏的反应,仅出现在实验的初期;另一种是对视觉提示的反应,只出现在实验的末期。)布什和莫斯特勒的模型只能预测与奖赏本身同步的第一种反应,所以这些学者往往会得出这样一个结论,即,多巴胺神经元在做着两件不同的事情,而且只有其中一件是理
328 论模型可以预测的。但是,如果我们同时也考虑了像时间差分学习模型这样的模型(这类模型早在多巴胺神经元得到了大量研究之前十多年就已经问世了),那么就不难看出,这种说法是错误的。萨顿和巴托在 20 世纪 80 年代早期提出了一个重大理论创见,那就是,无论在什么时候,只要出现了新的东西,使行为主体对即将到来的奖赏的预期发生了变化,强化学习系统就应该使用奖赏预测误差信号来驱动学习。例如,一旦那只猴子了解到,那个声音预示奖赏即将到来,那么在任何一个它意想不到的时间出现的声音就是这样一个正的奖赏预测误差(即,正效用冲击),其效果与意想不到的奖赏本身是一样的。这里的关键在于是,根据时间差分学习模型,在舒尔茨的实验的早期和晚期观察到的多巴胺神经元的"爆发"其实是同一件事情。这也就意味着,我们没有必要去推断,在这些轮次的实验中,多巴胺神经元"做了两件不同的事情";它们都只是在对奖赏预测误差进行编码,而且是以一种理论可以预测的形式进行编码的。

负的奖赏预测误差

舒尔茨还进一步推广了这些研究结果。在上面提到的同一篇论文中,

舒尔茨还考虑了这样一种情形:当猴子预期会出现的奖赏落空了的时候,又会发生什么? 在这种情况下,这只动物就会经历了我们所称的负的奖赏预测误差(见图 13.10)。为了在实验中研究这个问题,舒尔茨首先训练他的猴子学会在看到一个视觉提示后预期奖赏将随之而来,然后在极少数实验轮次中故意不提供水(奖赏)。结果,舒尔茨发现,在这种条件下,多巴胺神经元对这种被有意漏掉的奖赏的反应是,它们的放电率下降,并落到了基线水平以下。 329

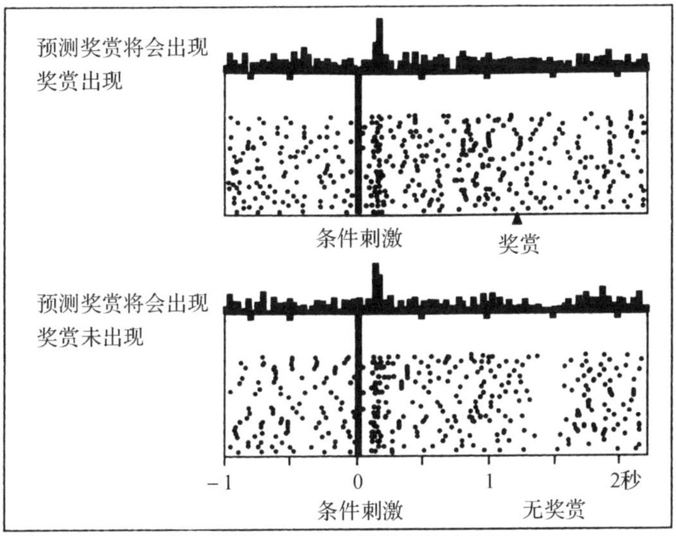

改编自舒尔茨等人的论著(Schultz et al., 1997)

图 13.10

从奖赏预测误差的角度出发,这个结果也可以用一个类似于时间差分模型的模型来解释(而且,在这种特殊的条件下,还可以用类似于布什和莫斯特勒的方程的模型来解释)。在这种情况下,一个意想不到的视觉提示预测着一个奖赏。多巴胺神经元在"看到"这个视觉提示时出现的"爆发"性的动作电位是对这时候的奖赏预测误差的反应。而当这个预期的奖赏落空了的时候,就会产生一个负的奖赏预测误差;而且,多巴胺神经元对这个被有意漏掉的奖赏的反应也确实是"负"的——它们的放电率下降了。不过,多巴胺神经元的这种反应还有一个有趣的特点,那就是,这些神经元在这种情况下的反应并没有过于"激烈"。当一个意想不到的奖赏被呈现给它们时,它们的放电率可能会从基线水平(3 至 5 赫兹)急剧增加到 20 至 30 赫兹;但是,当同一个奖赏被有意地漏掉时,它们的放电率将会下降到 0 赫兹左右,也就是说,总降幅只有 3 至 5 赫兹。

如果某个时间差分学习模型假设,多巴胺神经元放电率偏离基线水平的大小是与奖赏预测误差线性相关的,那么面对这个实验结果,我们就不得不得出结论说,灵长类动物在估价时,受负的奖赏预测误差的影响要小于受正的奖赏预测误差的影响。

但是,正如我们早就知道的,人类和非人类灵长类动物对低于预期的损失比对高于预期的收益敏感得多(Chen et al., 2006; Kahneman and Tversky 1981, 1986; Lakshminarayanan et al., 2008; Santos and Lakshminarayanan, 2008)。因此,舒尔茨这个发现(正的效用冲击使多巴胺神经元的放电率发生改变的幅度大大超过负的效用冲击)意味着两种可能性,它要不是说明了这种放电率与实际学习过程之间的关系在零点附近是严重非线性的,就是说明了多巴胺神经元对正的效用冲击和负的效用冲击是分别编码的,即,还存在第二个专门用于负的冲击的系统。后面这种可能性是纳撒尼尔·道和他的同事们最先指出的(Daw et al., 2002)。他们认为,很可能有两个系统一起在对奖赏预测误差进行编码,其中一个负责编码正的奖赏预测误差,另一个负责编码负的奖赏预测误差。在本章下面的内容中,我们还会回过头来讨论这种观点。

将时间差分学习模型和规范理论与多巴胺神经元的放电率联系起来

时间差分学习模型这种类型的理论给出的预测则简单得多:必定存在这样一些神经元,在面对正的效用冲击时,它们给出的是正的回应;在面对
330 负的效用冲击时,它们给出的则是负的回应。而且,在一个规范性更强的层面上,这类模型的迭代计算方法还告诉我们,这些神经元是如何将实际的近期奖赏与它们自己的奖赏预期结合起来的。请读者回忆一下,在本章之前的章节中,我们已经指出过,下面两个方程式(前面这个方程式是用递归方法计算下一轮的期望价值,后面这个方程式是用一个指数型加权函数计算当前的奖赏的期望价值)是等价的:

$$EV_{\text{下一轮}} = EV_{\text{上一轮}} + \alpha(\text{食物的块数}_{\text{当前轮}} - EV_{\text{上一轮}})$$

以及

$$EV_{\text{当前}} = \alpha^1\text{食物的块数}_{t-1} + \alpha^2\text{食物的块数}_{t-2} + \alpha^3\text{食物的块数}_{t-3} + \alpha^4\text{食物的块数}_{t-4} + \cdots\cdots$$

其中，α 为学习率，它是一个介于 0 与 1 之间的数值型参数。假设我们给定 α 的值为 0.5，那么就有

$$EV_{\text{当前}} = 0.5\text{食物的块数}_{t-1} + 0.25\text{食物的块数}_{t-2} + 0.125\text{食物的块数}_{t-3} + 0.0625\text{食物的块数}_{t-4} + \cdots\cdots$$

接下来，我们假设多巴胺神经元确实在对奖赏预测误差进行编码(即，它们编码得到的奖赏与预期的奖赏之间的差异)。在一个简单的条件反射任务或选择任务中，这个假设意味着，这些神经元编码的是这样一种东西：

$$RPE = R_{\text{得到的}} - [0.5\text{食物的块数}_{t-1} + 0.25\text{食物的块数}_{t-2} + 0.125\text{食物的块数}_{t-3} + 0.0625\text{食物的块数}_{t-4} + \cdots\cdots]$$

萨顿和巴托给出的时间差分学习模型的规范定义(Sutton and Barto, 1998)并没有告诉我们 α 在各种特定条件下究竟应该取多大的值(这个例子中所用的 0.5，是我任意指定的)。但是我们知道，在任何一个固定不变的环境中，上面这个方程式的括号内的部分的权重肯定会呈指数型衰减。我们还知道，当预测的奖赏等于获得的奖赏时，预测误差应等于零。这也就意味着，$R_{\text{得到的}}$ 的值正好等于上面这个方程式的括号内的部分。

为了检验这些假说，拜耳和我(格莱姆齐)记录了参加一个学习和选择任务的猴子的多巴胺神经元的活动情况(Bayer and Glicher, 2005)。在我们这个实验中，猴子必须精确地把握时机——在每一轮实验中，为了得到奖赏，它们都要做出一个反应，但是只有在特定的时间段内及时做出反应才能得到最多的奖赏，而且，这个最佳时间段在不同的实验板块之间是不同的。 331
显然，在每一轮试验中，猴子被试都(至少在原则上)可以根据自己在以前的实验轮次中积累起来的信息来形成一个关于奖赏的预测。然后，猴子做出“决策”，并获得它的实际奖赏。它预测的奖赏与实际得到的奖赏之间的差异就是奖赏预测误差，这个误差应该与多巴胺神经元的放电率相关。

为了对这个预测进行检验，拜耳和我(格莱姆齐)对猴子被试在“历史上”获

得的奖赏与它们的多巴胺神经元的放电率之间的关系进行了一个简单的线性回归分析。从根本上说，我们这个线性回归分析试图回答的是这个问题：能够将所有这些先前的奖赏信息组合起来，以便对多巴胺神经元的放电率给出最好的预测的加权函数是什么？我们的猜测是，如果多巴胺神经元是一个迭代计算奖赏预测误差的系统，那么增加当前轮次的奖赏应该能够提高多巴胺神经元的放电率；而增加以前轮次的奖赏应该会降低多巴胺神经元的放电率，这是通过一个指数下降的权重实验的。最后，这个回归分析还应该表明，所有"旧"的权重的总和等于赋予当前奖赏的权重(但是符号相反)。事实上，拜耳和我(格莱姆齐)发现的就是这些(图 13.11)。

因此，多巴胺神经元的放电率可以很好地描述为，计算出以前所有奖赏的指数加权和，然后再减去最近那个奖赏的影响。

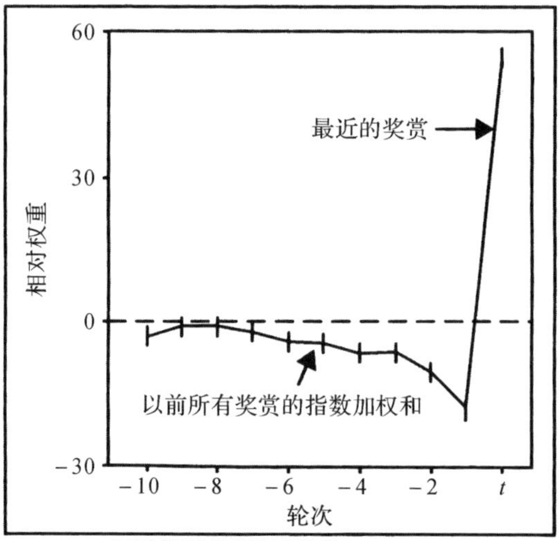

改编自拜耳和格莱姆齐的论著(Bayer and Glimcher, 2005)

图 13.11　拜耳和格莱姆齐的加权函数

332 进一步地，拜耳和我(格莱姆齐)还发现，就像之前预测的，这些递减的指数型权重的积分等于赋予最近那个奖赏的权重。重要的是，这并不是递归方法本身所要求的。从这种分析中，任何一个可能的加权函数都是可以推导出来的，但是我们能够观察到的加权函数必定就是规范的"锚"理论所预测的那一个(时间差分学习模型就是从这种"锚"理论中推导出来的)。

拜耳和我(格莱姆齐)得到的第二个结果是，对应于正的效用冲击的加权函数与对应于负的效用冲击的加权函数存在着很大的不同。相比较而言,多巴胺神经元似乎对负的效用冲击相当不敏感。尽管后续的进一步研究表明(Bayer,Lau,and Glimcher,2007),当引入了足够复杂的非线性之后,多巴胺神经元的放电率同时对正的奖赏预测误差和负的奖赏预测误差进行编码的机制还是能够构造出来的,但是,这些结果无疑也提高了存在一个负责编码负的奖赏预测误差的专门化的系统的可能性。

多巴胺神经元与奖赏的概率

在上面这些研究成果的基础上,舒尔茨和他的同事们又观察到了多巴胺神经元的另一个有趣的特点,它同样能用时间差分学习模型描述多巴胺神经元。在一篇著名的论文中(Fiorillo et al.,2003),舒尔茨和他的同事们证明,在经典的条件反射任务中,如果奖赏是概率性的,那么在从奖赏线索出现到奖赏真正兑现这个时间段内,多巴胺神经元的激活情况呈现为一个“斜坡”。

请读者回忆一下,我们前面在讨论时间差分学习模型时,曾经指出这些学习系统的实质是,在时间上将“奖赏的责任”反向传播。也就是说,这里涉及的是如何在时间上把对于意想不到的奖赏的反应向更早的时间移动,并使之附着在预测后来会出现奖赏的更早的刺激上。而且,这个理论还预测,正的效用冲击和负的效用冲击都是以同样的方式进行反向传播的。

现在,以上述思想为基础,我们再来考虑这样一个实验场景:在猴子被试看到了一个视觉提示后,它会听到一个声音,然后在一秒钟后,它有0.5的概率可以获得1毫升水的奖赏。在这种情况下,这个声音的价值是0.5毫升水(或者,更准确地说,是0.5乘以1毫升水的效用)。在这个实验的一半轮次中,猴子真的得到了奖赏,这时它遭受了正的效用冲击,其值为0.5;而在另一半轮次中,猴子所预期的奖赏却落了空,这时它遭受了负的效用冲击,其值也为0.5。人们应该不难想到,这两个奖赏预测误差信号都会向更早的时间反向移动到视觉提示出现的那个位置。 333

而从多轮实验的平均结果这个角度来看,人们可能会希望看到这两种传播信号相互抵消。然而,如果多巴胺神经元对正面冲击的反应比负面冲击更加强烈的话(例如,Bayer and Glimcher,2005),情况还是如此吗?根据这些条件,时间差分学习模型的预测是,多巴胺神经元的活动将表明,正面冲击在时间上反向传播形成的"斜坡"将会高得多。舒尔茨在实验中观察到的结果正是如此(见图 13.12)。

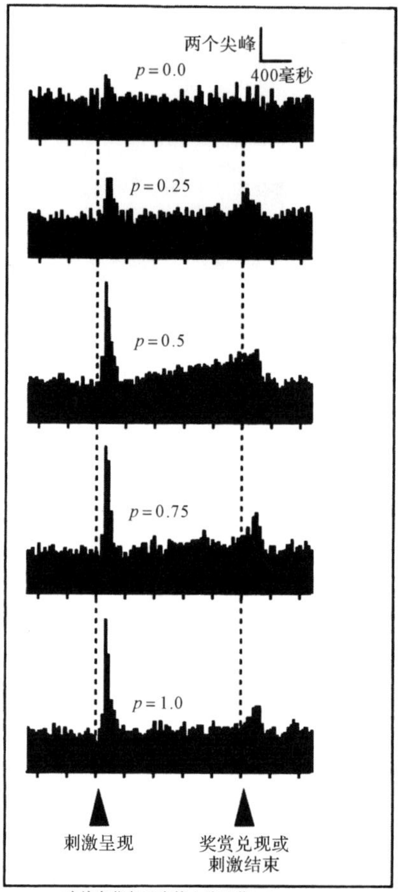

改编自菲奥里洛等人的论著(Fiorilo et al., 2003)

图 13.12　舒尔茨的"斜坡"

334　但是,舒尔茨的实验中观察到的这个"斜坡"一直颇受争议,而且还导致了很多混乱的观点。在他最初的研究报告中,关于这种"斜坡",舒尔茨提出两个看法。第一,"斜坡"的大小和形状携带着与以前的奖赏的历史有关的信息;第二,作为一个新的发现,"斜坡"的存在表明神经元在以一种理论无法预测的方式对"不确定性"进行编码。他所说的第一点当然是无可争议的。但是第二点则大有疑问:只有在假定正的奖赏预测误差和负的奖赏预测误差的编码方式彼此之间互为精确镜像的时候,它才可能是正确的。如果情况不是这样,例如,像拜耳和我(格莱姆齐)的实验数据所暗示的,负的奖赏预测误差和正的奖赏预测误差在多巴胺神经元中的编码可能是不同的,那么这种“斜坡”就不但是现有理论已经成功预测到的,而且是现有理论“要求”必定如此的。这一点,其他一些学者也认识到了(例如,Niv,Duff,and Dayan,2005)。

效用转换与多巴胺神经元

在上面这几节,我对多巴胺神经元的讨论全都是以这样一个基本思想为核心的:这些细胞是对一种预测误差进行编码的——根据这种预测误差,可以计算出一个动作或一个声音的期望价值或类似的东西。现在,再让我们回过头去看一看一个在本章开篇部分就提到过的观点:多巴胺神经元接收到的输入要转换为主观价值。如果真是如此,那么根据时间差分学习模型,这个系统将向一个更接近期望效用而不是期望价值的东西收敛。在我们在本书第十二章中已经论述过的那些议题中,这一点是至关重要的。如果真能证明,多巴胺神经元的放电率不仅对参照点进行编码,而且会收敛到一个主观价值上(而不是客观价值)上,那么对我们关于选择的理论意义将极其巨大。那么,这些神经元嵌入在它们的放电率中的,到底是主观价值还是客观价值呢?

这是一个聚讼纷纭的问题,而且它的答案才刚刚开始露出一点端倪。例如,在我(格莱姆齐)和拜耳等人的研究中(Bayer and Glimcher,2005;Bayer,Lau and Glimcher,2007),果汁(毫升数)与奖赏预测误差之间的一个线性映射已经被构造出来了;舒尔茨和他的同事们也对此进行了检验(Tobler et al.,2005)。在最近的一项实验中,舒尔茨和他的同事们有系统地改变了一个选择集中的最大奖赏的大小,结果发现多巴胺神经元的放电率是奖赏大小的一个压缩函数。(他们的结果也许还反映了参照点不断变化的事实,虽然这一点更有争议。)事实上,无须进一步的分析,他们的实验数据直接就能证明,多巴胺神经元的“上游”确实存在一个压缩转换过程。再 335
结合我们早就知道的一个事实——即,客观价值几乎从来没有在神经系统中被表征过，这些结果给予我们的暗示已经非常清晰了：多巴胺神经元所做的一切（如果它们真的是时间差分型奖赏预测误差的编码器的话；我们认为确实如此），就是让我们学习和存储动作和外部世界的事件的主观价值（或，效用，如果你更喜欢这个术语的话）。

卡普林和迪恩的贡献

那么，我们能够在多大程度上确定多巴胺神经元确实在对奖赏预测误差进行编码呢？当然，我们现在已经知道，多巴胺神经元在多种条件下的平均放电率符合时间差分学习模型的预测，但是正如时间差分学习模型优于布什和莫斯特勒的模型一样，我们有充分的理由相信，未来出现的模型将优于时间差分学习模型。因此，关键的问题在于，能不能给出一个决定性的结论，说多巴胺神经元的活动模式必定符合某个关于学习的具有绝对意义的标准（同时满足充分性和必要性）？

为了回答这个问题，两位经济学家，分别来自纽约大学和布朗大学的安德鲁・卡普林（Andrew Caplin）和马克・迪恩（Mark Dean），从标准的新古典主义经济学理论奋然跃起，转而投入了对奖赏预测误差的研究。很早以前，霍撒克就已经强有力地证明了，某人最大化一个单调效用函数这种说法，是与说他（或她）服从显示偏好的一般化公理完全等价的；卡普林和迪恩的思路也类似，他们试图回答的问题是：是否存在一组紧凑的、可检验的公理，以便用公理化方法把现有的这些“多巴胺假说”陈述出来。

在经过了长时间的仔细研究之后，卡普林和迪恩最终证明，目前所有以奖赏预测误差为基础的模型，全都可以还原为三个公理性陈述。换句话说，任何一个基于奖赏预测误差的系统，无论是布什和莫斯特勒式的还是时间差分型的，都必须满足三个不言自明的标准。他们证明，说我们观察到的某个系统违反了其中的一条或几条公理或更多，就等于说它在原则上不能成为一个基于奖赏预测误差的系统。因此，卡普林和迪恩对所有类型的基于奖赏预测误差的模型的公理化工作最重要的意义是，它为我们提供了一个检验全部假说的十分明确的途径。

在随后的实验研究中（Caplin，Dean，Glimcher，and Rutledge，2010），卡

普林、迪恩、我(格莱姆齐)和拉特利奇利用功能性核磁共振成像技术,对一些接收强烈的多巴胺能输入的脑区进行了扫描,以此来检验这些公理。结 336
果发现,脑岛的激活情况违背了两个关于奖赏预测误差理论的公理。这个结果明确地告诉我们,脑岛的活动状态(至少从它的血氧指标来看)在原则上不能被视为学习过程中的奖赏预测误差信号。相反,腹侧纹状体的激活情况则服从所有三个公理,从而也就满足了必要性和充分性标准,可以作为一个奖赏预测误差系统。还有,内侧前额叶皮质和杏仁核的活动状态则处于一种中间结果;这两个大脑区域的激活情况微弱地违背了一个公理,这就告诉我们,未来关于这些大脑区域的理论可能不得不考虑奖赏预测误差信号没有提供的信息(或者说,奖赏预测误差信号只反映了这两个大脑区域的部分激活模式)。

这篇论文的意义非常重大,因为它在真正意义上最终证明了,被多巴胺激活的一些大脑区域,其中尤其是腹侧纹状体,确实是可以成为奖赏预测误差的编码器的。这就意味着,我们现在可以彻底摒弃以往的那种说"这种激活模式只是看上去像一个奖赏预测误差信号"的观点了。由此也就证明,将腹侧纹状体的激活模式用于一个奖赏预测误差系统,既是必要的,也是充分的。当然,这并不意味着腹侧纹状体必定就是这样一个系统,但是它至少极大地拉近了我们与这个结论的距离。

多巴胺的生物物理学分析

到这里为止,前面讨论过的所有进入"硬"的经济理论的神经科学事实和理论的还原程度基本上全都处于动作电位或以上的水平。虽然间或也出现过一些很小的例外,例如,我曾经提到过热噪声在行为随机性中的作用。然而,现在我们希望搞清楚的是如何学习这个问题,在这个时候,了解信息存储的生物物理机制就变得非常重要的,因为它对"硬"的理论提出了很关键的约束。幸运的是,对于这种机制,我们现在已经拥有了相当多的知识。

虽然研究神经经济学的学者通常不会深入探究,但是把多巴胺(神经元)视为一个奖赏预测误差编码器的标准模型其实严重依赖于一些非常专门化的细胞机制，它们不仅描述了多巴胺实际上是怎样生成那些要被存储下来的价值表征的，而且描述了这些价值表征是如何存取的。这种“基本理论”是非常重要的，原因主要有两个。首先，它增加了一些约束，这些约束的作用将一直
337 延伸至行为领域。其次，关于行动价值的存储，存在一个有明确定义的生物物理机制这个事实，为人类估价过程的核心是一个参照依赖的效用冲击驱动型学习系统这个假说提供了进一步的支持。出于这些原因，我们必须先概述一下学习和记忆的一般细胞机制，这是必不可少的一个步骤。

长时程增强

在20世纪40年代和50年代，现代神经科学的创始人之一唐纳德·赫布(Donald Hebb)提出了一个理论(Hebb，1949)，认为存在着某种可以改变对神经元之间的连接强度的机制，而且这种连接强度的可调节性正是记忆的“物理表现”(physical manifestation)。在提出这个细胞层面上的理论时，赫布的初始目标是在生物物理层面上解释条件反射是怎么进行的。读者们应该还记得，条件反射的存在最早是由巴甫洛夫证明的。在他的实验中，巴甫洛夫先让狗听到铃声，然后再给它们喂食物，这样重复了很多次后，巴甫洛夫发现，这些接受过训练的狗只要听到铃声，就会“垂涎三尺”。在这个结果的推动下，差不多与巴甫洛夫同时、正在探寻学习的生物机制的布什和莫斯特勒构建了一个学习模型。

后来的事实证明，赫布所提出的实际上是若干个彼此之间密切相关的关于学习的生物物理机制之一，它们都通过改变突触强度来发挥作用。为了更好地理解赫布的理论主张，试考虑这样一个原本就存在的神经通路，它把感知铃声的神经回路与分泌唾液的神经回路连接了起来。(如图13.13所示，上述神经通路被形象地画成了一个名为“铃声”的单个神经元。)我们不难想象，在巴甫洛夫的实验刚刚开始时，这种存在于“感知铃声的神经回路”与“分泌唾液的神经回路”之间的兴奋连接的强度是比较低的。事实上，这种突触是比较弱小的这个事实就是铃声在实验刚开始的时候不会导致狗“垂涎三尺”的原因所在。

与这个“铃声神经元”并列且同样会给“垂涎三尺神经元”带来冲击的第

三个神经元是“食物神经元”,当发现食物时,这个神经元就会被激活(我们可以把这三个神经元组成的网络看成一个更大的神经回路)。同样地,我们假设这种“探测食物的神经回路”与“分泌唾液的神经回路”之间的连接也是原先就存在的,但是不同的是,这种连接是强烈地兴奋的。这种先已存在的强突触连接可以解释为什么狗一看到食物就会“垂涎三尺”(无论在实验内,还是在实验外)。

338

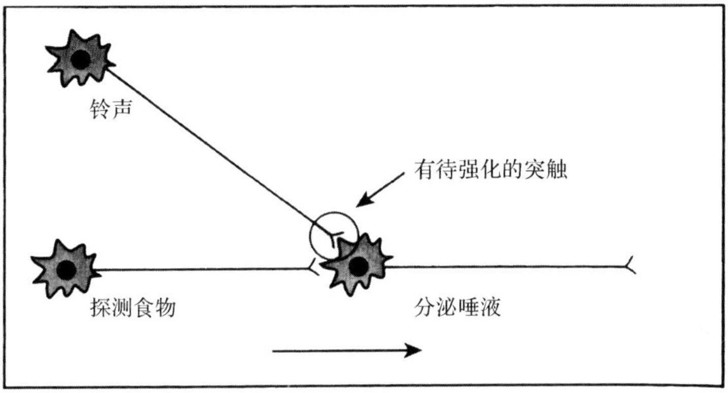

图 13.13　赫布的经典线路

在考虑这样的神经回路的时候,赫布的目标是描述一种自我调节机制,在经典的条件反射实验中,这种机制能够加强“铃声—垂涎三尺突触”。为了实现这个目标,赫布提出了一个非常简单的理论主张:

> 如果神经元 A 的轴突距离足够近,能够使神经元 B“兴奋”起来,并反复或持续使神经元 B 激发的话,那么这两个神经元(或其中一个神经元)就会进入一个代谢改变型生长过程,这样一来,神经元 A 使神经元 B 激发的效能就会增强(神经元 A 是使神经元 B 激发的神经元之一)。

在有些时候,这种情况被说成是“一起激发的神经元总是连在一起”规律。赫布认为,只要一个突触前神经元和一个突触后神经元是同时被激活的,那么连接这两个神经元的突触就会得到强化。例如,试考虑这种机制在巴甫洛夫的经典实验中的作用。在条件反射建立起来之前，“铃声神经元”也许经常会激发（每当铃声响起的时候），但是，在其他向“垂涎三尺神经元”提供输入信号的神经元处于激活状态时则不会，在预先存在的发往“垂涎三尺神经元”的强大输入处于激活状态时也不会。这也就意味着，当“垂涎三尺神经元”正处于激发状态时，“铃声—垂涎三尺突触”是不活跃的。随着条件反射的建立，这种情况就发生了变化：“铃声神经元”被激活，而且食物也在基本上相同的时间被呈现；当那个神经元处于激发状态时，原先就存在的“食物神经元”与“垂涎三尺神经元”之间的强突触也正在对该细胞进行去极化。如果“一起激发的神经元总是连在一起”，那么这两个突触就都能得到
339 强化，而且随着时间的推移，最后变得仅凭铃声也能导致狗“垂涎三尺”。从根本上说，这是一种用于对相关性进行编码的机制；或者，更确切地说，这是一个实现复制者方程（replicator equation）的机制；复制者方程源于演化博弈论，而演化博弈论则是许多经济学家都非常熟悉的（Loewenstein，2008；Loewenstein et al.，2009）。

当赫布在生物物理学层面提出了这个关于突触修饰的规则的时候，一些更加传统的心理学家则在一个更高的抽象水平上建构模型，分析作为奖赏预测误差的函数的连接强度如何增大的问题。在某种意义上，这两组科学家应该很清楚，分别在两个非常不同的层面上被分析、被描述的这两种现象之间，必定存在着联系，但是对这两种方法的全面还原性综合却还要等上许多年才会开始变成现实。

直到后来，当蒂姆·布利斯（Tim Bliss）和泰耶·洛莫（Terje Lomo）在兔子大脑的海马中发现了可以作为赫布的机制的“物理实现”的明确无误的证据之后（Bliss and Lomo，1973），这种还原性综合才初见端倪。布利斯和洛莫证明，一起激发的神经元确实是连在一起的。或 者，更准确地说，他们以及后来跟进的研究者所证明的是，在任何突触活动期间，突触后神经元的去极化水平在很长时间内都调节着突触的强度（作用于许多但不是所有的突触类型），他们把这个现象称为长时程增强（Long-term potentiation，简称

"LTP")。[①] 限于篇幅，我们不能在这里详细描述长时程增强的详细生化机制（任何一个主修神经科学的一年级本科生都了解这个），而只能简单地勾勒一下它的核心思想，因为对于我们搞清楚如何将赫布的思想与布什和莫斯特勒的方法结合到一起这个任务来说，这一点是至关重要的。长时程增强是这样一个过程，当一个突触处于活跃状态，同时它的目标神经元处于去极化状态，那么突触连接就可以得到增强。虽然不是所有的神经元都拥有产生长时程增加的能力，但是确实有很多类型的神经元都拥有这种能力。事实上，拥有这种能力的神经元在整个大脑的几乎所有地方都曾经被发现过，但是密度特别高的两个大脑区域是纹状体和额叶皮质。最后，我还要强调一下，从定量的角度来看，这个过程基本上是基数型的：突触后神经元的去极化的水平，作为时间的一个函数，控制着突触强度的变化幅度。

多巴胺与"三要素法则"

一系列后续的生物物理学研究阐明了其他一些可以改变突触强度的机 340
制，它们全都与赫布的理论（以及布利斯和洛莫给出的生物物理机制）密切相关。在这些发现中，对我们这里讨论的主题来说，最重要的是杰弗里·威肯斯提出的"三要素法则"(Three-Factor Rule)。威肯斯的理论主张是，每当突触前和突触后的激活是与多巴胺一起出现的时候，突触就会得到加强；而当突触前和突触后的大脑区域在没有多巴胺的情况下被激活时，同样这些突触就会被削弱(Wickens, 1993; Wickens and Kotter, 1995)。

在威肯斯提出这个理论之后，其他研究者利用各种各样的细胞和亚细胞技术进行了进一步的研究，这些研究都支持威肯斯的观点（关于这方面的文献的回顾，请参阅：Renolds and Wichens, 2002)。这些研究提供的大量令人印象深刻的证据表明，在基底神经节、皮质区、杏仁核等大脑区域，当存在多巴胺时，突触似乎确实得到了加强（见图 13.14)。

---

① 随后的研究还揭示了另一个与长时程增强互补的过程，它体现为突触强度的长期下降，这个机制被称为长时程抑制(long-term depession，简称"LTD")。

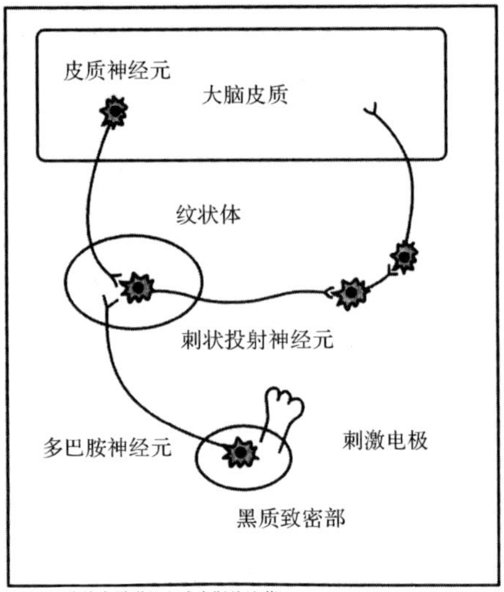

改编自雷诺兹和威肯斯的论著(Reynolds and Wickens，2002)

图 13.14

多巴胺与强化学习

为什么说这个“三要素法则”对于我们正在讨论的强化学习模型非常重要？为了加深我们的理解，不妨假设我们有能力调节一大群神经元的突触强度(作为奖赏预测误差的函数)，然后再看一看如下这个例子。试想象，在一个实验中，有一只动物经历了一个相当可观的正的奖赏预测误差：它刚刚获得了一个意想不到的奖赏。时间差分学习模型告诉我们，在这些条件下，我们希望增大归因于刚刚发生的所有动作或感觉的价值。同时，我们还知道，在这些条件下，多巴胺神经元会以一种高度同质的方式向整个前额叶—基底神经节环路释放多巴胺。这就意味着，我们可以认为“配备”了多巴胺受体的那些神经元是“时刻准备着”突触强化的。当这种情况确实发生时，前额叶—基底神经节环路的任何一个已处于活跃状态的片段的突触都将得到强化。 341

那么，这对行为又有什么作用呢？要搞清楚这一点，请读者考虑背侧纹状体中负责生成关于我们做出的所有可能的延伸到身体之外的动作的地图的那些神经元的活动情况。每次我们做出一个动作，与该动作相关的神经元就会在一个短暂的期间内保持激活，而且当动作完成后，这种激活状态仍然会继续持续一段时间(Lau and Glimcher，2007，2008)。如果在某个动作之后，出现了奖赏预测误差，那么整个“地形图”都将瞬时浸没在全局性的奖赏预测误差信号当中——这种信号是由多巴胺带入该大脑区域的（见图 13.15）。那么，这些事件的这种组合将会导致什么？突触强度的永久性增大只会发生在那些与最近产生的动作有关的神经元之间。在反复多次接触了多巴胺后，突触将会编码什么？它将会对运动的主观价值进行编码。

在这里，非常关键的一点是，我们必须要明白，这个关于神经系统的性质的“故事”的内容其实几乎全部都是我们原先就已经掌握的东西。我们知道，纹状体的神经元在动作之后仍然保持活跃，这是时间差分模型的资格迹(eligibility trace)所要求的。我们还知道，一个“席卷一切”的多巴胺能奖赏预测误差信号会传播到整个前额叶—基底神经节神经回路。我们也知道，与其他活动建立起相关性后，多巴胺会在这些大脑区域产生长时程增强。事实上，我们甚至还知道，在形成了条件反射之后，这些大脑区域的突触推动型动作电位率在对行动的主观价值进行编码(Lau and Glimcher，2005，2007，2008；Samejima et al.，2005)。因此，所有这些生物物理“组件”都是存在的，而且是存在于一个运用时间差分型的学习模型的环境中的。

342

图 13.15

至此,我们可以开始着手观察由多巴胺神经元编码的奖赏预测误差是怎样产生的了。我们已经知道,纹状体中神经元通过它们的放电率对行动的主观价值进行编码。我们也知道,这些神经元发送信号(对奖赏的预测)到各种多巴胺能核团。我们还知道,多巴胺能神经元可以相当直接地接受来自感官的输入,这些感官能够检测和编码"可直接消费的"奖赏的主观价值;例如,舌头所编码的糖水的主观价值,几乎能够直接到达多巴胺能核团。基于这些事实,在多巴胺神经元层面上构建一个奖赏预测误差信号,无非就是要求兴奋性突触和抑制性突触将预测的奖赏与实际得到的奖赏区分开来而已——利用多巴胺神经元本身的膜电压,就可以做到这一点。

结　论

343 当然,我们还得承认,整个故事还远远没有完成。这一点非常重要。例如,我们还不清楚,负的奖赏预测误差究竟是怎样编码的,也许它们会导致与长时程增强机制互补的另一个机制——长时程抑制。[①] 我们也不是非常清楚,贴现后的未来奖赏的前向预测在纹状体和额叶神经回路中是怎样编码的。但是无论如何,我们已经给出了一个大纲,而且它在各个层面上都是非常清晰的。

在生物化学的层面上,我们可以描述突触是如何被经验修饰的。在神经回路的层面上,我们可以阐明这些已经被我们观察到的性质是怎样产生一种主观价值编码方案的。在心理学理论和计算机科学的层面上,我们可以说明这些神经回路如何实现近乎完全规范的习得价值表征。最后,在经济学的层面上,我们已经可以开始着手分析这些过程是怎样与参照依赖的计算过程联系起来的(参照依赖的计算是人类选择行为的基础)。

---

① 不过,威肯斯等人则认为(Wickens,1993;Wickens et al.,1996),当突触前和突触后神经元在不存在多巴胺的情况下一起激活时,这种抑制就可能发生。

第十四章 在大脑前部定位和构造主观价值

本书第二篇的核心论点是,当大脑额顶叶中一系列明显可相互区分的 345
神经网络在两个或多个可选项之间选定了某一个让身体去执行时,选择就发生了。现有的证据表明,这些额顶叶网络充当了选择的“最终共同路径”。在第二篇中,我们已经看到,这个最终共同路径以随机方式表征着相对期望主观价值。

我们知道,接下来,这些相互之间密切协调的额顶叶脑区的输出会进入运动控制神经回路,这个神经回路要进行大量的计算(尽管这种计算从经济学的角度来看也许并不“有趣”),以便产生实际的行动。我们知道,这些神经回路都是围绕着做出实际运动的运动结构组织起来的——也就是说,它们的“地形图”所映射的是动作,而不是经济学家感兴趣的商品或服务。但是,我们同时也知道,无论猴子是必须在两种商品之间进行选择(例如,在霍维茨和他的同事们的实验中,猴子要在“红色可选项”与“绿色可选项”之间做出选择;Horwitz et al.,2004),还是必须在两个动作之间进行选择(例如,像在普拉特和格莱姆齐的实验中,猴子必须在向左移动 10 度与向右移动 10 度之间做出选择;Platt and Glimcher,1999),这些神经回路都以同样的方式、同样的速度收敛。这就意味着,在做出选择的时候,在额顶叶网络之前的神经结构必定把商品(或服务)映射为一个基于动作的(或基于行动的)的表征了——至少,从现有的研究结果来看,肯定是如此。换句话说,这也就表明,这些“在前”神经结构至少在一定程度上参与了与额顶叶网络的选择
过程,它们是相互作用的。 346

不过,在讨论选择过程的那一篇(本书第二篇)中,还有一些问题完全没

有涉及，它们包括：主观价值是怎样产生的，主观价值是怎样存储的，输入给这些额顶叶网络、供它们挑选的可选项有哪些，等等。本书第三篇的第十二章和第十三章给出了这些问题的逻辑论据和实验证据，并给出了一些关于这些估价神经回路的限制。

第十二章清晰地阐明了，我们必须学习掌握和存储的是各个可选项的主观价值，而不是它们的客观价值。这就对可以用来描述人类决策过程的"硬"的经济理论提出了一些重要的制约因素。根据我们早就掌握的关于脊椎动物的神经系统如何进行感觉编码的知识，我们很清楚地意识到了，在人类（以及动物）的选择行为中必定会观察到很多（从"技术"的角度来看）不理性的现象，这是感觉经验的编码方式所决定的，因为感觉经验是一切主观价值的根本源泉。所有感觉编码系统的基线水平（或参照点）都是处于不断变化当中的，这必然导致包括人类在内的脊椎动物在进行选择时会表现出一定程度上的不理性；例如，它们（他们）有时会违背可传递性公理。在任何一个运用这种技术去编码外部世界的性质的系统中，这种情况都是不可避免的，然而，从信息论的角度来看，这种技术却是非常高效的。

第十三章讨论了一系列以价值学习和多巴胺为研究对象的研究，目的是让读者进一步搞清楚，主观价值是如何习得的、如何存储的。我们知道，以奖赏预测误差为基础的系统可以用于学习和存储类似于期望效用的价值的表征（Caplin and Dean，2009），而且多巴胺系统的结构也使学习过程本身的参照依赖性突显了出来。多巴胺系统接收的输入是参照依赖的信号，这种信号不但是生理学家早就观察到的，而且也恰好属于拉宾和科塞吉等经济学家所指出的可以用于选择的那一类信号（Köszegi and Rabin，2006，2007，2009）。

在这些结果的基础上，我们可以看得很清楚，与期望主观价值有关的所有关键问题的核心全都在于，这种主观价值是怎样表征的、怎么构造出来的。是的，我们必须回答，指导选择的期望主观价值是怎样、在哪里被构造出来并被存储起来的？在这一章中，我将阐明，到今天为止，我们所掌握的一切知识都表明，这个问题的部分答案已经明了；不过，对于期望主观价值得以产生的那个"构造过程"（constructive process）的理解，目前仍然处于起步阶段。首先,我们现有的数据表明,动作的期望主观价值主要驻留于额叶皮质和在纹状体中。这些大脑区域似乎是估价系统的核心脑区(当然,还要 347
与其他一些大脑区域,包括杏仁核和脑岛皮质,“同心协力”地合作)。毫无疑问,这些大脑区域的许多不同的子区域肯定都对估价过程做出了一定贡献,不过,我们现在拥有的所有数据都表明,内侧前额叶皮质(MPFC)和纹状体在这个主观价值构造过程中发挥了核心作用。这两个脑区似乎构成了一个“漏斗”;指导选择的所有期望主观价值似乎都是在这两个脑区中表征的,并且输出到这两个脑区中的可变性几乎肯定地调节着指导选择的每时每刻的估价。其次,我们也知道,这些大脑区域肯定不会以与额顶叶选择网络相同的方式表征相对期望主观价值。如果它们存储和表征的是选择集内各可选项的相对价值(外侧顶内沟区的神经元是那么做的),那么这些大脑区域就没有办法去比较两个我们能够了解但却从来没有真的进行过比较的可选项。这也就是说,我们必须能够存储和表征一万美元比一千美元更好这个事实,即使我们以前只对一万美元与一百万美元进行过比较。这个简单的结论意味着,负责估价的大脑区域必定存储了绝对性更高的期望主观价值(比我们在额顶叶选择网络中看到的更高)。这种表征(至少在一定程度上)必须为我们对自己曾经遇到过的所有对象之间的比较提供支持,因此必须在一个共同的框架内存在所有这些对象的价值。

在接下来的内容中,我们将进一步详细分析上面这两个要点。不过在此之前,我想先把我自己的一个观点明确地告诉读者:我认为,搞清楚主观价值是如何被构造出来的,以及搞清楚选择神经回路中各可选项是怎样被选中“接受仲裁”的(本书第十五章将讨论这个问题),将会成为神经经济学未来数十年的最前沿的课题。目前,关于背外侧前额叶皮质(DLPFC)、眶额皮质(OFC)、杏仁核和脑岛等大脑区域(以此仅举数例)中的神经回路是怎样共同合作,构造出用来指导我们的选择的可变的主观价值的机制,我们仍然只拥有最初步的知识。只有当我们真的了解这个机制之后,我们才能真正理解偏好,不管它们是“理性”的还是“不理性”的。关于这个构造过程,我们今天所拥有的信息还非常少,但是在我们已经拥有的信息的基础上,我们已经可以构建出一个框架,作为未来的偏好理论的基础。接下来,我们就来着手构建这样一个框架。

内侧前额叶皮质和纹状体:主观价值的"首都"

348 在额顶叶网络中,指导选择的似乎是相对期望主观价值,那么相对期望主观价值的来源又是什么?现有的功能性核磁共振脑成像(fMRI)数据显示,在迄今已经研究过的几乎所有奖赏和选择条件下,少数几个大脑区域总是会表现出它们与主观价值的相关性。在现在已经完成的近百项(如果还不到几百项的话)研究中,编码主观价值或类似的东西的腹侧纹状体和内侧前额叶皮质这两个脑区都会"现身",这些研究囊括了几乎所有选择条件和(非选择的)估价条件。

事实上,以人类为被试进行的第一项关于货币损益的功能性核磁共振扫描研究的目标就是想确定这两个大脑区域在估价中的关键作用。后来,在新千年来临之际,世界各国的神经科学家不约而同地针对这两个大脑区域的作用展开了一系列几乎同步的研究。丽贝卡·埃利奥特(Rebecca Elliot)、毛里西奥·德尔加多(Mauricio Delgado)和布赖恩·克努森(Brian Knutson)等学者分别证明,腹侧纹状体的激活情况与被试所经历的或预期的损益有关。例如,德尔加多和他的同事们证明(Delgado et al.,2000),腹侧纹状体的激活与金钱奖赏和金钱惩罚相关。埃利奥特和她的同事们则发现(Elliot et al.,2000),这个大脑区域的激活程度与累积奖赏的大小相关。克努森的结果则显示,这个大脑区域的活性与被试对回报的期待有关(Knutson,2001a,2001b,2003)。大量的后续研究进一步证明了这种相关性的大量存在。学者们发现,在预计可以获得金钱奖赏的时候(Breiter et al.,2001 年)、在预计可以获得初级奖赏(primary reward)的时候(O'Doherty et al.,2002)、在收到金钱奖赏的时候(Elliott et al.,2003)、在预计货币价值的时候(Kunutson et al.,2005)、在对各种奖赏进行行为上的偏好排序的时候(O'Doherty et al.,2006)、在被试根据自己特定的损失厌恶倾向估计潜在收益和损失的大小的时候(Tom et al.,2007),以及在对延后得到的回报(延迟时间短的只有几分钟,长的长达好几个月)的价值进行贴现的时候(Kable

and Glimcher,2007),腹侧纹状体都被有效激活。① 而且,利用单细胞记录技术,对猴子的背侧纹状体的神经元进行的研究也得到了类似的结果,无论在尾状核(Lau and Glimcher,2007),还是壳核(Samejimaet al.,2005)都是一样。这些大脑区域的神经元显然是在对选择的价值进行编码,关于这一点, 349
我们在本书第十三章已经进行过详细的讨论。总之,现有的所有数据都表明,当被试接受奖赏或表达偏好的时候,纹状体的激活程度反映了奖赏的大小或偏好的强烈幅度。

内侧前额叶皮质,特别是其中更腹侧的子区域,似乎也在讲述着类似的故事。大量研究证明,金钱回报的大小(Knutson et al.,2001a,2001b,2003)、对初级奖赏的偏好排序(McClure et al., 2004)、对彩票的价值的预期(Kuntson et al.,2005)、对收益和损失的个人估价(Tom et al.,2007)、个人对奖赏的价值的贴现(Kable and Glicher,2007)、支付意愿(Plassman et al., 2007),等等,全都与这个大脑区域的激活有关。事实上,它的激活似乎与所有条件下的主观估价全都相关。

据此,许多学者认为,内侧前额叶皮质和纹状体的平均激活程度是在对期望主观价值进行编码。在这两个大脑区域中,不同的神经元亚群必定在

① 不过,我在这里还要指出一点,那就是,兰热尔和他的同事们认为(Hare et al, 2008),腹侧纹状体这些信号可能就是简单的奖赏预测误差信号,而不是主观价值信号本身。他们给出的论证逻辑很清晰,也很"聪明":如果某个被试根本没有预期过自己会获得什么东西,结果却收到了奖赏,那么奖赏预测误差与奖赏的主观价值就是完全相同的。这确实是一个事实,而且它使我们在许多情况下进行实验设计时都很难区分主观价值与奖赏预测误差。此外,我们在实验中还可以观察到,腹侧纹状体接受来自腹侧被盖区的密集的多巴胺能投射,因此几乎可以肯定,这个大脑区域就是应该在跟踪奖赏预测误差(当然它还可能跟踪其他信号)。出于这些原因以及其他一些原因,这些作者认为,只有腹内侧前额叶皮质才包含着一般意义上的期望主观价值信号。虽然这是一个相当精妙、相当令人信服的论点(它表明这些作者对奖赏预测误差的理解是很深刻的),但是,它与演化证据以及来自猴子的单神经元记录数据并不完全一致。我们从尾猴身上收集到的生理数据表明,尾状核(Lau and Glimcher,2008)和壳核(Samejima et al.,2005)都在对主观价值(以及奖赏预测误差)进行编码。这是毫无疑问的。我们现在仍然不清楚的是,纹状体的最腹侧部分是不是也是如此。但是,先前关于这些大脑区域的生理研究已经表明,表征特点的连续性(或最多是一种逐渐的变化)贯穿了它们(例如,请参阅:Holt,Graybiel and Saper,1997)。我们还知道,那些不拥有额叶皮质的动物(如爬行动物)也会学习和表征主观价值,这个事实清楚地表明,在所有脊椎动物当中,纹状体都在发挥表征主观价值的作用。

对不同的可选项进行编码，而这也就意味着，这些大脑区域必定采用了一种地形组织的编码方案，而这样一来，也就可以将分别对不同行动或商品的期望主观价值进编码的不同神经元集群分离开来。不过，这种编码方案的细节(它可能远远超出了功能性核磁共振成像设备的分辨率)，现在才刚刚开始浮出水面。而且，内侧前额叶皮质和纹状体这两个大脑区域分别采用的
350 编码方案几乎肯定是不同的。(例如，一些证据表明，纹状体采用“基于行动”的编码方案，而额叶皮质则更多地采用“基于商品”的编码方案。如果事实真是如此，那么额叶—纹状体投射就是将商品与行动联结起来的最关键的映射系统。还有一些证据则暗示，不同类别的奖赏可以映射到内侧前额叶皮质的不同子区域[例如，请参阅：Chib，Rangel et al.，2009]。)总之，我们目前拥有的证据清楚地表明，内侧前额叶皮质和纹状体这两个大脑区域共同表征了主观价值(供选择机制之用)。这一点，在接下来要介绍的两项研究中体现得特别突出：一项是凯布尔和我(格莱姆齐)进行的跨期选择研究，另一项是汤姆、福克斯、特里佩尔和波特拉克完成的关于损失厌恶的研究。

凯布尔和格莱姆齐的研究

如果要求一个人在马上就能得到的 20 美元与一个星期之后才能得到的 20 美元之间进行选择，那么基本上所有人都更加偏好现在就能到手的奖赏。相反，如果要求一个人在马上就能得到的 20 美元与一个星期之后得到的 100 美元之间进行选择，那么几乎所有人都会选择一个星期之后得到的 100 美元。每个人类个体的“转换点”，即他(或她)从选择即期奖赏转变为选择延期奖赏的那个位置，到底是 30 美元、50 美元，还是 70 美元，是因人而异的，它反映了这个人的冲动程度(或者反过来，耐心程度)。

351 为了对冲动(耐心)进行定量研究，行为经济学家通常的做法是，选出某个延迟时间(例如一个星期)，然后针对每个被试，逐个逐个地确定：必须付给他(或她)多少钱，才能使他(或她)认为马上获得奖赏与延迟获得奖赏是完全无差异的。图 14.1 给出了一个典型的人类被试的一系列这种无差异点，这是延迟时间的函数。读者不难看出，对于图中所示的这个人类被试而言，如果我们增加了延迟时间，那么我们必须支付给他(或她)的金额也将随

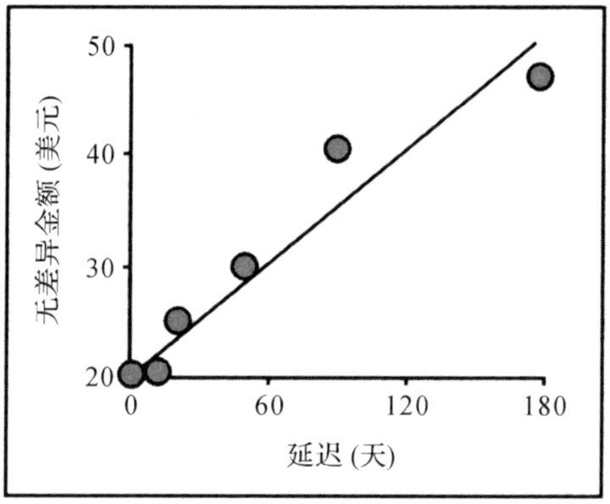

改编自凯布尔和格莱姆齐的论著(Kable and Glimcher，2007)

图 14.1　无差异点与延迟天数的关系

着增加,两者之间是一个线性函数关系。如果我们要他在马上就能得到的 20 美元与一个月之后才能得到的 25 美元之间进行选择,那么他对这两个可选项是无差异的。如果我们想找到他(或她)延迟 3 个月的无差异点,那么我们将会发现,那是 40 美元。研究表明,基本上所有人的无差异点都会落在一条直线上或附近(Laibson,1997),因此,可以刻画每个人的冲动程度的这种直线的斜率。令人惊奇的是,如果用这种方式来找出无差异点,那么无论是人类对金钱的选择,还是动物对食物和水的选择,都可以用这样的直线来刻画,尽管不同的个体的直线的斜率可能完全不同。

由于历史的原因,经济学家们通常取这些曲线的倒数(见图 14.2),然后用它们来表示货币或食物的价值随着延迟时间的增加而下降的趋势。我们可以认为,这种新曲线告诉我们的是,作为延迟时间的函数的奖赏下降的比例。经济学家通常把这类曲线称为贴现函数曲线。[①] 如果我们取这些直线 352
的倒数,那么这些折扣函数就是如下形式的双曲线函数:

① 更精确地说,由此而得到的曲线实际上既反映了主观价值随着金钱的数量的增加而上升,也反映了主观价值随着延迟时间的加长而下降。用经济学的术语来说,这些曲线反映了效用函数和贴现函数的共同作用,即,它们是贴现效用函数。不过,在这里,我们讨论的是期望主观价值,暂时忽略这一点并不影响一般性。

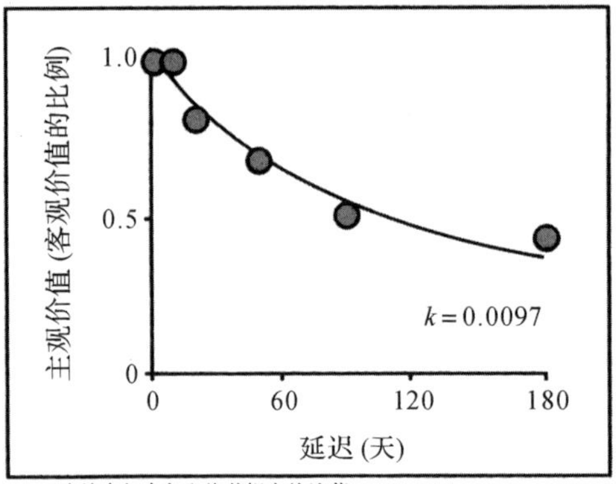

改编自凯布尔和格莱姆齐的论著 (Kable and Glimcher, 2007)

图 14.2

$$SV=\frac{1}{1+kD}$$

在这里,SV 是指作为延迟时间的函数的主观价值,D 是延迟时间,k 是一个常数,用来刻画行为主体的冲动程度,即,前述直线的斜率的倒数。

现在,人们普遍认为,这个双曲线贴现函数,确实很好地刻画了适用于迄今被研究过的所有哺乳动物的价值随着延迟时间的增加而下降的特征(例如,Laibson,1997)。不过,更重要的也许是,在刻画主观价值以延迟时间的函数而下降的趋势这个方面,这个双曲线函数比简单的指数函数更好,对后者,收益的价值是以某个固定的百分比逐期下降的。但是,我必须马上指出,如果一个行为主体的主观价值是呈双曲线型下降的,那么该行为主体就必定会违背理性选择理论的公理。不过,就我们的经验和研究的目的而言,最重要的是一定要记住以下两点:第一,作为延迟时间的函数的主观价值的下降是毋庸置疑的;第二,不同的个体的主观价值的下降率都不同,这正体现了主体价值的“特异品质”。

正是在以上两点的基础上,凯布尔和我(格莱姆齐)提出了一个看似简单的问题:是否存在某个大脑区域,利用它的激活模式就能够很好地预测选择者赋予所有被延迟的回报的主观价值?(与通过选择显示出来的一样。即使估价结构违反了理性约束,也是如此。)为了回答这个问题,贝克尔和我(格莱姆齐)先推导出了十个人类被试的贴现函数(或者更精确说,他们的贴现效用函数),然后扫描了他们在即时奖赏与延迟奖赏之间进行选择时的大

353 脑活动情况。利用行为数据，我们估计出了每位被试做出每个选择时必须要考虑的主观价值。然后，再观察是不是存在这样的大脑区域，它的激活模式与这种在行为层面上估计出来的主观价值线性相关。在这里，必须提请读者注意一点，这种逐个选择估计出来的主观价值是因被试而异的，因为每位被试所经历的主观价值取决于他(或她)特有的冲动程度。

在实验中，凯布尔和我(格莱姆齐)观察到，在每个被试身上，内侧前额叶皮质和腹侧纹状体的激活状态都与主观价值密切相关。换句话说，我们发现，冲动的被试的大脑的内侧前额叶皮质和腹侧纹状体也是“冲动”的；耐心的被试的大脑的内侧前额叶皮质和腹侧纹状体也是“耐心”的；在实验者设定的所有延迟条件下，无论被试的行为表现出来的冲动程度如何不同，无论他们要面对的货币价值是大是小，都是如此。这个结果正是人们所期望的——如果这些大脑区域确实是主观价值的“首都”、主观价值的计算和表征都集中于这里的话。这个实验的证据似乎表明，这两个大脑区域就是用来表征指导选择的主观价值的。(根据另外一些以猴子为被试的研究的结果，也许还要加上背侧纹状体；例如，请参阅：Lau and Glimcher，2008。)

虽然这项研究提供了特别引人注目的证据，支持了前额叶皮质和纹状体这两个大脑区域的神经回路要利用的主观价值进行编码的假说，但是说到底，这个发现其实只是进一步证实了我们已经讨论过的其他一些得出了类似结果的研究的结论而已。事实上，即使是一些旨在研究风险和不确定性问题的脑成像研究，也得到了类似的结果(例如，请参阅：Levy et al.，2010)。这些研究表明，无论是主观价值有没有受到高风险的彩票或不确定的前景的影响，内侧前额叶皮质和纹状体的激活状态都在对主观价值进行编码。

汤姆、福克斯、特里佩尔和波特拉克的研究

萨布丽娜·汤姆(Sabrina Tom)、拉塞尔·波特拉克(Russell Poldrack)和他们的同事们(Tom et al.，2007)的实验也提供了更多支持这个结论的证据。在他们的实验中，实验者设定了一系列可以带来损失或收益的经济彩票，然后问被试，是否会愿意接受一张有50%的机会获得X美元、同时有50%的机会失去Y美元的彩票。他们发现的结果与卡尼曼和特维斯基的早 354

期研究一样(Kahneman and Tversky,1979):平均而言,只有当X相当于Y的差不多两倍时,被试才会接受这样的彩票。这体现了我们在本书第五章中讨论过的损失厌恶倾向。读者应该还记得,在那里,我曾经指出过,对于这种现象,唯一符合逻辑的解释是,他们的收益和损失是根据某个原先就存在的参照点来计算的。

当然,汤姆和他的同事们还发现,每个被试都是不同的:其中一些被试比其他人更加厌恶损失。随后,他们又试图确定哪些大脑区域的激活与收益的主观价值相关、哪些大脑区域的激活与损失的主观价值相关,结果发现,内侧前额叶皮质的激活水平与收益线性正相关,而且这同一个大脑区域的激活水平还与损失线性负相关。从根本上说,这个大脑区域的激活和失活是与收益和损失的主观价值相关的。纹状体的大部分区域也同样如此。

汤姆等人的实验结果很重要,这有两个原因。第一,他们的实验提供了进一步的证据证明,主观价值,无论是损失还是增益,都是在内侧前额叶皮质和纹状体这两个关键的大脑区域以单一的方式表征的。第二,也许更重要的是,他们的数据表明,内侧前额叶皮质和纹状体的活动情况反映了对固定基线——一个独一无二的零点——的偏离。收益反映的是向上偏离基线,而损失反映的则是向下偏离基线。而且,当损失和收益的绝对金额相等时,向下偏离基线的幅度更大一些。此外,利用在行为层面上测定的个体被试的损失厌恶程度,就能够很好地预测内侧前额叶皮质和纹状体激活程度的损失/收益不对称性。这是非常令人惊讶的一点,因为它意味着,大脑扫描仪所测定的基线水平(即,那个的零点)就是参照点的"物理实现";而这个参照点,无论是在科塞吉和拉宾的关于选择的经济学模型,还是萨顿和巴托的关于学习的计算机科学模型中,都是核心的核心。因此,在 大脑估价系统的中心神经回路观察到了参照点,这个结果意义重大,它不仅说明参照点是人类估价机制中不可或缺的一部分,而且也为我们提供了一个经验工具,从此之后,参照点就变得可以直接观察了。

对纹状体和内侧前额叶皮质的小结

从关于估价系统的纯粹的神经生物学研究中,我们可以了解到的第一个重要事实是，在人类大脑的纹状体和内侧前额叶皮质，存在着一个主观价值表征中心。这个表征中心的精确边界到底在哪里，神经科学界仍然有所 355
争议，但是现在已经很清楚，如果我们想要测度期望主观价值，已经可以做到了：只需要用大脑扫描仪进行扫描，或者在这些大脑区域中插入一些电极进行记录即可。此外，我们还可以颇具信心地断言，纹状体和内侧前额叶皮质在对主观价值进行编码时，采用的是一个参照依赖的机制，而且这个参照点也是可以用大脑扫描仪直接观察到的。但是，我们必须追问：输入到纹状体和内侧前额叶皮质并引发这个估价过程的信号是什么？这些信号进入估价神经回路的最后阶段时采取了怎样的形式？这正是我们接下来要讨论的问题。为此，我们将从对眶额皮质（OFC）的讨论入手，它向大脑更内侧的部分的输入非常重要。到目前为止，以人类和猴子为被试的一系列研究已经揭示出了眶额皮质的一些关键的编码原则。

价值的构造

在内侧前额叶皮质和腹侧纹状体所表征的期望主观价值被构造出来的过程中，额叶皮质区的许多子区域都做出了一定贡献，现在已经几乎没有任何疑问了。每个做出了贡献的额叶子区域似乎都在使用略有不同的机制来计算主观价值，但是我们知道，至少在某种程度上，这些估价机制的输出必定要在内侧前额叶和腹侧纹状体的表征中融合成一体。而且，内侧前额叶表征与腹侧纹状体表征为额顶叶选择网络提供的估价信号也可能存在微妙的差异。

大量明确的证据表明，多个系统都对估价过程有所贡献。这些证据源于多项研究，其中最令人信服的证据也许是伯纳德·巴伦（Bernard Balleine）和他的同事们在他们关于啮齿类动物的研究中给出的（关于这些结果的详细综述，请参阅：Balleineet al.，2008）。在研究中，巴伦和他的同事们发现，在接受了高强度的训练后，动物在两个动作之间的选择会变得出奇地不敏感于奖赏大小的变化。从它们的“行为”来看，它们对主观价值的估计似乎已经被固定下来了。这种过程有时被称为“习惯化”（habitization）。

或者，用更正式的术语来说，接受过高强度训练的动物的行为似乎表明，它
们的学习率在训练过程出现了非常明显的变化：从一个相对较高的数值(因
而会对奖赏价值的变化快速地做出反应)变为一个非常低的数值(因而只会
356 对奖赏价值的变化非常缓慢地做出反应)。不过，在他们的研究中，最有意
思的一个发现是，如果大鼠的背外侧纹状体遭到了损伤(大鼠的背外侧纹状
体大致对应于猴子和人类的尾状核)，同时保持背内侧纹状体完好，那么上
面这种学习率的转变就会被扰乱。啮齿类动物在背外侧纹状体遭到了损伤
之后，似乎就丧失了前述习惯化能力；它们的学习率将一直维持在一个较高
的固定水平上，不再与经验相关。

巴伦等人的实验结果表明，多个系统都对我们在估价中枢的价值表征做出了贡献，尽管对于各系统做出贡献的具体方式，我们才刚刚开始有所了解。继巴伦等人之后，好几个研究团队，其中包括纳撒尼尔·道和彼得·达扬(例如，Dayan and Daw，2008)，都将同类研究从啮齿类动物扩展到了其他动物和人类。这些研究提供的新证据表明，在人类的大脑中，至少有四个不同的系统都对价值学习过程做出了贡献，当然具体的方式则略有差异(Dayan，2008)。那么，这几个交互作用的系统是怎么发挥作用的呢？答案是，我们目前仍然不清楚。不过，已经有越来越多的证据表明，至少有五个从解剖学的角度来看可以清晰地区分开来的大脑区域，都对我们观察到的内侧前额叶皮质和腹侧纹状体所表征的主观价值的构造做出了贡献，它们是：眶额皮质、背外侧前额叶皮质(DLPFC)、杏仁核、脑岛和前扣带回皮质(ACC)。如图 14.3 所示。

现在，我们不仅知道这五个大脑区域都有助于我们的稳定的价值表征，
357 而且我们也有理由认为它们对这些价值的长期存储也做出了贡献。这也就
给它们对期望主观价值的表征带来了一些严重的限制。请读者回想一下，
在额顶叶网络，被表征的是相对期望主观价值。同时我们也知道，在神经系
统中的某个地方，必定存在着绝对程度更高的主观价值表征；这是因为，如
果神经系统没有存在绝对程度更高的主观价值，那么人类和动物是没有能
力在他们(它们)熟知其性质但从未直接进行过比较的两个可选项之间做出
选择的。当前，来自一些以猴子为被试的实验的证据表明，眶额皮质内发生

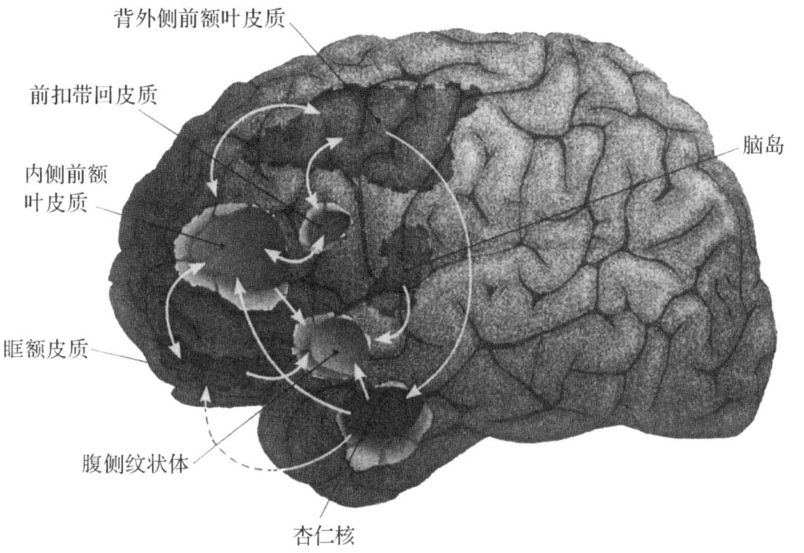

图 14.3 内侧前额叶皮质和腹侧纹状体所表征的主观价值

的事情也许可以解释这些更加“绝对”的价值表征是如何产生的。接下来，我们就来分析眶额皮质的活动。

眶额皮质

很长一个时期以来,我们就已经知道,内侧眶额皮质区在估价系统中发挥着关键作用。安东尼奥·达马西奥(António Damásio)和他的同事们对眶额皮质区损伤病人的决策过程的开创性研究清晰地表明(Bechara et al., 1995),如果失去了这个大脑区域,那么个人在对不同的象征性货币奖赏进行选择时,对风险的敏感性就会变得完全不同。在后继的研究中,许明和他的同事们也证明(Hsu,2005),眶额皮质区损伤的被试表现出了近乎完美的风险中性。这些人对金融风险似乎完全不敏感,他们对货币彩票的主观估价只受期望价值的影响。

不过,与额叶皮质的其他更背侧的区域相比,我们现在拥有的关于眶额皮质的脑成像数据比较有限,因为从技术的角度来看,在大脑的这个区域采集准确的 fMRI 信号是一个重大的挑战。幸运的是,奥多尔蒂(O'Doherty)和他的同事们在很大程度上已经克服了这个困难,他们收集到的令人信服的数据表明，这个大脑区域的激活确实是在对某些与主观价值有关的东西进行编码(Glascher, Hampton and O'Doherty, 2009；也请参阅：Plassmann, O'Doherty and Rangel, 2008)。他们的实验数据表明，这个大脑区域的激活状态所表征的主观价值要比我们在额顶叶选择网络观察到的更加抽象。在这里，抽象目标的价值的表征可能是独立于产生这些目标的行动的。

不过，在这个领域，最引人注目的数据主要来自两个研究团队用单神经元记录技术对猴子的眶额皮质的研究。其中一个研究团队是舒尔茨、特伦布莱和他的同事们(例如，Tremblay and Schultz, 1999)，另一个研究团队则是卡米洛·帕多阿—斯基奥帕(Camillo Padoa-Schioppa)和约翰·阿萨德(John Assad)(Padoa-Schioppa and John Assad, 2006, 2008; Padoa-
358 Schioppa, 2009)。[1] 这两个研究团队的研究成果都证明，眶额皮质这个大脑区域的神经元的放电率与选择集中的可选项的主观价值相关。

特伦布莱和舒尔茨的实验结果显示，猴子大脑中位于眶额皮质中更外侧的位置上的神经元似乎在对提供给它们的奖赏(食物和水)的价值进行编码。在他们的实验中，猴子被试要参加两场实验(两个实验板块)，在每个实验板块内部的各轮实验之间，两个可能的奖赏值都一直保持不变，但是在每个板块的最后，这些奖赏值将被更改。特伦布莱和舒尔茨观察到，在给定这些条件下，他们样本中的那些神经元似乎在对一个类似于相对主观价值的信号进行编码。

不过，在一个规模更大的实验研究中，帕多阿—斯基奥帕和阿萨德的研究对象却是眶额皮质中更内侧的区域的神经元，而且得到了一个略微不同的结论。像特伦布莱和舒尔茨一样，他们也观察到，这个区域的神经似乎在对提供给猴子的奖赏的主观价值进行编码。同时，像格拉斯齐(Glascher)、汉普顿(Hampton)和奥多尔蒂一样(Glascher, Hampton, and O'Doherty, 2009)，他们又发现，这些神经元并没有对行动本身的主观价值进行编码，而

① 极其重要的一点是，我们一定要注意，对有关人类和猴子的额叶皮质的数据进行比较是一个极具挑战性的任务。当我们讲到人类大脑中的眶额皮质时，我们主要指布洛德曼第 11 区(Brodman, 1909)；但是根据沃克的经典研究，猴子大脑的眶额皮质对应于人类大脑的布罗德曼第 10 区、第 11 区和第 13 区(Walker, 1940)。

是奖赏(即“商品”)本身的相对主观价值进行编码。一个特定的神经元可能对苹果汁奖赏的主观价值进行编码,而与获得这个奖赏所需要的行动无关。但是,最有趣的地方是,他们还发现,这些神经元所编码的是一种更加“绝对”的主观价值(与我们在额顶叶选择网络中观察到的结果相比)。

在帕多阿—斯基奥帕和阿萨德的实验中,猴子被试要在两个可选项之间进行选择,而且这两个可选项是每一轮实验都不同的。他们发现,在这种情况下,可选项 A 的表征,不受可选项 B 的价值的影响。例如,如果神经元对可选项 A(会带来 0.5 毫升苹果汁的奖赏)的反应是 10 个动作电位的话,它们就会一直“这样做”,无论可选项 B 能够带来什么奖赏(是草莓汁还是梨子汁? 数量是多是少),全都不受影响。我们希望在存储主观价值的大脑区域中找到的,不正是这种对主观价值的绝对表征吗?! 359

为了更好地理解这一点,我们需要回过头去重温一下关于皮质的一般理论,尤其是其中的施瓦茨—西蒙塞利方程。读者应该还记得,在本书第十章中,我们曾经提到过,正如施瓦茨和西蒙塞利所指出的(Schwartz and Simoncelli,2001),皮质标准化的作用是最大化被编码在一个皮质网络中的联合信息。他们认为,从信息论的角度来看,皮质标准化之所以出现,就是为了保证每个神经元都能携带尽可能多的关于它自己的编码对象的信息。

为了说明这个问题,请考虑以下这个例子。假设某只动物的生活环境有这样一个特点:视觉世界内的任何两点都是互不相关的,换句话说,它生活在一个“彩色电视雪花的世界”当中。在这样一个世界中,第一视觉区的“地形图”中每一点上的神经元都只携带完全独立的信息,因为它们所编码的外部世界的信息本身就是完全独立的。在这种条件下,用来最大化皮质结构的信息内容的皮质标准化也就不需要了。当然,现实世界不可能是这个样子的。在现实世界中,视觉空间中相邻的区块看上去往往非常相像,而且这种相关性是随着空间距离和空间频率的增加而下降的(具体的函数形式则非常复杂)。我们生活的世界的这种特点会带来两个后果。首先,这意味着,如果你已经掌握了视觉世界中的某个点的特性,那么你就有可能对它的“邻居”的性质做出相当有根据的猜测。其次,这意味着,如果你希望尽量减少相邻的神经元所携带的信息中的冗余,那么你就需要通过某种标准化过程有效地降低这些相邻的神经元的激活水平(为它们"减负")。正是在这个方面,施瓦茨—西蒙塞利方程告诉我们,如何对一组视觉图像的统计特性进行"萃取",并利用它们来导出一个能够最大化一个神经元集群的联合信息的标准化方案。

这种思想的一个副产品是,它还可以告诉我们,如何保证用来解决任何一个特定的编码问题的皮质尽可能小一些。如果一块皮质对至少包括一些局部相关性的视觉世界进行编码时,没有进行标准化,那么也就无法最大化联合信息,这也就是说,它所编码的信息比它本来能够编码的信息将会少得多。换言之,在编码视觉图像的时候,它使用了更多的神经元(因为它采用
360 了低效的编码方案)。如果我们事先知道我们需要编码的信息有多少,如果我们事先知道需要编码世界的统计结构,那么标准化函数就可以告诉我们,如何以最有效的方式来携带这些信息,即,如何以数量最少的神经元去实现这个编码任务。

那么,为什么说这一切与眶额皮质的绝对主观价值的编码过程有关呢?如果眶额皮质的功能是存储(或表征)我们面对的所有选择对象的主观价值,那么施瓦茨—西蒙塞利方程能够告诉我们应该怎么做。我们必须记住,任何动物,在其自然的生活环境中需要面对的选择对象其实少得出乎我们的意料:食物的种类只有那么多、潜在的配偶的数量也非常少。如果眶额皮质的功能就是表征这些可选项的价值,那么它并不需要有效地表征所有逻辑上可能的可选项,而只需要表征它的一个子集——实际上可能的可选项,即,实际遇到过的或将来会遇到的可选项。以视觉为例,人的视觉系统不必对彩色电视机屏幕上的"雪花"信息(那是一个统计上不相关的视觉世界)进行编码,而只需对真实视觉世界的性质进行编码(它包括许多结构上的相关性,而且是一个比由所有基于"电视雪花"的图像构成的那种集合小得多的图像集合)。类似地,眶额皮质不需要表征所有可能的可选项,而只需要表征那些会出现在给定的行为主体的真实世界中的可选项。因此,对于这个特定的可选项集合,大脑必定要实施一种高效的编码策略,即,施瓦茨—西

蒙塞利方程。[①]

从这个角度出发,我们就不难理解,不同大脑区域的不同功能,例如选择神经回路中的外侧顶内沟区、主观价值神经回路中的眶额皮质区,必然要求不同的规模和不同的组织方式,因为它们都受它们必须表征的可选项的集合的影响。额顶区选择神经回路只需要表征一个比较小的且马上就要用于决策的可选项的集合。因此,这些大脑区域最大化它们所携带的信息的时候,只需要在选择集内对瞬时主观价值进行标准化。如果我们假设,与额顶叶选择网络不同,眶额皮质必须表征所有可能的选择的集体,那么它就必须针对一个大得多的集合进行标准化。由此而导致的结果当然只能是,对主观价值的更加“绝对”的表征。一个单一的奖赏的大小、质量和频率的微 361
小的变化,对这种表征的影响很少或完全没有影响,因为这种表征需要跨越更大的选择空间。但是,同样重要的是,我还得指出,这种关于皮质的一般理论还告诉我们,主观价值的“真正绝对”表征也是不存在的。一切神经表征在一定程度上都是标准化的。在关于视觉编码的神经科学文献中,自从霍勒斯・巴洛以来,这一点就一而再,再而三地得到了强调(Barlow,1961)。

那么,这些源于关于皮质的一般理论的洞见,是否可以帮助我们搞清楚如下这个问题:为什么帕多阿—斯基奥帕和阿萨德的实验揭示了一种更加“绝对”的主观价值表征;而舒尔茨和他的同事们的实验数据则暗示着一种更加“相对”的主观价值表征呢?也许可以。理解这种差异的一个方法是,考虑特定大脑区域皮质标准化发生的时间进程以及这种时间进程与这些大脑区域的表征之间的交互作用。例如,我们知道,就额顶叶皮质的选择神经回路而言,标准化发生在一个很短的时间尺度内。这些大脑区域的激活反映的是一个可选项根据当前可用的所有其他可选项进行标准化之后的价值。而在其他表征更加稳定的大脑区域,标准化将体现为一个跨越更长的时间尺度的计算过程。在最极端的情况下,某个大脑区域可能需要针对整个人生计算出一个标准化的表征。

舒尔茨和他的同事们的实验数据与帕多阿—斯基奥帕和阿萨德的实验

① 在这里,为了保证简洁性,我忽略了这样一个事实,即,与某个选择对象“遭遇”的时间频率也会对最优编码策略产生重要影响。

数据之间的差异表明,眶额皮质很可能是在某个比较“适中”的时间尺度内实现标准化的。在他的实验中,舒尔茨的猴子被试需要完成总时间相当长的两个实验板块,每个实验板块内部每一轮实验的奖赏都保持不变,然后在板块之间突然改变。而在帕多阿—斯基奥帕和阿萨德的实验中,每一轮实验的奖赏是随机变化的,但是其“长期”的统计结构却保持不变。眶额皮质这个大脑区域计算它的标准化函数的时间进程从几分钟到几小时都有可能。因此,现在应该很清楚,在舒尔茨的实验中,它表现为一个“相对”编码器,而在帕多阿—斯基奥帕和阿萨德的实验,则表现为一个“绝对”编码器。①

在近期发表的一篇论文,帕多阿—斯基奥帕事实上已经证实了这个假设(Padoa-Schioppa,2000)。在这个实验中,帕多阿—斯基奥帕试图分析眶额皮质的神经敏感性对奖赏大小的依赖关系,结果发现,神经元对实验者提供的奖赏的大小的敏感性的高低取决于整场实验中提供的奖赏水平的变化
362 范围。对此,帕多阿—斯基奥帕自己的描述是这样的:“在整个神经元集群中,神经元的敏感性(其定义为:价值增加一个单位引起的神经元激活水平的变化)是与整场实验的价值的范围成反比的。”我们在利用施瓦茨—西蒙塞利方程分析这个大脑区域对同一场实验中的各个可选项如何编码时,所预测正是这种自适应型敏感性。

这个结果与研究这个大脑区域的强化学习的其他学者(包括纳撒尼尔·道和达扬)的发现也非常吻合。例如,纳撒尼尔·道和他的同事们认为(Daw et al.,2006;Dayan and Shohamy,2008),眶额皮质区要进行一个非常经典的时间差分型强化学习计算,而且必须在相当短的时间进程内计算出并存储好主观价值。达扬也认为,眶额皮质区很可能是专门用于类似于短期强化学习的价值编码的;如果事实果真是如此,那么很自然地,我们应该可以期望它在这个“适中”的时间尺度内完成价值的标准化。

总之,我们现在拥有的一系列证据证明,眶额皮质存储和表征的主观价值的绝对性比额顶叶的选择网络更高。这个大脑区域的价值表征反映在了更多的选择之间进行的标准化过程,而且所涉及的时间尺度也比选择网络

① 这一点最早也是由帕多阿—斯基奥帕和阿萨德在他们的一篇论文中指出的。

更长，当然，也不可能像那种足以描述整个人的一辈子的时间尺度那么长。需要强调的是，这个结论无疑引出了一个更大的问题：那么，比这还要更加长得多的、可以刻画一个人的一生的那种时间尺度上的价值又是存储在哪里的呢？我们可以针对我们多年以前就遇到的某些可选项做出有意义的选择，这个事实意味着，我们肯定存储着，很可能还标准化着，跨越了很长的时间尺度的价值。但是，我们现在仍然不知道，以这种形式存储起来的价值到底是存储在哪里的。一个明显的"候选人"是内侧颞叶的若干区域，它们是负责长期记忆编码的大脑区域(例如，Squire and Kandel，2009)，但迄今一直没有任何人真正认真地研究过这种可能性(即，价值是在这些大脑区域被编码的)。

无论如何，现在看来，我们至少已经很清楚，人类和猴子大脑的眶额皮质向内侧前额叶皮质和纹状体等估价中枢提供了关键的输入，它甚至还可能直接向额顶区选择网络输出信号。因此很显然，眶额皮质无疑是构造主观价值的若干最关键的大脑区域之一。

背外侧前额叶皮质

越来越多的证据表明，背外侧前额叶皮质在价值构造的过程中发挥着一种与眶额皮质互补的作用。像眶额皮质一样，背外侧前额叶皮质也是与内侧前额叶皮质和纹状体等估价中枢紧密关联的，但是在某种程度上，它似乎是专门用于评估被延迟的收益的。很多研究都已经证明，当被试在进行通常所称的"自我控制"时，背外侧前额叶皮质的激活程度更高。在这个方面，一个特别好的例子是彼得·索科尔—赫斯纳(Peter Sokol-Hessner)、利兹·菲尔普斯(Liz Phelps)和他们的同事们完成的一项研究(Sokol-Hessner et al.，2009)。在他们的实验中，实验者要求被试在一系列专门用来评估两种条件下的损失厌恶倾向的彩票之间做出选择。在第一种条件下，被试只需要做出选择(然后实验者根据他们的选择评估损失厌恶程度)。在第二种条件下，实验者鼓励被试"像一个商人那样思考"，要求他们"想象自己是在用别人的钱在赌博。"作者们发现，在这第二个处理组中，被试们的损失厌恶倾向显著减弱了。但是，更加有趣的一个结果是，导致损失厌恶程度下降的这种处理同时也使背外侧前额叶皮质的活跃程度升高了。 363

由黑尔、凯莫勒和兰热尔完成的另一项研究也指向了类似的方向，而且更加明确（Hare，Camerer and Rangel，2009）。在这项研究中，充当被试的是一些节食者。首先，实验要求被试分别对许多不同的零食的“健康程度”和“美味程度”评价打分，然后，让被试躺进脑成像仪，再把零食两种一对、两种一对地呈现给被试（每对零食的主观评价都不同），请他们从“每对”零食中选出一种，同时记录他们的大脑的活动情况。结果，作者们发现，虽然内侧前额叶皮质也被激活，且激活状态与被试做出的选择相关，但是，激活程度最高的却是背外侧前额叶皮质；而且，当被试选择了一种健康但味道很差的零食时，这个大脑区域的激活程度要比他们选择了一种不健康但味道很好的零食高。与背外侧前额叶皮质的一个功能是参与自我控制这种普遍观点一致，作者们把这个发现解释为，当被试在进行自我控制时，背外侧前额叶皮质被高度激活了。

因果关系更明确的研究也指向了类似的方向。达里娅·诺奇（Daria Knoch）和恩斯特·费尔（Ernst Fehr）和他们的同事们在他们的研究中（Knoch et al.，2006），运用重复经颅磁刺激技术（repetitive transcranial magnetic stimulation），考察了背外侧前额叶皮质可逆性失活的效果。在他们的实验中，人类被试参加的是一种传统的经济博弈——最后通牒博弈（Guth et al.，1982）。他们设定的最后通牒博弈是这样的：实验者提供10美元，让第一个参与人提出一个方案，将这10美元分配给自己和第二个参与人；当第一个参与人提出了一种分配方案后，第二个参与人可以选择接受，也可以选择不接受。如果第二个参与人选择接受，那么就按第一个参与人
364 的方案分这10美元；如果第二个参与人选择拒绝，那么双方都一无所获。

在这个最后通牒博弈中，如果第二个参与人只希望最大化自己在这个博弈中的短期收益，那么他（或她）将会接受第一个参与人给出的任何非零分配方案。但是，如果第二个参与人试图最大化自己的长期收益，他（或她）最好还是应该想办法建立起这样一个声誉：任何不均等的分配方案都会遭到拒绝（当然，这还要满足一些特定的假设）。有意思的是，诺奇和他的同事们发现，背外侧前额叶皮质失活会导致被试更愿意接受任何非零分配方案。这就意味着，当背外侧前额叶皮质失活时，被试可能不太关注公平问题，也

较少考虑长期策略。

这些实验数据暗示，与眶额皮质相比，背外侧前额叶皮质可能计算并表征比较长期的、更加抽象的主观价值。一些学者开始在这个方向上加倍努力地探索，其中特别突出的是纳撒尼尔·道。他认为，背外侧前额叶皮质的主观价值表征可以锚定到更加复杂的关于外部世界的贯穿结构的模型，而不一定要继续使用传统的强化学习模型来解释（Daw et al.，2005；Daw and Shohamy，2008）。他提出了这样一个假说：从根本上说，背外侧前额叶皮质会“回望过去”，去外部世界中寻找与奖赏有关的模式，然后再把价值赋予这些“时态复杂”的“世界状态”。除此之外，关于这个大脑区域的功能，学者们正在积极探索的另一种可能性是，它的激活发挥着一个能够限制冲动的“刹车”的作用，它是自我控制的一个源泉，可以被视为行为主体所拥有的一种可再生的、同时也是有限的资源，用于最大化自己的长期福利。

总之，所有这些研究都表明，在估价过程中，眶额皮质与背外侧前额叶皮质之间存在着互动关系，虽然它们各自充当的具体角色仍然不是很清楚。眶额皮质和背外侧前额叶皮质这两个大脑区域都与内侧前额叶皮质密切相连且都投射到内侧前额叶皮质，而内侧前额叶皮质则似乎是估价系统的最终共同路径内侧前额叶区域。很显然，眶额皮质与背外侧前额叶皮质都携带着估价信号，但是这些估价信号的似乎只在很有限的一些条件下才会出现，而且似乎只能影响某些任务中的选择。这一点是非常重要的，因为它为我们提供了第一个关于估价系统的各个子系统在价格构造过程中如何相互作用的机制的洞见。

杏仁核

几十年来，得益于乔·勒杜（Joe Ledoux）和伊丽莎白·菲尔普斯（Elizabeth Phelps）等杰出学者的努力（Ledoux，2000，2007；Phelps，2006），
我们已经知道，杏仁核在恐惧调节过程中发挥了关键作用。现有的大量实 365
验数据表明，杏仁核病变或遭到损毁后，无论是先天本能的恐惧反应、还是后天习得的恐惧反应，都将无法做出。我们还知道，任何一个正常的人所经历的恐惧（这是一种在心理学中有明确定义的精神状态），都几乎无一例外

地与杏仁核的激活有关。对动物的单神经元记录研究也支持把与恐惧有关的功能归属于杏仁核的理论主张。其中,杏仁核的外侧和内侧的神经元,似乎在产生与恐惧相关的行为的过程中发挥着关键作用。

根据上面这些研究结果,再结合另外一个事实——即,杏仁核同时与腹侧纹状体和眶额皮质紧密相连,一些学者提出了这样的观点:杏仁核的激活就等价于恐惧这种心理状态。这就是说,如果你观察到了杏仁核的激活,你就可以直接下结论说,这个被试处于恐惧当中,而且这种心理状态会给他带来一定的负效用。在这里,我必须强调,这种看法是完全不正确的。这一点非常重要的。作为当今世界研究杏仁核的最权威的专家之一,菲尔普斯也曾经多次指出过这一点(Phelps,2006;也请参阅:Anderson and Phelps,2002)。当人们恐惧时,杏仁核会被激活,这是事实;但是反过来却未必是正确的,杏仁核激活并不必然意味着人们正处于恐惧当中。

单神经元记录数据可能有助于解释为什么杏仁核激活不等于恐惧。萨尔兹曼和他的同事们的一系列研究表明(Belova,Paton and Salzman,2008;Lau and Salzman,2009;Morrison and Salzman,2009),在许多情况下,杏仁核的内侧部分的神经元都在对主观价值进行编码。他们的实验数据显示,这些神经元的放电率与主观价值是正相关的。而以前的研究(例如,菲尔普斯和勒杜的研究)则表明,杏仁核更外侧的部分的神经元的放电率则可能与主观价值负相关。最近的功能核磁共振成像结果似乎也证实了这个结论。另外,利维和他的同事们也证明(Levy et al.,2010),当被试考虑风险或不确定的彩票时,杏仁核的激活程度与主观价值是正相关的。

很明显,上面这些结果之间存在着矛盾。一种解释是,杏仁核的激活程度与它所编码的主观价值是正相关的,但是对负面后果的反应强于正面结果,因此它向估价中枢输出的信号将显示一个可选项为负价值,而且,它对其他大脑区域的输出也是如此。

366 总之,现在已经很清楚,杏仁核无疑在向纹状体和眶额皮质传送关于主观价值的信息,既有正面的又有负面的,但是很可能更偏向于负面的。不过,虽然我们有充分的证据支持,与恐惧相关的精神状态与杏仁核的激活有关,但是具体的机制仍未完全搞清楚。无论如何,杏仁核在估价过程中发挥着重要的作用这一点是毋庸置疑的；而且，我相信，我们在短期内就可以看到关于这个大脑区域的进一步的研究成果。

岛叶与前扣带回皮质

岛叶皮质也可能在价值构造过程中发挥了一定作用。传统上一般认为，岛叶这个巨大的外侧皮质与厌恶的内脏感觉相关（Augustine，1996；Singer，2007；Singer et al.，2009），因此我们有理由推测它也可能与负效用事件有关。近来关于模糊性条件下的决策的研究表明，当人们面对不确定的彩票时，岛叶皮质的某些部分会被激活，因此它与主观价值相关。然而不幸的是，除此之外，关于岛叶皮质在主观价值构造过程中的作用，我们已经掌握的信息非常少，虽然我们知道，它与估价中枢各大脑区域之间存在紧密的联系。

与岛叶相比，前扣带回皮质的作用更加明确，可能也更加重要一些。灵长类动物的前扣带回皮质，大体上与啮齿类动物的所有额叶皮质同构；在很早之前，人们就很清楚，前扣带回皮质在决策中发挥着重要作用。功能性磁核共振成像技术出现之前，大量脑电图研究就已经清晰地表明，当被试在简单的决策任务中犯了错误的时候，尤其是当被试本人也发现了这些错误的时候，前扣带回皮质会被高度激活（例如：Falkenstein，Hohnsbein，Hoormann and Blanke，1990，1991；Gehring et al.，1993）。根据这些研究结果（再结合其他一些研究的结果），人们提出了前扣带回皮质是“解决冲突中枢”的假说。这个假说的主要思想是，当被试需要在两个明显不同但是对他（或她）来说却几乎完全无差异的可选项之间进行选择时，或者当不同的估价子系统产生了不同的估价结果时，前扣带回皮质就将在指导选择的主观价值的构造过程中发挥其关键作用（例如，请参阅：Yeung et al.，2004）。

然而，在最近，上述假说却受到了一些挑战，一些学者提出了一个用来替代它的假说（Brown and Braver，2005）。这个新的假说认为，前扣带回皮质可能是对错误概率或确定性程度进行编码的。除此之外，以一系列在猴
子身上进行的单神经元记录研究的结果为基础，又出现了第三个假说，它认 367
为，前扣带回皮质的神经元的放电率与奖赏大小、奖赏概率，或者这两者的组合相关（Kennerley and Wallis，2009a，2009b；Kennerley et al.，2009）。

前扣带回皮质是一个与估价中枢紧密相连的大脑区域；很明显，它肯定参与了（很可能是以某种专门化的形式）价值构造过程。不过，关于它的这种作用的细节，我们现在仍然不甚清楚。

结　论

现在，已经几乎没有人怀疑，许多大脑区域都在以某种专门化的形式向由内侧前额叶皮质和纹状体构成的估价中枢神经回路提供信号。我们现有的证据表明，这样的大脑区域至少有 5 个（而且，无疑还有更多）。同样地，我们也可以肯定地说，随着研究的进展，这些大脑区域内部的子区域的特定功能，也将大白于天下。

在前述 5 个大脑区域中，最重要的、可能也是最有意思的应该是眶额皮质和背外侧前额叶皮质。这两个大脑区域在估价过程中分别发挥的作用看上去似乎是"相反相成"的。在一定程度上，眶额皮质似乎专门用于即时的、"可以消费"的奖赏的表征，而背外侧前额叶皮质则似乎负责比较长期的、需要人们通常所说的"自我控制能力"的收益的表征。而且这种现象还自然而然地引发了一个新的问题：估价中枢脑区接收到了来自眶额皮质和背外侧前额叶皮质的不同输入信号后，是怎样进行"仲裁"的？毫无疑问，对这个问题的回答将成为未来几年神经经济学的主要挑战之一。

第十五章　超越新古典主义:行为神经经济学

新古典主义经济学的研究纲领的最大优势体现在它的清晰性、精确性 369
和严谨性上。在描述一个模型的时候,任何一个新古典主义理论经济学家都几乎肯定不相信它准确地描述了所有的行为,但是他(或她)非常清楚,它所描述的到底是什么。另一方面,新古典主义经济学的研究纲领的最大弱点则体现在,它所使用的那些模型虽然条理清晰,但是预测能力却相当有限。为什么会出现这种情况?

其中一个原因是,今天我们所拥有的所有新古典主义经济学模型都太简单了。用三、四个简单的数学方程就能够对所有的人类选择行为进行建模?这种愿望不可能成真。正如我们在本书中介绍的一系列关于机制的神经经济学研究所表明的,新古典主义经济学模型必须“复杂化”。随着复杂性的增加,当代新古典主义经济学的许多“罪过”都将得到“救赎”。但是,除了这个原因之外,新古典主义经济学模型之所以遭到失败,可能还有第二个原因,而且是更加重要的、更加令人困扰的原因。

一切新古典主义经济学研究,无论所采用的具体模型或公理体系是什么,实质上都是以这样一个假设为出发点的:人类(有时也包括动物)的选择行为是被前后一贯地组织起来用于实现某种目标的。例如,在经典显示偏好的一般化公理模型中(Houthakker,1950),我们提出的是这样的问题:“某种选择行为需要具备哪些特点,如果这种行为的目标是最大化使某个函数最大化的话?”如果我们观察到的偏好是完整的、可传递的,那么也就等于观察到行为主体的所有行为都是实现某种东西的最大化;当然,这种东西就是我们所称的“效用”了。又如,期望效用理论中(von Neumann and Morgenstern,

370 1944),我们要问的是,“以最大化任何一件东西的长期概率性期望价值为目标的行为的特点是什么?”(同样地,这里的“任何一种东西”就是我们所称的效用)。还有,在“满意”理论中(Simon,1957),我们会问,“给定实现最大化这个目标代价高昂这个约束条件,以最大化长期期望价值为目标的选择行为的特点是什么?”。

对于在演化论思想熏陶下成长起来的生物学家来说,这种建模方法无疑是非常有吸引力的。任何一个关于行为的演化的研究当中,几乎都隐含着这样一个假设,即,所有行为都旨在完成一个内在一致的目标。而且,几乎所有受过教育的人都会认为,演化的过程就是推动所有动物走上最大化广义遗传适合度的道路的过程。事实上,关于这些“最大化理论”,我经常引用的约翰·梅纳德·史密斯已经说过的一段话(Smith,1982):

> 将这个原则应用于人类事件,这个尺度就是“效用”,尽管效用本身是一个人为的、令人不怎么舒服的概念。而在生物学中,达尔文的适合度概念则非常自然地提供了一个真正一维的用来思考最大化问题的尺度。

但是,我们究竟在多大程度上真的确信人类选择行为确实是前后一致的、永远只为了最大化某个特定目标的?这个问题是无法回避的,因为新古典主义经济学的研究纲领的核心就是“前后一致的最大化”。关于人类行为,我们真的可以假设,存在着“一致性”这种东西吗?如果新古典主义模型是完全拟合的,那么答案就是“是的”。但是,如果它们不能拟合,或者无法使它们拟合,那么答案就可能是“不是。”那么,新古典主义模型与行为之间的拟合程度究竟如何?

在回答这个问题时,我们一定要记住一个事实,新古典主义经济学理论自诞生至今,只有短短的100年左右的历史,而且从第一天起,就一直处于一个不断修正的状态当中。说到底,本书也是对新古典主义经济学的一个修正,而且采取了一种比较极端的形式。本书的目标是,弥合新古典主义经济学理论与行为(机制)之间的裂缝,但是不放弃新古典主义经济学的工具箱和敏感性。我认为,这个策略应该会比其他批评新古典主义经济学的学者的策略更加成功。例如,在20年前,对于一般的经济学家来说,参照点还似乎是一个神秘莫测的东西,完全超越了任何公理化理论模型。但是到了今天,我们已经拥有了一个可以作为我们理解参照点的经济学基础的数理模型(Köszegi and Rabin,2006);我们还能够解释参照点是如何出现在一个 371
学习系统中的(Sutton and Barto,1998);我们所拥有的神经生物学证据已经表明,我们的学习机制可以实现参照点的实例化(Bayer and Glicher,2005);我们甚至还掌握了(在人类被试身上)直接测度参照点的实用技术(Fox and Poldrack,2009)。所以很明显,大量不符合“一致最大化”假设的行为现象最终都将变得可以利用这种类型的工具来解释。

或者换一种说法。我一直强调,神经经济学是通过对原来的新古典主义经济学模型添加一些“算法约束”来丰富它(如果你愿意的话,也可以说是使它更加“复杂化”)。要完成这样一项使命,就必然要求我们做出这样一个假设:关于人类选择的神经生物学整体架构与萨缪尔森、弗里德曼、冯·诺依曼以及其他经济学家所认定的、实现效用最大化必不可少的“似乎”型经济学整体架构之间,应该不会存在特别大的根本差别。因此,像约翰·梅纳德·史密斯一样,我认为,演化女神不仅在推动我们趋向于成为高效的最大化者,而且演化女神本身的行为也非常接近于追求最大化。[1] 不过,指出如下这一点也是非常重要的:我同时也已经清醒地意识到,仅仅利用这种“新古典主义加算法约束”的方法并不能完全弥合新古典主义经济学理论与实际人类行为之间的巨大鸿沟。演化是缓慢的、随机的,而环境变化却往往是非常快速的,因此,演化历史上肯定会出现很多这样的时刻:在某个特定的环境下或领域内,行为根本不可能是完全一致的。

那么,当人类(或者动物)真的不通过自己的行为去追求最大化的时候,会发生什么事情?当环境的复杂性,或环境变化的速度,超过了演化女神的“优化速度”的时候,又会发生什么事情?当一个生命体对环境变化的反应不一致时,又会发生什么事情?毫无疑问,当出现这些情况的时候,在被最大化的函数(那可以说是新古典主义方法存在的根本理由)与实际的行为机

---

① 在这里,我要强调一下(特别是对熟悉演化生物学的读者),我当然承认诸如性选择和博弈论中的“军备竞赛”此类因素的重要性,但是我也发现了大量可以证明向最大化这个方向趋同进化的非常有说服力的证据。对于这个问题,我在《决策、不确定性与大脑》一书中已经进行了深入的探讨。

制之间，就会浮现出一条鸿沟。而且，我要强调的是，这条鸿沟是新古典主372 义经济学无法填补，甚至是它不应该去尝试填补的。

新古典主义经济学的“不完整”之处，可能通过行为经济学来完善。在一定意义上，行为经济学是一个与新古典主义经济学对立的经济学“流派”。不过，我得马上补充一句，即使有朝一日，新古典主义经济学与行为经济学完美地融合成一体了，神经生物学也能够而且必定会起到至关重要的作用。行为经济学与神经科学相结合的“混血”模型，与它们的“表兄弟”(新古典主义经济学模型)一样重要，不过，它们在很多方面都存在着根本性的不同。

那么，新古典主义经济学方法“力所不能及”的行为现象到底都有哪些？用来解释它们的神经经济学模型又有什么特点呢？关于那些会导致新古典主义经济学无法解释、行为经济学有可能解释的现象的神经生物学的层面上的“算法”，我们又知道多少呢？为了回答这些问题，我们先来看一看下面两个例子。

选择集的编辑与期望主观价值的符号化传达

选择集的编辑

我们已经知道，仅仅依靠额顶叶网络对相对期望主观价值的编码，无法在大选择集中进行有效的选择；这种情况源于这个系统内在固有的高方差性。对于这一点，我们已经在前面的第十章中详细论述过。我们也知道，在行为的层面上，当人们需要面对一个很大的选择集时，他们会对这个选择集进行“编辑”，使它变成一个更小的选择集(关于这个领域的理论进展，请参阅：Payne，Bettman and Johnson，1992，1993)。当然，这种“编辑”可能会引发“不理性”行为，并使最大化面临无法克服的障碍。那么，我们的大脑又是怎样处理大选择集的呢？我们目前拥有的证据强有力地表明，额叶皮质的估价神经回路很可能拥有类似的“编辑”选择集的能力，这样一来，呈现给额顶叶神经回路的可选项的数量就会减少。这就是说，额叶区的这些神经回路很可能控制着额顶叶选择网络可以选择的可选项。总之，只要我们搞清楚这个过程的神经生物学根源,那么我们也就可以理解神经经济学能够在多大程度上帮助我们解释新古典主义经济学方法力所不能及的现象了。

期望主观价值的符号化传达

我们知道,源于经验的期望主观价值与源于符号化表征的期望主观价 373
值是不同的。运用符号化信息(例如,说一个人有 35%的概率赢得 100 美元)做出的行为决策在很多方面都不同于根据经验做出的决策。最重要的差异往往出现在人们面对以符号表述的、涉及低概率事件的选择任务的时候。在这种条件下,人们很容易违背独立性公理,因为他们倾向于高估低概率。特别是,当事件的概率极低,而表述形式又高度符号化的时候,人们就很容易做出非理性的行为,即,无法最大化任何东西。这是因为,在演化历史上,利用高度符号化的信息构造期望主观价值是一个非常新的事件(尽管符号化也是人类的经济生活的一个非常重要的特点)。演化上的新异性很可能是导致这种问题的根本原因。

新古典主义方法面临的最大挑战也就在这里。从这个角度来看,期望效用理论可以被为这样一种理论努力:找到一种适用于符合化表述的概率的最大化方法。(这与显示偏好的一般化公理模型及显示偏好弱公理模型不同,后者并不明确涉及概率问题。)当然,如果这种现象确实位于人类的最大化行为的范围之外,那么我们就可能需要对新古典主义经济学的研究纲领的一些核心要素进行重新反思了。这是“新古典主义范围之外”的重要现象的第二个例子。

重要的是,神经经济学是可以,而且一定会超越新古典主义经济学的研究纲领的。为了搞清楚怎样才能做到这一点,作为例子,我们接下来将对上面提到的这两种现象(选择集编辑和期望主观价值的符号化传达)进行深入细致的分析。当然,我首先必须强调指出的一点是,类似的例子还有很多,但是它们显然是两个最重要的“新古典主义范围之外”的现象;它们也是两个最好的例子,有助于我们理解行为神经经济学的发展路线和发展方向。

发生在额叶区的选择集编辑

正如我们在本书第十章中已经指出过的，额顶叶选择网络在表征对象
374 时所采用的标准化方法有利也有弊。从代谢消耗的角度来看，表征选择集中的每个元素(可选项)的相对价值是一种效率非常高的做法，因为利用这种方法，就可以用一个很小的神经元网络来精确地表征选择集。只要选择集的规模不太大，那么这样一个系统所导致的行为就有可能完全等同于一个表征选择集合中的每个元素的绝对价值的系统，而那样的系统显然更加昂贵得多(在代谢消耗的意义上)。然而，作为选择集的规模的增大，这种系统的行为变得越来越随机化。当选择集中的元素增加到了 10 个或 15 个以上时，这些系统行为就基本上由神经元的放电率的随机波动“引导”，而与主观价值没有什么关系了。

不过，在思考这个事实的时候，我们还是可以猜测：选择集的规模带来的这些限制也许不会对我们的祖先的最大化行为产生非常显著的影响。动物(或者，早期人类)通常只需要在很少几种可享用的商品之间进行选择，可能成为它们(或者，他们)的性伴侣的其他动物(或者，人)的数量也很有限，因此额顶叶选择网络可能根本不会进入“低效地带”(即，生成随机行动)。然而，当我们人类进入现代社会后，非常大的选择集就变得很常见了。例如，在美国，一个不太大的杂货店也可能陈列着 2 万多种不同的商品；在考虑退休账户投资时，我们通常需要对数以百计的可选项进行排序；就算是买一辆车，也可能涉及几十个替代品。那么，从我们的祖先那里继承下来的神经架构是怎样处理这类无比复杂的问题的呢？

在行为层面上，我们现有的证据表明，人类在处理这类大选择集时，大体上有两种不同的方法。第一个策略是，在大选择集内部划分层级，并将一个决策问题分割为若干个阶段；这个战略能够有效地限制每个决策阶段需要面对的可选项的数量。第二个策略是，利用某种规则(从根本上说，这种规则通常是任意的)，将选择集的某个子集排除出考虑范围，或者直接删除掉。这第二个策略的目标是，用一个简单的启发式(heuristic)试探着将选择

集缩小到我们能够处理的程度(Payne,Bettman,and Johnson,1993)。

要想搞清楚这两个策略是如何发挥作用的,读者不妨考虑一下这个例子。假设一个人想购买一辆新的四座双门车。在美国市场上,大约有 30 个品牌可供选择,而且每个品牌平均提供 8 款车型,每个车型又大约有 10 种颜色。因此这个人面对的选择集将有大约 2 500 个元素。我们知道,在行为层面上,当面对这么大的选择集的时候,人类是无法高效地做出选择的;而且我们也知道,在神经层面上,选择架构也是不可能从这么大的选择集中准确地识别出期望主观价值最高的那个可选项的。 375

如前所述,面对这么大的选择集,第一个策略是"分层排序"(hierarchical sorting),即,将整个决策问题分解为一系列按顺序进行的分步决策,每一步决策都只需要面对一个可以控制的选择集。于是,这个问题就变成了这样一些子问题:我应该买一辆国产品牌的汽车还是一辆外国品牌的汽车?在国产品牌(或外国品牌)中,我最喜欢的是什么品牌?在我最喜欢的那个品牌中,我更喜欢什么车型?在这种车型中,我应该选什么颜色?依此类推。但是,这个策略也有一个很致命的问题,那就是,在很多情况下,它无法保证最终选中的汽车就是(这个人)期望主观价值最高的那一辆。或者,用技术性更强的术语来说,就整个选择集而言,这种策略很可能会导致全局性的违背理性选择的公理的结果,尽管每个层次的决策可能符合理性选择公理的某些有限的形式。从根本上说,这个策略根本不能最大化任何东西。关于这一点,几乎所有重要的行为经济学家都曾经指出过(例如,Payne,Bettman and Johnson,1993)。

第二个策略,即,选择集编辑,通常依赖于选择对象的"属性"(attribute)的确定。在购买一辆新车这个例子中,如果采取这个策略,那么纳入选择集的每种汽车都被认为拥有一系列"属性"。例如,一辆汽车可能是红色的、昂贵的、非常安全的、省油的、便于维护的……每个特点都是一个属性。直观上,我们可以大体上认为每个属性都能赋予汽车一定效用。对某个行为主体来说,省油可能是一个非常重要的属性,但是对另一个行为主体来说,很可能不是。在采用选择集编辑这个策略的时候,我们假设可以根据一个或两个最重要的属性来减少选择集的规模。例如,有的人可能只考虑红色的汽车,从而把选择集中的其他颜色的汽车全都“删掉”。这就是根据颜色这个属性对选择集进行编辑,提到一个供自己进一步考虑的子集。对于这个子集中的各个可选项,可以进行新古典主义式的比较,以实现最大化;但是这种最大化只限制在子集的范围内。与“分层排序”策略一样,根据属性进行选择集编辑这个策略也会导致非全局理性的选择,即,违背理性选择公理
376 的选择。对于这一点,相关文献中也多有讨论。

上面这两个策略(它们其实是两个关于选择的心理学理论)在神经经济学层面上的意义是非常清晰的。迄今我们收集到的神经生物学证据表明,“硬”的类效用理论(必须加上我们前面阐述过的所有约束)可以相当好地阐明如何在较小的选择集中进行选择。那么,随着选择集规模的增大,又会发生什么?到目前为止,我们的理论只能告诉我们,当选择集变得很大时,选择就直接随机化了。当然,我们很清楚,现实情况必定不是这样的。人们也许是不完全理性的(他们在购买汽车的时候,可能无法实现完美的最大化),但是他们也不会像前面所述的以“硬”的期望效用概述为基础的理论模型所预测的那样,完全随机行事。如前所述的那两个策略(心理学中的选择理论)告诉我们,我们现有的“硬”的新古典主义经济学理论,在进行了一种行为经济学式的扩展之后,或许就可以解释这个事实,为什么人类在现实中面对大选择集时做出的选择,要远远好于到目前为止的“新古典主义神经经济学模型”的预测。这些理论表明,额叶皮质和基底神经节在将可选项传输给额顶叶网络(以做出选择)之前,很可能会对选择集进行“编辑”,以缩减其规模。为了搞清楚这种机制到底是怎样起作用的,我们就必须先来讨论一下关于视觉搜索的心理学和神经生物学研究。

搜索视觉目标

假设在一个心理学实验中,实验者要求被试在显示器上的许多黑色“T”当中把灰色的那个“T”找出来(见图 15.1)。

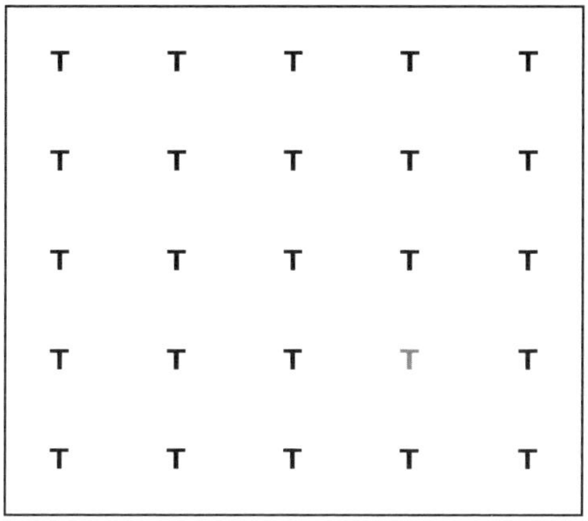

图 15.1

这个实验最引人注目的一点是，所有被试都很容易就完成了这个任务。 377
事实上，这个任务其实是由人的视觉系统迅速而高效地完成的。而且，增加黑色“T”的数量对完成这个任务的速度也几乎没有任何影响。在接下来的第二个实验中，实验者要求被试在许多黑色的“T”中找出唯一的那个黑色的“O”（见图 15.2）。

在许多“T”中找到一个“O”也很容易，而且增加“T”的数量对搜索时间的影响几乎没有。但是有意思的是，当我们开始把亮度和形状这两个属性结合起来后，问题就变得困难得多了。读者不妨试一下，在图 15.3 中的这些黑色的“O”和灰色的“T”中，把唯一一个的“O”找出来。

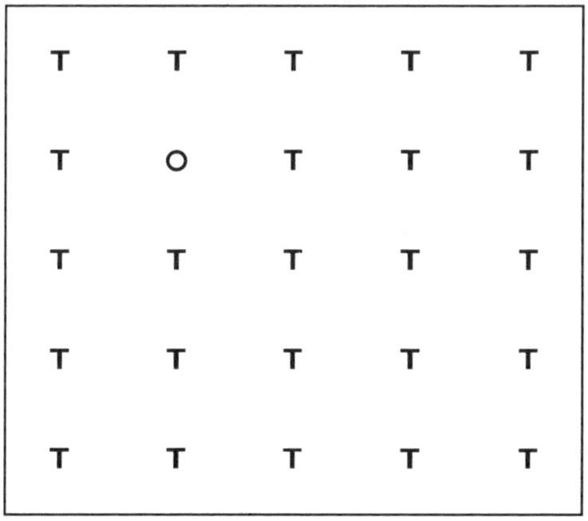

图 15.2

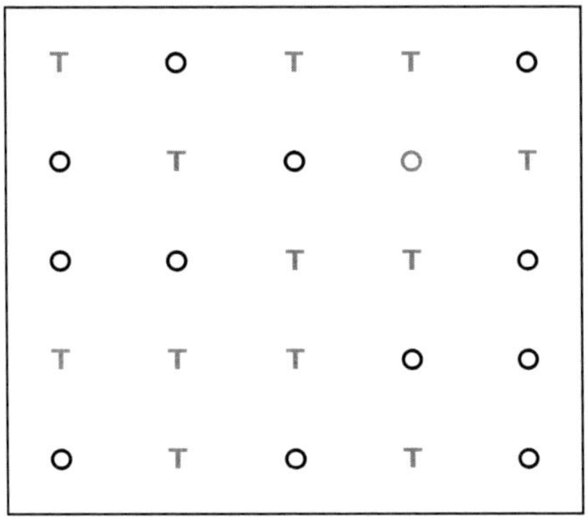

图 15.3

显然，在图 15.3 中找到灰色的“O”这个视觉目标并不太容易。而且，在 378
这种情况下，随着非视觉目标集的规模的增大，灰色的“O”这个视觉目标所需的时间也显著增加。实际上，在这种条件下，平均搜索时间与非视觉目标的数量之间大致呈现线性函数关系。根据这个事实，一些知觉心理学家认为(Treisman,1982;Wolfe,1998)，当被搜索的目标被定义为两个视觉属性的结合时，人们进行的是串行搜索(serially search)，即，一个接一个“看”被显示的那些元素，直到发现一个完全符合摸索条件的元素为止。这些心理学家指出，当无法按某个单一的属性进行并行搜索时，这种串行搜索策略就会被采用。例如，当我们无法“并行地”直接在显示器上寻找那个灰色的目标时，我们就会启用串行搜索策略。

作为上面这种解释的基础的基本心理学理论假设，存在着许多预先定义的属性，例如颜色、形状，运动方向等等。当只需要在一个属性类内搜索就可以识别出目标时，那么搜索就是快速的、并行的，而且基本上不受集合大小的影响。当搜索横跨了不止一个属性类时，就会采用另一种速度慢得多的串行搜索机制。当必须采用这个机制时，每个刺激必须单独“接受检查”，直到目标被识别出来为止。一旦目标被识别出来，搜索过程就会被终止。当然，这样一来，关于平均搜索时间与搜索时间随着集合大小的变化而变化的关系，这个理论就可以给出非常具体的预测了。这些预测已经被许多实验所证实。[①]

那么,在神经层面上,这些又是如何发生的呢?到目前为止,我们还不知道这个问题的确切答案。但是,我们现在掌握的关于视觉架构的知识可以给我们不少启发。请读者回想一下,在本书第七章中,我们分析了灵长类动物的视觉系统的基本结构。我们知道,视觉信息离开视网膜后,是通过丘 379
脑,到达初级视觉皮质(也称第一视觉区)的。在这里,视觉信息处理的下一个步骤是根据特征("属性")对图像进行层次结构分解,但是这都是在关于视觉世界的按地形图原则组织起来的子地图内完成的(见图 15.4)。例如,关于运动速度和运动方向的信息,是从颞中区提取出来的;这个大脑区域要对视觉世界中的第一点的运动速度和运动方向进行编码(通过它的神经元的放电率)。关于颜色的信息似乎主要(但不限于)在第四视觉区提取出来的。而关于脸的"身份性"信息,则似乎是在位于颞叶的前端的一张地图中被提取出来的。每一张地图,都只按地形图原则提取并表征视觉图像的其中一个特征(或属性)。

根据这些信息,一些神经科学家指出,我们看到的快速的并行搜索,实 380
际上是在一个单一的地形图内进行的搜索。这个思想的根本要点在于,在这里,也是一种"赢家通吃"型的机制在起作用(与我们前面在外侧顶内沟区已经遇到过的情况类似):只发生在一张"地形图"内,并且只在那张地图内产生一个"激活山峰",从而把需要找到的目标标识出来。因此,基本原则是,只有那些被视觉系统的地图编码的属性(这些地图是按层次结构原则组织起来的,而且一张地图只编码一个属性),才能支持快速的并行搜索。根据这种理论,缓慢的串行搜索发生在需要在两张地图之间进行信息比对的时候。这就是说,当需要将两个或更多属性结合起来才能界定视觉目标的时候,串行搜索机制就启动了,它在不同地图之间提取和处理与视觉刺激有关的信息,而且每次只能针对一个刺激进行。

---

① 当然,这个特殊的模型也不是完全没有争议的。此外,还有一类模型被称为贝叶斯并行搜索模型,在许多情况下,这种模型也能给出类似的预测。关于这一点我和其他一些学者在有关文献中已经多次指出。但是,在这里,这些模型的价值在于,它们能告诉我们一些关于选择和神经架构的东西。我还得请求读者留意下文要讨论的视觉搜索和注意。

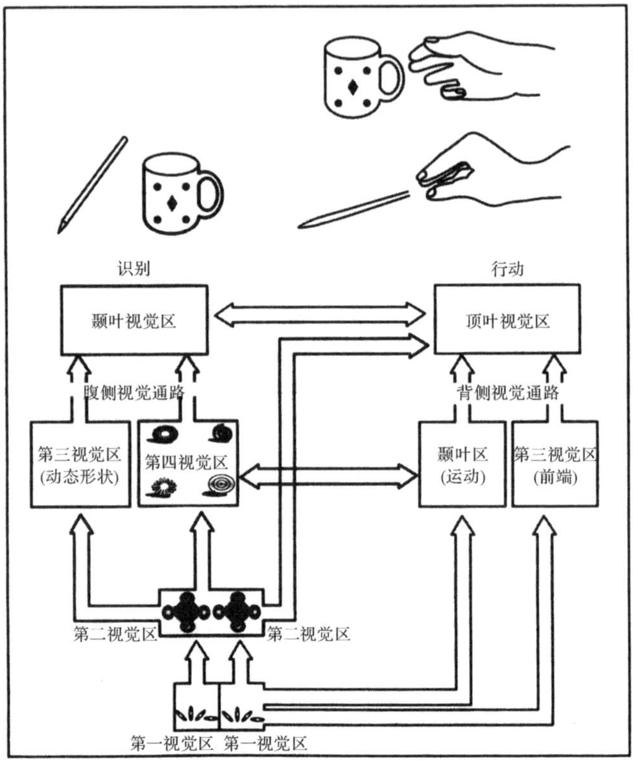

图 15.4 视觉皮质的层级组织

皮质地图与选择属性

那么,这种分层的、基于属性的视觉决策到底意味着什么?毫无疑问,它的含义是相当清楚的。我们不妨设想一下这种可能性:像视觉皮质一样,与估价相关的大脑皮质也是由一系列分别对我们生活中遇到的选择对象的属性进行编码的地图组成的。例如,我们可以想象,一张地图可能在对我们的选择对象的视觉吸引力进行编码,另一张地图则可能在对食物的甜味进行编码,而第三张地图则可能在对食物的货币成本进行编码。事实上,视觉地图本身也可能参与了这种编码过程,例如,与色彩有关的视觉地图可能会表征我们的选择对象的颜色。这就意味着,关于选择对象的属性的地图是可能存在的,就像关于视觉刺激的属性的地图确实存在一样。

现在请读者考虑这样一种情况。假设有 100 个选择对象,它们在 5 个属性上表现出彼此之间的不同之处,而每个属性都是由位于额叶区的一张与其他“地图”分开的“地图”编码的。在这种条件下,原先就存在的神经架构会怎样支持选择集体编辑或分层选择呢?它将会通过地图内的“赢家通吃”型计算来实现这一点。例如,在选择汽车的时候,假设我们不得不根据颜色这个属性来缩小选择集,那么我们就利用编码颜色属性的那张地图,将所有不是红色汽车的全都“抑制”掉。这样一来,发送到额顶叶选择架构中去的将只有与那些红色的汽车有关的信息。如果我们在这个时点上做出选择,那么我们的额顶叶网络将只能“看到”红色的汽车。当然,在这个有限的选择集内,实现有效的全局最大化将相当费力。

小结一下。这里的关键思想如下:(1)我们已经知道,在大脑内,属性是 381
由不同地图编码的;(2)我们也知道,大脑地图内的计算可以快速、高效地提取刺激或选择对象的信息,当它们在属性空间的取值相同的时候(例如,都是红色的);(3)我们还知道,在面对小的选择集的时候,额顶叶网络中的“选择算子”(choice operator)非常有效。这三个思想结合在一起则意味着,选择集编辑或分层排序应该反映了大脑中属性编码的结构。这就是我们理解面对大选择集时的选择行为的默认模型。最后,即使是像我这样的“硬”的新古典主义也得承认,这个模型已经远远超越了今天人们通常所理解的新古典主义范式了。

选择集摘要

大选择集会引发很多问题。在行为层面上,随着选择集规模的增大,选择的理性程度会下降。在神经生物学层面,当选择集变大后,额顶叶网络的方差结构就会限制选择效率。对于这个问题,心理学家和神经生物学家关于视觉搜索的研究结果给我们的启示,根据属性来对选择集进行编辑(属性是用皮质表征的结构来定义的)可能是我们克服这个限制的途径。属性排序的优点是,我们利用已经得到了充分的阐述的神经生物学机制,将选择集的规模“裁剪”到选择架构所允许的程度。它的缺点是,由于我们对我们的选择集的分析是不完整的,因此我们会违背理性原则。但是,我们很清楚,在现实世界中,人类就是这样做的。

期望主观价值的符号化传达

本书第三篇讨论过的几乎所有的选择(或决策)都是针对这样一些对象的:通过“反复体验”,它们的价值是可以“学习掌握”的。关于那个保证我们能够通过经验学习的神经系统,现在我们已经有了比较充分的了解。毫无疑问,这种知识会影响我们所建构的关于如何对这类对象估价和在它们之间做出选择的模型。多巴胺能系统使我们能够通过一种迭代机制学习掌握商品的价值——这种迭代收敛于对某种类似于行动的期望效用的东西的表
382 征。但是,对于许多经济学家来说,这仍然是一个非常不完整的画面。这种基于经验的迭代型估价系统是怎样与关于我们以前从来没有经历过的商品或彩票的主观价值的符号化表征联系起来的?如果我们问一个被试,对于这样一张“彩票”——有37%得到一辆各种特征都描述得很清晰的新型汽车——他的估价是什么,这种估价与本书到目前为止已经讨论过的那些估价之间的关系如何?或者说,怎样才能在本书前面所讨论的那些通过反复迭代习得的估价与经济学中传统的彩票的主观价值之间建立起联系?对于用符号表示的选择对象、对于有固定概率和货币价值的选择对象,人们可以表现出自己的偏好,这个观念是新古典主义经济学的核心观念之一。为了将显示偏好弱公理和显示偏好的一般化公理等模型推广到概率性事件,冯·诺伊曼、摩根斯坦和萨维奇发明了期望效用理论扩展理论。正如他们所指出的,概率性事件通常是用语言表达的。那么,我们在本书前面阐述的那些机制和理论,同样适用于对选择对象的符号化传达和经验型传达吗?

在本章的剩余部分,我们将转而讨论用符号形式构造的价值(符号化估价)与在经验基础上构造(经验型估价)之间的相似性和差异性。期望效用理论这一类理论,当它们成为“硬”的理论之后,给出的预测是,我们对概率和效用分别进行编码,然后取这些数量的乘积,再根据计算结果来确定哪个选择对象是可欲的;如果我们改变概率,那么我们就可以改变这个对象的期望效用(或期望主观价值),而不用改变存储起来的这个对象的效用。然而,大量关于多巴胺系统的研究的结果告诉我们,通过经验习得的概率性预期

并不具备这个特征。实验证据表明,通过经验习得的概率性预期不像期望效用,而更像“直接效用”。如果我们改变按下操纵杠将带来的奖赏,那么猴子被试或人类被试就必须从零做起重新学习按下操纵杠这个动作的价值。当我们学习掌握了一个会带来概率性奖赏的动作的价值的时候,我们习得的东西更像是该动作的效用(在“硬”的理论的意义上的效用),而不像真正的期望效用(在“硬”的理论的意义上的期望效用)。相比之下,以符号形式传递的概率性期望则更像冯·诺依曼可能会设想到的“硬”的期望效用,它们表现得更加不稳定(它们会违背理性原则),并且给几乎所有“硬”的期望
效用(包括期望主观效用理论)理论的有效性设定了最大范围。出于这个原 383
因,正如我们将会看到的,以期望主观价值这个概率去专指用符号形式传达的选择对象的话,无疑更加合理得多;当然,这也就意味着,在对有关机制的理解不断加深后,我们进一步突破了“软”的经济学传统。接下来,我们将介绍一个行为实验,它突显了我们需要一个内容更加丰富的期望效用或预期主观价值概念的事实,以此来作为对期望主观价值的符号化传达问题的讨论的开始。这个实验是由拉尔夫·赫特维希和他的同事们完成的。

一张彩票的价值:学习还是被告知

在他们的实验中(Hertwig, Barron, Weber, and Erev, 2004),拉尔夫·赫特维希和他的同事们要求以色列理工大学(Technion University)的一群学生在两张彩票之间做出选择。一个典型的例子是,实验者可能会要求学生在一张有5%的机会产生70美元收益的彩票(被称为“H”彩票)与另一张肯定可以产生3美元收益的彩票之间做出选择。这种选择任务并不罕见;他们这个实验有意思的地方在于,在做出选择之前,所有被试先被分成了两组。对于第一组被试,实验者用符号形式传达了这些可选项,即,他们直接用语言要求被试在“有5%的机会获得70美元与肯定可以获得3美元”之间进行选择。而第二组被试则必须通过他们自己的经验了解到这些概率。第二组被试的每个成员都要坐在一台计算机前,计算机的显示器上呈现了两个按钮,每个按钮各代表一张彩票,在做出实际的决定之前,他们可以尝试这两张彩票(愿意尝试多少次就尝试多少次)。每一次,当他们按下“H”键的时候,计算机显示器上出现70

美元("胜")的概率为5%,出现0美元("负")的概率为95%;而当他们按下"L"键的时候,计算机显示器上则总是会出现3美元("胜")。

在这里,至关重要的一点是,我们必须明白,这些通过按下某个特定的按钮来体验输或赢的概率分布的被试,与那些参加舒尔茨用来研究多巴胺神经元的那个实验的猴子被试,其实是在以同样的方式参加一个彩票实验。这些被试都多次尝试了这些彩票,因此我们有充分的理由认为,他们的多巴胺系统也构建了一个关于这些彩票的平均价值的估计值,这是他们后来做出的选择的基础。相反,另一组学生被试则是以符号化形式掌握了概率分布的,因此他们完成这个实验的方式应该与参加卡尼曼和特维斯的实验,或者阿莱的实验的被试完全相同。实验结果不出所料。赫特维希和他的同事们发现,参加卡尼曼和特维斯基式的实验的学生的行为复制了卡尼曼和特维斯基的标准结果。这些学生违背了弱独立性公理;从他们的选择行为来看,他们似乎普遍高估了低概率事件,同时低估了高概率事件。或者,用更加正式的术语来说,当赫特维希和他的同事们估计出了学生被试们所采用的概率加权函数(即,将"主观概率"与客观概率联系起来的函数)后,发现它的形式与卡尼曼和特维斯基给出的经典形式完全一样(请参阅本书第五章),如图15.5所示。

384

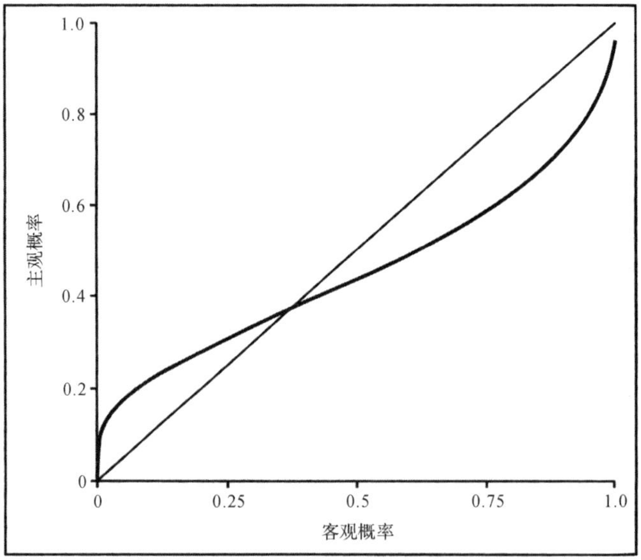

图15.5 符号化传达概率分布时的概率加权函数

然而,令人惊讶的是,那些通过反复尝试“体会”概率分布的被试的选择行为则相当不同。虽然他们也违背了弱独立性公理,但是他们的表现是低估低概率事件和高估高概率事件,如图 15.6 所示。 385

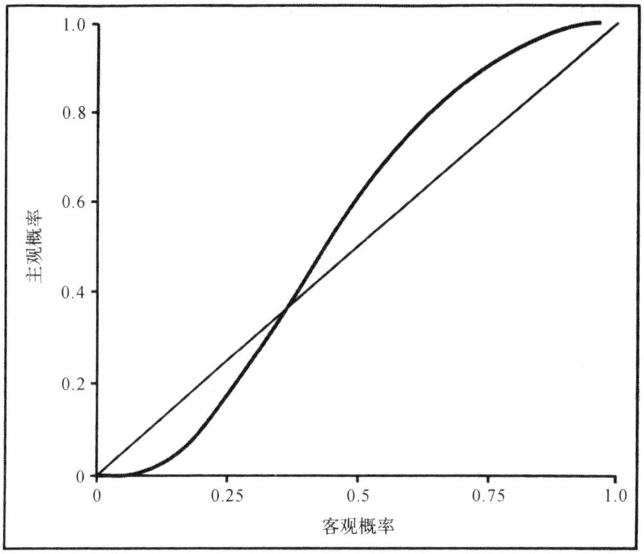

图 15.6　通过经验来传达概率分布时的概率加权函数

那么,作为神经经济学家,我们应该怎样解释这种现象呢?首先,我们必须认识到,在这些人类被试身上观察到的低估低概率概率的现象,在大多数执行传统的条件反射任务的动物被试身上也同样可以观察到,例如,舒尔茨和他的同事们的实验的结果就是如此。动物的选择行为表明,它们似乎低估了非常低的概率。事实上,从我们已经掌握的关于通过多次重复从经验中学习的理论模型来看,这个结果并不非常令人意外。在各种设置了奖赏预测误差项和学习率项的模型中(例如,时间差分学习模型,以及布什和莫斯特勒的模型),我们都是递归计算某个行为的平均价值的。这些系统的学习的速度,或者说,新事件影响这些学习系统对某个行动的平均价值的估计的速度,是受如本书第十三章所描述的学习率这一项所控制的。换句话说,这些系统“忘记”以往的奖赏的速度是受学习率这个参数控制的。如果 386
在这样一个系统中,学习率非常低(比如说 0.001),那么它在计算某个行动的平均价值时,就几乎不会忘记任何东西。然而,这样的学习系统也有缺点，那就是，当环境发生变化时，它修改自己对平均价值的估计的速度将非常非常缓慢。因此，我们必须在以多快的速度忘掉过去与以多快的速度实现更新之间进行权衡。根据经验，我们知道，在大多数实验中，大多数动物采用的学习率的范围大约为 0.2～0.8，因此，在这些系统中，以往的回报被遗忘的速度其实是相当迅速的。事实上，如果假设学习率为 0.5，那么就意味着，最近 10 轮实验以前发生的任何事件都几乎完全被忘掉了。这也就告诉我们，如果一个奖赏的数额很高但发生概率很低，那么在通常情况下，它只会对平均价值的估计值产生非常短暂的影响。因此在这种情况下估计行为的“长期”平均价值的时候，低概率事件就会被低估，而高概率事件则会被高估。这个结论的含义是，赫特维希和他的同事们(在他们的经验式学习实验中)观察到的低概率事件被低估、高概率事件被高估的现象，用我们在前面给出的描述价值学习的神经模型就可以预测到。而且，低概率事件被低估、高概率事件被高估的程度究竟如何，也可以利学习率给出的定量预测：学习率越低，这些极端的概率的表征的准确性越高。

赫特维希和他的同事们也已经认识到了这个事实。他们还建议，风险和决策的模型应该包括两个独立的概率表征机制：一种是经验机制(experiential mechnism)，另一种是符号机制(symbolic mechanic)。事实上，基于我们已经掌握的关于这些机制的知识，我们还可以在赫特维希和他的同事们的思想的基础上更进一步。迈出这一步是很自然的。我们到目前为止讨论的就是经验机制：我们对它已经有了相当深刻的理解，它所预测的低概率被低估、高概率被高估的现象在很大程度上可以用学习率来定量描述。而卡尼曼和特维斯基的概率加权函数则表明，除此之外还存在着第二个机制，即符号机制。这个机制直接对符合化传达的概率进行编码，它很可能是以大脑的语言区为中介的。

如果放在传统的“软”的经济学理论中，这种二分法肯定会导致严重的问题；但是在“硬”的理论中，我们的关注焦点是“因为”——为什么行为会采取它现在采取的这种形式，所以理论对机制的高度敏感性使得我们很容易
387 就可以将这两个过程区分开来。各种基于多巴胺的估计有风险的可选项的主观价值的机制，以及各种经验系统，全都在执行一个布什和莫斯特勒型的

迭代计算。这就意味着,它们产生的单一价值不仅在对概率进行编码,而且同时也在对这个概率下获得的奖赏的大小进行编码。这里只有一个变量。我们已经知道,这些系统没有办法区分概率与奖赏的大小;而且我们也知道,这些主观价值是如何对低概率事件表征不足的。由于这个原因,这些系统的输出确实更像效用而不像期望效用。在任何一个合理的机制的意义上,这些都是主观价值,而不是期望主观价值。尽管这是事实,这些变量当中已经嵌入了概率,但是它们是以一种不可逆的方式嵌入的,这使得这些变量的表征与期望效用型表征截然不同。这也就意味着,通过某个以奖赏预测误差为基础的系统学到的价值应该被视为主观价值——尽管这些主观价值也反映了概率事件。

而"期望主观价值"这个术语,虽然从机制的角度来看含义是明确的,但是还是应该将它预留给符号化表征的概率和主观价值的"产品"。这样一来,在发展"硬"的经济学理论的时候,我们就能够尊重和运用赫特维希和他的同事们给出的机制上的区分。

给定这种区分,关于真正的(符号化的)期望主观价值,我们又知道些什么?控制这些期望主观价值的概率是在哪里表征的?这些不同的表征如何影响主观价值?许多研究都探讨了人们在面对用符号表述的概率性事件(既有货币奖赏,也有可消费的实物奖赏)时的选择(例如:Breiter et al., 2001;Hsu et al., 2005, 2009;Huettel et al., 2005, 2006;Levy et al., 2010;Luhmann et al., 2008;Tom et al., 2007)。从根本上说,所有这些研究都表明,内侧前额叶皮质和腹侧纹状体的激活与期望主观价值有关。这个结果告诉我们,期望主观价值(在我们这里使用这个术语的意义上)是在这些最终共同路径中被编码的。还有一些证据表明,就人类而言,至少在某些条件下,背侧纹状体也可能在对期望主观价值进行编码(Hsuet al., 2005)。至于与价值构造有关的额叶皮质的其他区域,我们现在了解得还比较少。在未来,随着相关研究的推进,使我们对这些问题的答案必会更臻完善。

概率摘要

388 正如莫里斯·阿莱率先指出的,人类行为主体的选择行为往往会违背独立性公理,而独立性公理是大多数明确地将概率纳入到选择问题中去的新古典主义经济学模型的核心。卡尼曼和特维斯基指出,用一个"概率加权函数"就能够简明扼要地从数值角度刻画出这些违背独立性公理的行为的特点;而"概率加权函数"则可以把用符号表示的数值型概率与决策权重联系起来。[①] 从概率加权函数的角度来看,这些行为反映的是高估低概率事件的倾向。

后来,对动物决策的研究,以及后续的对人类通过经验学习期望效用的研究,又揭示了第二类违背独立性公理的行为。从概率加权函数的角度来看,这些行为反映的是低估低概率事件的倾向。到目前为止,我们描述过的学习机制告诉我们,后一类违背独立性公理的行为反映的是,存在着一种类似于布什和莫斯特勒的方程的计算选择对象的主观价值的方法。不过,与其把这些行为看作直接违背独立性公理的反例,还不如把它们刻画对平均主观价值的算法性的错估;对此,我们已经进行了充分的阐述。在本质上,对于用这种方法计算出来的主观价值(无论是从概率性结果计算出来的,还是从确定性结果计算出来的),我们都可以视为不受概率信息影响的简单的主观价值。

当然,阿莱、卡尼曼和特维斯基等人观察到的违背独立性公理的现象还会引发其他一些问题。这些选择行为表明,我们在估计期望主观价值的过程中存在着不一致性,很多人都把这种不一致性视为我们的"理性的失败"的表现。因此,这些"扭曲"现象很可能是位于新古典主义的神经经济学的范围之外的,它们呼唤真正意义上的行为神经经济学解释。同时,以下这种可能性也似乎是合情合理:概率性事件的符号化传达(在我们人类的历史上,这是一个非常晚近的演化事件),确实折射出了我们用来实现最大化的神经工具发生的真正"故障"。

---

① 当然,对于这些行为现象,其他的解释也是可能的。

结　论

动物在它们所拥有的“行为选择工具”的帮助下，经常能够成功地实现 389
最大化。在苔原上觅食的驼鹿能够实现近乎完美的约束条件下的最优觅食决策(Belovsky,1984)。研究者证明，鸟类在存储更多热量与保持适当飞行体重之间的权衡也几乎完美(Metcalfe and Ure,1995)。另外，几个物种之间的猎物选择也能够使狩猎成本和增加能量之间维持完成的平衡(Bres,2006;Killen et al.,2007;Richman and Loworn,2009)。动物在觅食和繁衍后代等“工作”中成功地实现了最大化的实例每天都在增加。所有这些现象都表明，基于新古典主义经济学的“硬”的理论不失为一种理想的工具。但是，同时也存在着大量相反的现象，它们反映了最大化的根本性的失败。我们在前面介绍的人类被试如何在面对大选择集时做出选择、如何对符号化传达的概率进行编码，只是其中的两个例子。

用新古典主义的工具就能够很好地建模的那些选择行为与只能用行为的工具才能很好地建模的那些选择行为之间的灰色地带非常广阔，但是至今仍然没有得到很好的解释。新古典主义经济学理论的发展，以及将算法模型纳入新古典主义经济学理论的做法，逐步拓宽了这些模型的适用范围。与此同时，我们对人类选择行为的理解越深，对行为经济学解释的吁求愈殷。经济学发展的历史已经给了我们一些提示：神经经济学应该如何处理后一类选择。新古典主义经济学理论确定了行为经济学解释的起点，类似地，神经经济学要想发展成为一个新兴的跨学科的研究领域，也必须以新古典主义经济学模型为出发点。现在，我们已经走在了探索我们的神经架构在选择和估价方面的优势的道路上。毫无疑问，理解这个系统的弱点的理解将是下一步必须要完成的工作；不过这一工作现在才刚刚处于起步阶段。

第四篇

总结和结论

本篇是本书的最后一篇。在这一篇中,我将对迄今我们所知的关于选 391
择的神经架构的知识进行一个简洁的概述。在本篇的第一章中,我将把前面各篇论述过的对表征和选择的各种约束以数理模型的形式完整地“封装”好之后再呈现给读者。本篇的第二章也是本书的最后一章则对其中最重要的约束进行了重点评述,并指出了今天的神经经济学面临的几个悬而未决的重要问题,同时还对在福利经济学中运用神经经济学数据提出了一些忠告。

第十六章　神经经济学模型基础

393 神经经济学的目标是建构一个统一的人类决策模型，它能够同时跨越经济学、心理学和神经科学等多门学科。决定了神经经济学方法的，是“因为”模型，而不是经济学中传统的“似乎”模型，也不是心理学和神经科学中的非结构模型。神经经济学中的各种“硬”的理论，或者说，“因为”理论，描述了一系列“逻辑运算”，它们不仅能够预测行为，而且本身就非常接近于导致这些行为产生的深层次的生理过程和心理过程。

最近，一群经济学家提出了两种观点，不约而同地认为，构建“因为”理论的所有努力，注定是毫无意义的。第一种观点虽然承认，随着心理学和神经科学的知识积累，在未来的某一天，可能会允许将各门学科链接起来的跨学科假说的出现，但是最终结论却是，就我们今天所掌握的关于大脑和行为的知识而论，是绝对不足以支持一个有意义的神经经济学理论的。第二种观点则认为，任何一个关于选择的跨学科理论在原则上都是不可能的。这些批评者声称，之所以不可能，是因为将经济学部分还原为心理学或神经科学是永远不可能实现的。他们认为，经济学对神经学家来说，无疑是有用的；但是同时认定，神经科学对经济学来说，毫无用处。

与此相反，一些心理学家和神经生物学家则认为，就连“神经经济学”这个术语本身，也是非常令他们反感的，因为它与被托马斯·卡莱尔（Thomas
394 Carlyle）称为“沉闷的科学”的经济学捆绑在了一起（Carlyle，1849）。这些批评者得出的结论是，经济学严重依赖于公理化方法，但是它最一般的公理化模型却被证伪了，这个事实说明，经济学不可能显著地增进我们对人类的选择行为的理解。据此，这些批评者认为，用结构化的新古典主义经济学方法来指导和约束关于决策的神经生物学和心理学研究,必定会削弱这两门学科与生俱来的机制分析方法的威力。最后,这些批评者断言,终有一天,神经科学和心理学将给经济学带来福音,即,为经济学提供一个整全的、机制上正确的替代理论;但是,对于神经科学家和心理学家来说,经济学永远不会有什么用处。

对于这类批评,唯一真正有意义的回击是事实上的成功。跨学科综合不但是可能的,而且是有益的。但是,要证明这一点,唯一的途径就是成功地实现这样的综合。在本书前面的章节中,我已经指出过,与那些囿于本学科的批评者的一孔之见相反(他们或者对当代神经科学知之甚少,或者对当代经济学隔膜重重),跨学科综合的成功的实例已经出现了不少。为了说明这一点,不妨从前面论述过的内容中举一个简单的例子。考虑人类和动物在不断重复地面对概率性奖赏的条件下做出的选择——即,当他们(或它们)能够通过经验学习掌握行动的价值时做出的选择。传统的新古典主义经济学理论采用公理化的期望效用概念来解释这种类型的选择行为。当然,这种解释是失败的,因为独立性公理被违背了。传统的心理学理论则认为,在这种反复迭代的学习过程中,会生成一个与效用概论有关的联想强度,但是关于最终的选择,却不能说出什么东西来。关于多巴胺系统的神经生物学研究则(在分子的层面上)把这种选择描述为这样一个过程:突触强度因重复出现的奖赏而改变了,并且通过额顶叶网络的特定脑结构把突触与行动的产生连接了起来。

我希望,行文至此,我已经告诉读者:神经经济学综合意味着,从上面这些来自不同学科的不同理论出发,是能够构建一个完整得令人惊讶的关于学习和选择过程的完整的模型的。例如,卡普林和迪恩已经阐明,在公理化模型的层面上,如何把这种类型的系统与选择联系起来;萨顿和巴托则告诉我们,这样的系统可以解释学习的算法实现与选择本身的特质之间的关系;舒尔茨的研究则揭示了,神经实现的细节是怎样对萨顿和巴托那种类型的模型构成约束的,他的研究结果还为卡普林和迪恩等学者提供了构建强有力的公理化模型所需要的约束条件。所有这一切,都不过是其中的一些简单的例子。

总之,对于上述针对跨学科方法的批评,我的回应并不是,可能会有那

么一天，我们最终实现了神经经济学综合；而是，神经经济学综合实际上已
395 经全面展开。在本书前面的章节中，我已经列举了很多约束，它们涉及范围很广，分别来自神经经济学的三门主要的“母学科”（见图 16.1）。许多研究神经经济学的学者都认为，这些约束将形塑未来关于决策的模型。

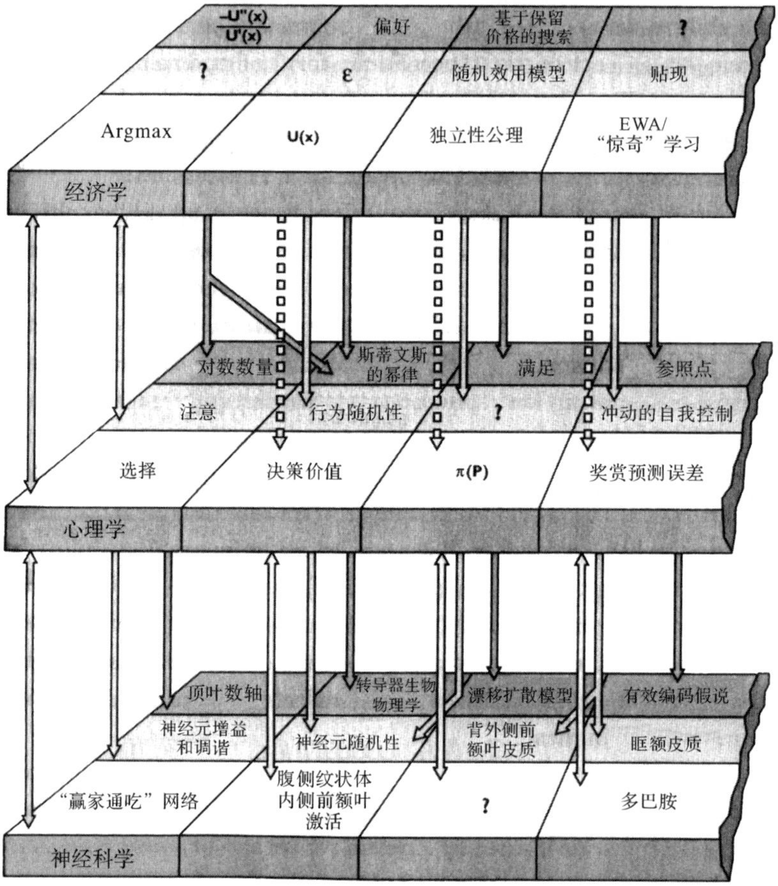

图 16.1

396 神经经济学的每一门母学科的数据和理论都会构成约束，限定与该学科的结论相容的模型的集合的大小。在这些学科之间构建起还原性链接之后，我们所有这些约束就可以交互作用。这种交互作用的结果是，我们将会识别出一个与所有三门学科的约束都相容的模型的子集；这个子集无疑会小得多。当然，这在很大程度上是一个哲学观点；除了阐明这个哲学观点之

外,本书的第二个目标是将我们今天已经知道的、确实存在着交互关系的那些约束描述清楚。换句话说,这第二个目标就是,确定一个决策模型的最小子集,这个子集必须相容于神经经济学的三门母学科的“契同”结果。

那么,我们识别出来的一切还原性链接的选择理论都要满足的核心约束究竟是什么呢?我们发现的第一个核心约束是,我们所做出的选择之所以会产生,是因为我们的大脑明确地以基数型的期望主观价值的形式表征了偏好这个经济概念。在大脑的选择神经回路中,这些基数型的主观价值则采用了相对期望主观价值这种形式;这些相对期望主观价值表现出了一种可调节的类泊松随机性。只要出现了以下两种情况之一,选择就会发生:(1)选择网络的全局状态出现了一个快速的变化,使得它在从当前的可选项的集合中有效地选中了具有最高相对期望主观价值的可选项;(2)网络状态已被预先设定了一个相对期望主观价值的阈值,一旦任何一个可选项的(随机波动的)价值超过了该阈值,选择就会发生。

我们还知道,这些相对期望主观价值是从一种更加“绝对”的主观价值表征计算出来的;而这种更加“绝对”的主观价值表征生成并存储于额叶皮质、基底神经节(或许也可以生成和存储于内侧颞叶)。一个选择集中的部分或所有更加“绝对”的主观价值,结合有关概率的语言信息,都被传递到做出实际选择的额顶叶网络。到底有多少信息、到底哪些可选项能够被传递到选择网络,取决于这些大脑区域对可选项的表征的结构。

然而,无论被传递给选择网络的可选项是哪几个,我们赋予我们所体验的商品的价值(即,我们的偏好),是通过一个学习系统习得的;关于这个学习系统,我们也已经有了相当全面的了解。我们的感觉系统对输入的刺激的性质进行编码,而这些输入的数据则被用于布什和莫斯特勒式的迭代计算(以计算出价值)。感觉编码系统的性质,既取决于经验,也取决于遗传因 397
素;但是不管如何,感觉编码系统在许多方面决定了源于感觉过程的主观价值的性质以及我们的偏好的性质。我们还知道,我们的偏好还反映了一个处于不断变化中的参照点的存在(参照点最早出现在感觉编码阶段)。感觉转导函数的折弯现象,是我们现在已经理解的感觉系统的一个性质,它至少可以部分解释我们在行为层面上观察到的参照依赖型效用函数的曲率。用于计算平均主观价值的布什和莫斯特勒式的迭代计算，会诱发我们在估计概率时出现系统性的偏差，不过，用学习系统的学习率就可以很好地解释这一点。关于用语言传达的概率的表征、这种概率的系统性扭曲，以及这种主观概率如何与习得的主观结合起来，我们现在已经掌握的知识略少一些。我们知道，这些都是发生在神经系统内部的某个地方的系统性的错误表征所致。但是我们仍然不知道，这种错误表征究竟发生在哪里。不过幸运的是，我们很清楚，这些概率和主观价值的“最终产品”是在构成估价最终共同路径的那些大脑区域中计算和表征，然后再被传送给选择神经回路的。

在这一章中，我将把所有这些跨学科的约束以数理方程学形式浓缩地表达出来。不过，我首先得申明，本章下面将要呈现给读者的并不是一个完整的模型；相反，那只是一系列约束条件，是未来任何一个模型都必须服从的。对于经济学家和接受过比较充分的数学训练的心理学家和神经生物学家来说，本章接下来的内容基本上相当于本书第二篇和第三篇的全部内容的一个紧凑的总结。不过，除此之外，我还提供了一个通用的命名法(nomenclature)用来给所有相互链接的对象命名(并给它们提供了正式的定义)；我相信，这些对象构成了今天的神经经济学理论的核心。对于在新古典主义传统下成长起来的经济学家来说，本章下面的内容应该可以进一步彰显我的目标和意图。不过，对于另外一些学者来说，这些内容中的数学成分可能太多了一些。因此，我的建议是，这些学者可以跳过本章接下来的几节，直接阅读下一章，即，本书的最后一章。

与主观价值相关的信号

最早的神经经济学模型是在这样一个基本思想的基础上建立起来的：在可以测度的神经活动与源于经济学的效用概论(或类似概念)之间，必定
398 存在着某种联系。这种理论进路提供的核心洞见是，当我们致力于探索选择的神经机制的时候，经济学中现成的效用概念提供了一个很好的起点。只要确定了效用的“神经关联”，我们就可以利用神经表征去精炼各种经济学理论模型，它们制约和界定了我们对效用这一类对象的理解。这种回还

往复的迭代互动过程，构成了神经经济学方法的核心。因此，这个过程的第一步是，将某个可以观察的神经生物学对象界定清楚；这个神经生物学对象是我们希望与被我们称为“效用”的那个经济学对象链接起来的，而效用这个经济学对象则是我们希望进一步精炼之的。我们把这个对象（或者更准确地说，这一组对象）称为主观价值，以便将它们的特定性质与通过行为显示的效用的特定性质区别开来；当然，主观价值与效用也是相互连接的概念。

主观价值

主观价值（简称“SV”）是一些实数，其取值范围为从 0 到 1000。它们的“自然”单位是每秒的动作电位。主观价值具有以下性质：

1. 平均主观价值可以随机地预测选择。[①] 平均选择行为确定了平均主观价值最高的那个可选项。瞬时主观价值是平均主观价值和一个噪声项（详见下文）的总和（详见下文）。用瞬时主观价值来预测单次选择，准确性远远高于用平均主观价值。一个选择确定的是瞬时主观价值最高的那个可选项，这个事实意味着，主观价值理论与经济学中的随机效用模型的对应性最好。（换句话说，麦克法登提出的随机效用概念（McFadden，2000），是与瞬时主观价值同态的，或者至少在一个比较有限的意义上。更传统的效用概念——例如，萨缪尔森的效用概念（Samuelson，1938）——则是与平均主观价值概念同态的。）

2. 平均主观价值定义为特定的神经元集群的平均放电率（神经元集群的定义见下文）。也正是因为这个原因，主观价值与功能性核磁共振成像技术所测度的 BOLD 信号[②]是成线性正比例的。 399

① 与选择的这种关系是至关重要的，因为它意味着效用理论与主观价值理论有一个共同的对象，因此也就允许两组理论建构之间的正式联动。这正是本书第一篇阐述的内容。

② 在这里，我假设平均神经活动是与 BOLD 信号线性相关的。我承认，这是一个相当强的假设（虽然人们普遍地这样假设）。日后，当我们对 BOLD 信号有了更多的理解后，这个假设肯定将被放松（关于这个方面的更多内容，请参阅：Niv et al.，2008；Logothetis and Wandell，2004）。

3. 如果选择行为服从显示偏好的一般化公理，那么主观价值就服从显示偏好的一般化公理对效用的所有序数型约束。（这是神经经济学最核心的链接假说。）

4. 主观价值总是与选择一致（不过是随机地与选择一致），即使当选择不符合标准的经济学理论模型（例如显示偏好的一般化公理和期望效用理论）时，也是如此。因此，以强化神经经济学的核心链接假说为目标，对效用的理论概念进行更新，必定能增强修正后的理论的预测能力。

5. 主观价值有一个被称为基线放电率的独特的锚定点。这个性质源于神经元动作电位的发放率（spike rate），它总是被称为基线放电率的锚定点。所有主观价值都是相对于这个基线水平用放电率进行基数型编码的。这也就意味着，平均主观价值是一个彻底的基数型概念，同时也是独一无二的表征。（这是主观价值特有的一个不与后帕累托的效用概念共享的性质。）

在这里，我必须把上面这些性质的含义阐述得非常清楚，因为这至关重要。主观价值在很多方面都与效用很类似。这两个对象彼此之间是线性相关的，我把这种相关性称为神经经济学的核心链接假说。[①] 当然，这个核心链接假说所确定的这些类效用性质，也就是促使我们开始着手在神经系统中寻找主观价值的那些性质。像效用一样，主观价值与选择之间存在着千丝万缕的联系。当行为主体从显示偏好的一般化公理模型（这是一个"软"的新古典主义经济理论）的时候，我们就会说他（或她）似乎是根据一个潜在的单调的效用函数进行选择的。如果显示偏好的一般化公理模型是一个"硬"的理论，那么我们就说他（或她）的选择反映了，他（或她）的大脑中的一组神经元的放电率是一个变量的单调函数，该变量通过一个"argmax"型运算指导选择的进行。不幸的是，显示偏好的一般化公理模型并不是在所有
400 条件下都是对的。行为主体的选择有时会违背显示偏好的一般化公理。

① 许多学者，特别是经济学家，可能会发现这里所说的"线性关系"是一个不必要地严格的要求。对此，我的回答是，我们目前拥有的所有经验数据都指向了这种线性关系（例如，Louie and Glimcher，2010）。只要这些经验数据是正确的，那么这种线性关系就是有深远的意义的——可以证明类似于效用的对象的基数性。政治经济学家肯定会注意到这一点，它可能有巨大的政策含义。

我们现在所掌握的经验数据强有力地表明,特定集群的神经元的放电率通过一种“argmax”型计算(或“赢家通吃”型计算)指导选择。这些经验数据证明,神经元的放电率是时时刻刻都与选择联系在一起的。当行为遵循显示偏好的一般化公理时,神经元的放电率必定拥有效用的性质(如显示偏好的一般化公理所指定的)。这个简单的事实充分展现了经济学方法的力量和美感。具体地说,假设显示偏好的一般化公理模型告诉我们,在如下特定的行为条件下,有

$$U(a) \geqslant U(b) \geqslant U(c)$$

那么就有

$$SV(a) \geqslant SV(b) \geqslant SV(c)$$

但是,同样重要的是,我们不能忘记,当显示偏好的一般化公理模型不能正确地预测选择行为的时候,或者,当选择的行为违背了该理论的公理时,那么这个理论就无法再为主观价值提供有效的约束。换句话说,如果行为超出了这种理论的预测范围,那么主观价值也会一样。

这也就说明了,为什么显示偏好的一般化公理以及类似的其他经济学理论(例如,期望效用理论)对神经经济学非常重要的原因。这并不是因为显示偏好的一般化公理(或期望效用理论)是一个完全正确的理论,而是因为显示偏好的一般化公理(或期望效用理论)是一个重要的工具,它可以告诉我们,在许多条件下,主观价值(或期望主观价值)看上去必定是什么样子的。事实上,正是因为这一点,我们才能够在神经系统中将主观价值识别出来。

主观价值与概率事件

不过,我还要强调的是,在另一方面,主观价值与传统的效用之间存在着非常明显的区别。我们知道,在机制的层面上,概率型奖赏能够通过两种非常不同的途径影响选择行为。

假设按下一个按钮,有5%的概率获得10美元。请读者想象如下场景:我把你关进一个房间,而这个房间里面就有这样一个按钮,然后你就开始不断按这个按钮。我们现在已经知道,你将通过什么途径学习掌握这个按钮 401
的价值;这里所涉及的算法正是本书第十三章的主题。你每一次按下这个

按钮,都会产生特定的结果:或者是得到 10 美元(的奖赏),或者是得到 0 美元。于是就会出现一个奖赏预测误差。我们在本书第十二章已经指出:

奖赏预测误差=预期的奖赏－实际获得的奖赏

然后,将奖赏预测误差与学习率相乘,以更新你对这个动作的价值的估计(关于这一点,下文还会提到)。我想在这里指出的是,当你学习掌握了这样一个行动的价值后,概率就被直接捆绑进了你对该行动的价值的估计值中了。你对这个行动的价值的估计值已经包括了概率因素,但是却不能再从这个估计值中将概率提取出来。即使我以口头形式告诉你,我已经更新了概率,在这种情况下,你仍然无法准确地利用这个信息、通过这种基于强化学习的计算主观价值的机制去指导你的选择。或者,用更正式的术语来说,这个强化学习机制把概率组合进了你对“按下这个按钮”的价值的估计,而且是以一种不可逆的方式。

在这里,最关键的思想是,关于“按下这个按钮”的价值,你通过经验学习到的东西,更像效用,而不像期望效用,尽管作为这种学习的基础的事件是一个概率事件。或者,我还可以换一种方式来阐明这至关重要的一点。当萨缪尔森提出了显示偏好弱公理模型、霍撒克提出了显示偏好的一般化公理模型时,把概率事件组合进它们的公理并没有任何障碍。在这些理论中,我们可以问一个被试,他(或她)是更偏好有 50%的机会获得一个苹果,还是更偏好有 25%的机会获得两个苹果。然而,我们无法利用这些理论做的事情是,通过这些概率来推断“苹果暨苹果”的效用函数的曲率。换句话说,概率事件可以组合进“奖金”,但是这些理论对于“概率暨概率”,却不可能说出任何东西。对于通过经验学习到的概率事件的主观价值,也是如此。

冯·诺依曼和摩根斯坦将独立性公理加入了新古典主义经济学的工具箱,从而给出了一个“把概率当成概率来处理”的方法。运用他们创立的概
402 率的表征论,我们可以推断出“苹果暨苹果”的效用函数的曲率。在理论的层面上,独立性公理实质上相当于将概率转变成了一把测量效用的标尺。在经验的层面上,冯·诺依曼和摩根斯坦告诉我们,如何通过让被试在一些用符号形式传达的彩票之间进行选择的方法,来测度曲率。这就是说,他们通过期望效用这个工具,利用符号化表达的概率确定了效用函数的曲率。

(这是我在本书第三章详细讨论的问题。)

为了体现这些特点,我在本书中采取的做法是,当概率事件的价值是以不可逆的方式被编码的时候,我们就把它们当成主观价值来处理(这时可以利用一些与显示偏好的一般化公理有关的工具)。只有当概率是以可逆的方式被编码的时候,只有当我们能够分离概率和主观价值的时候,我们才把拥有这些性质的对象当成期望主观价值来处理。幸运的是,即使在行为层面上,这两种编码方式也是很容易识别的。在一般情况下,布什和莫斯特勒式的学习系统会将概率嵌入主观价值,从而显示出低估低概率和高估高概率的倾向(本书第十三章详细讨论了这一点)。与此相反,以符号形式传达的概率通常会导致高估低概率和低估高概率的行为倾向(本书第五章详细讨论了这一点)。在实践中,这可能是可以用来将嵌入在任何标准的神经经济学模型中的这两个过程识别出来的最佳工具。

接下来,我给出主观价值(包括瞬时主观价值和平均主观价值)的定义。主观价值既是放电率,也是(通过一些变换)选择。因此,它们"继承"了神经元和选择的一些性质。其中"继承"自选择的那些性质,必定是通过关于选择的经济学理论来阐发的;这在上面已经描述过了。而"继承"自神经元的性质主要体现在这样一个事实上面:它们是取值范围介于 0 至 1000 的实数,有固定的方差,而且完全是基数型的。

在考虑如何将这些对象与经济学理论和选择联系起来的时候,主观价值拥有一个显著的方差这个事实也会带来很多重要的影响。在下文中,我将在讨论随机性的时候,一并讨论这些影响。

总之,在人类大脑的估价机制中,主观价值是被直接编码为放电率的。因此,选择集中的每个对象都有自己的主观价值(记为 SV_i)。选择就是从选择集中选出主观价值最高的那个对象的过程。 403

主观价值的可变性(主观价值是我们的偏好的"物理实现"),反映了我们的偏好的变化。不过,这并不是我们的选择的可变性的唯一来源。(正如下文中将会描述的,额顶叶网络的独立的变化,可以诱发与随机效用或随机主观价值完全无关的随机性。)此外,我还要明确指出,任何时候,只要一个行为主体通过经验学习到了某个概率性的选择对象的价值,那么该概率值

（通过布什和莫斯特勒式的迭代计算求得）就完全被主观价值“捕获”了。主观价值可以刻画某些类型的概率品，那些通过反复抽样过程而被估价的商品。而期望主观价值这个概率则是专为符号化传达的概率而保留的。

（与期望主观价值不同的）主观价值是在神经系统中哪个位置被表征的，我们现在仍然不能肯定。目前的证据表明，背侧纹状体神经元几乎肯定在对行动的主观价值进行编码，但是，它们到底是不是就是期望主观价值，还是有些疑问。额叶的几个子区域也是主观价值的编码器的“候选人”，但是因为在许多实验中，我们无法区分主观价值与期望主观价值，因此期望主观价值的“神经实现”(neural instantiation)到底是什么，仍然存在不确定性。

期望主观价值

期望主观价值（简称“ESV”）是用语言或符号形式传达的概率以及主观价值的产品。期望主观效用也是一个基数型的概念，各方面的性质都与主观价值类似，因为这些性质原本就是从主观价值“继承”而来的。我们现在已经知道，期望主观价值是在内侧前额叶皮质等大脑区域中被表征的；从那里，这个随机变动的对象被传递到额顶叶网络中用于做出选择。神经经济学的一个核心目标是，构建一个完整的关于期望主观价值的理论。长期以来，我的核心观点一直是，如果我们拥有了一个完整的关于主观价值的理论，那么只要再加上神经经济学的核心链接假说，我们就一定能够建构一个（在实证意义上）完整的关于选择的经济学理论。

基于所有上述原因，当选择行为服从期望效用理论的公理时，期望主观价值是线性正比于期望价值的。在这种条件下，（例如）考虑这样一张彩票，
404 它为持有者带来奖金 a 的概率为 p；如果期望效用为

$$Eu(a,p) = p \times a^{0.6}$$

那么，期望主观价值为

$$ESV(a,p) = p \times (k_1 + k_2 \times a^{0.6})$$ ①

让我再重复一遍，当且仅当概率是用符号形式传达给行为主体而且在

① 当选择不是概率的线性函数时、当这个式子的左边不成立时，期望主观价值也不是概率的线性函数。

机制的意义上能够可逆地从期望主观价值中移除(变为主观价值)的时候,上面这个式子中的 p 才会出现。通过这种方式,我们将期望主观价值这个概念专门保留给了这一类与概率相关的对象,它们就是冯·诺依曼和摩根斯坦当初感兴趣的那类对象(von Neumann and Morgenstern,1944)。

我们知道,内侧前额叶皮质通过动作电位的发放率对期望主观价值信号进行编码。不过,腹侧纹状体是在对奖赏预测误差和期望主观价值进行编码,还是在对奖赏预测误差和主观价值进行编码,神经科学界仍然存在一些争论;不过,当前的证据强烈地偏向主观价值。

相对期望主观价值

还有一个概念是相对期望主观价值(简称“RSV”)。我们将可选项 j 的(平均)相对期望主观价值定义为

$$\overline{RSV_j} = \frac{ESV_j + \beta}{\sum_{k=1}^{K} ESV_k + \sigma^2}$$

其中,RSV 是相对期望主观价值;K 是一个选择集中的所有可选项的集合(包括 j 在内);σ 是一个经验测量的饱和常数,最早是由戴维·黑格针对大脑皮质定义的(Heeger,1992a,1992b);β 是一个经验测量的加性的基准项,最初也是针对大脑皮质定义的(Louie and Glimcher,2010;Reynolds and Heeger,2009)。我们目前已经拥有的证据表明,在不同可选项之间的选择确实是通过对它们的平均相对期望主观价值进行比较而做出的。这些相对期望主观价值都不可避免地要被噪声污染;这也是这个架构中的第二种噪声来源,它在概念上不同于随机的类效用波动。这种噪声包括了选择中的随机性,这种随机性独立于期望主观价值的随机波动。

实验证据表明,随机期望主观价值是在选择网络的后顶叶部分被表征的(Dorris and Glimcher,2004;Louie and Glimcher,2010;Platt and Glimcher,1999)。还有证据表明,选择网络的其他部分也可能在对随机期望主观价值进行编码(Basso and Wurtz,1997;McCoy and Platt,2005)。有可能额顶叶网络的所有部分都在运用随机期望主观价值。 405

上述随机期望主观价值方程是与舒尔茨和西蒙塞利提出的关于信息编

码的规范模型联系在一起的(本书第十章对此进行了深入的讨论)。舒尔茨和西蒙塞利指出,利用这个方程的一个更加一般的形式,就可以就任何一个神经元集群定义一个最大化联合信息的编码方案(在我们这里,联合信息就是关于期望主观价值的信息)。

随机项

现有的神经数据表明,影响选择的噪声主要有两类。第一类噪声出现在估价系统的层面上,第二类噪声出现在选择系统的层面上。从经济学的角度来看,我们可以认为第一类噪声大致对应于随机效用分布(McFadden,1974)以及概率表征的随机性;这会导致随机的期望效用式的表征,我们可以把这种表征与居尔和佩森多费尔的公理联系起来(Gul and Pesendorfer,2006)。第二类噪声则大体上对应于经济学中的随机行为的"颤抖手"概念(Selten,1975)。大量令人信服的证据证明,这两类随机性都是存在的。

主观价值噪声(属于第一类噪声)是一个随机项(用 ε_1 表示)。这个随机项"抽取自"一个泊松分布(在每个时间点 t 上都是独立的),并被加到主观价值上,从而求得对象 j 在时间点 t 上的瞬时主观价值。因此,在时间 t 上的主观价值是

$$SV_{jt} = \overline{SV_j} + [\eta_{1t} \times (\varepsilon_{1t} - \overline{SV_j})]$$

其中,ε_1 是从一个泊松分布中抽取出来的,这个分布的均值为$\overline{SV}$;η_1 是一个噪声缩放常数(scaling constant),其取值范围为 1.15 至 0。ε_1 服从均值为$\overline{SV}$的泊松分布是携带主观价值的神经元的最基本的性质之一。η_1 的存在,意味着允许变异度(degree of variance)发生改变;它的取值范围的上限是 1.15,这是根据神经元的随机性的经验数据估计出来的。本书第九章和第十章已经讨论过这些内容。

需要提请读者注意的是,我们在这里的假说是,SV_{jt} 就是行为主体在时间点t对于对象i的偏好,这意味着,在某个特定的时候,如果ε_{1t}很高,那么在那个特定时刻我们对 j 的偏好也很高。这也就是说,SV_{jt} 拥有随机效用的所
406 有性质(如果潜在的分布被定义为一个方差可缩放的泊松分布的话)。

期望噪声(属于第一类噪声)是一个随机项,抽取自一个泊松分布,并被

加入到主观变换而来的概率上去。至于主观概率究竟是在什么地方被表征的，我们直到今天还不是很清楚，但是我们确实知道，它们必定是通过神经元的放电率来表征的。这就意味着，我们可以用下式来定义对象 j 的概率在时间点 t 上的瞬时期望 π：

$$\pi(P_{jt}) = \overline{P_j} + [\eta_{2t} \times (\varepsilon_{2t} - \overline{P_j})]$$

其中，ε_2 是从一个均值为 $\bar{P}$ 的泊松分布中抽取出来的。η_2 是一个噪声缩放常数，其取值范围为从 1.15 ～ 0。ε_2 服从泊松分布且均值为 $\bar{P}$，是因为这是携带期望主观价值的神经元的基本性质。η_2 允许变异度发生变化，它的取值范围的上限是 1.15，这是根据神经元的随机性的经验数据估计出来的。

最后需要指出的一点是，概率 P_j 与主观价值 SV_j 相乘，得出期望主观价值。我们现有的行为证据表明，平均期望主观价值是平均预期与平均主观价值的产物。然而，奇怪的是，神经元的数据却显示，这两项的方差不一定相乘。皮质神经元接收成千上万的泊松型波动的输入，同时也维持着泊松型波动的输出。虽然这个过程得以实现的算法目前仍然还不是很清楚，但是我们确实知道，这确实发生了。因此，当 P_{jt} 与 SV_{jt} 组合产生了一个瞬时主观价值的时候，这个量的变异最好被描述为一种内在的缩放方差，它不一定能从 P_j 和 SV_j 的方差中推断出来。不过，无论如何，最终得到那个随机波动的结果 ESV_{jt} 的表现大体上像一个有缩放泊松方差的随机期望效用（Gul and Pesendorfer，2006）。

选择之前的皮质噪声（属于第二类噪声）是一个最终的噪声源，在选择发生之前（作为一个随机的时间序列）添加 ESV_j 上。这个随机项的来源是额顶叶网络皮质神经元固有的噪声，这就要求它在加入点上也服从泊松分布。

$$RSV_{jt} = \overline{RSV_j} + [\eta_{3t} \times (\varepsilon_{3t} - \overline{RSV_j})]$$

利用发生在选择过程中的神经元缓冲和存在于神经元间的可调节的相 407
关性，能够减少这种变动，这个特点是通过 η_3 这一项的大小反映出来的（Krug and Parker，2004）。（读者如果更加深入地理解这个事实的理论意义，请参阅：Glimcher，2005。）

从逻辑上看，ε_3 可以被看作是选择过程中引发错误的因素，而 η_3 则缩放这些错误的大小。因此,我们可以认为,η_3 设定了随机选择函数的斜率,该斜率通常表示为一个分对数,起到了将正在考虑的两个可选项的相对价值与概率联系起来的作用。

与学习相关的信号

“老练”的主观价值

“老练”的主观价值(简称“ExperSV”)是神经元的放电率的一种模式,用于对世界的当前状态的主观价值进行编码,它在很多方面都与主观价值很类似。“老练”的主观价值在神经系统中被表征的具体位置目前尚未得知,但是大量与多巴胺神经元的激活相关的证据表明,这种信号是这些中脑神经元接收的输入之一。基于我们在下面将要阐述的原因,“老练”的主观价值实际上是作为主观价值的类效用特征的一个来源而发挥作用的。“老练”的主观价值是通过以下两种变换与外部世界的真实状态建立起联系的:首先,从外部世界的真实状态中抽象出一个不可恢复的参照点;其次,剩余部分再以单调形式变换为“老练”的主观价值。因此,某种商品 j(其供给量为 x)的“老练”的主观价值为:

$$\text{Exper}SV_{jt} = f_j(x_j) - \beta_{jt}$$

其中,f_j 是对商品 j 进行编码的特定神经系统“专用”的一种单调量级变换(通常是凹的,但不总是凹的;例如,请参阅:Stevens,1961);x_j 是商品 j 的数量;而 β_{jt} 则是对应于商品 j 的不可恢复的当前基线值,通常,每个神经转导系统的 β_{jt} 定义都是相互独立的。

变换集 f_i 至少有一个解剖层面上的来源是神经系统中的感觉转导系统。多巴胺神经元接收的许多相当直接的输入都来自这些转导系统,它们
408 很可能携带着关于各种可直接消费的奖赏的“老练”的主观价值。还有一些证据则表明,这些信号当中,有许多源于孤束核(nucleus of the solitary tract)。“老练”的主观价值信号在大脑中生成和表征的具体位置现在仍然没有完全确定,但是多巴胺神经元的放电率,证明了它们的存在。同时,大

量单神经元证据也表明(Nakamuraet al.,2008),中脑缝(midbrain raphe)的血清素能(serotonergic neurons)神经元也在对初级奖赏的“老练”的主观价值进行编码。

预测期望主观价值

预测期望主观价值(简称“$ESV_{预测}$”)是对所有未来奖赏的贴现理性预期。从理论的角度来看,预测期望主观价值类似于理性预期,或科塞吉和拉宾的参照点,因此也与萨顿和巴托的学习模型中奖赏预测项相当。事实上,这两种理论将会将预测期望主观价值定义为(虽然一种理论将之用于学习,另一种理论将之用于选择):

$$ESV_{预测} = SV_t + \gamma^1 ESV_{t+1} + \gamma^2 ESV_{t+2} + \gamma^3 ESV_{t+3} + \gamma^4 ESV_{t+4} + \cdots\cdots$$

其中,γ 为贴现参数,用来刻画未来所有的奖赏(构成的“流”) 的价值随着时间的流逝而下降的函数关系。

在我们的理论中,预测期望主观价值项是至关重要的一项,因为它充当了参照点的角色,是一切“效用”(或者更准确地说,主观价值)得以表征和习得的基础。从机制的角度来看,之所以会出现这种情况,是因为商品或行为的价值是通过错误而从预测期望主观价值中习得的(表现为“老练”的主观价值)。例如,当我们遇到一种新的商品时,我们就要学习掌握它的主观价值;而我们的学习方法就是,取“老练”的主观价值的参照依赖的感觉输入,然后从中减掉预期期望主观价值。

我们还不能将预测期望主观价值在神经系统内被表征的位置明确地识别出来,因为现在还缺乏必要的证据。不过,我们确实知道,中脑多巴胺神经元的活动也反映了这种信号的输入。因此有的学者认为,送往中脑多巴胺神经元的来自纹状体的输出必定包含了预测期望主观价值。一些单神经元记录研究提供的证明则表明,基底神经节的输出区域存在着这种信号(Handel and Glimcher,1999,2000)。另外一些单神经元记录研究也表明,纹状体的单个神经元携带的一种信号可能也反映了预测期望主观价值(Lau and Glimcher,2007;Samejima et al.,2005)。

奖赏预测误差

409 我们在这里对奖赏预测误差(简称"RPE")定义与学习模型中(如本书第十二章所述)的定义一样。在最简单的意义上(这也许太简单了一点),奖赏预测误差就是指"老练"的主观价值减去预测期望主观价值之差,即:

$$RPE = (\text{Exper}SV - ESV_{\text{预测}})$$

我们目前已经拥有的证据表明,奖赏预测误差是通过中脑多巴胺神经元和缰核(habenula)神经元的激活程度来编码的(Matusmoto and Hikosaka,2007,2008b)。实验证据显示,奖赏预测误差是与多巴胺神经元的激活程度正相关,并与缰核神经元的激活程度负相关。不过,通常的推测是,编码非常消极的奖赏预测误差的其他信号可能尚未被识别出来(Balleine et al.,2008;Bayer and Glimcher,2005;Daw et al.,2002;Glimcher,2008)。我们已经知道,学习率常数 α 调制着奖赏预测误差项并被用于更新主观价值(请参阅本书第十二章):

$$SV_{j(t+1)} = SV_{jt} + \alpha RPE_t$$

但是目前仍然还不清楚,学习率常数 α(请参阅本书第十二章)是不是也是通过多巴胺神经元的放电率来编码的;而且也不清楚,在作为多巴胺的靶区的各个大脑区域,奖赏预测误差项会不会与多巴胺能信号相乘。

习得的主观价值函数的结构

鉴于"老练"的主观价值是一个非静态的感觉系统的产物,我们可以因此得出结论:"老练"的主观价值受动物的当前代谢状态影响。例如,如果一只动物的血糖水平高,则一块杏子干的"老练"的主观价值将会低于同一块杏子干在该动物处于低血糖状态时的主观价值。从原则上看,如果我们在足够长的时间段内观察这只动物的行为,那么它无疑以"不可传递"的形式违背了经济学的理性精神。如果主观价值既是商品的价值的函数,又是选择者的状态的函数(这与传统的效用不同),那么我们就可以克服许多(但不是全部)"不可传递"的行为。

因此,以下这个假说将是非常诱人的:在行为的层面上,预测期望主观价值是状态和价值的函数，这种形式的“效用函数”的优点是，在一个参照依赖的系统内，能够有效地使“不可传递性”最小化：

$$ESV = g[(\mathrm{Exper}SV - SV_{\text{预测}}),(\text{状态})]$$

其中，“状态”是一个可观察的内部状态变量，例如血糖水平。 410

在理论模型中的变量与神经活动之间建立联系

从形式上看（当然这可能显得有些过分简单化了），期望主观价值（以及上述描述的各项）可以被视为具有以下形式的神经元层面的一个总和：

$$ESV_j = \frac{\sum_i \omega_{ij} x_{ij}}{\sum_i \omega_{ij}}$$

其中，i 指大脑（区域）中的每一个神经元；x_{ij} 表示是第 i 个神经元在编码商品（或行动）j 时放电率；ω_{ij} 是一个权重，其取值范围为从 0 到 1，它描述了第 i 个神经元对于商品（或行动）j 的期望主观价值的贡献。有了这个对象，标准的神经生物学洞见——通常以“地形图”形式组织起来的神经元，是通过自己的活动情况的加权来对一些行为上相关的变量进行编码的——也就可以整合进经济学的语言了。因此，某个特定的对象 j 的期望主观价值就可以简单地表征对该对象的主观价值进行编码的神经元的某个子群的加权平均放电率。在一个地形映射的动作编码大脑区域（例如上丘），这个观点就等于说，该地图上某个有限的区域的激活情况在对某个特定的动作的价值进行编码（但是需要注意的是，在上丘中，被编码的其实是随机主观价值）。不过，这个定义明确地排除了非线性编码方案。

因此，对于试图在大脑内找到上述变量的经验型神经生理学家或功能性核磁共振成像专家来说，以下两个问题就是至关重要的了：

1. 在大脑内，我们是否能够识别出，存在着与上述理论对象线性相关的神经元放电率模式（或者，如果运用功能性核磁共振成像技术的话，BOLD 信号模式）

2. 能够与上述理论对象维持这种线性相关性的最紧凑的神经元集群是什么？换句话说，能够保证 ω_{ij} 不等于零的最小的神经元集群是什么？（一方面,要看神经元的数量;另一方面,还要看神经元集群在解剖层面上的集中程度。)

规范神经经济学

411 大多数经济学家都同意将经济学理论区分为实证经济学与规范经济学两大类。实证经济学关注的是预测。问一个理论是否可以精确地描述人类行为,这就是一个实证经济学问题。而规范经济学关注的则是最优、福利和效率。

现代新古典主义经济学理论的出发点是一组公理。到目前为止,我一直集中讨论这些理论作为实证理论这一面的性质,但是,大多数公理都有规范含义,这是我在前面没有涉及的。以可传递性公理为例(它是显示偏好的一般化公理模型的最核心的公理之一),首先,根据可传递性公理,如果我看到我的被试在苹果与橙子之间选择了苹果、在橙子和梨子之间选择了橙子,那么我就可以断言,这位被试不可能严格偏好梨子甚于苹果。这就是说,如果一位选择者表明苹果＞橙子＞梨子,那么这位选择者就不可能同时又表明梨子＞苹果。

在实证的意义上说,我可以对我的理论进行检验,看看它是否拥有较强的预测能力。如果在现实世界中,我观察到,有一个行为主体确实既在苹果与橙子之间选择了苹果、在橙子和梨子之间选择了橙子,同时又在梨子与苹果之间选择了梨子,那么我的理论就没有预测能力。在实证的意义,这个理论就被证伪了。但是,即使如此,我还是有理由认为我这个理论在规范的意义上有价值的。如果一个行为主体真的表现出了这样的偏好,那么我就可以诱导他(或她)与我进行这样的交易:先向我买一个梨子,然后将这个梨子卖回给我并加点钱向我买一个橙子(即,亏点钱用这个梨子从我这里换回一个橙子),再亏点钱用这个橙子从我这里换回一个苹果,最后再亏点钱用这个苹果从我这里换回最初的那个梨子。这个过程结束后,他(或她)仍然只拥有原先那个梨子,不过却变得更穷了;但是他(或她)却会认为自己的每个决定都是理性的。这个行为主体除了损失掉一些钱之外一无所获,但是他

(或她)却仍然会告诉你,他(或她)愿意重复上述过程。因此,就这个行为主体来说,尽管可传递性公理没有实证意义(没有预测能力),但是我们仍然可以认为,这个行为主体的偏好确实影响了他(或她)的福利,而原因就是因为可传递性公理被违背了。我们甚至可以说,如果我们观察到某个人真的做出了这样的行为,那么严格地限制他的这种行为,就是在帮助他,因为那可以防止别人从他的口袋里“把钱抽走”。

自从神经经济学诞生的那一天起,一系列与它有关的规范性问题就被提了出来。近年来,关于神经经济学能够在规范经济学中发挥什么作用的问题,也经受了特别严格的“拷问”。来自普林斯顿大学的丹尼尔·卡尼曼 412
(例如,Kahneman,2008),一直强烈反对新古典主义经济学所主张的福利最大概念,但是他却对神经经济学对福利的测度表现出了浓厚的兴趣。来自斯坦福大学的道格·伯恩海姆(Doug Bernheim)则是另一个例子(Bernheim,2008),他从更加偏“新古典主义”的角度,提出了一些神经经济学与福利的关系的很难回答的问题。这些学者,以及其他类似的一些学者,敦促神经经济学家回答类似这样的一些问题:我们能够利用大脑扫描仪来告诉大家什么对人民最好吗?我们可以根据神经数据,推翻人民做出的选择,让他们过上更好的生活吗?

这些都是神经经济学要回答的关键问题;而且它们全都涉及大脑激活状态、福利和效用之间的关系。那么,关于怎样改善人们的境况,大脑的激活状态真的可以提供更好的信息吗?如果你也像卡尼曼一样,认为指导人们做出选择的效用与我们体验幸福感的大脑机制是不同的,那么大脑扫描仪可能是一个比“选择”更好、更有效的福利最大化工具。如果你认为,大脑扫描仪对效用的测度比“选择”更加准确(这种说法似乎有些矛盾?),那么再一次,大脑扫描仪又成了比“选择”更好的福利最大化工具。如果我们能确定,神经信号比选择行为还要更加精确地服从各种关于选择的公理,那么又再一次,大脑扫描仪可能是一个比“选择”更好的福利最大化工具。

正是因为上面这些原因,有的人可能会忍不住诱惑,用我们这些所阐述的实证神经经济学的思想去给出一些关于福利的规范性结论。在这里,我要对这种做法提出警告。首先,我们在本书中给出的理论和证据在本质上都“极其明确地”是实证性的。事实上，我们还根本没有开始着手构建“福利神经经济学”。当然，创立这样一门学科在理论上并不是完全不可能的，但是至少就目前而言，这样一门学科仍然不存在。有鉴于此，我们在打算这样做的时候理当小心一些。我们必须保持谨慎的第二个理由是，这是主观价值的神经表征的固有性质所决定。我们知道，额顶叶选择网络的活动情况表征的是随机期望主观价值；这里至关重要的一点是，随机期望主观价值是不能“基数地”转化为福利的，特别是因为它相对于当前的选择集而言的主观价值。事实上，主观价值的所有神经表征可能都是如此。例如，本书前面的第十章所讨论的施瓦茨—西蒙塞利方程式告诉我们，主观价值的神经表征所编码的那个数量是相对于所有先前遇到过的奖赏的集合的。如果事实真的是这样，那就意味着在各个主观价值之间进行的比较是有强烈的序数
413 性的。这一点仍然尚未得到充分研究。

基于这些原因，我建议，我们在根据神经经济学发现提出规范性建议的时候，一定要三思而后行。目前，我们用来测量人类大脑激活程度的工具仍然是相当原始的；同时我们的理论工具也显得相当有限。福利神经经济学出现的时机仍然没有成熟，除非我们不惜自己以不识大体的无知莽夫的形象出现在世人面前。总之，神经经济学在规范领域的应用如果表现得过分热切和激进，那么就会带来非常大的风险。

结　论

我之所以用上面这种方式来介绍标准神经经济学模型的基本特征，是因为我希望实现的目标本身就是双重的。首先，我希望给出一个统一的符号体系，或者说，为我们目前已经知道的、需要用神经经济学“话语”表述的基本对象创造一门共同的语言。其次，我希望以最一般的方式对人类的决策系统的主要特点进行总结性的阐述。当然，我得承认，我这个“总结陈词”既不完整，也过于笼统。之所以说这个陈述是不完整的，一方面是因为，本书前面各章节讨论过的人类选择架构的许多特点，都没有被包括在这里，另一方面是因为，我们现在所掌握的关于人类选择行为的一些知识(例如，关

于我们如何学习贴现价值的)，并没有被包括在本书中。之所以说这个陈述是过于笼统的，是因为我并没有提供一个关于选择过程的完整的数学模型。相反，我只是概述了所有完整的理论模型都必定要具备的一些关键特征。我之所以决定不给出一个完整的具体模型，不仅是因为任何这样的模型的特定细节都很快就会被证伪(如果不利用我们手头上拥有的约束的话)，而且还因为在神经经济学目前这个早期发展阶段，给出一个完整的关于人类选择系统的理论模型，也许是一种傲慢而莽撞的举动。我很清楚，就目前而言，提出这样一个模型仍然为时尚早。

我的希望是，这个陈述能够向读者清晰地传达这样一个信息：我们现在已经知道的东西，已经为"硬"的经济学理论提供了一些重要的约束。例如，完全只基于选择概率的那些"完整"的决策理论，是不可能与现有经济学理论和证据共存的(因为它们不以可传递性公理为前提)。另一方面，植根于 414 边际效用的传统的新古典主义经济学理论是与人的选择架构不相容的(因为它们不以参照点为前提)。类似这样的约束，任何一个旨在构建"硬"的选择理论的人都必须非常尊重。如果说过去的十年只是一个开始，那么我们没有任何理由怀疑，在今后的岁月里，更多的约束将会以极快的速度涌现。我希望，我在前面给出的这些内容，已经为未来的神经经济学分析奠定了一个可靠的基础。

第十七章　结　论

总　结

415 在前面,我们分三篇介绍了一个理解大脑、心智与选择之间的关系的框架。在第一篇中,我指出,科学史,或者至少是最近100年的科学史,一直是一个跨学科还原的历史。更准确地说,我认为,这段历史一直是一个部分还原的过程,伟大的生物学家E. O. 威尔逊(E. O. Wilson,1998)把这个过程称为"契合"(consilience)。一个突出的例子是,在20世纪50年代和60年代,通过这种"契合",化学和生物学被还原性地链接了起来,然后由此产生了生物化学这门全新的交叉学科。在这个还原过程中,化学和生物学这两门母学科都很好地"生存"了下来,但是同时也都变得与原来有所不同了:生物化学的发展,改变并加强了它的两门母学科。本书的核心前提假设就是,同样的过程,现在已经导致了神经经济学这个跨学科研究领域的出现,而且已经通过链接和修正神经科学、心理学和经济学,在社会科学与自然科学之间搭就了一座桥梁。

如果我们同意,自然科学各学科之间的跨学科联系(这可以说是自然科学的最大特点之一)能够超越"文化差异",蔓延到社会科学当中,那么我们就可以利用我们所掌握的科学史知识来对未来十或二十年神经经济学的发展前途进行一些预测。如果只看历史,那么似乎很明显,神经科学和心理学必须努力将当代经济学所描述的(虽然仍然是不完美的)各种经验规律解释清楚。

经济学中最有代表性的一些理论告诉我们(Samuelson,1938;von Neumann and Morgenstern,1944),从那些表现出了"一致性"的选择者的行为来看,他们"似乎"有一个关于他们的可选项对他们自己的特殊价值的单

一内部表征。这些理论认为,选择者的行为“似乎”是,用某种方式从这些表 416
征中将对他们自己的特殊价值最高的那一个可选项选出来。但是,选择者并不总是会表现出一致性,这就像在生物化学这门学科出现之前的生物学家也早就知道,孟德尔的遗传定律经常被违背一样。在生物化学诞生的前夜,科学家们早就证明,诸如玉米此类的简单生物都拥有不少违背了遗传定律的“跳跃基因”(Mcclintock,1983),其中一些科学家认为,这种现象最终会证伪我们的生物遗传定律。但是,从来没有人想过要不要完全放弃生物学理论这个问题;事实上,恰恰相反,生物化学极大地扩展了遗传规律的适用范围。因此,我在本书中一直在努力阐明,通常来说,有意义的跨学科综合,总是围绕着来自“更高等”的学科的“宏大”的、不那么完美的“定律”展开的;即使是在那些“定律”的具体预测的适用性和准确性都受到了极大的限制的情况下,也是如此。

因此,正如我在本书前面的章节中已经指出过的,神经经济学研究必然以对以下两个对象的探寻为出发点。首先,我们必须找到效用的“神经相关物(性)”和“心理相关物(性)”并将之描述清楚(而第一步,显然是在选择者的行为表现出了一致性的条件下)。其次,我们必须找到将这种效用的相关物转化为选择的机制。只有当这种“初始化搜索”有了明确的成果之后,神经经济学这门学科才有可能“认识到”它的真正的潜力——改变经济学定义和识别人类选择行为中的伟大规律性的方式。

因此,从这个角度来看,本书中给出的关于灵长类动物的选择架构的模型是一个两阶段机制。我已经给出的大量的证据表明,额叶皮质和基底神经节的神经回路构造了一个关于我们的选择的价值的类效用表征,这些类效用信号随后被传送到由若干个大脑区域组成的额顶叶网络中,这个网络在当前可以选择的各可选项选出主观价值最高的那一个。不过,这两个阶段究竟在多大程度上真正可分离的?这个问题只能留待未来的研究来解决了。经济学家奋斗了好几个世纪,试图解决选择与效用是不是真正可分离的这个问题;神经经济学必须完成的一个任务就是,提供“因为”理论,来解决这个问题。

然而,我们的研究也表明,许多机制都违背了选择一致性规律(尽管当代经济学在很大程度上围绕着这个观念组织起来的)。这方面的洞见将重

塑经济学的面貌,就像“转座子”(transposon)——这是一种可移动的化学对
417 象,即,DNA 的片断——的发现改变了生物学中的遗传定律一样。

在本书前面的章节中,我已经给出了许多例子,证明神经经济学研究中的发现,要求我们修正标准的新古典主义经济学理论。在这里,我只列出了四点意见,它们是神经经济学对经济学提出的“第一修正案”的关键之处:

1. 参照依赖(在本书第四章、第十二章和第十三章已经进行了详细的论述)。我们现在所知道的关于大脑的一切知识都告诉我们,各个可选项的价值是以参照依赖的方式被编码的。事实上,我们甚至可以把参照依赖视为面对环境挑战时的一种生物学的解决方案、一种约束条件下的最优化。未来任何关于选择的科学理论都必须尊重这个事实:无论刻画我们做出的决策的经验规律是什么,这些规律都必定是采用了参照点的机制的产物。

2. 皮质区并不表征任何事物的绝对价值(请参阅本书第十章对有效的神经编码的讨论)。皮质区对任何东西的表征,无论是光线的亮度还是一瓶果酱的价值,都是高效的、紧凑的,而且是标准化的。我们还是可以认为这是一种约束条件下的最优化。“养活”、“喂饱”神经元代价不菲,因此演化女神要求我们高效地利用我们已经拥有的神经元。我们的大脑对主观价值的表征所受的这种约束有非常深远的意义:从福利经济学,到消费者选择中无关可择项的(负面)影响。这个特征与参照依赖密切相关,同时也对如何储存价值、做出选择给出了一些规律性的东西。未来任何一个还原性的经济学模型都必须将这一点考虑在内。

3. 选择中的随机性(主要内容请参阅本书第九章)。自从麦克法登的开创性的经济学研究以来(McFadden,1974),我们就拥有了不少思考选择的随机性的工具。事实上,至少从研究突触释放的第一项神经生物学研究以来,我们就已经知道神经元中包括了随机成分(Mainen and Sejnowski,1995;Stevens,2003)。虽然心理学家认识到这个事实的速度稍稍慢了一些,但是我们也很早就知道,人类和动物的行为可以表现出真正意义上的随机
418 性(Neuringer,2002)。这三个传统到今天已经交汇到一起了;所有这些信息明确无误地指向了一点:受神经层面的方差的分布结构约束的随机性,必定会成为未来研究选择的方法的一个核心特征。

4. 学习对选择的影响，这是本书第十二章和第十三章详细探讨的问题。自从巴甫洛夫的经典实验以来，心理学家一直在研究学习问题，但是他们直到最近才开始考虑学习对选择的影响。现在，神经生物学家已经识别出了我们的大脑在学习过程中所用的大部分算法结构。然而，奇怪的是，经济学家们在漫长的搜索效用的来源的历史中，却几乎完全忽视了学习的作用。幸运的是，关于我们是怎样学习掌握行动的价值，我们现在已经知道了很多，而且，在许多情况下，学习机制的细节恰恰可以解释我们的选择为什么会违背一致性公理。此外，学习机制甚至还有一些规范性的特征(Sutton and Barto,1998)。在未来的日子里，价值学习的机制无疑将会在我们解释选择的模型中扮演重要角色。

当然，除了上述四点之外，任何一个标准的神经经济学模型都必定还有其他一些非常重要的特点。事实上，我在这里以及本书前面的章节中确实有意“遗漏”掉了许多重要发现。例如，关于跨期选择，我们已经知道的很多东西都没有反映出来：在今天已经选定、但要等到明天才能收到的商品的价值是如何被我们习得的，我们已经掌握了初步线索(Kobayashi and Schultz, 2008；Schultz,2007)；我们还知道，有一个相当奇怪的跨期参照依赖似乎会影响我们的跨期选择；我们还隐约地知道，特定的机制约束是如何导致跨期选择的不一致性的(Kable and Glimcher,2007,2009,2010)。我们所了解的机制和约束的“名单”几乎每天都在变长；跨期选择只是其中一个例子。自诞生以来，神经经济学到今天仍然只有短短十年的历史，但是它已经成功地铸就了一个全新的选择理论的雏形；因此现在很难想象，在未来的十年里，我们的知识将会增加多少。

若干悬而未决的问题

虽然我们可能很难想象再过十年我们能够知道些什么，但是我们却可以先把今天的选择理论中的关键不足找出来。这些不足之处阻挡了我们的 419
前进步伐；我们必须努力克服它们。1900 年，伟大的德国数学家丹尼尔·希尔伯特(Daniel Hilbert)列出了在他看来对数学的未来发展至关重要的 24

个悬而未决的数学问题。一个世纪之后，这 24 个问题中有一半的问题得到了解决，同时更加重要的是，这些问题在很大程度上影响了数学这门学科的发展。本着这种精神，我在下面将列出神经经济学六大悬而未决的问题。我坚信，我们对这些问题的理解将极大地形塑神经经济学的未来。

1. 主观价值存储在哪里？它是怎样被用于选择的？

我们知道，额顶叶选择网络对一个选择集中的标准化的期望主观价值进行编码。额顶叶选择网络的这些大脑区域似乎是从最终共同估价网络（包括内侧前额叶皮质和纹状体等大脑区域）接收到期望主观价值信号的。我们甚至有充分的理由相信，位于纹状体中的那些多棘的中型神经元的激活状态是在对习得的（行动的）主观价值进行编码。不过，另一个重要的事实是，我们人类确实能够将价值与数以千计的选择对象关联起来。我们可以对从艺术品到麦片的几乎所有东西估价。例如，一位画商能够始终前后一致地对上万幅油画估价；甚至一个孩子也能够前后一致地对 50 种麦片估价。那些，这些估价信息是被存储在大脑中的哪个地方的呢？这种存储机制又是如何与我们已经知道的存在于内侧颞叶的多个情节记忆系统（episodic memory systems）相联系的？这些被存储起来的价值是通过什么路径被传播到选择机制的？这些重大问题全都没有得到回答，而且它们都是我们理解选择的不得不面对的关键问题。

2. "谁"在"什么时候"说，应该做出选择了？

我们知道，额顶叶选择网络可以执行一种"赢家通吃"型计算；而且认为，这种运算就是绝大多数选择的"物理实现"（physical instantiation）。我们还知道，一组彼此紧密互连的神经网络（涉及的大脑区域上起眶额皮质、下至脑干）在对选择集中的可选项的期望主观价值进行编码。强有力的证据还表明，改变这些网络中的其中一个或多个网络的抑制和兴奋的基调，就
420 可以强制这些系统收敛，即，做出选择。那么，使其中一个或多个网络的全局状态发生改变的到底是什么东西呢？说出"到了做出选择的时候了"这句话 到底是什么机制？是不是存在着多个机制？类似的问题还有：当选择者进行基于保留价格的决策时——例如，在夏德伦和他的同事们所研究的反应时间决策任务中（Gold and Shadle）——，到底是什么预设了这些网络的

状态？虽然几乎从来没有提到过这些问题，但是事实是，我们确实几乎完全不知道，选择做出选择的机制的位置和结构究竟如何。

3. 互补性的神经机制是什么？

在这 6 个悬而未决的重要问题中，最微妙的一个也许是：我们通常所称的“替代性”——或者，更确切地说，“互补性”——这种经济现象是如何产生的？试考虑两商品预算空间中的一条无差异曲线（其形式请参阅本书第三章）。如果我们认为苹果和橙子的主观价值可以用类似的效用曲线表示，那么我们就可以在这个预算空间中构建出一个“无差异曲线”簇，用来表示能够带来同样效用的苹果和橙子的所有组合，如图 17.1a 所示。

我们甚至还可以把这两个坐标轴改为效用单位（“尤特尔”数），那样的话，这些无差异曲线可以被看作是直线，如图 17.1b 所示。

如果预算空间中的无差异曲线永远是这个样子的，或者说，如果苹果和橙子的主观价值总是完全相互独立的，那么这些无差异曲线（以效用单位“尤特尔”数来表示）就可以始终被认为是如图 17.1b 所示的直线。一部分橙子总是可以替代一部分苹果，反之亦然。因此，苹果和橙子，可以被视为完全替代品，至少从效用单位的角度来看是如此。

421

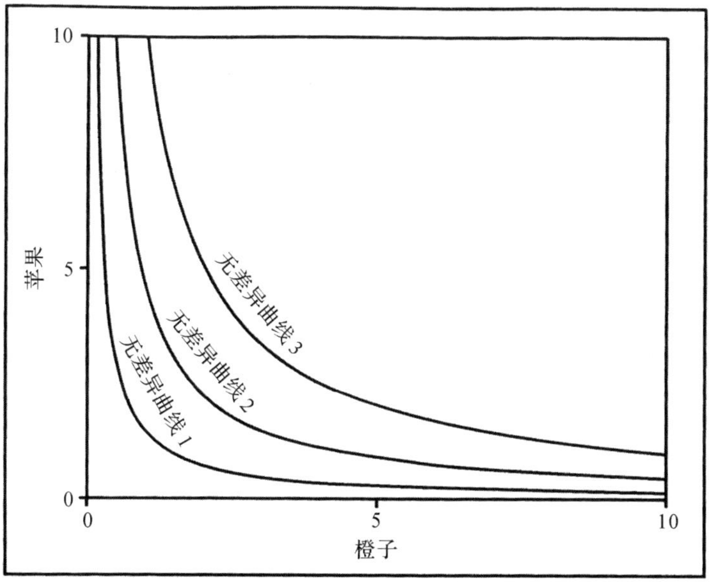

图 17.1a

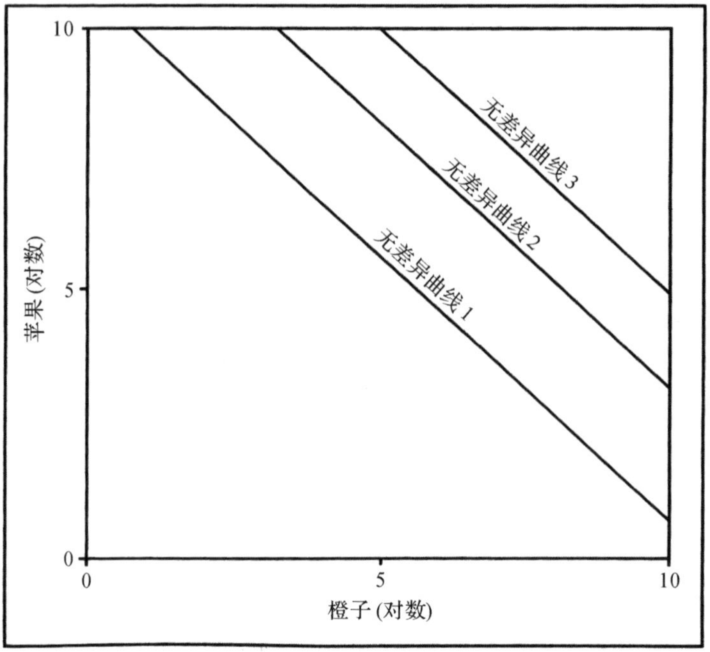

图 17.1b

然而不幸的是，在现实世界中，当人们在不同的商品之间进行选择时，实际情况并不总会这样。这一点其实是显而易见的。当我们就着薯片喝啤酒时，啤酒的价值可能会增加；或者，举一个更加“经典”的经济学的例子，一只左鞋的价值，几乎完全取决于我们是否同时还拥有一只右鞋。对于商品
422 之间发生的这种“互动关系”，经济学家称为“互补性”。在这个性质的作用下，即使用效用单位来表示，无差异曲线也不会是直线。

我在本书前面的章节中给出的关于估价的算法模型却是完全无法生成这种曲率的。用神经科学的语言来说，它是一个彻底的前馈模型（feed-forward model）。在这里，重要的是，估价的前馈模型是不能在效用空间中生成弯曲的无差异曲线的，这就是说，它们不能生成“替代弹性”处处都不同的无差异曲线。因此，这类模型只能解释拥有完美的可替代性的无差异曲线（以效用单位表示）；几百年来，经济学家一直非常清楚，许多无差异曲线都不拥有这个性质。这也就不可避免地意味着，主观价值实际上要比我到

目前为止所阐述的还要复杂得多。我们构建一个完整的主观价值理论时,必须7牢记这个事实。用更加标准的神经生物学术语来说吧,主观价值理论必须同时考虑“前馈”影响和“反馈”影响;但是我在本书中给出的模型,却不具备这个核心特征。

这就意味着,未来所有关于选择的神经生物学基础的理论将会比读者在本书中看到的要复杂得多。今天,这种复杂性已经在灵长类动物的视觉系统中被发现了,神经科学家们正在积极地研究其中的“自下而上”机制与“自上而下”机制之间的相互作用。目前还不清楚,未来包括了这种复杂性的选择理论究竟是怎样的,但是无论如何,我们都不能忘记,当前流行的选择理论还隐含着一个关键的缺陷。

4.符号化的概率是如何发挥作用的?

在本书的第三篇中,我曾经指出过,当我们表征概率事件的期望主观价值的时候,似乎有两个不同的机制可以发挥作用。第一个机制表现为一种迭代型的主观价值估计方法,即,通过重复抽样来“学习”一个行动或一个对象的长期平均价值。我们通常会将这个机制与多巴胺这种神经递质和强化学习机制联系起来。这种机制的一个有趣的特点是,它并不会明确地表征概率;相反,它把概率和价值紧密地捆绑在了一起。同时,我们也知道,人类(或许,其他灵长类动物也一样)可以显式地对概率进行编码并利用这些信息来指导选择。我们甚至还知道这些被显式地编码的概率还会影响选 423
择——使人们做出不一致的行为(Allais,1953;Kahneman and Tversky,1979)。这种机制到底是怎么发挥作用的?这些“显式”的概率(它们可以从效用或主观价值中分离出来)是在大脑的什么地方被编码的?这些符号化的概率是怎样影响选择的?虽然关于符号化的数字的神经表征,我们已经掌握了很多知识(Hubbardet al.,2005年),虽然我们知道,至少部分相关神经机制应该位于或接近额顶叶选择网络,但是对于“概率的神经生物学”,我们的信息确实极其有限。理解这些机制是理解期望主观价值的关键。

5.状态与效用函数是如何交互作用的?

我们都同意,效用函数是状态依赖的。例如,我们在多大程度上珍视食物取决于我们有多饿。但是,这个事实对选择究竟多重要?经济学家在谈到效用函数的状态依赖性的时候,往往采取一种“大事化小,小事化无”的态度;这就是说,他们实际上并不十分重视这个问题。这种状态依赖到底采取何种形式?我们根本不知道。还有,状态与主观价值之间的具体函数关系是怎样的?这种状态依赖性对学习有什么影响?学习过程中表现出来的状态依赖倾向会不会影响后来状态发生了改变的情况下的选择?状态依赖性会不会是我们的选择行为中的不一致性的主要根源之一?是不是存在着某种补偿机制,它可以限制状态对我们习得的商品和行动的价值的影响?估价机制会将学习过程中体验到的状态依赖的价值与选择时的状态依赖的价值状态区别开来吗?……所有这些,都是有待回答的问题。

6. 用来表征钱(货币)的“神经器官”是什么?

金钱最神奇的人类发明之一。所有的动物都“认为”食物、水和繁殖是有价值的,无一例外。但是钱(货币)则是人类独有的。在我们的遥远的过去,人们生活在没有货币的社会当中,有实际价值的消费品的直接贸易构成了经济运行的主要形式。经济学理论告诉我们,货币出现,很大程度上就是
424 为了促进贸易。但是,对于一个生物学家来说,真正令人惊叹的是货币“席卷”了几乎所有人类社会的速度。货币“崛起”的速度远远超越了通常的演化的速度,因此货币之崛起不可能是大脑中专门用于货币估价的神经回路的成熟的结果或反映。相反,我们所拥有的对货币进行估价的能力必定是某个原先就已经存在的神经机制“被征用”的结果。但是,这里面的具体机制是什么?

我们现在已经拥有的一些证据表明,对食物奖赏、水奖赏进行估价的神经回路,与对货币奖赏进行估价的神经回路之间至少一部分是不同的。既然如此,那么用于对货币进行估价的机制的演化起源又是什么呢?如果能够搞清楚,演化赋予我们的、用来对货币进行估价的神经回路所要估价的自然对象是什么,那么我们在人们估计货币主观价值时观察到的一些不一致现象,就有可能得到很好的解释。

一个非常重大的可能性是,货币会不会“附着”到了专门用于评估社会交往和互动的价值的神经机制上?通常来说,所有灵长类动物都是高度社会化的物种。许多灵长类动物都在竞争和冲突的过程中建立了社会联盟和

“贸易组织”。很可能,演化赋予我们的远古祖先的、用来订立和“交易”社会契约的能力,才是我们现在所拥有的对法定货币进行估价的能力的根源。当然,到目前为止,这仍然只是一个纯粹的猜测。我们可以肯定的是,如果我们想理解行为的不一致性(这会阻碍金融交往,造成金融波动),我们就必须先了解使我们能够估价货币的“神经器官”。直到今天,这个“神经器官”的算法结构和“真正身份”,仍然是神经经济学面临的最大的谜团之一。

若干规范性问题

上面这六个问题反映了我们目前所拥有的“神经经济学”的最明显的局限性,不过,在结束全书之前,我还想再回过头来讨论一些规范性问题;我认为,它们给出了神经经济学应该服从的一组更加重要的约束。与传统的关于效用的经济学理论不同,关于期望主观价值的神经经济学理论从一开始就是一个逻辑上可还原的理论。如果把期望主观价值(ESV)视为一个经济学对象,那么我们就能(至少在原则上)把心理学层面上的、神经科学层面上的,甚至更“低等”的学科层面上的相关描述包括进来。所以,只要期望主观 425
价值是一个可还原的且是唯一的概念(在数学/经济学的意义),那么我们就可以进行期望主观价值的人际比较。[①]

尽管未来将证明,随着神经经济学的日益成熟,对于期望主观价值以及其他与它类似的对象,还会出现一些新的约束,但是如下这种趋势应该是不可避免的:我们测度大脑状态的能力的不断增强,最终将使我们能够对个人之间的精神状态进行客观的比较。我们现在已经知道,说奥斯卡“冲动地”更偏好直接回报,等于说奥斯卡的内侧前额叶皮质显示出了一个陡峭的双

---

① 我很清楚,从哲学的角度来看,对期望主观价值(或者,主观价值,这里结论对这两者一样有效)的完全还原可能会遭到失败。对于这一点,我已经在本书第二章中阐述过了。(在那里我曾经直截了当地指出,神经经济学的绝大部分内容都只要求部分还原。)不过在这里,我要明确的是,目前这个语境中的社会福利问题要求至少一个来自神经经济学的概念是可以完全还原的(例如,期望主观价值或主观价值)。如若不然,这个问题与社会福利的相关性就会更加受到限制。我之所以花不少时间去描述理论的强形式,是因为它很重要,而且限定了我们讨论未来时哪些能说、哪些不能说的范围。

曲线型贴现函数。我们也知道,眶额皮质的神经元高于基线水平 10 赫兹的放电率,对应于行为主体对一滴苹果汁的特定程度的偏好。我们甚至还知道,如果一只猴子看到它的“爱侣”的照片时,大脑的外侧顶内沟区的动作电位的发放率为每秒 50 个尖峰,而另一只猴子看到它的“爱侣”的照片时,大脑的外侧顶内沟区的动作电位的发放率却只有每秒 10 个尖峰时,那么第一只猴子为了看到自己的“爱侣”的照片而愿意付出的代价,就会比第二只猴子更高。因此很难相信,随着技术的不断发展,这种基数性质的观察最终不会导致有些人(至少在某种程度上)尝试进行直接的人际福利比较。

那么,在规范的意义上,我们现有的关于人类选择架构的模型究竟能告诉我们什么呢?这些新的测度方法和理论是不是为我们提供了最大化个人福利的新工具?这些新的测度方法和理论是不是对帕累托的“世纪定论”——科学家永远无法用数学手段从个人的福利计算出社会福利——提出的真正的挑战?在人类大脑中,将期望主观价值确定地测度出来,这种能力可能有非常深远的规范意义;不管我们是否喜欢看到这种现象,都必定如此。

不过,我的观点是非常明确的。在我看来,试图用神经测度方法去评估福利(至少在今天看来)无疑是鲁莽的、危险的。这至少有三个原因。首先,说它鲁莽,是因为在这个发展的早期阶段,决策者肯定会犯很多错误,而为
426 这些错误付出代价将是无辜的选择者。其次,我们知道,期望主观价值违背了现有的规范经济学理论,特别是其中的独立性公理,所以,即使能够唯一地测定期望主观价值,也还是会留下许多悬而未决的传统的规范性问题,有待于经济学家和政治经济学家去解决。第三,也是最重要的,我们不能把期望主观价值最大化作为社会目标,因为我们现在确实仍然不知道,期望主观价值是否就是应该最大化的数量。在我们拥有一个真正意义上的神经生物学层面的福利理论(即,一个能够确切地说明大脑活动如何与幸福相关的理论)之前,利用大脑活动情况数据去猜测应该如何最大限度地提高福利的做法都必定是错误的。基于这些原因和神经经济学文献中论及的其他一些原因,我们的结论很明显:目前应该禁止在规范的意义上运用期望主观价值等对象。等到我们掌握的知识远远超过了我们现在所拥有的这些,才可以将

这个问题提上正式的议事日程。

帕累托以及追随他的新古典主义经济学家都反对古典功利主义，他们主要基于以下两个理由：第一，他们知道，对效用进行人际比较，在数学上是不可能的；第二，他们认定，人为地将任何一个社会福利函数强加给一个社会，这种做法本身就是完全错误的。通过将效用替换为主观价值，神经经济学或许可以消除帕累托面临的第一个障碍，但是，你有能力推进这种“社会工程”，并不意味着你就应该推进它。任何一个负责任的科学家都必须牢记的这一点，因为总有一天，神经经济学会发展成为一门成熟的学科。

最后的结语

在过去的十年里，激烈而有益的争论一直伴随着神经经济学的诞生和成长。一方面，许多经济学家都曾经提出质疑，我们的大脑做出选择的机制是否与他们所属的学科相关？我们今天所掌握的关于大脑的知识是否能够真的能够告诉我们一些与人类的选择有关的信息？另一方面，考虑到当代经济学的解释力的局限性，许多神经生物学家和心理学家也心存疑虑：经济学这门学科真的有助于我们理解人类和动物的选择行为吗？对于这些疑问，科学史和来自这三个学科的学者们在神经经济学诞生后的十年间完成的研究已经给出了明确的答案。是的，只要我们让社会科学的伟大经验规 427
律和理论规律指导我们，那么我们所掌握的关于大脑的知识就可以告诉我们很多与选择有关的东西。用出生于19世纪的经济学家凡勃伦的话来说，经济学最终将发展成为一门“演化科学”；而且，作为一门科学，经济学的发展历史已经证明它是我们理解人类行为的非常强大的工具。虽然我们无法知道经济学、关于判断和决策的心理学、关于选择的神经生物学未来会发展成什么样子，但是毫无疑问，我们这一代人就可以见证它们的伟大契合！

参考文献

Adelson, E. H. (1995). Checker Shadow Illusion. Retrieved October 15, 2009, from Edward H. Adelson's Web site: http://web.mit.edu/persci/people/adelson/checkershadow_illusion.html

Aharon, I., Etcoff, N., Ariely, D., Chabris, C., O'Connor, E., and Breiter, H. (2001). Beautiful faces have variable reward value: fMRI and behavioral evidence. *Neuron*, 32(3): 537-551.

Allais, M. (1953). Le comportement de l'homme rationel devant le risque. Critique des postulats et axiomes de l'ecole americaine [Rational behavior under risk: criticism of the postulates and axioms of the American school]. *Econometrica*, 21(4): 503-546.

Andersen, R. A. (1989). Visual and eye movement functions of the posterior parietal cortex. *Annual Review of Neuroscience*, 12: 377-403.

Anderson, A. K., and Phelps, E. A. (2002). Is the human amygdala critical for the subjective experience of emotion? Evidence of intact dispositional affect in patients with amygdala lesions. *Journal of Cognitive Neuroscience*, 14(5): 709-720.

Arnauld, A., and Nicole, P. (1662; 1996). *La Logique, ou l'art de penser* (*Logic or the Art of Thinking*), J. V. Buroker (trans. and ed.) Cambridge: Cambridge University Press, 1996.

Atick, J. J., and Redlich, A. N. (1990). Towards a theory of early visual processing. *Neural Computation*, 2(3): 308-320.

Atick, J. J., and Redlich, A. N. (1992). What does the retina know about natural scenes? *Neural Computation*, 4 (2): 196-210.

Attneave, F. (1954). Some informational aspects of visual perception. *Psychological Review*, 61: 183-193.

Augustine, J. R. (1996). Circuitry and functional aspects of the insular lobe in primates including humans. *Brain Research Reviews*, 22(3): 229-244.

Baccus, S. A. (2006). From a whisper to a roar: Adaptation to the mean and variance of naturalistic sounds. *Neuron*, 51: 682-684.

Bailey, P., and von Bonin, G. (1951). *The Isocortex of Man*. Urbana: University of Illinois Press.

Balleine, B. W., Daw, N. D., and O'Doherty, J. P. (2008). Multiple forms of value learning and the function of dopamine. In: P. W. Glimcher, C. F. Camerer, E. Fehr, and R. A. Poldrack (eds.), *Neuroeconomics: Decision Making and the Brain*. London: Academic Press, pp. 367-386.

Barlow, H. B. (1961a). The coding of sensory messages. In: Thorpe and Zangwill (eds.), *Current Problems in Animal Behaviour*. New York: Cambridge University Press, pp. 330-360.

Barlow, H. B. (1961b). Possible principles underlying the transformation of sensory messages. In: W. A. Rosenblith (ed.), *Sensory Communication*. Cambridge, MA: MIT Press, pp. 217-234.

Basso, M. A., and Wurtz, R. H. (1997). Modulation of neuronal activity by target uncertainty. *Nature*, 389: 66-69.

Basso, M. A., and Wurtz, R. H. (1998). Modulation of neuronal activity in superior colliculus by changes in target probability. *Journal of Neuroscience*, 18: 7519-7534.

Bayer, H. M., Lau, B., and Glimcher, P. W. (2007). Statistics of midbrain dopamine neuron spike trains in the awake primate. *Journal of Neurophysiology*, 98(3): 1428-1439.

Bayer, H. M., and Glimcher, P. W. (2005). Midbrain dopamine neurons encode a quantitative reward prediction error signal. *Neuron*,47:129-141.

Baylor,D. A., Nunn, B. J., and Scnapft, J. L. (1987). Spectral sensitivity of cones of the monkey *Macaca fascicularis*. *Journal of Physiology*, 390: 145-160.

Bechara, A., Tranel, D., Damasio, H., Adolphs, R., Rockland, C., and Damasio, A. R. (1995). Double dissociation of conditioning and declarative knowledge relative to the amygdale and hippocampus in humans. *Science*, 269(5227):1115-1118.

Beck, J. M., Ma, W. J., Kiani, R., Hanks, T., Churchland, A. K., Roitman, J., Shadlen, M. N., Latham, P. E., and Pouget, A. (2008). Probabilistic population codes for Bayesian decision making. *Neuron*, 60 (6): 1142-1152.

Becker, G. M., DeGroot, M. H., and Marshack. (1964). Measuring utility by a single-response sequential method. *Behavioral Science*, 9:226-232.

Belova, M. A., Paton, J. J., and Salzman, C. D. (2008). Moment-to-moment tracking of state value in the amygdala. *Journal of Neuroscience*, 28(40): 10023-10030.

Belovsky, G. E. (1984). Herbivore optimal foraging: a comparative test of three models. *American Naturalist*, 124:97-115.

Bernheim, D. (2008). The psychology and neurobiology of judgment and decision making: what's in it for economists? In: P. W. Glimcher, C. F. Camerer, E. Fehr, and R. A. Poldrack (eds.), *Neuroeconomics: Decision Making and the Brain*. London: Academic Press, pp. 115-125.

Bernoulli, D. (1738;1954). Exposition of a new theory on the measurement of risk. *Econometrica*, 22:23-36.

Bernstein, N. (1961;1984). Trends and problems in the study of physiology of activity. *Questions of Philosophy* 6. Reprinted in: H. T. A. Whiting (ed.), *Human Motor Actions: Bernstein Reassessed*. Amsterdam: North-Holland.

Berridge, K. C., Robinson, T. E., and Aldridge, J. W. (2009). Dissecting components of reward: 'liking', 'wanting', and learning. *Current Opinion in Pharmacology*, 9: 65-73.

Bertino, M., Beauchamp, G. K., and Engelman, K. (1982). Long-term reduction in dietary sodium alters the taste of salt. *American Journal of Clinical Nutrition*, 36: 1134-1144.

Bertino, M., Beauchamp, G. K., and Engelman, K. (1986). Increasing dietary salt alters salt taste preference. *Physiology & Behavior*, 38: 203-213.

Bliss, T. V., and Lomo, T. (1973). Long-lasting potentiation of synaptic transmission in the dentate area of the anaesthetized rabbit following stimulation of the perforant path. *Journal of Physiology*, 232(2): 331-356.

Borg, G., Diamant, H., Strom, L., and Zotterman, Y. (1967). The relation between neural and perceptual intensity: A comparative study on the neural and psychophysical response to taste stimuli. *Journal of Physiology*, 192(13): 13-20.

Born, R. T., and Bradley, D. C. (2005). Structure and function of visual area MT. *Annual Review of Neuroscience*, 28: 157-189.

Brafman, R. I., and Tennenholtz, M. (2003). R-MAX—A general polynomial time algorithm for near-optimal reinforment learning. *Journal of Machine Learning Research*, 3: 213-231.

Breedlove, S. M., Rosenzweig, M., Watson, N., and Fraser, S. (2007). *Biological Psychology: An Introduction to Behavioral, Cognitive, and Clinical Neuroscience*, 5th ed. Sunderland, MA: Sinauer Associate Publishers.

Breiter, H. C., Aharon, I., Kahneman, D., Dale, A., and Shizgal, P. (2001). Functional imaging of neural responses to expectancy and experience of monetary gains and losses. *Neuron*, 30(2): 619-639.

Bres, M. (2006). The effects of prey relative abundance and chemical cues on prey selection in rainbow trout. *Journal of Fish Biology*, 35(3): 439-445.

Britten, K. H., and Heuer, H. W. (1999). Spatial summation in the receptive fields of MT neurons. *Journal of Neuroscience*, 19(12): 5074-5084.

Britten, K. H., Shadlen, M. N., Newsome, W. T., and Movshon, J. A. (1993). Responses of neurons in macaque MT to stochastic motion signals. *Visual Neuroscience*, 10: 1157-1169.

Broad, C. D. (1925). *The Mind and its Place in Nature*. New York: Harcourt, Brace & Company, Inc.

Brodmann, K. (1909; 1999). *Vergleichende Lokalisationslehre der Grosshirnrinde* (*Brodmann's Localisation in the Cerebral Cortex: The Principles of Comparative Localisation in the Cerebral Cortex based on the Cytoarchitectonics*), translated and edited by L. Garey. London: Imperial College Press.

Brown, J. W., and Braver, T. S. (2005). Learned predictions of error likelihood in the anterior cingulate cortex. *Science*, 307(5712): 1118-1121.

Bruce, C. J., and Goldberg, M. E. (1985). Primate frontal eye fields: I. Single neurons discharging before saccades. *Journal of Neurophysiology*, 53(3): 603-635.

Burns, M. E., and Baylor, D. A. (2001). Activation, deactivation, and adaptation in vertebrate photoreceptor cells. *Annual Review of Neuroscience*, 24: 779-805.

Bush, R. R., and Mosteller, F. (1951a). A mathematical model for simple learning. *Psychological Review*, 58: 313-323.

Bush, R. R., and Mosteller, F. (1951b). A model for stimulus generalization and discrimination. *Psychological Review*, 58: 413-423.

Cajal, S. R. Y. (1909; 1995). *Histologie du système nerveux de l'homme et des vertébrés* (*Histology of the Nervous System of Man and Vertebrates*), translated by N. Swanson and L. Swanson. New York:

Oxford University Press.

Camerer, C., Loewenstein, G., and Prelec, D. (2005). Neuroeconomics: How neuroscience can inform economics. *Journal of Economic Literature*, XLIII:9-64.

Caplin, A., and Dean, M. (2007). The neuroeconomic theory of learning. *American Economic Review*, 97(2):148-152.

Caplin, A., and Dean, M. (2008). Axiomatic neuroeconomics. In: P. W. Glimcher, C. F. Camerer, E. Fehr, and R. A. Poldrack (eds.), *Neuroeconomics: Decision Making and the Brain*. London: Academic Press, pp. 21-31.

Caplin, A., Dean, M., Glimcher P. W., and Rutledge, R. (2010). Measuring beliefs and rewards: a neuroeconomic approach. *Quarterly Journal of Economics*, 125:3.

Caplin, A., and Leahy, J. (2001). Psychological expected utility theory and anticipatory feelings. *Quarterly Journal of Economics*, 116(1):55-79.

Carandini, M., and Heeger, D. J. (1994). Summation and division by neurons in visual cortex. *Science*, 264:1333-1336.

Carandini, M., Heeger, D. J., and Movshon, J. A. (1997). Linearity and normalization in simple cells of the macaque primary visual cortex. *Journal of Neuroscience*, 17:8621-8644.

Carlsson, A. (2000). A half-century of neurotransmitter research: impact on neurology and psychiatry. Nobel Prize Lecture presented at Karolinska Institutet, Stockholm. Full text of speech retrieved November 2008 from http://nobelpr ize. org/nobel_prizes/medicine/laureates/2000/carlsson-lecture. html.

Carnap, R., Hahn, H., and Neurath, O. (1929; 1996). *Wissenschaftliche Weltauffassung. Der Wiener Kreis.* (*The Scientific Conception of the World. The Vienna Circle*). Reprinted and translated in S. Sarkar (ed.), *The Emergence of Logical Empiricism: From* 1900 *to the Vienna Circle.*

New York: Garland Publishing, pp. 321-340.

Chen, M. K., Lakshminarayanan, V., and Santos, L. R. (2006). How basic are behavioral biases? Evidence from capuchin monkey trading behavior. *Journal of Political Economy*, 114(3): 517-537.

Chib, V. S., Rangel, A., Shimojo, S., and O'Doherty, J. P. (2009). Evidence for a common representation of decision values for dissimilar goods in human ventromedial prefrontal cortex. *Journal of Neuroscience*, 29(39): 12315-12320.

Cisek, P., and Kalaska, J. F. (2002). Simultaneous encoding of multiple potential reach directions in dorsal premotor cortex. *Journal of Neurophysiology*, 87(2): 1149-1154.

Colby, C., and Goldberg, M. (1999). Space and attention in parietal cortex. *Annual Review of Neuroscience*, 22: 319-349.

Contreras, R. J., and Frank, M. (1979). Sodium deprivation alters neural responses to gustatory stimuli. *Journal of General Physiology*, 73: 569-594.

Cooper, F. E., Bloom, R. H., and Roth, J. R. (2003). *The Biochemical Basis of Neuropharmacology*. New York: Oxford University Press.

Curtis, C. E., and Connolly, J. D. (2008). Saccade preparation signals in the human frontal and parietal cortices. *Journal of Neurophysiology*, 99(1): 133-145.

Dan, Y., Atick, J. J., and Reid, C. R. (1996). Efficient coding of natural scenes in the lateral geniculate nucleus: Experimental test of a computational theory. *Journal of Neuroscience*, 16(10): 3351-3362.

Das, A., and Gilbert, C. D. (1999). Topography of contextual modulations mediated by short-range interactions in primary visual cortex. *Nature*, 399: 665-661.

Daugman, J. G. (1985). Uncertainty relation for resolution in space, spatial frequency, and orientation optimized by two-dimensional visual cortical filters. *Journal of the Optical Society of America A*, 2:1160-1169.

Daw, N. D., Kakade, S., and Dayan, P. (2002). Opponent interactions between serotonin and dopamine. *Neural Networks*, 15:603-616.

Daw, N. D., Niv, Y., and Dayan, P. (2005). Uncertainty-based competition between prefrontal and dorsolateral striatal systems for behavioral control. *Nature Neuroscience*, 8:1704-1711.

Daw, N. D., O'Doherty, J. P., Dayan, P., Seymour, B., and Dolan, R. J. (2006). Cortical substrates for exploratory decisions in humans. *Nature*, 441:876-879.

Daw, N. D., and Shohamy, D. (2008). The cognitive neuroscience of motivation and learning. *Social Cognition*, 26:593-620.

Dayan, P. (2008). The role of value systems in decision making. In: C. Engel and W. Singer (eds.), *Better than Conscious? Decision Making, the Human Mind, and Implications for Institutions*. Frankfurt, Germany: MIT Press, pp. 51-70.

Dayan, P., and Daw, N. D. (2008). Decision theory, reinforcement learning, and the brain. *Cognitive, Affective, and Behavioral Neuroscience*, 8(4): 429-453.

Dean, A. F. (1983). Adaptation-induced alteration of the relation between response amplitude and contrast in cat striate cortical neurones. *Vision Research*, 23(3):249-256.

Deaner, R. O., Khera, A. V., and Platt, M. L. (2005). Monkeys pay per view: Adaptive valuation of social images by rhesus macaques. *Current Biology*, 15:543-548.

Delgado, M. R., Nystrom, L. E., Fissell, C., Noll, D. C., and Fiez, J. A. (2000). Tracking the hemodynamic responses to reward and punishment in the striatum. *Journal of Neurophysiology*, 84(6):3072-3077.

DeShazo, J. R., and Fermo, G. (2002). Designing choice sets for stated preference methods: the effects of complexity on choice consistency.

Journal of Environmental Economics and Management, 44:123-143.

De Valois, K. K., De Valois, R. L., and Yund, E. W. (1979). Responses of striate cortex cells to grating and checkerboard patterns. *Journal of Physiology*, 291:483-505.

Dodd, J. V., Krug, K., Cumming, B. G., and Parker, A. J. (2001). Perceptually bistable three-dimensional figures evoke high choice probabilities in cortical area MT. *Journal of Neuroscience*, 21(13):4809-4821.

Dorris, M. C., and Glimcher, P. W. (2004). Activity in posterior parietal cortex is correlated with the subjective desireability of an action. *Neuron*, 44:365-378.

Dorris, M. C., Klein, R. M., Everling, S., and Munoz, D. P. (2002). Contribution of the primate superior colliculus to inhibition of return. *Journal of Cognitive Neuroscience*, 14:1256-1263.

Dorris, M. C., and Munoz, D. P. (1995). A neural correlate for the gap effect on saccadic reaction times in monkey. *Journal of Neurophysiology*, 73(85):2558-2562.

Dorris, M. C., and Munoz, D. P. (1998). Saccadic probability influences motor preparation signals and time to saccadic initiation. *Journal of Neuroscience*, 18:7015-7026.

Edelman, J. A., and Keller, E. L. (1996). Activity of visuomotor burst neurons in the superior colliculus accompanying express saccades. *Journal of Neurophysiology*, 76(2):908-926.

Elliot, R., Friston, K. J., and Dolan, R. J. (2000). Dissociable neural responses in human reward systems. *Journal of Neuroscience*, 20(16):6159-6165.

Elliot, R., Newman, J. L., Longe, O. A., and Deakin, J. F. (2003). Differential response patterns in the striatum and orbitofrontal cortex to financial reward in humans: a parametric functional magnetic resonance imaging study. *Journal of Neuroscience*, 23(1):303-307.

Ellsberg, D. (1961). Risk, ambiguity, and the savage axioms. *Quarterly Journal of Economics*, 75: 643-669.

Etcoff, N. (1999). *Survival of the Prettiest*. New York: Doubleday.

Evarts, E. V., and Tanji, J. (1974). Gating of motor cortex refl exes by prior instruction. *Brain Research*, 71: 479-494.

Evarts, E. V., and Tanji, J. (1976). Refl ex and intended responses in motor cortex pyramidal tract neurons of monkey. *Journal of Neurophysiology*, 39: 1069.

Falkenstein, M., Hohnsbein, J., Hoorman, J., and Blanke, L. (1990). Effects of errors in choice reaction tasks on the ERP under focused and divided attention. In: C. H. M. Brunia, A. W. K. Gaillard, and A. Kok (eds.), *Psychophysiological Brain Research*, Volume 1. Tilburg, the Netherlands: Tilburg University Press, pp. 192-195.

Falkenstein, M., Hohnsbein, J., Hoorman, J., and Blanke, L. (1991). Effects of crossmodal divided attention on late ERP components. II. Error processing in choice reaction tasks. *Electroencephalography and Clinical Neurophysiology*, 78(6): 447-455.

Falmagne, J. (1985). *Elements of Psychophysical Theory*. New York: Oxford University Press.

Fechner, G. T. (1860; 1966). *Elements of Psychophysics*, H. E. Adler (trans.). New York: Holt, Rinehart and Winston.

Fibiger, H. C., and Phillips, A. G. (1986). Reward, motivation, cognition: psychobiology of mesotelencephalic dopamine systems. In: F. E. Bloom and S. D. Geiger (eds.), *Handbook of Physiology: The Nervous System IV*. Bethesda, MD: American Physiology Society, pp. 647-675.

Fiorillo, C. D., Tobler, P. N., and Schultz, W. (2003). Discrete coding of reward probability and uncertainty by dopamine neurons. *Science*, 299: 1898-1902.

Fishburn, P. C., and Rubinstein, A. (1982). Time preference. *International*

Economics Review,23:677-694.

Fodor,J. (1974). Special sciences and the disunity of science as a working hypothesis. *Synthese*,28:77-115.

Fox,C.,and Poldrack,R. A. (2009). Prospect theory and the brain. In:P. W. Glimcher, C. F. Camerer, E. Fehr, and R. A. Poldrack (eds.), *Neuroeconomics: Decision Making and the Brain*. London: Academic Press,pp. 145-173.

Friedman,M. (1953). *Essays in Positive Economics*. Chicago:University of Chicago Press.

Friedman, M., and Savage, L. J. (1948). The utility analysis of choices involving risk. *Journal of Political Economy*,56(4):279-304.

Friedman,M.,and Savage,L. J. (1952). The expected-utility hypothesis and the measurability of utility. *Journal of Political Economy*, 60 (6): 463-474.

Freud, S. (1923; 1961). *Das Ich und das Es* (The Ego and the Id). Translated in:J. Strachey (ed.),*The Standard Edition of the Complete Psychological Works of Sigmund Freud*. New York: W. W. Norton and Company.

Fromm, C., and Evarts, E. V. (1982). Pyramidal tract neurons in somatosensory cortex: Central and peripheral inputs during voluntary movement. *Brain* Research,238(1):186-191.

Fudenberg,D., and Tirole,J. (1991). *Game Theory*. Massachusetts: MIT Press.

Futuyma, D. (1998). *Evolutionary Biology*, 3rd ed. Sunderland, MA: Sinauer Associates.

Gabor,D. (1946). Theory of communication. *Journal of IEE*,*London*,93: 429-457.

Gabor,D. (1971). *Holography*. Nobel Prize Lecture presented at Imperial Colleges of Science and Technology,London. Full text of speech retrieved

November 2008 from: http://www. huwu. org/nobel _ prizes/physics/laureates/1971/gabor-lecture. html

Gehring, W. J., Goss, B., Coles, M. G. H., Meyer, D. E., and Donchin, E. (1993). A neural system for error-detection and compensation. *Psychological Science*, 4:385-390.

Gigerenzer, G., Todd, P. M., and ABC Research Group. (1999). *Simple Heuristics That Make Us Smart*. New York: Oxford University Press.

Gilovich, T., Vallone, R., and Tversky, A. (1985). The hot hand in basketball: On the misperception of random sequences. *Cognitive Psychology*, 17:295-314.

Gläscher, J., Hampton, A. N., and O'Doherty, J. P. (2009). Determining a role for ventromedial prefrontal cortex in encoding action-based value signals during reward-related decision making. *Cerebral Cortex*, 19(2): 483-495.

Glascher, J., Daw, N. D., Dayan, P., and O'Doherty, J. (2009a). The human brain computes two different prediction errors. *Frontiers in Systems Neuroscience. Conference Abstract: Computational and systems neuroscience*. doi: 10. 3389/conf. neuro. 06. 2009. 03. 270

Glimcher, P. W. (2003a). *Decisions, Uncertainty, and the Brain: The Science of Neuroeconomics*. Cambridge, MA: MIT Press.

Glimcher, P. W. (2003b). The neurobiology of visual-saccadic decision making. *Annual Review of Neuroscience*, 26:133-179.

Glimcher, P. W. (2005). Indeterminacy in brain and behavior. *Annual Review of Psychology*, 56:25-56.

Glimcher, P. W. (2008). Choice: towards a standard back-pocket model. In: P. W. Glimcher, C. F. Camerer, E. Fehr, and R. A. Poldrack (eds.), *Neuroeconomics: Decision Making and the Brain*. London: Academic Press, pp. 503-521.

Glimcher, P. W., and Rustichini, A. (2004). Neuroeconomics: The consilience of brain and decision. *Science*, 306:447-452.

Glimcher, P. W., and Sparks, D. L. (1992). Movement selection in advance of action in the superior colliculus. *Nature*, 355:542-545.

Gold, J. I., and Shadlen, M. N. (2003). The influence of behavioral context on the representation of a perceptual decision in developing oculomotor commands. *Journal of Neuroscience*, 23:632-651.

Gold, J. I., and Shadlen, M. N. (2007). The neural basis of decision making. *Annual Review of Neuroscience*, 30:374-535.

Grace, A. A., and Bunney, B. S. (1983). Intracellular and extracellular electrophysiology of nigral dopaminergic neurons—1. Identification and characterization. *Neuroscience*, 10(2):301-315.

Graybiel, A. M. (2002). Guide to the anatomy of the brain: the basal ganglia. In: J. H. Byrne, (ed.), *Encyclopedia of Learning and Memory*, 2nd ed. New York: MacMillan.

Green, D. M., and Swets, J. A. (1966; 1988). *Signal Detection Theory and Psychophysics*. New York: Wiley. Reprinted: Los Altos, CA: Peninsula Publishing.

Gul, F., and Pesendorfer, W. (2001). Temptation and self-control. *Econometrica*, 69:1403-1435.

Gul, F., and Pesendorfer, W. (2006). Random expected utility. *Econometrica*, 74:121-146.

Gul, F., and Pesendorfer, W. (2008). The case for mindless economics. In: A. Caplin and A. Schotter (eds.), *The Foundations of Positive and Normative Economics*. New York: Oxford University Press, pp. 3-41.

Güth, W., Schmittberger, R., and Schwarze, B. (1982). An experimental analysis of ultimatum bargaining. *Journal of Economic Behavior and Organization*, 3:367-388.

Haber, S. N., Fudge, J. L., and McFarland, N. R. (2000). Striatonigrostriatal pathways in primates form an ascending spiral from the shell to the dorsolateral striatum. *Journal of Neuroscience*, 20(6):2369-2382.

Hall, W. C., and Moschovakis, A. (eds.) (2003). *The Superior Colliculus: New Approaches for Studying Sensorimotor Integration*. New York: CRC Press.

Handel, A., and Glimcher, P. W. (1999). Quantitative analysis of substantia nigra pars reticulata activity during a visually guided saccade task. *Journal of Neurophysiology*, 82(6):3458-3475.

Handel, A., and Glimcher, P. W. (2000). Contextual modulation of substantia nigra pars reticulata neurons. *Journal of Neurophysiology*, 83(5):3042-3048.

Harbaugh, W. T., Krause, K., and Berry, T. (2001). On the development of rational choice behavior. *American Economic Review*, 91(5):1539-1545.

Hare, T. A., Camerer, C. F., and Rangel, A. (2009). Self-control in decision-making involves modulation of the vmPFC valuation system. *Science*, 324(5927):646-648.

Hare, T. A., O'Doherty, J., Camerer, C. F., Schultz, W., and Rangel, A. (2008). Dissociating the role of the orbitofrontal cortex and the striatum in the computation of goal values and prediction errors. *Journal of Neuroscience*, 28(22):5623-5630.

Hebb, D. O. (1949). *The Organization of Behavior: A Neuropsychological Theory*. New York: Wiley.

Heeger, D. J. (1992a). Half-squaring in responses of cat striate cells. *Visua Neuroscience*, 9:427-443.

Heeger, D. J. (1992b). Normalization of cell responses in cat striate cortex. *Visual Neuroscience*, 9:181-197.

Heeger, D. J. (1993). Modeling simple-cell direction selectivity with normalized, half-squared, linear operators. *Journal of Neurophysiology*, 70(5):1885-1898.

Heeger, D. J., Simoncelli, E. P., and Movshon, J. A. (1996). Computational models of cortical visual processing. *Proceedings of the National Academy of Sciences USA*, 93: 623-627.

Helm, M. C., Özen, G. and Hall, W. C. (2004). Organization of the Intermediate Gray Layer of the Superior Colliculus. I. Intrinsic Vertical Connections. *Journal of Neurophysiology*, 91: 1706-1715.

Herrnstein, R. J. (1961). Relative and absolute strength of response as a function of frequency of reinforcement. *Journal of the Experimental Analysis of Behavior*, 4: 267-272.

Herrnstein, R. (1997). *The Matching Law*. Cambridge, MA: Harvard University Press. (A posthumous collection of the papers edited by H. Rachlin and D. I. Laibson).

Hertwig, R., Barron, G., Weber, E. U., and Erev, I. (2004). Decisions from experience and the effect of rare events in risky choice. *American Psychological Society*, 15(8): 534-539.

Hertz, J., Krogh, A., and Palmer, R. G. (1991). *Introduction to the Theory of Neural Computation*. Reading, MA: Addison-Wesley.

Hikosaka, O., Takikawa, Y., and Kawagoe, R. (2000). Role of the basal ganglia in the control of purposive saccadic eye movements. *Physiological Reviews*, 80: 953-978.

Holt, D. J., Graybiel, A. M., and Saper, C. B. (1997). Neurochemical architecture of the human striatum. *Journal of Comparative Neurology*, 384: 1-25.

Horvitz, J. C. (2000). Mesolimbocortical and nigrostriatal dopamine responses to salient non-reward events. *Neuroscience*, 96: 651-656.

Horvitz, J. C. (2009). Stimulus-response and response-outcome learning mechanisms in the striatum. *Behavioural Brain Research*, 199 (1): 129-140.

Horwitz, G. D., Batista, A. P., and Newsome, W. T. (2004). Representation of an abstract perceptual decision in macaque superior colliculus. *Journal of Neurophysiology*, 91: 2281-2296.

Horwitz, G. D., and Newsome, W. T. (2001a). Target selection for saccadic eye movements: direction selective visual responses in the superior colliculus induced by behavioral training. *Journal of Neurophysiology*, 86: 2527-2542.

Horwitz, G. D., and Newsome, W. T. (2001b). Target selection for saccadic eye movements: prelude activity in the superior colliculus during a direction discrimination task. *Journal of Neurophysiology*, 86: 2543-2558.

Houthakker, H. S. (1950). Revealed preference and the utility function. *Economica*, 17: 159-174.

Hsu, M., Bhatt, M., Adolphs, R., Tranel, D., and Camerer, C. F. (2005). Neural systems responding to degrees of uncertainty in human decision making. *Science*, 310(5754): 1680-1683.

Hubbard, E. M., Piazza, M., Pinel, P., and Dehaene, S. (2005). Interactions between number and space in parietal cortex. *Nature Reviews Neuroscience*, 6: 435-448.

Hubel, D. H. (1988). *Eye, Brain, and Vision*. New York: Scientific American Library.

Hubel, D. H., and Wiesel, T. N. (1977). Ferrier lecture. Functional architecture of macaque monkey visual cortex. *Proceedings of the Royal Society of London: Biological Sciences*, 198: 1-59.

Isa, T., Kobayashi, Y., and Saito, Y. (2003). Dynamic modulation of signal transmission in the local circuit of mammalian superior colliculus. In: W. C. Hall and A. K. Moschovakis (eds.), *The Superior Colliculus: New Approaches for Studying Sensorimotor Integration*. Boca Raton, FL: CRC Press, pp. 159-171.

Iyengar, S. S., and Lepper, M. R. (2000). When choice is demotivating: Can one desire too much of a good thing? *Journal of Personality and Social*

Psychology, 79(6): 995-1006.

Johnson, D. H. (1996). Point process models of single-neuron discharges. *Journal of Computational Neuroscience*, 3: 275-299.

Jones, J. P., and Palmer, L. A. (1987). An evaluation of the two-dimensional Gabor filter model of simple receptive fields in cat striate cortex. *Journal of Neurophysiology*, 58(6): 1233-1258.

Jones, J. P., Stepnoski, A., and Palmer, L. A. (1987). The two-dimensional spectral structure of simple receptive fields in cat striate cortex. *Journal of Neurophysiology*, 58: 1212-1232.

Kaas, J. H. (1987). The organization and neocortex in mammals: Implications for theories of brain function. *Annual Review of Psychology*, 38: 124-151.

Kable, J. W., and Glimcher, P. W. (2007). The neural correlates of subjective value during intertemporal choice. *Nature Neuroscience*, 10(12): 1625-1633.

Kable, J. W., and Glimcher, P. W. (2009). The neurobiology of decision: Consensus and controversy. *Neuron*, 63(6): 733-745.

Kahnemen, D. (2008). Remarks on neuroeconomics. In: P. W. Glimcher, C. F. Camerer, E. Fehr, and R. A. Poldrack (eds.), *Neuroeconomics: Decision Making and the Brain*. London: Academic Press, pp. 523-526.

Kahneman, D., Knetsch, J. L., and Thaler, R. H. (1990). Experimental tests of the endowment effect and the Coase theorem. *Journal of Political Economy*, 98: 1325-1348.

Kahneman, D., Slovic, P., and Tversky, A. (1982). *Judgement Under Uncertainty: Heuristics and Biases*. New York: Cambridge University Press.

Kahneman, D., and Tversky, A. (1972). Subjective probability: A judgment of representativeness. *Cognitive Psychology*, 3: 430-454.

Kahneman, D., and Tversky, A. (1979). Prospect theory: An analysis of decision under risk. *Econometrica*,47(2):263-291.

Kalaska,J. F., Cohen, D. A. D., Prud'homme, M., and Hyde, M. L. (1990). Parietal area 5 neuronal activity encodes movement kinematics, not movement dynamics. *Experimental Brain Research* ,80(2):351-364.

Kalaska,J. F., and Hyde, M. L. (1985). Area 4 and area 5: Differences between the load direction-dependent discharge variability of cells during active postural fixation. *Experimental Brain Research* ,59(1):197-202.

Kamenica,E. (2008). Contextual inference in markets: on the informational content of product lines. *American Economic Review* ,98(5):2127-2149.

Kelly,R. M., and Strick, P. L. (2003). Cerebellar loops with motor cortex and prefrontal cortex of a nonhuman primate. *Journal of Neuroscience* , 23(23):8432-8444.

Kelly,R. M., and Strick, P. L. (2004). Macro-architecture of basal ganglia loops with the cerebral cortex: use of rabies virus to reveal multisynaptic circuits. *Progress in Brain Research* ,143:449-459.

Kennerley,S. W., Dahmubed, A. F., Lara, A. H., and Wallis, J. D. (2009). Neurons in the frontal lobe encode the value of multiple decision variables. *Journal of Cognitive Neuroscience* ,21(6):1162-1178.

Kennerley, S. W., and Wallis, J. D. (2009a). Evaluating choices by single neurons in the frontal lobe: outcome value encoded across multiple decision variables. *European Journal of Neuroscience* ,29:2061-2073.

Kennerley,S. W., and Wallis, J. D. (2009b). Reward-dependent modulation of working memory in lateral prefrontal cortex. *Journal of Neuroscience* , 29(10):3259-3270.

Kepecs, A., Uchida, N., Zariwala, H. A., and Mainen, Z. F. (2008). Neural correlates, computation and behavioural impact of decision confidence. *Nature*,455:227-231.

Killen,S. S., Brown, J. A., and Gamperl, A. K. (2007). The effect of prey density on foraging mode selection in juvenile lumpfish: balancing food intake with the metabolic cost of foraging. *Journal of Animal Ecology*, 76(4):814-825.

Kim, J. N., and Shadlen, M. N. (1999). Neural correlates of a decision in the dorsolateral prefrontal cortex of the macaque. *Neuron*, 24:415.

Kim, S., Hwang, J., and Lee, D. (2008). Prefrontal coding of temporally discounted values during intertemporal choice. *Neuron*, 59(3):522.

Kitchener, R. F. (1986). *Piaget's Theory of Knowledge*. New Haven: Yale University Press.

Klein, J. T., Deaner, R. O., and Platt, M. L. (2008). Neural correlates of social target value in macaque parietal cortex. *Current Biology*, 18(6):419-424.

Knutson, B., Adams, C. M., Fong, G. W., and Hommer, D. (2001a). Anticipation of increasing monetary reward selectively recruits nucleus accumbens. *Journal of Neuroscience*, 21(16):RC159.

Knutson, B., Fong, G. W., Adams, C. M., Varer, J. L., and Hommer, D. (2001b). Dissociation of reward anticipation and outcome with event-related fMRI. *Neuroreport*, 12(17):3683-3687.

Knutson, B., Fong, G. W., Bennett, S. M., Adams, C. M., and Hommer, D. (2003). A region of mesial prefrontal cortex tracks monetarily rewarding outcomes: Characterization with rapid event-related fMRI. *Neuroimage*, 18(2):263-72.

Knutson, B., Taylor, J., Kaufman, M., Peterson, R., and Glover, G. (2005). Distributed neural representation of expected value. *Journal of Neuroscience*, 25(19):4806-4812.

Kobayashi, S., and Schultz, W. (2008). Influence of reward delays on responses of dopamine neurons. *Journal of Neuroscience*, 28(31):7837-7846.

Komendatov, A. O., and Canavier, C. C. (2002). Electrical coupling between model midbrain dopamine neurons: Effects on firing pattern and synchrony. *Journal of Neurophysiology*, 87: 1526-1541.

Kőszegi, B., and Rabin, M. (2006). A model of reference-dependent preferences. *Quarterly Journal of Economics*, 121(4): 1133-1165.

Kőszegi, B., and Rabin, M. (2007). Reference-dependent risk attitudes. *American Economic Review*, 97(4): 1047-1073.

Kőszegi, B., and Rabin, M. (2009). Reference-dependent consumption plans. *American Economic Review*, 99(3): 909-936.

Krauzlis, R. J. (2005). The control of voluntary eye movements: new perspectives. *Neuroscientist*, 11: 124-137.

Krebs, J. R., and Davies, N. B. (1997). *Behavioral Ecology*, 4th edition. MA: Blackwell Science, Ltd.

Kreps, D. M. (1990). *A Course in Microeconomic Theory*, 1st ed. Princeton, NJ: Princeton University Press.

Kreps, D. M., and Porteus, E. L. (1978). Temporal resolution of uncertainty and dynamic choice theory. *Econometrica*, 46: 185-200.

Kreps, D. M., and Porteus, E. L. (1979). Dynamic choice theory and dynamic programming. *Econometrica*, 47: 91-100.

Kringelbach, M. L., and Berridge, K. C. (eds.). (2009). *Pleasures of the Brain*. New York: Oxford University Press.

Krug, K., Cumming, B. G., and Parker, A. J. (2004). Comparing perceptual signals of single V5/MT neurons in two binocular depth tasks. *Journal of Neurophysiology*, 92: 1586-1596.

Kuypers, H. G. J. M. (1960). Central cortical projections to motor and somatosensory cell groups. *Brain*, 83: 161-184.

Lakshminaryanan, V., Chen, M. K., and Santos, L. R. (2008). Endowment effect in capuchin monkeys. *Philosophical Transactions of the Royal Society: Biological Sciences*, 363(1511): 3837-3844.

Laibson, D. (1997). Golden eggs and hyperbolic discounting. *Quarterly Journal of Economics*, 62: 443-477.

Laplace, P. S. (1814; 1951). *Essai philosophique sur les probabilities* (Philosophical Essay on Probabilities), F. W. Truscott and F. L. Emory (trans.). New York: Dover.

Lau, B., and Glimcher, P. W. (2005). Dynamic response-by-response models of matching behavior in rhesus monkeys. *Journal of the Experimental Analysis of Behavior*, 84(3): 555-579.

Lau, B., and Glimcher, P. W. (2007). Action and outcome encoding in the primate caudate nucleus. *Journal of Neuroscience*, 27(52): 14502-14514.

Lau, B., and Glimcher, P. W. (2008). Value representations in the primate striatum during matching behavior. *Neuron*, 58: 451-463.

Lau, B., and Salzman, C. D. (2009). The rhythms of learning. *Nature Neuroscience*, 12(6): 675-676.

LeDoux, J. E. (2000). Emotion circuits in the brain. *Annual Review of Neuroscience*, 23: 155-184.

LeDoux, J. E. (2007). The amygdala. *Current Biology*, 17(20): R868-R874.

Lee, P., and Hal, W. C. (1995). Interlaminar connections of the superior colliculus in the tree shrew. II. Projections from the superficial gray to the optic layer. *Visual Neuroscience*, 12: 573-588.

Lee, C., Rohrer, W. H., and Sparks, D. L. (1988). Population coding of saccadic eye movements by neurons in the superior colliculus. *Nature*, 332: 357-360.

Leigh, R. J., and Zee, D. S. (2006). *The Neurology of Eye Movements*, 4th ed. New York: Oxford University Press.

Levy, I., Snell, J., Nelson, A. J., Rustichini, A., and Glimcher, P. W. (2010). The neural representation of subjective value under risk and ambiguity. *Journal of Neurophysiology*, 103(2): 1036-1047.

Liu, F., and Wang, X-J. (2008). A common cortical crcuit mechanism for perceptual categorical discrimination and veridical judgment. *PLoS Computational Biology*, 4(12): 1-14.

Lo, C. C., and Wang, X. J. (2006). Cortico-basal ganglia circuit mechanism for a decision threshold in reaction time tasks. *Nature Neuroscience*, 9(7):956-963.

Loewenstein, G. (1987). Anticipation and the valuation of delayed consumption. *Economic Journal*, 97(387):666-684.

Loewenstein, Y. (2008). Robustness of learning that is based on covariance-driven synaptic plasticity. *PLoS Computational Biology*, 4(3):e1000007.

Loewenstein, Y., Prelec, D., and Seung, H. S. (2009). Operant matching as a Nash equilibrium of an intertemporal game. *Neural Computation*, 21 (10):2755-2773.

Logothetis, N. K., and Wandell, B. A. (2004). Interpreting the BOLD signal. *Annual Review of Physiology*, 66:735-769.

Loomes, G., and Sugden, R. (1982). Regret theory: An alternative theory of rational choice under uncertainty. *Economic Journal*, 92:805-824.

Louie, K. L., and Glimcher, P. W. (2010). Separating value from choice: delay discounting activity in the lateral intraparietal area. *Journal of Neuroscience*, 30(26):5498-5507.

Lucas, R. (2008). Discussion. In: A. Caplin and A. Schotter (eds.), *The Foundations of Positive and Normative Economics*. Conference at New York University's Center for Experimental Social Science, 25-26 April, New York.

Ma, W. J., Beck, J. M., Latham, P. E., and Pouget, A. (2006). Bayesian inference with probabilistic population codes. *Nature Neuroscience*, 9: 1432-1438.

Mach, E. (1897; 1984). *Beiträge zur Analyse der Empfindungen* (Contributions to the Analysis of the Sensations), C. M. Williams (trans.). LaSalle, IL: Open Court.

Mackel, R., Iriki, A., Jorum, E., and Asanuma, H. (1991). Neurons of the pretectal area convey spinal input to the motor thalamus of the cat.

Experimental Brain Research,84(1):12-24.

Macmillan,N. A., and Creelman, C. D. (2005). *Detection Theory: A User's Guide*,2nd ed. Mahwah,NJ:Lawrence Erlbaum Associates.

Mainen, Z. F., and Sejnowski, T. J. (1995). Reliability of spike timing in neocortical neurons. *Science*,268(5216):1503-1506.

Margolis,E. B., Lock, H., Hjelmstad, G. O., and Fields, H. L. (2006). The ventral tegmental area revisited: Is there an electrophysiological marker for dopaminergic neurons? *Journal of Physiology*,577:907-924.

Matell,M. S., Meck, W. H., and Nicolelis, M. A. L. (2003). Integration of behavior and timing: Anatomically separate systems or distributed processing? In: W. H. Meck (ed.), *Functional and Neural Mechanisms of Interval Timing*. Boca Raton,FL:CRC Press,pp. 371-391.

Matsumoto,M.,and Hikosaka,O. (2007). Lateral habenula as a source of negative reward signals in dopamine neurons. *Nature*,447:1111-1115.

Matsumoto,M.,and Hikosaka,O. (2009a). Two types of dopamine neuron distinctly convey positive and negative motivational signals. *Nature*,459:837-842.

Matsumoto, M., and Hikosaka, O. (2009b). Representation of negative motivational value in the primate lateral habenula. *Nature Neuroscience*, 12(1):77-84.

McAdams,C. J., and Maunsell, J. H. (1999). Effects of attention on the reliability of individual neurons in monkey visual cortex. *Neuron*,23:765-773.

McClintock,B. (1950). The origin and behavior of mutable loci in maize. *Proceedings of the National Academy of Sciences USA*,36(6):344-355.

McClintock,B. (1983). *The Significance of Responses of the Genome to Challenge*. Nobel Prize Lecture presented at Carnegie Institution of Washington,Cold Spring Harbor Laboratory,Cold Spring Harbor,NY. Retrieved online October 10,2009 from: http://nobelprize.org/nobel_

prizes/medicine/laureates/1983/mcclintock-lecture. html.

McClure, S. M., Li, J., Tomlin, D., Cypert, K. S., Montague, L. M., and Montague, P. R. (2004). Neural correlates of behavioral preference for culturally familiar drinks. *Neuron*, 44: 379-387.

McCoy, A. N., and Platt, M. L. (2005). Expectations and outcomes: Decision making in the primate brain. *Journal of Comparative Physiology A: Neuroethology, Sensory, Neural and Behavioral Physiology*, 191(3): 201-211.

McCulloch, W. S., and Pitts, W. H. (1943). A logical calculus of the ideas immanent in nervous activity. *Bulletin of Mathematical Biophysics*, 5: 115-133.

McFadden, D. (1974). Conditional logit analysis of qualitative choice behavior. In: P. Zarembka (ed.), *Frontier in Econometrics*. New York: Academic Press, pp. 105-142.

McFadden, D. L. (2000). *Economic Choices*. Nobel Prize Lecture presented at Stockholm University, Stockholm, Sweden. Full text of speech retrieved October 24, 2008, from: http://nobelprize. org/nobel_prizes/economics/laureates/2000/mcfadden-lecture. html

McFadden, D. L. (2005). Revealed stochastic preference: a synthesis. *Economic Theory*, 26: 245-264.

Meier, J. D., Aflalo, T. N., Kastner, S., and Graziano, M. S. A. (2008). Complex organization of human primary motor cortex: A high-resolution fMRI study. *Journal of Neurophysiology*, 100: 1800-1812.

Mendel, J. G. (1866; 1901). *Versuche über Plflanzenhybriden Verhandlungen des naturforschenden Vereines in Brünn, Bd. IV für das Jahr, Abhandlungen*: 3-47. For the English translation, see: C. T. Druery and W. Bateson (1901). Experiments in plant hybridization. *Journal of the Royal Horticultural Society*, 26: 1-32.

Metcalfe, N. B., and Ure, S. E. (1995). Diurnal variation in flight performance and hence potential predation risk in small birds. *Proceedings of the Royal Society of London B* 261:395-400.

Mirenowiez, J. and Schultz, W. (1994). Importance of unpredictability for reward responses in primate dopamine neurons. *Journal of Neurophysiology*, 72:1024-1027.

Morrison, S. E., and Salzman, C. D. (2009). The convergence of information about rewarding and aversive stimuli in single neurons. *Journal of Neuroscience*, 29(37):11471-11483.

Montague, P. R., Dayan, P., Person, C., and Sejnowski, T. J. (1995). Bee foraging in uncertain environments using predictive Hebbian learning. *Nature*, 377:725-728.

Montague, P. R., Dayan, P., and Sejnowski, T. J. (1996). A framework for mesencephalic dopamine systems based on predictive Hebbian learning. *Journal of Neuroscience*, 16(5):1936-1947.

Moore, G. P., Perkel, D. H., and Segundo, J. P. (1966). Statistical analysis and functional interpretation of neuronal spike data. *Annual Review of Physiology*, 28:493-522.

Mountcastle, V. B. (1998). *Perceptual Neuroscience: The Cerebral Cortex*. Cambridge, MA: Harvard University Press.

Mountcastle, V. B. (2005). *The Sensory Hand: Neural Mechanisms of Somatic Sensation*. Cambridge, MA: Harvard University Press.

Movshon, J. A., and Newsome, W. T. (1992). Neural foundations of visual motion perception. *Current Directions in Psychological Science*, 1:35-39.

Movshon, J. A., and Newsome, W. T. (1996). Visual response properties of striate cortical neurons projecting to area MT in macaque monkeys. *Journal of Neuroscience*, 16(23):7733-7741.

Movshon, J. A., Thompson, I. D., and Tolhurst, D. J. (1978a). Spatial summation in the receptive fields of simple cells in the cat's striate cortex. *Journal of Physiology*, 283:53-77.

Movshon, J. A., Thompson, I. D., and Tolhurst, D. J. (1978b). Receptive field organization of complex cells in the cat's striate cortex. *Journal of Physiology*, 283:79-99.

Nagel, E. (1961). The *Structure of Science: Problems in the Logic of Scientific Explanation*. New York: Harcourt, Brace & World.

Nagel, T. (1998). Reductionism and antireductionism. In: G. R. Bock and J. A. Goode (eds.), *The Limits of Reductionism in Biology*. New York: Wiley.

Nakamura, K., Matsumoto, M., and Hikosaka, O. (2008). Reward-dependent modulation of neuronal activity in the primate dorsal raphe nucleus. *Journal of Neuroscience*, 28(20):5331-5343.

Nash, J. F. (1950). Equilibrium points in n-person games. *Proceedings of the National Academy of Sciences USA*, 36:48-49.

Nash, J. F. (1951). Non-cooperative games. *Annals of Mathematics*, 54:286-295.

Neuringer, A. (2002). Operant variability: evidence, functions, theory. *Psychonomic Bulletin Review*, 9:672-705.

Newsome, W. T., Britten, K. H., and Movshon, J. A. (1989). Neuronal correlates of a perceptual decision. *Nature*, 341(6237):52-54.

Newsome, W. T., Britten, K. H., Salzman, C. D., and Movshon, J. A. (1990). Neuronal mechanisms of motion perception. *Cold Spring Harbor Symposia on Quantitative Biology*, Vol. LV: pp. 697-705.

Nickle, B., and Robinson, P. R. (2007). The opsins of the vertebrate retina: insights from structural, biochemical, and evolutionary studies. *Cellular and Molecular Life Sciences*, 64:2917-2932.

Nieuwenheys, R. (1985). *Chemoarchitecture of the Brain*. New York: Springer.

Niv, Y., Daw, N. D., Joel, D., and Dayan, P. (2007). Tonic dopamine: Opportunity costs and the control of response vigor. *Psychopharmacology (Berlin)*, 191

(3):507-520.

Niv, Y., Dinstein, I., Malach, R., and Heeger, D. J. (2008). BOLD and spiking activity. *Nature Neuroscience*, 11:523-524.

Niv, Y., Duff, M. O., and Dayan, P. (2005). Dopamine, uncertainty and TD learning. *Behavioral and Brain Functions*, 1:6.

Ohki, K., Chung, S., Ch'ng, Y. H., Kara, P., and Reid, R. C. (2005). Functional imaging with cellular resolution reveals precise microarchitecture in visual cortex. *Nature*, 433:597-603.

O'Doherty, J. P., Buchanan, T. W., Seymour, B., and Dolan, R. J. (2006). Predictive neural coding of reward preference involves dissociable responses in human ventral midbrain and ventral striatum. *Neuron*, 49(1):157-166.

O'Doherty, J. P., Critchley, H. D., Deichmann, R., and Dolan, R. J. (2003). Dissociating valence of outcome from behavioral control in human orbital and ventral prefrontal cortices. *Journal of Neuroscience*, 23:7931-7939.

O'Doherty, J. P., Deichmann, R., Critchley, H. D., and Dolan, R. J. (2002). Neural responses during anticipation of a primary taste reward. *Neuron*, 33(5):815-826.

Ozen, G., Helms, M. C., and Hall, W. C. (2003). The intracollicular neuronal network. In: W. C. Hall and A. Moschovakis (eds.), *The Superior Colliculus: New Approaches for Studying Sensorimotor Integration*. Boca Raton, FL: CRC Press, pp. 147-158.

Padoa-Schioppa, C. (2009). Range-adapting representation of economic value in the orbitofrontal cortex. *Journal of Neuroscience*, 29: 14004-14014.

Padoa-Schioppa, C., and Assad, J. A. (2006). Neurons in the orbitofrontal cortex encode economic value. *Nature*, 441(7090):223-226.

Padoa-Schioppa, C., and Assad, J. A. (2008). The representation of economic value in the orbitofrontal cortex is invariant for changes of menu. *Nature*

Neuroscience, 11(1): 95-102.

Palmer, J., Huk, A. C. and Shadlen, M. N. (2005). The effect of stimulus strength on the speed and accuracy of a perceptual decision. *Journal of Vision*, 5 (5): 376-404.

Pareto, V. (1906; 1971). *Manuel d'économie politique* (Manual of Political Economy), A. S. Schwier (trans.). New York: Augustus M. Kelley.

Parker, A. J., and Newsome, W. T. (1998). Sense and the single neuron: Probing the physiology of perception. *Annual Review of Neuroscience*, 21: 227-277.

Pascal, B. (1623-1662; 1948). *Great Shorter Works of Pascal*, E. Cailliet and J. C. Blankenagel (trans.). Philadelphia: Westminster Press.

Pascal, B. (1670; 1966). *Pensées*, A. J. Kraisheime (trans.). New York: Penguin Books.

Pascual-Leone, A., Meyer, K., Treyer, V., and Fehr, E. (2006). Diminishing reciprocal fairness by disrupting the right prefrontal cortex. *Science*, 314 (5800): 829-832.

Paulus, M. P., and Frank, L. R. (2003). Ventromedial prefrontal cortex activation is critical for preference judgements. *NeuroReport*, 14: 1311-1315.

Pavlov, I. P. (1927). *Conditioned Refl exes: An Investigation of the Physiological Activity of the Cerebral Cortex*. New York: Dover.

Payne, J. W., Bettman, J. R., and Johnson, E. J. (1992). Behavioral decision research: A constructive processing perspective. *Annual Reviews of Psychology*, 43: 87-131.

Payne, J. W., Bettman, J. R., and Johnson, E. J. (1993). *The Adaptive Decision Maker*. Massachusetts: Cambridge University Press.

Penfield, W., and Rasmussen, T. (1950). *The Cerebral Cortex of Man*. New York: Macmillan.

Penton-Voak, I. S., Perrett, D. I, Castles, D. I, Kobayashi, T., Burt, D. M.,

Murray, L. K., and Minamisawa, R. (1999). Menstrual cycle alters face preference. *Nature*, 399: 741-742.

Perrett, D. I., Lee, K. J., Penton-Voak, I. S., Rowland, D., Yoshikawa, S., Burt, D. M., Henzi, S. P., Castles, D. L., and Akamatsu, S. (1998). Effects of sexual dimorphism on facial attractiveness. *Nature*, 394: 884-887.

Phelps, E. A. (2002). The cognitive neuroscience of emotion. In: M. S. Gazzaniga, R. B. Ivry, and G. R. Mangun (eds.), *Cognitive Neuroscience: The Biology of Mind*, 2nd ed. New York: Norton, pp. 537-576.

Phelps, E. A. (2006). Emotion and cognition: Insights from studies of the human amygdala. *Annual Review of Psychology*, 24(57): 27-53.

Phelps, E. A. (2008). The study of emotion in neuroeconomics. In: P. W. Glimcher, C. F. Camerer, E. Fehr, and R. A. Poldrack (eds.), *Neuroeconomics: Decision Making and the Brain*. London: Academic Press, pp. 145-173.

Plassmann, H., O'Doherty, J., and Rangel, A. (2007). Orbitofrontal cortex encodes willingness to pay in everyday economic transactions. *Journal of Neuroscience*, 27(37): 9984-9988.

Platt, M. L., and Glimcher, P. W. (1998). Response fields of intraparietal neurons quantified with multiple saccadic targets. *Experimental Brain Research*, 121(1): 65-75.

Platt, M. L., and Glimcher, P. W. (1999). Neural correlates of decision variables in parietal cortex. *Nature*, 400: 233-238.

Platt, M. L., Lau, B., and Glimcher, P. W. (2004). Situating the superior colliculus within the gaze control network. In: W. C. Hall and A. Moschovakis (eds.), *The Superior Colliculus: New Approaches for Studying Sensorimoto Integration*. Boca Raton, FL: CRC Press.

Plott, C., and Zeiler, K. (2005). The willingness to pay/willingness to accept gap, the 'endowment effect,' subject misconceptions and experimental procedures for eliciting valuations. *American Economic Review*, 95(3):

530-545.

Plott, C., and Zeiler, K. (2007). Exchange asymmetries incorrectly interpreted as evidence of endowment effect theory and prospect theory. *American Economic Review*, 97(4): 1449-1466.

Popper, K. (1959). *The Logic of Scientific Discovery*. London: Hutchinson & Co. Reprinted London: Routledge, 2002.

Prelec, D. (1998). The probability weighting function. *Econometrica*, 66(3): 497-527.

Preuschoff, K., Bossaerts, P., and Quartz, S. R. (2006). Neural differentiation of expected reward and risk in human subcortical structures. *Neuron*, 51: 381-390.

Rangel, A. (2008). The computation and comparison of value in goal-directed choice. In: P. W. Glimcher, C. F. Camerer, E. Fehr, and R. A. Poldrack (eds.), *Neuroeconomics: Decision Making and the Brain*. London: Academic Press, pp. 145-173.

Ratcliff, R. (1978). A theory of memory retrieval. *Psychological Review*, 85: 59-108.

Ratcliff, R. (1980). A note on modeling accumulation of information when the rate of accumulation changes over time. *Journal of Mathematical Psychology*, 21: 178-184.

Redgrave, P., and Gurney, K. (2006). Opinion: The short-latency dopamine signal: A role in discovering actions? *Nature Reviews Neuroscience*, 7: 967-975.

Redgrave, P., Prescott, T. J., and Gurney, K. (1999). Is the short latency dopamine burst too short to signal reinforcement error? *Trends in Neurosciences*, 22: 146-151.

Rescorla, R. A., & Wagner, A. R. (1972). A theory of Pavlovian conditioning: Variations in the effectiveness of reinforcement and nonreinforcement. In: A. H. Black and W. F. Prokasy (eds.), *Classical*

Conditioning II: Current Research and Theory. New York: Appleton Century Crofts, pp. 64-99.

Reynolds, J. H., and Heeger, D. J. (2009). The normalization model of attention. *Neuron*, 61:168-185.

Reynolds, J. N., and Wickens, J. R. (2002). Dopamine-dependent plasticity of corticostriatal synapses. *Neural Networks*, 15:507-521.

Richman, S. E., and Lovvorn, J. R. (2009). Predator size, prey size and threshold food densities of diving ducks: Does a common prey base support fewer large animals? *Journal of Animal Ecology*, 78(5): 1033-1042.

Robinson, B. L., and McAlpine, D. (2009). Gain control mechanisms in the auditory pathway. *Current Opinion in Neurobiology*, 19:402-407.

Robinson, D. A. (1972). Eye movements evoked by collicular stimulation in the alert monkey. *Vision Research*, 12:1795-1808.

Robinson, D. L., and Jarvis, C. D. (1974). Superior colliculus neurons studied during head and eye movements of the behaving monkey. *Journal of Neurophysiology*, 37:533-540.

Rodieck, R. W., Kiang, N. Y. S, and Gerstein, G. L. (1962). Some quantitative methods for the study of spontaneous activity of single neurons. *Biophysics Journal*, 2:351-368.

Roitman, J. D., and Shadlen, M. N. (2002). Response of neurons in the lateral intraparietal area during a combined visual discrimination reaction time task. *Nature Neuroscience*, 22(21):9475-9489.

Rubinstein, A. (2008). Comments on neuroeconomics. In: A. Caplin and A. Schotter (eds.), *The Foundations of Positive and Normative Economics* Conference at New York University's Center for Experimental Social Science, New York, 25-26 April.

Samejima, K., Ueda, Y., Doya, K., and Kimura, M. (2005). Representation of action-specific reward values in the striatum. *Science*, 310(5752):

1337-1340.

Samuelson, P. A. (1937). A note on measurement of utility. *Review of Economic Studies*, 4: 155-161.

Samuelson, P. A. (1938). A note on the pure theory of consumer's behaviour. *Economica*, 51(17): 61-71.

Santos, L. R., and Lakshminarayanan, V. (2008). Innate constraints on judgment and decision-making? Insights from children and non-human primates. In: P. Carruthers, S. Laurence, and S. Stich (eds.), *The Innate Mind: Foundations and the Future*. Oxford, UK: Oxford University Press, pp. 293-310.

Savage, L. J. (1954). *Foundations of Statistics*. New York: John Wiley & Sons, Inc.

Schall, J. D., Morel, A., King, D. J., and Bullier, J. (1995a). Topography of visual cortex connections with frontal eye field in macaque: convergence and segregation of processing streams. *Journal of Neuroscience*, 15: 4464-4487.

Schall, J. D., Hanes, D. P., Thompson, K. G., and King, D. J. (1995b). Saccade target selection in frontal eye field of macaque. I. Visual and premovement activation. *Journal of Neuroscience*, 15: 6905-6918.

Schall, J. D., and Thompson, K. G. (1999). Neural selection and control of visually guided eye movements. *Annual Review of Neuroscience*, 22: 241-259.

Schlick, M. (1918; 1985). *General Theory of Knowledge*. Illinois: Open Court.

Schiller, P. H., Sandell, J. H., and Maunsell, J. H. (1987). The effect of frontal eye field and superior colliculus lesions on saccadic latencies in the rhesus monkey. *Journal of Neurophysiology*, 57(4): 1033-1049.

Schonberg, T., Daw, N. D., Joel, D., and O'Doherty, J. P. (2007). Reinforcement learning signals in the humans distinguish learners from nonlearners during reward-based decision making. *Journal of*

Neuroscience, 27(47): 12860-12867.

Schultz, W. (1986). Responses of midbrain dopamine neurons to behavioral trigger stimuli in the monkey. *Journal of Neurophysiology*, 56 (5): 1439-1461.

Schultz, W. (2000). Multiple reward signals in the brain. *Nature Reviews Neuroscience*, 1: 199-207.

Schultz, W. (2006). Behavioral theories and the neurophysiology of reward *Annual Review of Psychology*, 57: 87-115.

Schultz, W. (2007). Multiple dopamine functions at different time courses. *Annual Review Neuroscience*, 30: 259-288.

Schultz, W., Dayan, P., and Montague, P. R. (1997). A neural substrate of prediction and reward. *Science*, 275(5306): 1593-1599.

Schwartz, O., and Simoncelli, E. P. (2001). Natural signal statistics and sensory gain control. *Nature Neuroscience*, 4(8): 819-825.

Selten, R. (1965). *Spieltheoretische Behandlung eines Oligopolmodells mit Nachfragetragheit* (An oligopoly model with demand inertia). *Zeitschrift für die gesamte Staatrwissenschaft*, 12: 301-324.

Selten, R. (1975). Reexamination of perfectness concept for equilibrium points in extensive games. *International Journal of Game Theory*, 4: 25-55.

Selten, R. (1994). Multistage game models and delay supergames. Nobel Prize Lecture presented at Rheinische Friedrich-Wilhelms-Universitat, Bonn, Germany. Full text of speech retrieved December 2008 from: http://nobelprize. org/nobel _ prizes/economics/laureates/1994/selten-lecture. html

Shadlen, M. N., and Newsome, W. T. (1996). Motion perception: Seeing and deciding. *Proceedings of the National Academy of Sciences USA*, 93: 628-633.

Shadlen, M. N., and Newsome, W. T. (1998). The variable discharge of cortical nerons: implications for connectivity, computation, and information coding. *Journal of Neuroscience*,18:3870-3896.

Sherrington,C. S. (1947). *The Integrative Action of the Nervous System.* New Haven:Yale University Press.

Simoncelli,E. P.,and Heeger,D. J. (1998). A model of neuronal responses in visual area MT. *Vision Research*,38:743-761.

Singer, T. (2007). The neuronal basis of empathy and fairness. *Novartis Foundation Symposium*,278:20-30;discussion 30-40,89-96,216-211.

Singer, T., Critchley, H. D., and Preuschoff, K. (2009). A common role of insula in feelings,empathy and uncertainty. *Trends in Cognitive Science*, 13(8):334-340.

Sparks, D. L. (1978). Functional properties of neurons in the monkey superior colliculus:Coupling of neuronal activity and saccade onset. *Brain Resolution*,156:1-16.

Smith, J. M. (1982). *Evolution and the Theory of Games.* Cambridge: Cambridge University Press.

Simon, H. A. (1955). A behavioral model of rational choice. *Quarterly Journal of Economics*,69(1):99-118.

Simon, H. A. (1957). *Models of Man: Social and Rational.* New York: Wiley.

Simon, H. A. (1978). *Rational Decision Making in Business.* Nobel Memorial Prize Lecture presented at Carnegie-Mellon University, Pittsburgh, Pennsylvania. Full text of speech retrieved December 22, 2008, from: http://nobelprize. org/nobel _ prizes/economics/laureates/1978/simon-lecture. html

Softky, W. R., and Koch, C. (1993). The highly irregular firing of cortical cells is inconsistent with temporal integration of random EPSP's. *Journal of Neuroscience*,13:334-350.

Sokol-Hessner, P., Hsu, M., Curley, N. G., Delgado, M. R., Camerer, C. F., and Phelps, E. A. (2009). Thinking like a trader selectively reduces individuals' loss aversion. *Proceedings of the National Academy of Sciences USA*, 106(13):5035-5040.

Squire, L. R., and Kandel, E. R. (2009). *Memory: From Mind to Molecules*, 2nd ed. New York: Scientific American Library.

Squire, Bloom, McConnell, Roberts, Spitzer, and Zigmond. (2003). *Fundamental Neuroscience*, 2nd ed. New York: Academic Press.

Stephens, D. W., and Krebs, J. R. (1986). *Foraging Theory*. Princeton, NJ: Princeton University Press.

Stevens, C. F. (2003). Neurotransmitter release at central synapses. *Neuron*, 40(2):381-388.

Stevens, S. S. (1951). *Handbook of Experimental Psychology*, 1st ed. New York: John Wiley & Sons Inc.

Stevens, S. S. (1961). To honor Fechner and repeal his law. *Science*, 133:80-86.

Stevens, S. S. (1970). Neural events and the psychophysical law. *Science*, 170:1043-1050.

Stevens, S. S. (1975). *Psychophysics: Introduction to its Perceptual, Neural and Social Prospects*, G. Stevens (ed.). New York: Wiley.

Sugden, R. (1993). An axiomatic foundation for regret theory. *Journal of Economic Theory*, 60:159-180.

Sugrue, L. P., Corrado, G. S., and Newsome, W. T. (2004). Matching behavior and the representation of value in the parietal cortex. *Science*, 304:1782-1787.

Sutton, R. S., and Barto, A. G. (1998). *Reinforcement Learning: An Introduction*. Massachusetts: MIT Press.

Tanji, J., and Evarts, E. V. (1976). Anticipatory activity of motor cortex neurons in relation to direction of an intended movement. *Journal of Neurophysiology*, 39(5):1062-1068.

Teich, M. C., and Turcott, R. G. (1988). Multinomial pulse-number distributions for neural spikes in primary auditory fibers: theory. *Biological Cybernetics*, 59(2): 91-102.

Teller, D. Y., and Pugh, E. N., Jr. (1983). Linking propositions in color vision. In: J. D. Mollon & T. Sharpe (eds.), *Colour Vision: Physiology and Psychophysics*. New York: Academic Press, pp. 11-21.

Tepper, J. M., Koós, T., and Wilson, C. J. (2004). GABAergic microcircuits in the neostriatum. *Trends in Neurosciences*, 27(11): 662-669.

Tobler, P. N., Fiorillo, C. D., and Schultz, W. (2005). Adaptive coding of reward value by dopamine neurons. *Science*, 307: 1642-1645.

Tolhurst, D. J., Movshon, J. A., and Dean, A. F. (1983). The statistical reliability of signals in single neurons in cat and monkey striate cortex. *Vision Research*, 23: 775-785.

Tolhurst, D. J., Movshon, J. A., and Thompson, I. D. (1981). The dependence of response amplitude and variance of cat visual cortical neurones on stimulus contrast. *Experimental Brain Research*, 41: 414-419.

Tom, S. M., Fox, C. R., Trepel, C., and Poldrack, R. A. (2007). The neural basis of loss aversion in decision making under risk. *Science*, 315(5811): 515-518.

Treisman, A. (1982). Perceptual grouping and attention in visual search for features and for objects. *Journal of Experimental Psychology: Human Perception and Performance*, 8: 194-214.

Tremblay, L., and Schultz, W. (1999). Relative reward preference in primate orbitofrontal cortex. *Nature*, 398: 704-708.

Tversky, A., and Kahneman, D. (1974). Judgment under uncertainty: Heuristics and biases. *Science*, 185: 1124-1131.

Tversky, A., and Kahneman, D. (1981). The framing of decisions and the psychology of choice. *Science*, 211(4481): 453-458.

Tversky, A., and Kahneman, D. (1982). Judgments of and by

representativeness. In: D. Kahneman, P. Slovic, and A. Tversky (eds.), *Judgment Under Uncertainty: Heuristics and Biases*. Cambridge, MA: Cambridge University Press, pp. 84-98.

Tversky, A., and Kahneman, D. (1983). Extensional vs. intuitive reasoning: The conjunction fallacy in probability judgment. *Psychological Review*, 90:293-315.

Tversky, A., and Kahneman, D. (1986). Rational choice and the framing of decisions. *Journal of Business*, 59:251-278.

Tversky, A., and Kahneman D. (1992). Advances in prospect theory: cumulative representation of uncertainty. *Journal of Risk and Uncertainty*, 5(4):297-323.

Ungerleider, L. G., and Mishkin, M. (1982). Two cortical visual systems. In: D. J. Ingle, M. A. Goodale, and R. J. W. Mansfield (eds.), *Analysis of Visual Behavior*. Cambridge, MA: MIT Press, pp. 549-586.

Vandecasteele, M., Glowinski, J., and Venance, L. (2005). Electrical synapses between dopaminergic neurons of the substantia nigra pars compacta. *Journal of Neuroscience*, 25(2):291-298.

Walker, A. E. (1940). A cytoarchitectural study of the prefrontal area of the macaque monkey. *Journal of Comparative Neurology*, 73:59-86.

Wald, G., and Brown, P. K. (1956). Synthesis and bleaching of rhodopsin. *Nature*, 177(4500):174-176.

Wald, G., and Brown, P. K. (1958). Human rhodopsin. *Science*, 127:222-226.

Wald, G., and Brown, P. K. (1965). Human color vision and color blindness. *Cold Spring Harbor Symposium on Quantitative Biology*, 30:345-361.

Wandell, B. A. (1995). *Foundations of Vision*. Sunderland, MA: Sinauer Associates.

Wang, X. J. (2002). Probabilistic decision making by slow reverberation in cortical circuits. *Neuron*, 36:955-968.

Watson, J., and Crick, F. (1953). A structure of deoxyribonucleic acid.

Nature, 171: 737-738.

Weber, E. H. (1834; 1996). *E. H. Weber: On the Tactile Senses* (with translation of *De Tactu*), H. E. Ross and D. J. Murray (trans. and eds.). New York: Experimental Psychology Society.

Webster, M. A., and De Valois, R. L. (1985). Relationship between spatialfrequency and orientation tuning of striate-cortex cells. *Journal of the Optical Society of America A*, 2(7): 1124-1132.

Werner, G., and Mountcastle, V. B. (1963). The variability of central neural activity in a sensory system, and its implications for the central reflection of sensory events. *Journal of Neurophysiology*, 26: 958-977.

Wickens, J. R. (1993). *A Theory of the Striatum*, 1st ed. Leeds: Pergamon Press.

Wickens, J. R., Begg, A. J., and Arbuthnott, G. W. (1996). Dopamine reverses the depression of rat cortico-striatal synapses which normally follows high frequency stimulation of cortex in vitro. *Neuroscience*, 70: 1-5.

Wickens, J. R., and Kotter, R. (1995). Cellular models of reinforcement. In J. C. Houk, J. L. Davis, and D. G. Beiser (eds.), *Models of Information Processing in Basal Ganglia*. Cambridge, MA: MIT Press, pp. 187-214.

Williams, S. M., and Goldman-Rakic, P. S. (1998). Widespread origin of the primate mesofrontal dopamine system. *Cerebral Cortex*, 8: 321-345.

Wilson, E. O. (1998). *Consilience: The Unity of Knowledge*. New York: Alfred A. Knopf, Inc.

Winston, J. S., O'Doherty, J., Kilner, J. M., Perrett, D. I., and Dolan, R. J. (2007). Brain systems for assessing facial attractiveness. *Neuropsychologia*, 45(1): 195-206.

Wise, R. A. (2008). Dopamine and reward: the anhedonia hypothesis 30 years on. *Neurotoxicity Research*, 14(2,3): 169-183.

Wise, R. A., and Rompre, P. P. (1989). Brain, dopamine and reward. Annual

Review of Psychology,40:191-225.

Wolfe, J. (1998). Visual search. In: Pashler, H., ed. *Attention*. London: University College London Press.

Woolsey, C. N. (1952). Patterns of localization in sensory and motor areas of the cerebral cortex. In: *The Biology of Mental Health and Disease*. New York: Hoeber, pp. 192-206.

Wu, G., and Gonzalez, R. (1998). Common consequence effects in decision making under risk. *Journal of Risk and Uncertainty*, 16:115-139.

Wunderlich, K., Rangel, A., and O'Doherty, J. P. (2009). Neural computations underlying action-based decision making in the human brain. *Proceedings of the National Academy of Sciences USA*, 106(40): 17199-17204.

van Beuzekom, D., and van Gisbergen, J. A. M. (2002). Interaction between visual and vestibular signals for the control of rapid eye movements. *Journal of Neurophysiology*, 88:306-322.

van Gisbergen, J. A. M., van Opstal, A. J., and Tax, A. A. M. (1987). Collicular ensemble coding of saccades based on vector summation. *Neuroscience*, 21:541.

von Bonin, G., and Bailey, P. (1947). *The Neocortex of Macaca mulatta*. Urbana, IL: University of Illinois Press.

von Economo, C. (1929). *Die Cytoarchitectonik der Hirnrinde des erwachsenen Menschen* (The cytoarchitectonics of the human cerebral cortex), S. Parker (trans.). New York: Oxford University Press.

von Neumann, J. V., and Morgenstern, O. (1944). *Theory of Games and Economic Behavior*. Princeton, NJ: Princeton University Press.

Yeung, N., Botvinick, M. M., and Cohen, J. D. (2004). The neural basis of error detection: Confl ict monitoring and the error-related negativity. *Psychology Review*, 111(4):931-959.

Zeki, S. M. (1974). Functional organization of a visual area in the posterior bank of the superior temporal sulcus of the rhesus monkey. *Journal of Physiology*, 236(3): 549-573.

Zhang, L., Doyon, W. M., Clark, J. J., Phillips, P. E., and Dani, J. A. (2009). Controls of tonic and phasic dopamine transmission in the dorsal and ventral striatum. *Molecular Pharmacology*, 76(2): 396-404.

Zigmond, M. J., Bloom, F. E., Landis, S. C., and Squire, L. R. (1999). *Fundamental Neuroscience*. San Diego: Academic Press.

Zoccolan, D., Cox, D. D., and DiCarlo, J. J. (2005). Multiple object response normalization in monkey inferotemporal cortex. *Journal of Neuroscience*, 25(36): 8150-8164.

Zohary, E., Shadlen, M. N., and Newsome, W. T. (1994). Correlated neuronal discharge rate and its implications for psychophysical performance. *Nature*, 370: 140-143.

人名索引

（条目后的数字为原书页码，即本书边码）

L

M

R

S

主题索引

E

O

P

T

U

V

W

Z

译后记

作为一门新兴的交叉学科，神经经济学诞生至今，不过短短十余年。在这十几年的时间里，激烈的争论一直伴随着神经经济学的成长。不可否认，对于神经经济学，许多经济学家都怀有很大的疑问：大脑内部的机制是否真的与经济学相关？或者说，我们今天所掌握的关于大脑的知识真的能够告诉我们一些与人类选择有关的信息吗？更深一层的问题是，神经经济学是否可能？或者说，被称为"神经经济学"的这个独特的实体真的可以存在吗？

在《神经经济学分析基础》一书中，保罗·W.格莱姆齐雄辩地证明，神经经济学不仅是可能的、必要的，而且早就真真切切地矗立在那里了！当然，他更加强调的是，只有在以经济学、心理学和神经科学的"大统一"为基础、以"大综合"的形式出现在世人面前的时候，神经经济学的存在才是可靠的、有益的。为此，他首先在经济学、心理学和神经科学的框架内，把建立神经经济学必需的跨学科联系清晰地揭示了出来。然后，他又通过分析来自神经经济学各母学科的核心证据，阐明了现有的跨学科联系的深度和广度，从而证明神经经济学确实取得了相当可观的成就。最后，他的结论是，只要我们在各学科的理论洞见之间建立起稳定的连接，形成一个规范的跨学科理论体系，就可以描绘出人类决策行为的超乎人们想象的完整图景。格莱姆齐大声疾呼，让我们共同努力吧！因为我们这一代人就可以见证各学科之间的伟大契合了！

保罗·W.格莱姆齐是神经经济学的创始人之一，也是神经经济学界"乐观派"的主要代表人物之一。浙江大学跨学科社会科学研究中心近年来一直密切关注的国际前沿学者当中，他也是其中的一位；事实上，浙江大学跨学科社会科学研究中心几年前组织翻译出版的《神经元经济学:科学与实证》一书,就曾经收录过他的论文(不过,在那本书中,他被译为“保罗·格林切尔”)。现在这本《神经经济学分析基础》结构宏大,论证严密,充分展现了他的思想雄心。这不禁令人想起萨缪尔森的《经济分析基础》。萨缪尔森在出版了《经济分析基础》之后,实现了“新古典综合”的伟业;格莱姆齐设想中的“神经经济学大综合”能不能成为现实?且让我们拭目以待。

译事艰难。本书思想深邃,涉及学科领域众多,因此难度也特别大。译者尽心尽力之余,仍然觉得如履薄冰。也正因为如此,我在这里要特别感谢我的太太傅瑞蓉,如果没有她的支持和协助,我应该是无法完成此书的。我们夫妇还要感谢宝贝儿子贾岚晴,感谢他小小年纪,就能体谅父母;更加感谢他为我们带来的快乐。

感谢汪丁丁教授、叶航教授和罗卫东教授的教诲,感谢陈叶烽、童乙伦、李欢、罗俊、王国梁、纪云东、何志星、张弘、邹铁钉、郑恒、李燕、陈姝、郑昊力、黄达强、应理建等学友的帮助,同时还要感谢好友何永勤、虞伟华、余仲望等人的关心。感谢鲍玮玮、傅晓燕、傅锐飞、傅旭飞、陈贞芳等朋友的帮助。尤其感谢岳父傅美峰、岳母蒋仁娟对贾岚晴的悉心照料。

本书是浙江大学文科高水平学术著作出版基金项目“神经科学与社会”的成果之一。感谢浙江大学社会科学研究院、浙江大学出版社的资助。

感谢编辑王长刚、陈佩钰的付出。

译者水平所限,书中定有不足之处,敬请读者批评指正!

图书在版编目(CIP)数据

神经经济学分析基础 / (美)格莱姆齐
(Glimcher,P. W.)著；贾拥民译. —杭州：浙江大学
出版社，2016. 8(2019. 4 重印)
(神经科学与社会丛书)
书名原文：Foundations of Neuroeconomic Analysis
ISBN 978-7-308-15779-7

Ⅰ. ①神… Ⅱ. ①格… ②贾… Ⅲ. ①行为经济学—
研究 Ⅳ. ①F069. 9

中国版本图书馆 CIP 数据核字(2016)第 093852 号

浙江省版权局著作权合同登记图字：11-2016-127 号

神经经济学分析基础

[美]保罗 · W. 格莱姆齐(Paul W. Glimcher)　著
贾拥民　译

丛书策划　王长刚　陈佩钰
责任编辑　陈佩钰(yukin_chen@zju. edu. cn. com)
责任校对　陈　园
封面设计　卓义云天
出版发行　浙江大学出版社
(杭州市天目山路 148 号　邮政编码 310007)
(网址：http://www. zjupress. com)
排　　版　杭州中大图文设计有限公司
印　　刷　浙江印刷集团有限公司
开　　本　710mm×1000mm　1/16
印　　张　32. 75
字　　数　486 千
版 印 次　2016 年 8 月第 1 版　2019 年 4 月第 3 次印刷
书　　号　ISBN 978-7-308-15779-7
定　　价　98. 00 元

浙江大学出版社市场运营中心联系方式：0571 - 88925591；http://zjdxcbs. tmall. com